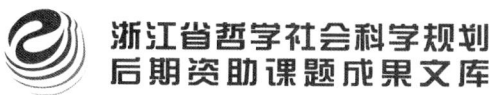

浙江省哲学社会科学规划
后期资助课题成果文库

基于叙事范式的教育均衡研究
——"北仑现象"的析与解

Jiyu Xushi Fanshi De Jiaoyu Junheng Yanjiu:
"Beilunxianxiang" De Xiyujie

林瑞玉 著

中国社会科学出版社

图书在版编目(CIP)数据

基于叙事范式的教育均衡研究:"北仑现象"的析与解/林瑞玉著.
—北京:中国社会科学出版社,2017.3
ISBN 978-7-5161-9861-2

Ⅰ.①基⋯ Ⅱ.①林⋯ Ⅲ.①地方教育-发展-研究-宁波
Ⅳ.①G527.553

中国版本图书馆 CIP 数据核字(2017)第 034391 号

出版人	赵剑英
责任编辑	赵 丽
责任校对	李 莉
责任印制	王 超

出 版	中国社会科学出版社
社 址	北京鼓楼西大街甲 158 号
邮 编	100720
网 址	http://www.csspw.cn
发 行 部	010-84083685
门 市 部	010-84029450
经 销	新华书店及其他书店
印 刷	北京明恒达印务有限公司
装 订	廊坊市广阳区广增装订厂
版 次	2017 年 3 月第 1 版
印 次	2017 年 3 月第 1 次印刷
开 本	710×1000 1/16
印 张	21.5
插 页	2
字 数	352 千字
定 价	79.00 元

凡购买中国社会科学出版社图书,如有质量问题请与本社营销中心联系调换
电话:010-84083683
版权所有 侵权必究

序

曾几何时，教育研究为了标榜"科学性"，顶礼膜拜实证方法，倾力于揭示各种教育现象的"数量"关系。然而，研究者们也发现，试图一味地用量化研究来分析教育似乎并不能作出真正的、符合实际的、科学的解读与破译，质性研究方法同样不能少。于是，叙事研究，案例研究，访谈研究渐而兴起。

本书正是运用叙事研究，围绕着一个区域教育由小到大、由弱趋强的进化线索，对浙江省宁波市北仑区建区以来30年教育的发展轨迹进行田野式的剖析，最后呈示了"教育均衡"这一必由之路。

选择北仑作为叙事对象，这是适切的。因为北仑正是我国改革开放进程及其成果的一个浓缩，无论是经济发展还是城镇化建设，无论是社会进步还是教育发达，都具备了典型价值。就北仑的教育而言，30年前起步的艰难，在某种程度上恰恰正是当下西部地区甚或许多偏远地区正在直面的困局，因之，北仑教育的成长之路对许多地方来说，是具备了借鉴的价值与可能。谓其价值，是因为今天的北仑教育已跻身全国基础教育的前列，甚至丝毫也不逊色于发达国家；谓其可能，是因为发达国家的教育发展之路在我国有可能"水土不服"，而北仑的经验则是土生土长的，是深耕于本土文化与国情的。在这个意义上，作者的此项研究无论在理论上还是在实践上，都有其重要性和必要性。

北仑教育，从一开始就着眼于"全体"。当年百废待兴的那个岁月，为北仑教育"杀出一条血路"的开局之举，是全区上下铁了心的"普及九年义务教育"以及由此而来的行政推力，解决了普惠式的"有书读"难题。过往，在只有一部分人有书读时，通过考试来选拔，但人人有书读以后，怎么选拔就成为新的问题。北仑的教育决策者们便谋求招生制度的改革，赋予学校一定的自主权，同时，在举国高呼"素质教育"的背景下，推行了"素质加分"这一改革措施，收到了很好的成效。在逻辑上，随着学校自主权的扩大，必然的实践演绎就是"特色办学"，于是，一种以特色发展求教育均衡的模式呼之欲出。——这就是北仑教育的"均衡之路"。

叙事，是一种新的研究方式。叙事，绝不等同于就事论事，而是要诠释一种隐约的逻辑。

是为序。

浙江大学教育学院教授、博士生导师

方展画

2016 年 5 月 20 日

前　言

伴随着中国教育改革的深层次推进，教育均衡越来越受到理论和实践界的关注。在教育现代化进程中，其发展水平直接决定了社会现代化的实现程度，追求均衡与优质发展已成为中国今后一段时间内发展教育的重要问题。作为一种世界性变迁和发展趋势的现代化追求，不同区域显现出不同的特点，其发展道路和发展模式也是千差万别的。在《中共中央关于全面深化改革若干重大问题的决定》公布、各项具体教育政策有待出台和教育改革实践亟待展开的大背景下，如何从更深、更广的视野认识在现代化进程中区域教育追求均衡与优质发展的复杂样态，科学总结实践经验与教训，重新理解区域教育均衡发展，是一个关系中国教育能否真正实现现代化的重要问题。

本书作为一个区域教育均衡发展的典型个案研究，是我基于博士学位论文研究的进一步深化与拓展。通过分析中国教育均衡发展的最大障碍——"区域内差异"，以及诸多教育均衡研究中个体声音的缺失和过程的"黑箱化"等现实触动，选择浙东县域（北仑区）作为考察对象，采取叙事研究方法来探索区域教育均衡发展，将情境分析与类别分析相结合，采用大量第一手资料，包括口述资料、档案资料、内部文件、个人日志等，以时间演进为显性线索，以教育主体要素间的互动方式及其关系变迁对个人境遇、区域教育均衡程度所造成的影响为隐性线索来解析"北仑现象"背后的故事及意蕴，力图为区域教育均衡发展研究提供一个真实图景和完整样本，并揭示其复杂的实践样态。行文致力于在时空坐标中，借鉴"小地方大社会"的逻辑角度，采用倒叙写法，以微观视角来考察区域内教育均衡发展的变迁历程，有别于以往"问题—分析—对策"的研究路径，进而通过见微识著的方式，获得对教育均衡发展的重新理解。这在中国教育均衡研究领域，还是第一次尝试，是以往教育均衡研究较少涉足的领域，也可以看作是本书的重要特征。这为探寻区域教育均衡发展过程中那份遗失的声音提供了很好的途径，也为还原教育均衡发展过程中的真实面貌提供了可能性。

之所以会选择浙东一个县级区域（北仑）来进行教育均衡的叙事研究，一方面在于北仑区的教育均衡发展之路已然成为一种"北仑模式"而极富代表性。另一方面，我的"局内人"和"局外人"双重身份使我成为"可以接受的边缘人"①而占据优势。用陈向明的话来说，这是采用"文化主位"的方式对具体的实践进行描述和总结。具体而言，拟主要探讨以下三大问题。

第一，教育均衡发展在特定区域内是如何演变的，如何以超常规、跨越式高位均衡发展模式开创全国"教育传奇"的，在这个过程中，隐藏着怎样的社会文化与结构因素。

第二，推动区域教育均衡发展的动因与机制到底是什么，即一块原本是教育贫瘠区的乡村之地发展到今日之教育胜景，是什么促成了它"造峰抬谷"（而非削峰填谷）的优质均衡，在这一过程中，政府教育行政部门、学校、家庭甚至是学术团体又各自处于什么样的关系，起到什么样的作用。

第三，这只是一个历史个案，还是在全国性的城镇化进程中具有一定的普遍意义，对于我们今天重新理解"教育均衡"又会有什么样的影响。

沿袭这一思路，本书主要由三大部分组成，共分为 7 章。第一部分包括引子和第一、二章，主要介绍了研究的背景及北仑教育的历史传承。第二部分包括第三、四、五章，主要是对北仑教育均衡三个发展阶段的完整呈现，是深度描述"北仑现象"的主体部分。这三个阶段各有特点、各有侧重，生动呈现了教育均衡发展过程中的复杂的实践样态。第三部分主要包括最后两章，力图透过"现象"看本质的方式进行理论探究，揭示出教育均衡发展的内涵，构建出教育均衡的"金字塔"模式来进一步探讨它对教育均衡发展评价的影响。

基于此，本书主要得出了以下几点结论。

（1）北仑教育均衡发展之路有其独特的地域文化特征。北仑教育在

---

① 这一概念由汉莫斯里（M. Hmmersley）和阿特肯森（P. Atkinson）提出，参见 M. Hmmersley, P. Atkinson, *Ethnography: Principle in Practive*, London & New York: Routledge, 1983, p.79。

与社会的良性互动中，受到了当地的社会经济、地理环境、风俗文化的影响。北仑人"敢为人先"的精神以及在发展过程中视矛盾冲突为动力的"浮士德式"文化极大地推动了教育均衡发展。

（2）区域教育均衡呈现出典型的阶段性特征，而且这种阶段的划分具有"不可逆"和"非跨越"性。北仑教育均衡发展经历了由教育低水平均衡的"普及与奠基"到初级均衡的"扶弱与提质"，再到高级均衡的"内涵与生态"三个阶段的演变，其中"政府主导"与"普及"是低水平均衡的两个关键词，初级均衡重点关注"教育条件"与"制度"，而"办学水平"与"内涵"则成为高级均衡的关键，其背后遵循的逻辑可以通俗的理解成"有书读——读好书——幸福教育"的层层递进，是从量的扩张到质的提升的一种内部结构调整与系统转型。从某种意义上说，均衡是"因"，质量是"果"。

（3）区域教育均衡发展存在复杂的实践样态，呈现出从"单中心"的"补偿型均衡"向"去中心化"的"竞争型均衡"转移的发展态势，发展重心的转移在一定的历史条件下，有其存在的合理性，更进一步来说，这实际上是对教育均衡的一种动态过程性理解。这一切并不是由某一个人或团体设计规划好的，而是在实践过程中一次又一次地面对教育活动中的多方主体及区域现状不断进行博弈、调整和反思而逐步形成的结果，这是一个"生长"的过程。

（4）教育行政部门、学校、家庭及学术团体等主体要素间的角色关系一方面通过外部社会的价值观和发展模式作用于教育均衡发展过程，另一方面通过自身在制度和教育资源的调整下对区域教育产生影响。各个利益集团由于既得利益而形成的"路径依赖"成为教育均衡发展的重大阻力，多方博弈的结果影响着教育均衡的发展方向。

（5）教育政策作为公共资源的分配方式，其创新制定与有效执行对于教育均衡发展至关重要，特别是善于抓住"政策窗"，以行政的力量推动均衡发展，具有重要的战略意义。北仑区对政策的创新和有效执行既是其对政策功能理解的变迁结果，也是北仑教育成功转型的重要推动力。

（6）教育均衡发展是一个集事实判断与价值判断于一身的历史概念。教育均衡的"金字塔"模式（图0-1）为我们揭示了以人为出发点和目的地的教育均衡发展的结构特征。这种模式理解下的教育均衡影响着我们对均衡发展程度的评判，借助"2×2矩阵"构建出的评判教育均衡程度的四个"理想类型"(图0-2)揭示出了在"均衡"和"不均衡"之间还存在着"模糊状态",要求我们在考量官方指标的同时,还需要考虑社会主体的主观感受和评价,以此作为发展性指标来全面衡量教育均衡发展水平,不断推进教育向更高水平均衡发展。

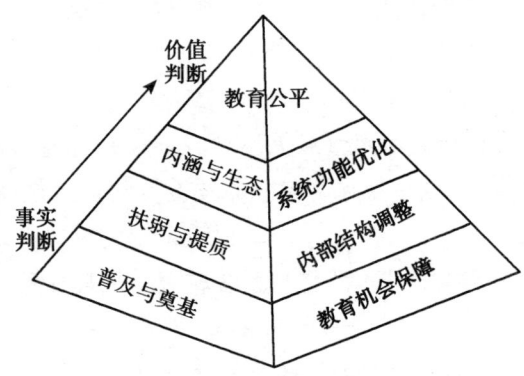

图1　教育均衡发展的"金字塔"模式

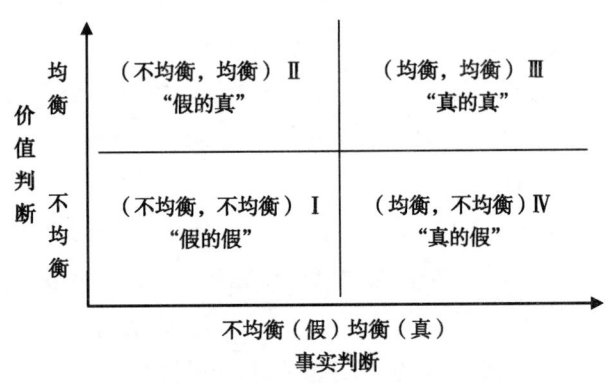

图2　评判教育均衡的四个"理想类型"

本书中参阅和引用了许多专家学者的研究成果,虽尽量在注释和参考文献中列出,但无法一一列举,在此向他们表示诚挚的谢意。由于教育均衡发展涉及多领域学科,随着各相关领域学科的发展,教育均衡所面临的新问题、新理论、新方法层出不穷,虽然作者希望尽可能在本书中对此作出较为全面的反映,但限于水平与其他原因,书中所述难免存在诸多局限和不足。例如:

(1) 本书无法避开社会调查中的"社会称许性"效应的影响,在资料收集上还存在一定的缺憾。

（2）虽然个案研究可以借鉴"小地方大社会"的逻辑来提供一种解释方式，但"北仑现象"作为区域教育均衡发展的典型个案，仍不可避免地存在对其普遍性的质疑，其普遍性究竟如何还有待进一步验证。

（3）在研究中，我强烈感受到要在现存理论、研究者本身的理论框架以及原始资料之间建立一个合理关系是特别具有难度的一件事情，特别是要在自己的思考框架上融入前人的理论，并娴熟地、甚至不露痕迹地运用这些理论来为自己的研究作支撑，深感写作时的那份"心有余而力不足"。这也将成为我今后继续努力的基础与方向。

立足于本书中的个案以及已有研究的相关成果，面对区域教育均衡发展中经常遭遇的诸多难题，我力图从中找到真实的图景以及有效的解决之道。真心希望该书的出版能起到抛砖引玉的作用，唤起更多学者参与中国教育均衡与优质发展的理论和实践研究，把中国的教育研究推向一个新的高度。倘若我稍显稚嫩的文字以及不成熟的理论思考能引起看它的人的兴趣和思考乃至是争议，那便是其最好的价值了。

林瑞玉

2016年2月于杭州

目 录

引 子 ……………………………………………………………… (1)

第一章 绪论 ……………………………………………………… (16)
 第一节 问题的提出 …………………………………………… (16)
 第二节 文献资料回顾与评述 ………………………………… (24)
 第三节 研究思路与方法 ……………………………………… (36)
 第四节 关于本书的几点说明 ………………………………… (39)

第二章 北仑教育的记忆与传承 ………………………………… (42)
 第一节 一个地处浙东的"海濡之地" ………………………… (42)
 第二节 北仑教育的历史溯源 ………………………………… (46)
 第三节 近代以来的中小学教育发展 ………………………… (56)

第三章 艰难起步:政府主导下的"普九"突围 ………………… (70)
 第一节 临危受命:从中学校长到教育股股长 ……………… (72)
 第二节 新官上任:踌躇满志与现实的无奈 ………………… (74)
 第三节 "杀出一条血路"与"普九"方案的决策 ……………… (89)
 第四节 全面普及义务教育的实施:用"加减乘除"解读 …… (111)
 第五节 启示之一:政府主导与普及——区域教育低水平
    均衡的形成 …………………………………………… (131)

第四章 整体转型:家庭命运与制度的抗衡 ……………………… (140)
 第一节 一个县级区的蜕变:旧制度与教育新需求的冲突 … (141)
 第二节 传统制度下的家庭求学之路 ………………………… (152)
 第三节 教育转轨下的家庭命运转折 ………………………… (167)
 第四节 启示之二:教育条件与制度——区域教育初级
    均衡的努力 …………………………………………… (197)

第五章　特色发展：学校作为生命体的觉醒 ……………………（203）
　　第一节　新学校的诞生与开学前的"特殊家访" ……………（204）
　　第二节　"登楼梯"还是"乘电梯"：个人、学校与
　　　　　　区域之间的博弈 ……………………………………（211）
　　第三节　学校特色的形成：实践与理念的碰撞 ………………（238）
　　第四节　"幸福"的延续：区域教育特色的纷呈 ………………（257）
　　第五节　启示之三：办学水平与内涵——区域教育高级
　　　　　　均衡的趋近 ……………………………………………（260）

第六章　现象背后：理解区域教育均衡发展 ………………………（265）
　　第一节　特征分析："北仑现象"的成长基因 …………………（266）
　　第二节　归因分析：区域教育均衡发展的深层诱因 …………（277）
　　第三节　"我"的思考：以人为出发点和目的地的教育均衡 …（291）

第七章　结语：未尽的探索 …………………………………………（302）
　　第一节　结论：寻求一份意蕴 …………………………………（303）
　　第二节　余绪：向未知进发 ……………………………………（308）

参考文献 ………………………………………………………………（310）

后　记 …………………………………………………………………（331）

> 请他们用虔诚的眼睛凝视天边
> 我将给所有期待我的以最慈惠的光辉
> 趁这夜已快完了,请告诉他们
> 说他们所等待的就要来了
> ——艾青《黎明的通知》

引 子

一 教育均衡:"北仑做到了!"

2009年10月以来,我有幸参与了浙江省宁波市北仑区教育均衡发展的课题研究,在这过程中,深刻领会到基础教育均衡的研究意义,并萌生了以北仑区教育均衡为典型个案探索区域教育均衡的内在机制与成因的想法。随后,我多次奔赴北仑区,力图扎根北仑,不带任何偏见,认真看、认真想,尝试最大程度还原北仑教育发展的真实图景,并在此基础上探索推动北仑教育均衡发展的内在原因。

北仑区位于浙江省东部宁波市境内,1984年以前隶属镇海县,同年撤县建区,之后北仑区这个名字才真正进入人们的视野。以下是北仑区成立之初基础教育原貌的真实写照。

> 教育基础十分薄弱,教育资源极其匮乏,16万平方米校舍大多是破旧房、危房,很多校舍直接设置在寺庙庵堂或仓库中;初中、小学教师学历合格率仅为46.9%,60%以上的教师是民办或代课教师;小学段和初中段流失生比率分别高达25%和30%;配齐设备的学校不足5%……①

庞大的摊子、薄弱的队伍和破旧的校舍,在当时宁波市11个县区中,

---

① 根据北仑区教育局内部资料整理。

教育基础排在最后一名。然而，岁月鎏金，时过境迁，曾经艰难落后的北仑教育早已是旧貌换新颜。短短数年之后，1988年，北仑成了浙江省第一批排除校舍危房的县（市、区）之一；1993年，北仑区又在全省第一个通过省级国家"两基"验收；1996年，在全省教育20项指标综合发展水平评估中，北仑排在第一位；1997年，北仑被国家教委命名为全国"两基"先进县（区），并成为浙江省教育最发达的县级单位之一；2002年，经教育部批准，北仑区与杭州余杭区、金华义乌市成为首批国家级基础教育课程改革实验区；2009年，北仑区再创辉煌，获得"全国推进义务教育均衡发展工作先进地区"光荣称号。这种超常规、跨越式的素质教育高位均衡发展模式，被人们称为"北仑现象"。"北仑现象"经多次省内外专家与教育行政管理部门的考察、论证与评估，并通过《焦点访谈》《光明日报》《中国教育报》《人民教育》等全国性重要媒体的传播宣传，逐渐引起人们的关注和讨论。

表0-1　北仑基础教育做大做强、高位均衡发展的标志性事件回顾

序号	年份	标志性业绩
1	1986	在全省首个宣布全区同时实施九年制义务教育，是浙江省九年制义务教育的模式之一
2	1988	成为浙江省第一批排除校舍危房的县（市、区）之一，受到省政府表彰
3	1993	作为省"两基"评估试点单位，顺利通过验收，受到省领导和各市专家的一致好评
4	1994	省政府授权省教委确定北仑区为"教育综合改革试验区"
5	1996 1997	教育综合指标两次排名获全省县（区）第一名
6	1997	同时荣获全国和浙江省"两基"工作先进县（市、区）殊荣
7	1998	通过宁波市"高标准普及九年制义务教育和扫除青壮年文盲县（区）"验收
8	1999	成为"宁波市高标准普及实验教学区"
9	2001	荣获浙江省素质教育实验县先进县（区）称号
10	2002	被评为浙江省教育强区；成为浙江省内首批国家级课改的实验区
11	2003	全区所有乡镇（街道）先后都被评为省教育强镇（乡）
12	2007	北仑课改实验区被评为"宁波市义务教育阶段课程改革实验工作先进集体"
13	2008	北仑区17所义务教育段学校确定为第五批省示范学校
14	2009	荣获"全国推进义务教育均衡发展工作先进地区"称号

从1984年的教育弱区到2009年全国著名的教育均衡强区，北仑教育的超速发展一定有其特有的发展模式和成功经验，特别是在教育均衡问题日趋突出的今天，挖掘北仑成功的背后原因对于推动区域教育均衡具有明显的示范和借鉴作用。

在进一步坚定了我的研究方向以后，2010年9月，我再一次踏上了北仑这块热土，这一次我有了更加明确的目标，即亲身感受"北仑教育均衡"，让自己对北仑教育的印象不再停留在文字和图像的记载中。来到北仑后，我告诫自己，"北仑教育均衡"既是一种教育现象，更是一种教育文化，不要指望通过走马观花的形式就能触摸到"教育均衡"的实体，教育均衡往往是一种看不见摸不着、需要经历长时间发展而形成的状态，所以这一次我做好了长期扎根北仑的准备。

然而，令我欣喜的是，北仑的教育均衡远非我想象的那么虚幻，我来到北仑的第一周就深刻感受到"教育均衡"就在自己身边，以下三个小片段是我对"北仑教育均衡"最直观的感受。

（一）片段一："抓阄亮班"

华山小学地处北仑新区，是一所创建于1999年、办学历史只有11年的小学。然而，学校虽然年轻，却深得均衡教育的精髓，用该校老师的话说，"在均衡理念方面，我们学校已经显得比较成熟和老道"。2010年9月，开学第一天，在教学楼一楼走廊里，簇拥的家长和学生吸引了诸多人的注意。原来在开学第一天，学校把一年级168名新生的200余位家长集中起来，通过抓阄的方式来确定任课教师。一位戴眼镜的中年教师介绍说：近六年来，华山小学采取的一直是公平编班的方式，教导处在校长室的监督下让班主任抓阄确定任教班级。然而今年，为了使任课教师安排程序更加透明，学校采取了让家长在学校开学典礼现场抓阄确认教师的办法。

具体办法是，现场由学生家长代表来制作"阄"，班主任当众抓阄，当场公开结果，全体家长监督参与全过程；在家长热烈的掌声中老师们各自亮相，接受校长的介绍。其实"抓阄分班"在北仑学校并不是个例，但是华山小学当着新生家长的面，当场"抓阄亮班"，却是个新鲜事，受到了家长们的赞同。这件事也纷纷引起了当时诸多媒体报纸的报道。一位新生家长小有激动地发出感慨："这样确定老师很公平，我们也不用费力挑班了。"其实，这只不过是一个侧影，学校尽量从师资、设备、排班等方面全面做到公平配给。

"公平",这是现场听到最多的一个词,家长口中的公平、教师口中的公平、学校领导口中的公平,同一个声音让人一进入这个场景便被"公平"的气息所包围。这种公平的氛围,减少了家长和学校"寻租"(Rent-seeking)的冲动。

> 往年,我们确实存在很多家长想把孩子送到城区、市区学校,想方设法地往外流的现象,但最近几年这种择校现象已经减少了。(李校长,2010年9月)

让家长不再择校,让家长不再挑班,是北仑教育均衡的重要成果之一。北仑择校风走弱不是个例,在淮河小学实施的"阳光城"综合实践活动中,学生们在学校为他们创设的大舞台上,体验到了小主人的乐趣,感受到了快乐。"我们沐浴在教育的阳光下,在这里,我们可以感受到'阳光城'的快乐与成功,我们自豪,因为我们来自红领巾'阳光城'。"这几乎是淮河小学每一个孩子们的心声。该区一位教育负责人说:"只有实现公平教育,才能让学生无校可择。"

(二) 片段二:"一校一品"

2011年6月8日,央视《焦点访谈》走进蔚斗小学,报道了学校"体艺2+1项目"的开展情况,从而使这所学校名声大振。在调研中我了解到,学校开设的摄影等社团"特色课程"达33个,涵盖5大门类。蔚斗小学严校长介绍说:"学校在办学过程中优先考虑的是寻找适合每一个学生的教育方式,尽可能为每一个孩子提供适合发展的空间。"基于这个理念,学校根据学生需求开展了丰富多彩的社团活动,力争把每一门课都变成"精品课"。这种"活力教育"改变了传统教育方法,激发了学生的学习兴趣,让孩子们充分感受到了学习的快乐。像蔚斗小学这样,既让学生获得一技之长,又打造出特色品牌的学校,在北仑区还有很多:比如梅山小学的武术、淮河小学的动漫、华山小学的乒乓球、绍成小学的钢琴、大碶小学的跆拳道、东海实验学校的器乐等。东海实验学校的王老师颇有感悟地说:"现在啊,我把每一堂课都当作研究课来上,有反思,有改进;把每一次讲座、论坛都当成是积累经验的机会,静下心教书,潜下心育人。"浙江省教育厅张巡视员在评价这一现象时直言"过瘾":

许多地方都提出要重视课程，但真正能做到"开好开足每一门课程"的并不多，北仑却做到了，这也是其教育改革过程中的可贵之处。

（三）片段三：来自农村教育的"奇迹"

位于城区新碶街道的老牌学校长江中学和海岛上的梅山中学是北仑区实行城乡学校"捆绑式"办学的姊妹学校，两个学校进行师资轮换流动、办学水平捆绑考核。这是北仑区为缩小城乡学校差距，打破农村与城区师资不平衡现象而建立的城乡学校"捆绑式"发展模式、骨干教师"校用区管"和教师待遇同区同酬等制度。

北仑区一位负责人解释道："捆绑"不是简单的结对子，而是通过两校机构、师资、教研、考核等一系列"捆绑"，实现地理位置的大跨度融合，使城区学校对农村学校的帮扶由"尽义务"变成"尽责任"，从而带动农村学校的提升。据长江中学语文教研组的一位老师回忆：

> 这种两块牌子一套班子的管理模式和课堂相互开放的教学模式确实带动了梅山中学的发展。当时我们通过短信等方式来相互联络，一学期下来，结对学校的教学质量提升了不少。

梅山中学的教师、学生和家长也都尝到了"捆绑"的甜头："学校里的教坛新秀越来越多了。"地处海岛的梅山中学初一年级的家长，看到自己孩子的变化后也是欣喜不已："终于听到我的孩子开口说英语了，以前他从来不说啊！"

与此同时，北仑区还为农村边远学校教师增加岗位津贴、设立创建优质教育资源奖励金等。曾有媒体发出感慨说，北仑许多农村教师"傻"得让人不能理解，在别的地方，有机会进城教书也许会高兴半天，而在这里，在2008—2010年的农村教师进城区考试中，竟然连续3年报考人数小于公布岗位数。"上下班有专车、生活有补贴、教学有帮带，我们的幸福指数很高。"[①] 这是来自愿意扎根农村的教师的心声。中国教育学会副会长、国家督学、原教育部督导室主任郭振有也由衷感叹："农村老师不

---

① 严晶晶等：《打造学生的幸福教育生活》，《中国教育报》2011年3月16日第2版。

愿到城市，这简直是全国的一个奇迹。"

事实上，很多人都想问，北仑究竟是如何创造这一奇迹的？是因为给农村边远学校教师增加岗位津贴、设立农村优秀教师奖励金和农村学校创建优质教育资源奖励金，还是骨干教师下派支教、上挂拜师的教师管理体制打破了农村与城区师资不平衡的困境？

二 "均衡教育·北仑现象高端论坛"的召开

2010年9月16日，盛夏的酷热稍稍退去，在度过漫长的暑假后，各地学校恢复了往日的喧闹。而我到达北仑进行调研也已经11天了，在这十多天的访谈和调研过程中，我深刻感受到北仑地区教育均衡的突出成就，并大致勾画出研究视角和研究方法。这一天，全国各地没有太多的大事发生，一切显得那么的平淡和安静。然而，对于宁波市北仑区这块"海濡之地"而言，对于关注教育事业发展的学者、企事业单位、家长而言，这一天却显得格外重要。因为就在这一天，"均衡教育·北仑现象高端论坛"圆满举行，来自教育部、中国教育学会、中央教科所及省市的有关领导、专家、学者齐聚东方大港，纵论"北仑现象"。

由于之前参与过相关课题的研究，因此对这次会议我也格外关注，会议上还举行了《均衡北仑——"北仑现象"全息解读》[①]一书的首发仪式。此次会议明确了北仑均衡的核心元素：即办好每一所学校、开好每一门课程、教好每一位学生、成就每一位教师。时任浙江省教育科学研究院院长的方展画教授认为：

> 随着《国家中长期教育改革和发展规划纲要》的颁布，均衡教育成为未来教育的选择，这不是低层面、原地踏步式的"公平"，而是一种"为了每一个学生的终身发展"的优质均衡，北仑做到了。[②]

随后，中央教育频道等媒体专题报道了北仑区的均衡办学理念。"北仑现象"正成为一张亮丽的名片，逐渐被全国人民所知，北仑教育均衡也

[①] 方展画、林瑞玉等：《均衡北仑——"北仑现象"全息解读》，浙江大学出版社2010年版。

[②] 陈醉等：《均衡教育，北仑做到了》，《浙江日报》2010年9月17日第9版。

站在了"抵御质疑"与"品牌守护"的新起点上,在成为一种经验模式供人学习、借鉴的同时,依然面临实践再深入推进、理念继续与时俱进以及成绩不断提高的现实需求与困惑挑战。与会专家普遍认为,北仑区教育均衡发展在取得优异成绩的同时也具有较大的研究价值和广阔的研究空间。

会议时间:2010年9月16日

会议地点:宁波市北仑区

参会人员:中国教育学会副会长、国家督学、原国家教育督导团办公室主任郭振有、浙江省教育厅巡视员张绪培、教育部学校管理处处长俞伟跃、中央教科所科研管理处处长陈如平、北仑区委常委、副区长胡奎、浙江省教育厅基教处处长顾玮、浙江省教科院院长方展画、北仑区教育局局长胡卫、宁波市政协副主席陈大申、区领导王银泽、刘新华、丁素贞等,区相关部门负责人,区中小学、幼儿园代表。

会议主持:浙江省教育厅基教处处长顾玮

会议进程:

在论坛开幕时,由区委常委、常务副区长胡奎致欢迎词,紧接着进行了"北仑现象"专题报告、《教育均衡发展的创新之路》丛书首发仪式和学校典型案例剖析,包括大碶小学、郭巨小学、顾国和中学、北仑职高等学校,分别由各校校长结合学校各自实际,围绕均衡教育主题进行了发言。各领导、专家围绕"北仑现象"展开了激烈的研讨,为本次论坛奉上了一道高品质、有内涵的教育盛宴,同时也为北仑教育人搭建了一个与省内外高端人士沟通对话的交流平台。

下午,参加论坛的各领导、嘉宾分成三组深入学校参观,实地了解北仑区均衡教育的发展情况。

表0-2　　　各组成员参观学校的分布情况

	参观的学校	学校所在地
第一组	淮河小学、区中幼儿园、北仑中学、东海实验学校	新碶街道
第二组	白峰小学、白峰幼儿园;柴桥实验小学、芦渎中学	白峰镇;柴桥街道
第三组	小港中心幼儿园、小港实验学校;蔚斗小学、联合实验中学	小港街道;戚家山街道

参观过程中,看到孩子们在社团中快乐地参与活动、在陶艺吧专心地"工作"、在农艺园开心地劳作……与会的领导专家情不自禁感慨:北仑的孩子真的很幸福!

简短的一句感慨背后蕴含着多少现场亲身体验所无法传达的感受。语言在碰到百感交集的场景时往往显得那么的苍白无力。区教育局的胡卫局长介绍说:

> 从建区开始,北仑就定位在"没有一所薄弱学校、没有一门被轻视的课程、没有一个被遗弃的学生、没有一个教育管理上的薄弱环节",坚持"四个无"理念并加以落实,以生为本、均衡推进,一个都不放弃。近年来,北仑区更是按照"城乡教育齐头并进,各类教育协调发展,教育资源均衡配置,学校之间特色错位"的思路实施教育优质均衡发展战略,最大限度地扩大优质教育资源。

有人说,一个地区的教育改革实效如何,只要走一走那里的农村学校即可。北仑教育工作者就是给人这样一种自信:"随便你看哪一所学校,随便你听哪一堂课"。"校校有特色,校校有风格",这对于走教育内涵发展道路的北仑区来说,其自信很大一部分便源于此。

三 北仑教育均衡的时空坐标

北仑教育所倡导的均衡理念,在历史的长河中有着它自己的时空坐标点,折射出其背后所蕴藏着的不同寻常的意义。

(一) 时间坐标

中国均衡理念源远流长,然而,由于时代的局限性,这种均衡理念并未占据主流,穷人家的孩子仍然难以入学,以致才会有"凿壁借光""马良学画"等自学成才的经典故事。新中国成立后,中央颁布了《关于改革学制的决定》,将中国教育事业发展的重心放在普及初等教育上。随后,中国跟随苏联"老大哥"的模式,在全国实行"重点校",意在培养"精英人才"。通过利用有限资源集中办重点校的做法,在当时而言算是"符合我国教育实际的正确决策"(《李岚清教育访谈录》),然而,这样做的结果却是进一步拉大了学校之间的差距,使得"薄弱校"与"重点校"形成了严重的马太效应(Matthew Effect),即好的越来越好,而差的越来越差,从而为中国城乡间、校际间教育非均衡发展埋下了伏笔。

随后的"大跃进"和"文化大革命"让中国教育系统受到严重破坏。"大跃进"时期只强调规模和速度而忽视教育质量的做法,以及"文化大革命"时期对教育的全面破坏,让中国与世界发达国家的教育差距进一步拉大。"文化大革命"后,为了"早出人才,快出人才,出好人才",1977年邓小平提出"要办重点小学、重点中学、重点大学","必须考虑集中力量加强重点大学和重点中小学的建设,尽快提高它们的教学水平和教学质量",实际上是对"重点校"的进一步强化。1978年,教育部制定《关于办好一批重点中小学试行方案》,提出在以后的重点中小学建设调整长期规划上,全国重点中小学形成"小金字塔"结构,并在经费投入、办学条件、师资队伍、学生来源等方面向重点学校倾斜,由此形成国家级、省级、地级、县级的重点学校"层层重点"的格局。[①] 几十年来,重点中小学为提高中国基础教育的水平和质量,为向高校输送高质量的生源以加快高级人才的培养,发挥了极其重要的作用,功不可没。然而,这种非均衡发展战略的实施,加剧了地区之间、城乡之间和学校之间的教育差距,使得教育不均衡现象日趋凸显。

20世纪八九十年代的"普九"基本解决了"有书读"的问题,到2000年,中国85%的地区基本实现"两基"。然而,由重点校引起的"马太效应"导致了社会不满情绪的积聚,最终很可能会威胁社会的稳定。因此,从这一时期开始,教育部门开始对"重点校"进行反思。

> 重点学校还要不要办?怎么办?……时代不同了,在义务教育已经基本普及的今天,各级政府和教育行政部门要努力办好义务教育阶段的每一所学校。
>
> ——《李岚清教育访谈录》

当然为了达到"办好每一所学校"的目标,并不是削弱重点学校的水平,而是要千方百计地把其他学校的水平提上去,"就高不就低"。

---

① 杨东平:《从80年代到90年代》,2006年10月20日,人民网(http://theory.people.com.cn/GB/68294/72286/72288/4939766.html)。

> 我们要把工作重点转移到大力提高薄弱学校的办学水平上来，要在人力、物力、财力上给予支持。增加投入、改善条件、均衡生源都是必要的，但关键是校长和教师……各地特别是大中城市也应根据本地实际，制定相应措施和规划，争取在几年内使本地中小学校办学水平有明显的提高，以缩小校际差距。
>
> ——《李岚清教育访谈录》

中国教育开始转变了发展理念，由集中力量发展重点学校转变为"办好每一所学校"，缩小学校间的差距，这实际上表明教育均衡理念得到了国家层面的支持。至此，社会上开始越来越强烈地意识到"基础教育非均衡发展的发展战略应逐步淡出，取而代之的是均衡发展战略"[1]。

2005年5月教育部颁布了《关于进一步推进义务教育均衡发展的若干意见》（以下简称《意见》），"教育均衡"首次在中国正式的政策法规中被明确提出。《意见》的颁布标志着义务教育均衡发展改革问题成为我国新时期教育改革和发展的核心问题之一。接下来一年，新修订的《中华人民共和国教育法》颁布，该法指出："国务院和县级以上地方人民政府应当合理配置教育资源，促进义务教育均衡发展，改善薄弱学校的办学条件，并采取措施，保障农村地区、民族地区实施义务教育，保障家庭经济困难的和残疾的适龄儿童、少年接受义务教育。国家组织和鼓励经济发达地区支援经济欠发达地区实施义务教育。"[2] 至此，促进义务教育均衡发展成了政府的重要职责，而资源的优化配置成为均衡发展的主要措施。

通过几年实践后，义务教育均衡发展已在中国教育系统内成为共识。2007年6月，教育部实施"中西部农村初中校舍改造工程"，进一步加强农村义务教育，改善农村教育基础设施，缩小城乡、区域教育发展差距。2007年10月15日，胡锦涛在党的十七大报告中提出"教育是振兴民族的基石，教育公平是社会公平的重要基础"的论断，确立"优化教育结构，促进义务教育均衡发展"的政策目标。

2010年1月4日，教育部颁布《关于贯彻落实科学发展观，进一步推进义务教育均衡发展的意见》，提出"按照《中华人民共和国义务教育

---

[1] 田芬：《基础教育均衡发展研究》，博士学位论文，苏州大学，2004年，第13页。
[2] 参见《义务教育法》第一章总则第六条（http://baike.baidu.com/view/68354.htm）。

法》的要求，将推进均衡发展作为义务教育改革与发展的重要任务"，"以提高教育质量、促进内涵发展为重点，推进义务教育均衡发展"，"加强制度建设，建立推进义务教育均衡发展的有效工作机制"这三条意见。随后，在《国家中长期教育改革和发展规划纲要（2010—2020）》（以下简称《教育规划纲要》）中，明确将促进教育公平作为国家基本教育政策，并将促进义务教育均衡发展和扶持困难群体作为确保教育公平的重点领域。

2011年两会期间，"教育均衡"再次成为民生领域的关键词。教育部与包括北京、河南、山东等在内的15个省区市签署"义务教育均衡发展备忘录"。这是继《教育规划纲要》提出"2012年要实现义务教育初步均衡，到2020年达到义务教育的基本均衡"的目标之后，各地为推进县域、区域内义务教育均衡发展制定的时间表和路线图。以北京为例，全市16个区（县）将于2015年全部实现县域义务教育基本均衡发展，即比全国总体时间表提前5年实现教育均衡。①

由此可见，均衡理念在中国由来已久，而教育均衡发展战略可以说是教育公平与教育效率在历史发展长河中"钟摆效应"所带来的结果，是我国继基本普及义务教育后的又一教育发展目标。它既是满足人民群众对优质教育资源需求的重要手段，也是构建"社会主义和谐社会"不可或缺的必要前提。如何在公平与效率之间取得平衡，也是横在教育均衡发展道路上的重大难题。以上分析为我们探索"北仑现象"提供了一个时间坐标。

（二）空间坐标

教育均衡是人类公平分配理念在教育领域的集中体现，对教育均衡的追求并非某个国家、某个民族特有的"专利"，它是一个世界性的难题。正如学者所言：

> 在一个日益以知识为基础的全球化经济中，那些缺少基础教育机会的国家和家庭面临着在日益繁荣的世界经济中进一步被边缘化的危险。在世界各地，教育发展的不平衡现象是客观存在的。国与国之

---

① 赵婀娜：《教育均衡：是"削峰填谷"还是"造峰抬谷"》，《人民日报》2011年4月1日第17版。

间，一个国家内部之间，不同群体之间，都存在着不同程度的差距。①

均衡理念总是伴随着非均衡的现实而提出来的，诸如美国，从殖民主义者踏上北美大陆那一刻开始，就是一幅以大欺小、以强欺弱的不公平景象。这种人与人之间、地区与地区之间地位与身份的差距，反映在教育上就是"在南部各州盛行奴隶制，黑人没有受教育的权利，一些州的法律规定，教授黑奴及黑白混血儿读写属违法行为"②。然而南北战争的胜利为美国黑人带来了全面的、形式多样的普及教育③，并从此开启了一场公立学校运动。从19世纪中期开始，全美国建立了以联邦税收为支撑的公共教育体制，这是美国教育公平化过程中的重要里程碑。随后的上百年时间，美国逐渐将均衡理念纳入法制轨道中，试图以法律的权威作为教育均衡的保障，从1958年《国防教育法》提出的"当前的紧急状况要求提供更多更好的教育机会"④，到1964年时任美国总统约翰逊签署的旨在消除美国境内的种族歧视的《民权法》⑤，美国政府在保障少数民族、弱势群体的教育方面做出了较大的努力。

从美国追求教育公平和均衡的发展道路中，我们能深刻地体会到，实现教育均衡发展是一项长远工程，需要长时间的努力。其他国家，譬如法国、英国、日本等当今教育均衡做的比较好的国家，无不经历了数十年、上百年的奋斗历程。

近年来，世界上主要发达国家得益于其先进的经济及早前积累的教育成果，开始进一步推进教育均衡化改革。2002年，时任美国总统布什签署了《不让一个孩子掉队》(*No Child Left Behind*)的改革法案，在法案中，布什总统声称"联邦政府在教育中的作用不是为体系服务，而是为孩

---

① 孔启林、孔锴：《全球化视域下的基础教育均衡发展》，《比较教育研究》2005年第12期。

② 屈书杰：《南北战争前教会教育黑人的努力》，《教育史研究》2002年第3期。

③ 罗峰：《南北战争以后至二十世纪上半期美国的黑人教育》，《教育研究与实验》1985年第3期。

④ 杜洪琳：《美国促进基础教育均衡化研究》，硕士学位论文，四川师范大学，2006年，第26页。

⑤ 依据该法，美国开始实施由联邦政府资助、地方学区管理的名为"发端计划"的贫困儿童早期教育计划。

子们服务",报告勾画了 21 世纪美国教育改革与发展的蓝图,重申了美国公立学校应不分地区、不论家庭背景、没有肤色之别地发展学生心智、培养学生品格的历史使命与责任,并郑重宣布将与国会共同努力,力争不让一个孩子掉队,从而最终实现中小学教育的高质量发展。①

在英国,自布莱尔上台以来,确定了"第三条道路"的政治主张,非常强调推进基础教育的均衡发展。从 1998 年开始,英国实施了"教育行动区"计划,对全国薄弱学校实施大范围改造;实施了"追求卓越的城市教育"计划,整合教育资源改善学校管理;对处境不利的地区和人群则实施了"教育优先区"计划,取得了良好成效。在英国,尽管其教育经费拨款多年停滞,但其农村教育投入却一直保持增长。其实在不少国家都建立有保障城乡教育均衡发展的经费保障机制。比如在澳大利亚,为了促进乡村地区计划的顺利开展,政府专门设立了乡村地区计划基金;南非政府对贫困地区学校实行倾斜拨款政策,根据学校所在地区经济发展及学生家长的收入状况,把学校分为五个层次,对越"穷"的学校拨款越多,对越好的学校拨款越少。② 从世界各国的经验来看,重视基础教育投资并优先保证义务教育是各国均衡发展教育的共同选择之一。

在中国,随着经济发展的区域差异越来越明显,教育发展也呈现出地区性的差序格局。有学者得出"影响以内涵发展促进教育公平的最大障碍是'区域内差异'"③的论断。如果从我国东部、中部、西部三大区域内部的非均衡现状来看,区域内差异十分明显。一项抽样调查研究表明,区域内部在人均教育经费、生均公用经费、教育普及水平、教师工资、办学条件五个方面存在较大差距。以山东省为例,该省东西部教育发展水平办学条件的差距最大,达 6.8 倍;其次是人均教育经费投入,相差 4.68 倍;差距最小的是生均公用经费,但也达到 3.25 倍。如果单以山东省东西部

---

① 胡庆芳:《不让一个孩子掉队——新世纪美国政府的教育理想与改革方向》,《外国中小学教育》2001 年第 5 期。

② 赵婀娜:《教育均衡:是"削峰填谷"还是"造峰抬谷"?》,《人民日报》2011 年 4 月 1 日第 17 版。

③ 参见杨小微《义务教育内涵式均衡发展路径分析》,《教育发展研究》2009 年第 5 期。另外,山东省教育厅副厅长张志勇也曾通过实地抽样调查认为教育差距不仅表现在东、中、西三大区域之间,而且也强烈地反映在一个区域的内部,参见张志勇《教育的区域差距与政策选择》,《北京师范大学学报(社会科学版)》2005 年第 3 期。

县区之间教育发展水平的最大差距看,甚至还要远远超过这个倍数。① 基础教育均衡发展是一项系统工程,也是一个"知易行难"的推进过程。《教育规划纲要》将推进教育公平提升为教育的基本政策,将"区域内义务教育均衡发展"作为未来十年的战略性任务。分析目前中国部分区域教育失衡的根本原因,浙江师范大学教师、教育学院教授张天雪指出,可以从教育和非教育两个层面来归因。从非教育层面看,我国教育失衡是社会二元结构下的必然产物,是城乡差异、地区差异和阶层差异等在教育上的反映,是长期"城市中心""精英主义"及"效率优先"等制度话语的外显;从教育层面看,教育失衡是教育政策及制度安排的衍生物,尤其是像"重点校"政策、"地方负责、分级管理政策"和"教育督导与学业水平评价城乡双重标准"质量政策所形成的代价。② 在区域教育均衡发展问题上,虽然尚没有可资参照的成功先例,但这项改革作为中国特色教育制度的又一实践诉求,自 2002 年前后启动至今,诸多地区在探索这项新课题时充分体现出了自身的实践智慧,并形成了很多既有同构性又有差异性的实践模式。从行政区划角度看,当下的实践模式大体有七种:淞沪模式、北京模式、沈阳模式、铜陵模式、湖北模式、浙江模式、山东模式③。这些地区的制度和举措是先期的大胆尝试,每种模式相互融合并整合了诸多要素,但均处于探索阶段,还没有形成一定的自主造血功能,无法从根本上解决区域内教育失衡的问题。

诺贝尔经济学奖获得者西奥多·舒尔茨(Theordore W. Schultz)认为,"世界上大多数人是贫穷的,所以如果我们懂得了穷人的经济学,也就懂得了许多真正重要的经济学原理"④。同样道理,我国还有很多地区是不富裕的,所以如果我们懂得了原本并不富裕地区的教育发展之路,也就是懂得了许多真正的教育发展特征与模式。

这为我们分析"北仑现象"提供了一个空间坐标。

---

① 张志勇:《教育的区域差距与政策选择》,《北京师范大学学报(社会科学版)》2005 年第 3 期。

② 张天雪:《区域教育均衡发展的实践模式、路径与政策理路》,《教育发展研究》2010 年第 15—16 期。

③ 同上。

④ 张燕:《温总理提及"穷人的经济学"舒尔茨一夜之间家喻户晓》,《国际金融报》2005 年 3 月 18 日第 8 版。

四　遗留的悬念：何以解读？

在锁定了事件的时空坐标后，重新来审视"北仑现象"，我们不禁要问，这样一个事件，这样一块区域，究竟只是在用它自己的方式发出自己的一点声音，增加一个案例，还是均衡教育在中国城镇化进程中投下的一个射影？这不禁让我去追问"北仑现象"：

何以至此？如何解读？

一块原本是教育贫瘠区的乡村之地发展到今日之教育胜景，它的教育与社会究竟走过怎样一条道路？其背后又隐藏着怎样的社会文化与结构因素？在我国优质教育资源极度紧缺且竞争异常激烈的今天，是什么促成了它"造峰抬谷"（而非削峰填谷）的优质均衡？它又是如何以超常规、跨越式高位均衡发展模式开创全国"教育传奇"的？在这一过程中政府教育行政部门、学校、家庭甚至是学术团体又各自处于什么样的关系之中，起到了什么样的作用？这只是一个极端的历史个案，还是在全国性的城镇化进程中都具有普遍意义？对我们今天重新理解"教育均衡"又会有什么样的影响？所有的疑惑都需要追溯北仑区这个共和国改革开放"新生儿"的教育均衡发展的演变轨迹，我们必须走进北仑区的历史与现实场域中去再次索取答案，去发掘其背后隐含的深刻意义。

> 人们认识教育规律无外乎有三种途径，
> 第一，综观教育历史的演变所推论出来的；
> 第二，从国际教育比较研究所概括出来的；
> 第三，从现实的教育实践经验总结出来的。
> ——潘懋元
>
> 有了人类历史本身，就有了叙事。
> ——［法］罗兰·巴特

第一章

绪　论

第一节　问题的提出

一　研究主题：为什么是"教育均衡"

在中国，均衡理念可谓源远流长，早在春秋时期，孔子便提出了"均无贫，和无寡，安无倾"的治国理念，然而一生仕途坎坷的孔子临死前都未能实现其伟大的政治抱负，却因为首倡"有教无类""因材施教"等理念成为人类历史上伟大的教育家，这是中国历史上关于教育均衡的最早论述。无独有偶，与孔子差不多同一时期的柏拉图（Plato，约公元前427年—前347年）在其《理想国》中也提出了教育公平、正义的观点，这些朴素的均衡观对后世产生了重大影响。

随着时代的发展，教育均衡一词的内涵不断地被丰富和发展，并伴随着经济、文化的进步而受到社会大众的重点关注。发达国家（譬如美、英、法、日等国）依赖于特有的经济、制度优势，从20世纪开始，进行了一系列教育改革，为实现教育均衡积累了丰富的成果和经验。中国从20世纪90年代普及义务教育开始，通过增加入学机会、促进入学机会均等措施基本解决了"有书读"的问题。到了2000年，中国有近85%的地区基本实现"两基"①。然而随着社会经济的发展，基础教育的主要矛盾从数量增长转移到质量提高的问题上，"有书读"已不能满足人们对教育的强大需求，"读好书"成为他们的基本诉求。由于中国特有的国情，即地区之间经济发展不平衡，城乡二元结构矛盾突出，致使区域之间、城乡之间、学校之间的教育水平差距普遍存在，重点校、重点班、择校等有悖公平原则的现象不断涌现，有的地区更是愈演愈烈。面对新形势和新矛盾，消除这种不合理的教育差距和现象，使得广大人民群众接受良好的基础教育成为教育工作的核心目标。

（一）现实的触动：教育均衡发展的最大障碍是"区域内差异"

自 2005 年 5 月 25 日教育部颁布《关于进一步推进义务教育均衡发展的若干意见》开始，中国义务教育均衡发展问题明确成为中国新时期教育改革和发展的核心问题之一。时至今日，在教育部、各省（自治区、直辖市）、各县（市、区）的基础教育工作要点中，推进基础教育特别是义务教育均衡发展一直是他们的重要战略任务。

伴随着教育均衡发展政策的深层次推进，可以说中国基本摆脱了教育资源严重匮乏的状况，实现了教育大跨越发展，进入了全面提高教育质量的新阶段，即"后财力"时代②。但是仍有不少地区特别是农村，其教育基础之薄弱、质量之低等问题依旧困扰着教育的进一步发展。面对区域教育优质均衡程度较低的状态，我们看到一种"外延式"均衡发展模式所带来的弊端。即按照"四个统一"的原则（统一硬件配备标准、统一拨款标准、统一信息平台和统一提供人员培训与发展机会）进行标准化学校建设，当所有学校的硬件条件都差不多，且均处于一个较高的水平时，却发现在老百姓心中，好学校仍然是那么几所。这时候回过头来想一想，才发现当前我国教育发展的非均衡状况突出表现为"发展内差异"，走向优质均衡的关键是解决"区域内差异"③。在以东部为代表的经济文化发达

---

① 所谓"两基"即基本实施九年义务教育和基本扫除青壮年文盲。

② 所谓"后财力"时代，意味着非财力问题将成为我国教育均衡发展问题的重心，尤其是在基础教育均衡发展战略将实现由数量普及向质量提升转型的背景下，满足人民对优质教育的满意目标将成为均衡发展的核心。当然这并不意味着财力问题已不重要。

③ 随着我国经济发展的区域差距越来越明显，教育发展也与经济发展一样表现出随地区而不同的差序格局，这种差距不仅表现在区域之间，而且也反映在区域内部。因此，影响以内涵发展促进教育公平的最大障碍是"区域内差异"。这种"发展内差异"中最值得关注的是，随着社

地区，学校之间在办学条件上的差异已不大，但体现为"内涵"的诸如教师的教学理念和专业素养、领导层的管理水平和领导方式、学校制度的更新与完善、学校文化生态的形成与优化等差异则显得更为突出。① 这是当下教育均衡发展的重心问题，也是笔者选择探讨"区域"教育均衡的原因之一。

（二）声音的缺失：一种施予的"均衡"

在教育均衡发展的推行过程中，政界、学术界、媒体等各方面都高度关注教育均衡发展问题。为了缩小区域、城乡、校际、群体间的教育差距，实现基础教育均衡发展，国家和各地政府先后制定了相关政策法规，来保障义务教育均衡发展的推行。特别是近年来，为了实现创新型国家和人力资源强国的目标，国家先后制定了多项文件纲要②，通过经费保障、扶贫济弱、监督评估等政策措施促进区域教育均衡发展。从行政区划角度来看，当下已出现了淞沪模式、北京模式、沈阳模式、铜陵模式、湖北模式、浙江模式、山东模式等教育均衡发展的实践模式，每种模式相互融合并整合了诸多要素。③ 在中国自上而下的行政管理体制下，我们所看到的、听到的，更多的是政府的政策法规、学术探讨上的实然与应然以及媒体对"公与不公"或"均与不均"的结果性报道，而对于均衡政策执行过程中被施予对象的声音却鲜有听到。教育均衡成了一种施予上的"均衡"。

从施予一方来看，且不说有些促进均衡的政策争议性较大，就政策执

（接上页）会经济和文化的发展，教育资源的逐渐丰富，学校之间的品质差异便日益凸显出来。参见杨小微《义务教育内涵式均衡发展路径分析》，《教育发展研究》2009 年第 5 期。

① 杨小微：《义务教育内涵式均衡发展路径分析》，《教育发展研究》2009 年第 5 期。

② 诸如《国家中长期科学和技术发展规划纲要》《国家中长期教育改革和发展规划纲要（2010—2020 年）》和《国家中长期人才发展规划纲要（2010—2020 年）》等。

③ 从总体上讲，各模式均还处于探索阶段，更多的是属于资源投入阶段，还没有形成自主造血功能。这些模式在机制选择上大体包括"经费保障机制""资源共享机制""师资交流机制""生源调配机制""扶贫济弱机制"和"监督评估机制"六种，这些机制在现实中形成的实践路径则大体包括：常规路径、自上而下的行政驱动路径、自外而内的专家驱动路径、自内而外的主体路径和自下而上的民间利益驱动路径，而后两者路径占少数。参见张天雪《区域教育均衡发展的实践模式、路径与政策理路》，《教育发展研究》2010 年第 15—16 期；汪明《义务教育均衡发展与若干保障机制——部分地区的政策及实践分析》，《教育发展研究》2005 年第 19 期。

行过程来看，诸多"失灵"的教育政策更需要我们关注政策的有限性①，"一刀切"往往导致政策批评，柔性政策又为执行带来诸多"寻租现象"。均衡不是一项仅靠施予的单向行动，许多国家和地区的发展现实已经证明：在全球化背景下，区域教育发展不仅仅是一个简单的由教育资源、教育政策和科学技术推动的过程，而是一个复杂的动态系统过程。在均衡过程中，实施方的施予与接受方的体验未必一致，换言之，这从另一个角度质疑我们："教育均衡"到底是什么？教育均衡仅是实施方的单边行为吗？接受者又是如何理解和对待教育不均衡与均衡现象的呢？等等。诸如此类问题有待我们进一步去探讨。

近年来，质的研究方法越来越受到人们的关注，质性研究通过"对人类行为和经验的理解，研究、表达和解释人类的主体感受（经验）。他们寻求掌握人们建构其意义的历程，并描述这些意义是什么"。② 它强调关注微观分析，强调关注个体的人的经历故事及其背后隐藏的个体意义。这种以真相描述见长的研究模式赋予了个体言说其经历的权利，为我们探寻区域教育均衡发展过程中那份遗失的声音提供了很好的途径，也为还原教育均衡推行过程中的真实面貌提供了一定的可能性。这也是我选择叙事范式探讨教育均衡的重要原因之一，同时，也要求我扎根在实践与事实的土壤中，谨慎地使用理论进行探究。

（三）过程的"黑箱化"：政策与理论遭遇复杂性实践

"教育均衡发展是一种发展目标，更是一种教育发展过程"，"是一个长期的、动态的、辩证的历史发展过程"。③ 但是在许多情况下，我们的

---

① 教育政策结果的多样性与复杂性，尤其是非预期性结果的出现表明了教育政策作用的有限性，包括教育资源配置的低效、教育的不公平、教育管理成本的增加、教育利益群体的心理影响、对教育管理机构的信任危机、教育腐败、教育的制度化等。不论是教育政策的边界限制，还是教育政策的行动局限，都是与教育政策本身的特点分不开的，是教育政策自身难以克服的内在限制，而这些限制往往是我们不容易认识和承认的。参见张振改《教育政策的限度研究——来自个案的启示》，博士学位论文，华东师范大学，2006年，第39—59页。

② 丁钢：《教育叙事的理论探究》，《高等教育研究》2008年第1期。相关研究还可参见丁钢《声音与经验：教育叙事探究》，教育科学出版社2008年版；陈向明《质的研究方法与社会科学研究》，教育科学出版社2000年版；张希希《教育叙事研究是什么》，《教育研究》2006年第2期。

③ 关于这一点在学术界已基本形成共识。参见翟博《教育均衡论——中国基础教育均衡发展实证分析》，人民教育出版社2008年版，第418—419页。

政策、理论关注的往往是教育发展的输入与输出端,从政策的制定到政策的评估,从不均衡现象的探讨到对政策与成功经验模式的引鉴,我们看到的更多的是宏观层面教育均衡发展的起点与结果,而对于均衡发展的过程性研究相对比较缺乏。过程的"黑箱化"往往让我们无法看到设计得几乎完满的政策与措施在遭遇复杂性实践时的具体情况,教育政策是如何与实践发生作用的,实践又如何反作用于它们,这些往往成为真正困扰我们的问题所在。

反观历史,我们其实不缺少促进区域、城乡、校际和群体之间教育公平、改善薄弱学校办学条件、扩大优质教育资源等政策制度,但是,这些政策措施在执行过程中,其复杂的实践过程却受到外在环境的多重影响,我们很难判断到底是谁催生了谁?[①] 我们的理论研究也关注区域教育均衡发展,但一些研究停留于简单借鉴域外理论、忽视不同管理体制背景、跨越时空、国情与区域本土文化传统等层面,面对具体的复杂的实践往往变得力不从心。当然,这些政策措施的制定都很有必要,但也给我们留下了诸多疑问:教育资源多些投入就能提升质量吗?一所条件优越的百年名校与一所厂房里的农民工子弟学校虽是隔街相望,但它们之间的差距只是投入的问题吗?在中国政府主导下的基础教育发展如何才能真正实现教育均衡呢?且不论这些问题的关系到底如何,但可以肯定的是,我们的教育均衡发展中的确存在一种实践样态,它的动态过程"生成性"不容我们忽视。

二 个案聚焦:为什么选择北仑

正如引子部分所言,本书选取宁波市北仑区作为研究对象。为什么会选择这么一个地区来进行教育均衡的叙事研究?一方面在于北仑区的教育均衡发展之路已然成为一种"北仑模式"而极富代表性。北仑区是在我国城镇化进程中诞生的新区,其教育发展除了具备一般地区共有的特点之外,还深深地打上了本土文化烙印。从镇海县分离之初,北仑区几乎是

[①] 我国教育系统的制度化推进过程,存在着显性制度化和隐性制度化两种趋势,正式的制度体系和关系模式是显性的,非正式的体现于风俗习惯、伦理道德、信念、信仰中的制度体系和社会关系模式是隐性的,它们表现出教育系统的内在价值分裂,这是制度规范价值与制度认同之间的分裂。参见李金《中国社会转型中的制度推进:显性制度化与隐性制度化》,《社会学》2001年第6期。

"一张白纸",教育的发展也是从零开始。教育往往需要依托当地的政治、经济与文化之间的天然联系,它们之间有着固有的张力,相互牵制,这种张力对教育均衡发展的进程有着巨大的潜移默化的作用,而反过来,教育均衡发展的本身又对区域的社会经济发展和变迁产生强大的反作用力。基于这个逻辑起点,我将目光锁定在了北仑区的教育均衡发展之路上。在查阅大量文献后,发现关于一个地区、小镇或乡村的田野研究已然汗牛充栋,直接研究北仑区的文献也颇有数量,但是这些研究大多停留于浅层的质性描述或者"问题—分析—对策"这样的研究模式①上,两者结合的方式甚少②。此外,在众多研究文献中也没有发现关于该区专门的教育社会学研究,而在专门的教育均衡发展研究文献中,也几乎没有这样的研究存在。这一切都鼓励着我进一步深入区域教育场域中去进行深度挖掘和研究。

除了北仑教育均衡的典型性让我对此项研究充满"一腔热血"外,我选择北仑区作为研究对象还基于另外一个原因:即所谓的"局内人"和"局外人"因素。由于质的研究在很大程度上受到研究者与被研究者之间关系的影响③,因此二者的角色关系十分重要。"局内人"通常指与研究对象同属一个文化群体的人,它们享有共同的价值观念、生活习惯,对事物往往有比较一致的看法;④与此相对应的便是"局外人"。一般认

---

① 这两种研究方式各有利弊,后者还曾被批判为是理性工具下的产物,冯·哈耶克曾警告道,经过长时间适应过程的社会,其处理问题的能力更强,而知识分子们使用最先进的理论和工具并被计算机模型彻底证明其"合理干涉"效果,结果使社会状态更糟。参见冯·哈耶克《理性的滥用及堕落》(Missbrauch Verfall der Vernunft),转引自[美]保罗·费耶阿本德《告别理性》,陈健、柯哲译,江苏人民出版社2007年版,第17页。

② 混合方法研究已经被教育研究方法论学者称之为是继定量研究范式与质性研究范式之后的"第三种教育研究范式",或称为教育研究运动的"第三次浪潮"。目前,在国内,由于整体宏观研究设计的缺乏,出现了质化方法和量化方法简单叠加的情形,致使混合设计的特色不能够得到全面体现,也未能充分发挥这种研究范式的效用,数据资料及其信息的挖掘也未能深入,影响了研究的深度、信度和效度。参见[美]阿巴斯·塔沙克里(Abbas Tashakkori),查尔斯·特德莱(Charles Teddlie)《混合方法论:定性方法和定量方法的结合》,唐海华译,重庆大学出版社2010年版;[美]约翰·W. 克雷斯威尔《研究设计与写作指导:定性、定量与混合研究的路径》,崔延强主译,重庆大学出版社2007年版。

③ 陈向明:《质的研究方法与社会科学研究》,教育科学出版社2000年版,第133页。

④ 同上书,第134页。

为，局内人更能进入对方的"期待视界"①，因此更容易与被研究者产生共鸣，理论构建时也更能从当地人视角出发，对本土概念的理解也更加深刻。但是，正如陈向明所说，同一文化的局内人关系可能给研究布下陷阱，正是它们共同享有的东西太多，研究者可能失去研究所需要的距离感。② 这种距离感的丧失可能导致研究者加入过多的主观理解，而对被研究者的独到之处视而不见。而在本书中我与北仑地区被研究者的关系刚好游离于局内人和局外人之间，即满足陈向明所说的内外角色不固定的情形③。其一，我从小生活在与宁波仅"一墙之隔"的台州市，同属于浙东沿海地区，与北仑相距100多公里，因此，在价值观念和生活习惯上，可视为"局内人"；其二，因曾多次参与北仑地区教育发展课题研究，北仑区教育局以及诸多中小学校长和教师多把我当做他们"熟悉的陌生人"，这里的"陌生"并非心理隔阂，而是点出了我"非土著民"的身份，因此，在访谈过程中，我具备了得天独厚的优势，特别是我能用方言跟当地人交流，更加增添了我"局内人"的特色。

但另一方面，我又不是一个完全的局内人，或者更客观地说，一旦我以研究者的角色进入北仑区，我便不由自主地具有了"局外人"的身份，用学者陈向明的话说，就是研究者在从事研究的时候由于带有自己的理论框架，代表的是特定科学家群体所信奉的研究范式，因此即便研究者以局内人自居，但一旦进入研究场景，就已经不是一个完全的局内人了。但当我具备了"局外人"的身份时，我便能从心理上和空间上与研究对象保持一定的距离，这种距离所产生的效果便是让我更加容易看到事物的整体结构和发展脉络。④

由此可见，当我选择将北仑区作为研究对象时，我的局内人、局外人双重身份使我成为"可以接受的边缘人"⑤ 而占据优势。但必须承认的是，这种双重身份让我也感到无比"难受"，不但让我在研究中产生了较

---

① 董小英：《再登巴比伦塔——巴赫金与对话理论》，生活·读书·新知三联书店1994年版，第47页。
② 陈向明：《质的研究方法与社会科学研究》，教育科学出版社2000年版，第135页。
③ 同上书，第142页。
④ 同上书，第136页。
⑤ 这一概念由汉莫斯里（M. Hmmersley）和阿特肯森（P. Atkinson）提出，参见 M. Hmmersley, P. Atkinson, *Ethnography*: *Principle in Practive*, London & New York: Routledge, 1983, p.79。

大的心理焦虑，而且对自我概念和形象整饰带来了挑战①，使我感觉自己具有了双重人格，好像得了"精神分裂症"似的②。

三 研究问题界定

区域教育均衡作为整个教育均衡发展中不容忽视的重要组成部分，其运行机制和动力要素都在发生根本性的改变。许多国家和地区的发展现实已经证明：在全球化背景下，区域教育均衡发展不仅仅是一个简单的由资源、政策和技术推动的过程，而是一个复杂的动态发展过程。

综观国内外区域教育发展现状，无论是欧美还是日本，无论我国的东部还是中西部，区域教育差距存在的原因是多方面的，有社会制度上的，经济体制上的，文化环境上的，以及地理区位和区域政策等方面上的。虽然单一的因素对区域教育均衡发展产生了一定的功效，但是缺乏微观视角的系统动态考察是一个普遍存在的问题，即区域教育在努力走向均衡时的过程性考察和系统合力问题③。它不仅促使教育学家和社会学家对教育发展问题进行研究，也使政府部门在煞费苦心地寻找着使区域内教育走向优质均衡并保持活力的途径。

那么，就一个特定区域教育的均衡发展而言，除了地理区位等自然环境因素外，决定一个区域教育均衡程度高低的因素究竟是什么？同一个国家里，为什么有的地区均衡程度高，有的地区均衡程度低；同一个地区，为什么有的时候较快地趋近均衡，有的时候又远离均衡？在特定区域这个复杂系统中，教育又是如何与系统内的其他要素相互作用并趋向均衡的④？如果从动态过程的视角来考察，那么区域教育均衡发展具有怎样的

---

① 陈向明：《质的研究方法与社会科学研究》，教育科学出版社 2000 年版，第 146 页。

② Lofland. J, *Analyzing Social Settings: A Guide to Qualitative Observation and Analysis*, Belmont, CA: Wadsworth, 1971, pp. 108–109.

③ 从整个区域教育发展过程及运行机制看，对教育发展中的政策和要素本身的过度关注以及它们之间的分散化，使得区域教育发展的资源配置与分布不合理，难以形成系统合力。

④ 教育均衡是为了让全体受教育者获得相对均等的受教育机会和受教育权利，这些机会与权利的获得，从根本上来讲，离不开具体层面的科学操作。但是当"外延式"均衡发展遭遇瓶颈时，必然转向"内涵发展"，而内涵发展的本质是一种"自组织"过程，这种"自组织"形式的表现在于，内涵发展强调的不是依靠外部力量，而是依靠系统自身的力量来达到某种平衡状态。参见范国睿、李树峰《内涵发展：教育均衡发展的新趋向》，《上海教育科研》2007 年第 7 期。

复杂性实践样态? 这些是我们研究区域教育均衡发展时不得不面对的问题。基于上述思考,结合研究对象,拟主要探讨以下三大问题。

第一,教育均衡发展在特定区域内是如何演变的,如何以超常规、跨越式高位均衡发展模式开创全国"教育传奇"的,在这个过程中,隐藏着怎样的社会文化与结构因素。

第二,推动区域教育均衡发展的动因与机制到底是什么,即一块原本是教育贫瘠区的乡村之地发展到今日之教育胜景,是什么促成了它"造峰抬谷"(而非削峰填谷)的优质均衡,在这一过程中,政府教育行政部门、学校、家庭甚至是学术团体又各自处于什么样的关系,起到什么样的作用。

第三,这只是一个历史个案,还是在全国性的城镇化进程中具有一定的普遍意义,对于我们今天重新理解"教育均衡"又会有什么样的影响。

第二节 文献资料回顾与评述

在中国知网中以"教育均衡"为主题进行检索,可以查阅到相关期刊论文2755篇,其中核心期刊论文933篇、硕士论文419篇、博士论文25篇。从国内学者有关教育均衡发展研究的成果看,大致以世纪之交我国基本实现"两基"为标志,可以分为两大阶段。第一阶段是20世纪末以前,主要有沈百福、俞诗秋[1]的省级地方教育投资的区域比较研究;杜育红[2]、王善迈[3]等有关中国教育发展不均衡的实证研究。这个时期的研究主题主要聚焦于区域间教育不均衡发展,尚属于教育均衡发展研究的开启时期。第二阶段是从2002年开始至今,是教育均衡发展研究的重要阶段,这个时期的研究已经突破了教育不均衡的范畴,在更广阔的意义上探讨教育均衡发展的内涵、内容、途径和对策,关注群体(特别是弱势群体)间的均衡,校际间的均衡,区域均衡以及城乡均衡。在近两年,诸多学者已转向对"内涵均衡"的关注,力图克服之前"外延式"均衡发展

---

[1] 沈百福、俞诗秋:《中国省级地方教育投资的区域比较研究》,《教育与经济》1994年第4期。

[2] 杜育红:《教育发展不平衡研究》,北京师范大学出版社2000年版,第1—203页。

[3] 王善迈、杜育红:《中国教育发展不平衡的实证分析》,《教育研究》1998年第6期。

的弊端。

本书主要采用教育叙事的研究方法。叙事研究是质的研究的一种形式[①]，兴起于20世纪80年代的西方，随后中国学者开始使用这种方法，并陆续有成果问世。因此，本书的文献回顾主要围绕教育叙事研究以及教育均衡发展研究展开。

一 教育叙事研究的相关理论

由于长期以来，新思想与新声音所代表的仅仅是"知识分子"（而不是普通大众）的处境、感受和渴望，[②] 因此在理论界流通的也往往不是普通大众的声音，[③] 这种"理论与事实的紧张"掀起了人文社会学领域的"叙事转向"浪潮，[④] 由此可见教育叙事研究只不过是"叙事转向"的思想浪潮在教育学科中的集中反映。而真正把叙事引入教育研究，并将其发扬光大的是加拿大学者康奈利（Michael Connelly）和克莱迪宁（Clandinin）。康奈利认为叙事研究就是撰写故事的过程，或者说是对经验的考察，正如康奈利和克莱迪宁所说"为什么叙事？因为经验"。[⑤] 但是教育叙事又不仅仅是单纯的经验描述，写得好的故事同时也更接近理论，因为它们给出的叙事对参与者和读者都具有教育意义。[⑥]

教育叙事并非毫无目的地记"流水账"，而是通过听到"沉默的大多数"（比如学生、家长、老师）的声音[⑦]，去"理解"和"解释"世界，它既是一种表达模式，也是一种推理模式[⑧]。一些批评者往往认为，教育叙事跟教育叙事研究具有较大的差别，即教育叙事只注重讲故事，而没有进行"研究"。然而，刘良华认为，教育叙事和教育叙事研究二者界限并

[①] 刘良华：《教育叙事研究：是什么与怎么做》，《教育研究》2007年第7期。
[②] 丁钢：《声音与经验：教育叙事探究》，教育科学出版社2008年版，第3页。
[③] Feyerabend, P. K., *Science in a Free Society*, London: New Left Books, 1978, pp. 13–16.
[④] 丁钢：《声音与经验：教育叙事探究》，教育科学出版社2008年版，第4页。
[⑤] 同上书，第15页。
[⑥] Michael Connelly and Clandinin, "Narrative Inquiry, in Torsten Husen & Neville Postlethwaite (eds)", *The international encyclopedia of education* (2nd Edition, Volum 7), Oxford: Pergamon Press, 1994a, pp. 4046–4051.
[⑦] 丁钢：《声音与经验：教育叙事探究》，教育科学出版社2008年版，第8页。
[⑧] Richardson, L., "Narrative Sociology", *Journal of Contemporary Ethnography*, Vol. 19, No. 9, 1990.

没有那么清晰，他认为教育叙事研究既可以叙述故事，不对故事做评论或解释，也可以对自己讲述的或他人讲述的故事进行再评论和解释（类似"文艺评论"）①。

因此，刘良华认为"教育叙事研究并不排斥纯粹的故事"，但丁钢的观点与此相反，他认为不能把叙事研究仅理解为单纯的讲故事，故事只是一个载体，就研究而言，不是讲完故事就完事了。②

叙事研究关注的是社会事实，为了获得真人真事，可以通过多种方式获得相关素材：现场工作、田野考察、口述史、各种故事、学校年鉴、个人纪念品、自传日记，以及访谈、书信、文献分析等。③ 刘良华对"怎样做叙事研究"提出了一个思路：即"收集资料——解释资料——形成扎根理论"的过程。而在这过程中，对资料的解释及扎根理论的形成是关键。在资料解释上，要明确"关键事件"和"本土概念"（Native concept），作者认为某个词语是否能够成为"本土概念"，要看这个词语是否频繁出现或被本地人"重复使用"④。对本土概念的识别并不是从研究者自身的知识结构去判断，因此，陈向明认为，即使一个概念在研究者看来"非常平常"，但是只要这个概念对被研究者来说具有一定的意义，就可以被认为是他们的本土概念。⑤ 比如该作者在其博士论文《旅居者"外国人"——留美学生跨文化人际交流研究》中，归纳出"交往""人情""交友"等七个本土概念，这些概念都是比较常见的，看似缺乏"本土气息"，但是由于它出自被访者口中，而且对其有重要含义，因此仍称为本土概念。

在对资料分析和解释之后，就可以开始建构理论了。建构理论是社会科学研究的内在要求，也是研究结果的一个必然归宿。⑥ 而这种建构理论

---

① 刘良华：《教育叙事研究：是什么与怎么做》，《教育研究》2007 年第 7 期。
② 丁钢：《声音与经验：教育叙事探究》，教育科学出版社 2008 年版，第 64 页。
③ Michael Connelly and Clandinin, "Narrative Inquiry, in Torsten Husen & Neville Postlethwaite (eds)", *The international encyclopedia of education* (2nd Edition, Volum 7), Oxford: Pergamon Press, 1994a, pp. 4046–4051, 转引自丁钢《声音与经验：教育叙事探究》，教育科学出版社 2008 年版，第 15 页。
④ 刘良华：《教育叙事研究：是什么与怎么做》，《教育研究》2007 年第 7 期。
⑤ 陈向明：《质的研究方法与社会科学研究》，教育科学出版社 2000 年版，第 284 页。
⑥ 同上书，第 318 页。

的方法可以很多，扎根理论是经常用到的方法之一。"扎根理论"最初是由美国学者格拉塞（Glaser G.）和斯特劳斯（Strauss A.）提出来的，二人认为扎根理论是透过有系统的收集和分析资料的研究历程，从资料所衍生而来的理论。在此一方法中，资料的收集、分析和最终形成的理论，彼此具有密切的关系。①

叙事研究属于质的研究范畴，只不过在文本呈现上以叙事的方式体现出来。国内学者对教育叙事研究可分为明显的三派：理论派、实践派和综合派。其中，理论派重点进行教育叙事的方法论探讨，如什么是教育叙事、如何做教育叙事研究等，以丁钢等学者为代表；实践派则是将教育叙事研究应用到具体研究中，如徐美德所著的《思想肖像：中国知名教育家的故事》、张宿玲所著的《文化、性别与教育：1900—1930年代的中国女大学生》、孙崇文所著的《学生生活图景：世俗内外的教育冲突》、王枬等著的《教师印迹：课堂生活的叙事研究》；近年来教育叙事研究的方法也逐渐应用到博士学位论文中，如司洪昌博士的《嵌入村庄的学校》、黄瓒博士的《教育场域中的资源争夺、创造与博弈》等都采用了教育叙事的研究方法。综合派则是两者的结合。但是在我国当前的教育叙事研究中，却出现了概念滥用甚至是泛化的倾向，"走向片面强调特殊主义的反理性主义的极端，从而把教育研究中对共性与个性、一般与特殊、'一'与'多'的探讨对立起来，使得教育叙事研究出现了'叙事有余，理论不足'的缺陷，甚至出现了反理论、去概念的倾向"。② 伴随着时间的推移，诸多长期从事教育叙事研究的学者开始意识并发现了上述问题的存在及严重性，发出了"教育叙事研究必须加强自身方法的建设和学术规范的训练"的呼吁，开始投入对教育叙事研究的自觉反思中。③

二 教育均衡：含义及其衡量标准

按照《辞海》的解释，均衡的含义为："均衡，亦指平衡，是指矛盾的暂时的相对统一，一般可分为动态平衡和静态平衡，但都与运动分不

---

① ［美］Strauss, A., Corbin, J.：《质性研究入门：扎根理论研究方法》，吴芝仪等译，涛石文化事业有限公司2001年版，第19页。

② 孙振东、陈荟：《对我国教育叙事研究的审思》，《教育学报》2009年第3期。

③ 王枬：《教育叙事研究的兴起、推广及争辩》，《教育研究》2006年第10期。

开。""均衡"一词可以加上不同的前缀而应用于不同的学科领域,如物理学的均衡、经济学的均衡、美学的均衡、教育学的均衡等,虽然以上概念均包含了均衡一词应有的基本含义,但是又随着学科特征的不同而被赋予了特有的内涵。

要弄清教育均衡的含义,首先需要厘清与教育均衡关系紧密、而又极易与之混淆的一个词:教育公平。在国外的研究中,往往只能见到"教育公平(或平等)"而较少见到"教育均衡"的说法,如美国学者罗尔斯(John Rawls)的教育公平理念、瑞典教育家胡森(Torsten Husen)的教育公平论等均使用了"教育公平"一词。对于二者的关系,中央教科所提出的"义务教育均衡发展是实现教育公平的基石",[①] 言简意赅地点出了"教育均衡"和"教育公平"间的关系,即学者通常所说的均衡是手段(途径),而公平才是教育发展的目标。[②] 可见二者是相互融合、相互推进的,如果没有均衡发展作基础,那么在办学条件、教师资源落后的地区,就很难保证每个学生平等地享有接受教育的权利与机会,实现受教育者成就机会均等更是不可能;如果不是以教育公平作为最终目标,忽视每个人都有实现他自己的潜力和享有创造他自己未来的权利,那样的均衡只能是低水平的均衡,必将阻碍教育的发展。[③] 因此,"教育均衡"与"教育公平"实际上是一个着重过程、一个着重结果的不同提法,就其所指代的内容而言,并无实质性差别。

(一)美国哲学家罗尔斯的公平三原则

美国哲学家罗尔斯从社会正义论的立场出发,提出了分配正义论,并被运用于教育领域。该论说主要包括两个层次三个原则,其中第一层次为"每个人对于一种平等的基本自由之完全适当体制都拥有相同的不可剥夺的权利,而这种体制与适合于所有人的同样自由体制是相容的。"[④] 这一原则就是自由原则。第二层次为"社会和经济的不平等应该满足两个条件:第一,它们从属的公职和职位应该在公平的机会平等条件下对所有人

---

① 中央教育科学研究所教育政策分析中心:《义务教育均衡发展是实现教育公平的基石》,《教育研究》2007年第2期。

② 翟瑛:《论义务教育均衡发展与教育公平》,《教育探索》2006年第12期。

③ 同上。

④ [美]约翰·罗尔斯:《作为公平的正义——正义新论》,姚大志译,上海三联书店2002年版,第70页。

开放（机会的平等原则）；第二，它们应该有利于社会之最不利成员的最大利益（差别原则）。"① 事实上，罗尔斯所说的平等是需要以一种不平等为前提的，即"对先天不利者和有利者使用并非同等的而是不同等的尺度，也就是说，为了事实上的平等，形式的平等要被打破，因为对事实上不同等的个人使用同等的尺度必然会造成差距"。② 就教育领域而言，公平的分配意味着教育产品、教育资源的分配应该遵循某种正义的原则，指导教育均衡发展。③ 罗尔斯对教育公平的理解实际上包含了机会公平、过程公平以及结果公平三个方面。与罗尔斯观点相似，克里斯托夫·詹克斯（Christopher Jencks）认为教育不公平主要表现为教育资源的不平等、学生入学机会的不平等以及学生选择课程机会的不平等。从中我们不难发现，詹克斯的教育公平将竭力实现机会公平，过程公平（资源）和结果公平三个方面。④

（二）瑞典教育家胡森的教育公平论

在胡森看来，教育平等观念会因社会哲学观的不同而分别形成起点平等论、过程平等论和结果平等论三种理论形态。即平等有三种含义：一是个体起点的平等，即每个人都有不受任何歧视开始其学习生涯的机会；二是中介性阶段的平等，即教育过程中受到平等的对待，以平等为基础对待不同人种、民族和社会出身的人；三是最后目标的平等，即促使学生取得学业成就的机会平等。⑤ 他从物质上的障碍和心理上的障碍两个方面对阻碍机会均等的各种因素进行了分析，认为即使物质上的障碍被消除，心理上的障碍仍然存在且影响更大，因此需综合考虑物质条件与心理状况对教

---

① [美]约翰·罗尔斯：《作为公平的正义——正义新论》，姚大志译，上海三联书店2002年版，第70页。

② 同上。

③ 事实上，罗尔斯的分配正义论在近些年来也遭到了新兴的关系正义论观点的批判与发展，他们认为社会公平问题不应该只在分配层面上讨论，不公平和非正义在分配领域之外的人际互动的社会关系层面上也有明显表现，这一新观点已经在教育公平理论研究及公共政策领域引起了广泛关注。参见钟景迅、曾荣光《从分配正义到关系正义——西方教育公平探讨的新视角》，《清华大学教育研究》2009年第5期。

④ Jencks, C., *Inequality: A Reassessment of the Effect of Family and Schooling in America*, New York: Basic Books, Inc., 1972.

⑤ 赵利：《论受教育权的价值取向》，《湖北社会科学》2004年第12期。

育的影响。① 基于上述分析,胡森将影响教育平等的因素分为五个方面,主要包括校外的物质因素,校内各种物质设施,学校环境的心理因素(如教师对学生的态度),家庭环境的心理因素(如家长的期望、对教育的态度),以及课程安排、课外作业等教学条件。②

(三) 美国学者科尔曼的《教育机会均等的研究报告》

二战后,以科尔曼教授牵头的调查组收集了美国各地4000个学校64万个学生的数据,对有关学校的调查分为4大部分:种族隔离情况;设施、师资等情况;学生的学习成就;与成就相关的学校特征因素。在研究中科尔曼提出了教育机会均等的4项内容:进入教育系统的机会均等、参与教育的机会均等、教育结果均等、教育对生活前景机会的影响均等。③他提出实施补偿教育模式应成为实现教育公平的重要策略选择,极大丰富了基础教育均衡理论。科尔曼报告的一个突出贡献就在于他重新界定了教育机会均等的内涵。科尔曼认为,"教育机会均等不能仅仅局限于靠平等的投入,如平等的教育支出、教师和设备等来衡量,而应将关注的重心转到独立于家庭背景的学生学业成就。学校的成功只能从它减少学生对他们社会出身的机会依赖上来评价,教育机会均等不仅仅意味着资源均等,而且意味着学校的效益均等。"④

从国内学者来看,于建福认为教育均衡发展,是指通过法律法规确保给公民或未来公民以同等的受教育的权利和义务,通过政策制定与调整及资源调配而提供相对均等的教育机会和条件,以客观公正的态度和科学有效的方法实现教育效果和成功机会的相对均衡。⑤ 从于建福的阐述中可以看出,教育均衡的目标在于实现教育效果和成功机会的均衡,而法律法规是推动教育均衡的重要保障,政策制定与资源调配是实现教育均衡的主要举措。

---

① 诸燕、赵晶:《胡森教育平等思想述评》,《徐州师范大学学报(哲学社会科学版)》2007年第4期。

② 同上。

③ 龙春阳:《制度伦理:和谐高等教育制度建构的价值向度》,《黑龙江高教研究》2010年第5期。

④ 安晓敏:《教育公平指标体系研究——基于义务教育校际差距的实证分析》,博士学位论文,东北师范大学,2008年,第10页。

⑤ 于建福:《教育均衡发展:一种有待普遍确立的教育理念》,《教育研究》2002年第2期。

综合现有的研究可以看出，教育均衡的内涵主要包括以下三个方面：教育机会均等，教育资源配置均衡和教育结果均衡。①教育机会均等。有学者提出，学校均衡发展应是建立在教育机会均等的原则基础之上的。① 于建福认为教育是每个公民的权利和义务，教育均衡发展应提供相对平等的接受教育的机会和条件。在教育实践中，教育均衡发展还应包括学习条件的均等，即在教学内容、教育经费、教育设备、师资水平等方面有相对均等的条件，学生在教育的过程中受到平等的对待。② 翟博认为以人为本的教育均衡发展观应关注人人接受教育机会的公平性，即在教育活动中人们享有同等的受教育机会。③ ②教育资源配置均衡。翟博提出教育均衡发展首先是教育资源配置的均衡，并认为教育均衡发展是基于现实存在的教育需求与供给不均衡而提出的，认为教育均衡是经济学均衡理论的移植，从而从经济学资源配置的角度出发，提出教育资源配置实质上就是教育资源在教育系统内部各组成部分或不同子系统之间的分配。④ 杨颖秀提出基础教育失衡发展首先是资源配置政策的错位，主要表现为沿海地区与内陆地区的差异，城市与农村的差异，"重点校"、"示范校"与普通学校的差异。③教育结果均衡⑤。于建福指出教育均衡应使每个学生接受教育后都应达到一个最基本的标准，都能获得学业上的成功，在德、智、体、美等方面实现全面发展。⑥

另外有学者从不同类别层面阐释了教育均衡的内涵，主要包括三个层面：一是区域之间的均衡发展，省域之间、市域之间、县域之间以及城乡之间，都要统筹规划，实现均衡发展；二是区域内部校际间的均衡发展；三是群体间的均衡发展，特别应当关注弱势群体的教育问题。⑦

关于教育均衡指标方面，杨东平、周金燕提出了一个理想的教育公平指标，包括义务教育均衡指数、高中教育公平指数和高等教育公平指数三

---

① 程方平：《学校均衡发展与人的发展》，《教育研究》2002年第2期。
② 于建福：《教育均衡发展：一种有待普遍确立的教育理念》，《教育研究》2002年第2期。
③ 翟博：《教育均衡发展：理论、指标及测算方法》，《教育研究》2006年第3期。
④ 翟博：《教育均衡发展：现代教育发展的新境界》，《教育研究》2002年第2期。
⑤ 杨颖秀：《基础教育均衡发展的政策视点》，《教学与管理》2002年第8期。
⑥ 于建福：《教育均衡发展：一种有待普遍确立的教育理念》，《教育研究》2002年第2期。
⑦ 汪明：《义务教育均衡发展与若干保障机制——部分地区的政策及实践分析》，《教育发展研究》2005年第19期。

个方面，每个指数从教育入学机会、教育过程和教育学业成就三个方面出发，同时考虑城乡、地区、性别等差异。① 翟博根据经济学上的基尼系数推导出教育基尼系数，用于评价教育公平状况：

$$EGINI = |\sum_{i=1}^{4}(CEA_i \cdot POP_{i+1} + CEA_{i+1} \cdot POP_i)| \qquad 公式 1-1$$

式中，EGINI 表示教育基尼系数，CEA_i 表示教育成就的累积百分比。而在教育均衡指数构建中，分别包括教育机会均衡指数、教育资源配置均衡指数、教育质量均衡指数和教育成就均衡指数。② 国内其他学者，比如林涛、叶平、张传萍、陶小龙、孙百才等，也基于基尼系数对我国教育均衡问题进行了理论与实证研究。

三 中国基础教育均衡发展的现状与对策

基于对教育均衡的内涵与理论探讨，国内学者还对中国促进基础教育均衡发展的现状与对策进行了研究。针对现状的不均衡，最近颁布的《教育规划纲要》提出了推进义务教育学校标准化建设，建立义务教育均衡发展保障机制，均衡配置教师、设备、图书、校舍等各项资源三大举措。③ ①翟博提出了推进义务教育均衡发展的十大对策，包括开展制度创新、深化教育改革、优化资源配置、构建教育财政制度、加强教师队伍建设、推行标准化学校建设、加快农村教育发展、加快薄弱学校建设、坚持依法治教、制定教育均衡发展评估标准。④ ②袁振国认为，缩小教育差距的对策包括加快城乡一体化进程、建立公共教育财政制度、建立义务教育基准、制定教育均衡发展系数、构筑公平竞争平台、建立多元评价制度、建立民间资金投入机制、更新农村教育观念、设立"百万国家教师岗位"、转变政府职能。⑤ ③于发友认为，促进义务教育均衡发展的对策包括理念先

---

① 杨东平、周金燕：《我国教育公平评价指标初探》，《教育研究》2003 年第 11 期。
② 翟博：《教育均衡发展：理论、指标及测算方法》，《教育研究》2006 年第 3 期。
③ 《国家中长期教育改革和发展规划纲要（2010—2020 年）》，2010 年 7 月 29 日，中国政府网 http://www.gov.cn/jrzg/2010-07/29/content_1667143.htm。
④ 翟博：《树立科学的教育均衡发展观》，《教育研究》2008 年第 1 期。
⑤ 转型期中国重大教育政策案例研究课题组：《缩小差距：中国教育政策的重大命题》，人民教育出版社 2005 年版；刘立德、邹海燕：《缩小教育差距是建设和谐社会的基础——〈缩小差距：中国教育政策的重大命题〉评介》，《教育研究》2010 年第 5 期。

行,即确立义务教育适度超前并均衡发展的理念;政策引导,即健全义务教育均衡发展的相关政策及法律法规;投入保障,即建立城乡均衡统一的投资体制;统筹发展,即以农村城市化促进县域义务教育均衡发展;技术拉动,即以信息化带动县域义务教育均衡发展;强化督导,即以督政和督学相结合推进县域义务教育均衡发展。[1]

总之,根据国内学者的研究情况来看,我国义务教育均衡发展的对策主要集中在以下六个方面:一是统筹城乡一体化发展,从源头上消除影响城乡教育差异的制度、经济、文化等因素;二是明确政府承担推动均衡发展的主要责任,公共教育政策的制定从过去的非均衡取向转到均衡发展上来,不断加大公共财政投入,完善财政转移支付制度,促进基本公共教育的均等化,并建立促进教育均衡发展的督导评估机制;三是均衡配置教育资源,通过建立义务教育均衡发展基准,促进教育投入、办学条件、师资力量等在不同类别的学校之间实现基本均衡配置;四是建立弱势补偿机制,对处于弱势不利地位的困难群众、学校和地区实施基于标准的弱势补偿,实施整体"抬谷"措施;五是提高教育资源利用率,建立区域内教育资源共享机制,推进教师和校长队伍、教育设施设备的共享,充分利用现代信息技术促进优质教育资源的共享;六是科学设计教育均衡发展指标体系,及时对教育资源配置差距以及发展状态做出预警。

均衡发展对策的提出主要是基于对基础教育非均衡发展的现状和原因的分析而得来,而对于非均衡发展的原因,学术界认为主要有以下三个方面。

一是社会经济发展不平衡导致了地区、城乡、群体间的差异,从而导致教育经费和教育投入的不平衡。王唯认为社会发展的不平衡,尤其是经济发展的不平衡是教育发展失衡的根本原因;[2] 翟博提出目前教育不均衡现象是当前二元经济发展背景下教育发展的二元性所昭示的社会教育流动图景。[3] 于建福通过比较东西部之间、城乡之间的教育状况认为造成各种教育差别和不均衡的最为根本的原因是区域经济发展水平和文化发展水平

---

[1] 于发友:《县域义务教育均衡发展研究》,博士学位论文,山东师范大学,2005 年,第 89—109 页。

[2] 王唯:《基础教育均衡发展研究综述》,《上海教育科研》2003 年第 10 期。

[3] 翟博:《树立科学的教育均衡发展观》,《教育研究》2008 年第 1 期。

上的差异。① 温习勇研究发现生均教育经费开支地区之间均衡化水平低，不同地区之间的教育投入差距较大，中国经济发展不平衡造成了地区之间、城乡之间、不同行业和不同所有制之间的差距，是影响教育均衡化发展的最重要的原因。②

二是社会政策的缺陷与错位。杨颖秀提出中国基础教育均衡发展的政策存在错位现象，主要表现为资源配置政策的错位、成本核算政策的错位和绩效评估政策的错位。③ 张胜军、陈建祥认为在社会日益走向民主的今天，教育政策的错位突出表现在价值判断层面、价值导向层面以及具体制度层面。④ 温习勇认为，户籍制度以及凭户籍就近入学政策影响着教育均衡化的实现，同时教育法规体系的缺陷与教育执法力度的软弱也是影响教育均衡的重要原因。⑤

三是市场机制运行与教育均衡发展之间的矛盾。张胜军、陈建祥指出，市场机制强调的是效率优先原则，基础教育，尤其是义务教育阶段的基础教育强调的是公平性和非排他性原则。义务教育不可能完全脱离社会发展的大环境而排斥市场机制的作用。因此，在市场机制的运用与基础教育均衡发展之间势必存在矛盾，而目前我们尚未找到一种较为理想的解决方法和途径。⑥

也正是出于上述诸多原因与现状分析，很多地区结合国家政策以及区域具体情况纷纷践行教育均衡发展，涌现了许多区域教育均衡发展模式。但从目前情况来看，尚没有一种被广泛认可的模式，教育均衡是中国特色教育制度的一次实践诉求。⑦ 张天雪综合全国教育均衡改革实践，将目前

---

① 于建福：《教育均衡发展：一种有待普遍确立的教育理念》，《教育研究》2002年第2期。

② 温习勇：《影响我国教育均衡化发展的原因与矫治对策》，《陕西理工学院学报（社会科学版）》2005年第1期。

③ 杨颖秀：《基础教育均衡发展的政策视点》，《教学与管理》2002年第8期。

④ 张胜军、陈建祥：《论基础教育的均衡发展与政府责任》，《盐城工学院学报（社会科学版）》2003年第2期。

⑤ 温习勇：《影响我国教育均衡化发展的原因与矫治对策》，《陕西理工学院学报（社会科学版）》2005年第1期。

⑥ 张胜军、陈建祥：《论基础教育的均衡发展与政府责任》，《盐城工学院学报（社会科学版）》2003年第2期。

⑦ 张天雪：《区域教育均衡发展的实践模式、路径与政策理路》，《教育发展研究》2010年第15—16期。

的区域教育均衡发展分为7大模式：以兼并重组实现集团化办学的淞沪模式，强化薄弱初中改造工程的北京模式，聚焦于教师资源配置和学生生源合理分配的沈阳模式和铜陵模式，注重政府对教育服务购买的湖北模式，实行"集团化办学""一校两区""中心校战略"的浙江模式和以教育信息资源共建共享促进均衡发展的山东模式。在此基础上，张天雪进一步提出教育均衡的5种实践路径：常规路径、自上而下的行政驱动路径、自外而内的专家驱动路径、自内而外的主体路径和自下而上的民间利益驱动路径。通过归纳上述7种模式5种路径，张天雪提出政府要在政策方向、力度和效果3个方面明确义务教育均衡发展的政策理路，改变长期以来的理念和政策文本为实际的行动计划。① 另外有学者汪明认为，教育均衡应建立六大保障机制，即经费保障机制、资源共享机制、师资交流机制、生源调配机制、扶贫济弱机制和监督评估机制。②

此外，郭荣学、杨昌江、彭介润也总结了目前中国教育均衡发展的四种模式：①学区管理模式（如湖南醴陵市、凤凰县、河南息县等），即在县域内打破城乡二元结构和乡镇（街道）行政区划界限，根据人口分布状况、学校地理位置等因素划分学区，每个学区由县教育行政部门直接管理，负责本学区内的义务教育工作。②捆绑模式（如湖南岳阳县、汨罗市、广州市荔湾区、河北邯郸市等），即将不同层次的几所学校组成一个资源共享的联合体；③兼并重组模式，即优质学校对薄弱学校进行的实质性合并（如湖南常德市武陵区、长沙市芙蓉区、河北唐山市等地）；④集团化模式（如上海浦东区、浙江省杭州市等），通过"名校+新校""名校+弱校""名校+农校"等形式展开。③

综合以上文献可知，对于教育均衡的研究，从最初停留在不均衡现状及理论的探讨，发展到如今对均衡模式的研究、对教育均衡的实证研究和对均衡制度、内涵发展的研究等领域，为推进基础教育均衡发展提供了丰富的理论依据和实践参考，具有一定学术价值，主要体现在一是学术界已

---

① 张天雪：《区域教育均衡发展的实践模式、路径与政策理路》，《教育发展研究》2010年第15—16期。

② 汪明：《义务教育均衡发展与若干保障机制——部分地区的政策及实践分析》，《教育发展研究》2005年第19期。

③ 郭荣学、杨昌江、彭介润：《推进县域内义务教育均衡发展的模式研究》，《当代教育论坛（综合研究）》2011年第1期。

对基础教育均衡发展的基本内涵和理论作了多维度的研究，对均衡发展方式、发展内容和中国今后的发展重点形成了一定共识；二是学术界已对义务教育失衡发展的现状及其原因，作了较为广泛的分析，部分研究结果触及了教育均衡的实质；三是多方学者已经着手构建了教育均衡的评价指标体系，同时教育均衡的实证研究不断涌现；四是教育均衡跨学科研究开始出现，一方面教育学领域研究者开始借用经济管理理论探讨教育均衡问题，比如叶平、张传萍、翟博、孙百才等，另一方面，经济领域的学者也开始用经济学均衡视角探讨教育均衡，比如陶小龙、叶涛等，跨学科的研究将成为教育学发展的重要助推器；五是学术界已提出了多种促进义务教育均衡发展的对策，并有学者总结了教育均衡发展模式，试图探寻教育均衡发展的内在机制。

但是，不难发现，现有研究也存在着一些不足和空隙，有待进一步去填补。首先，研究视角还相对比较单一，例如单纯从政府政策视角、教育制度视角或资源配置视角出发，主要停留于宏观层面，而较少有研究者将教育当做一个社会子系统进行微观考察，研究结论有待进一步检验；其次，基于宏观视角的研究，其得出的研究对策和结论往往也停留在宏观层面，诸如强化政府责任，加快教育体制改革，加大教育投入等，就一定意义而言缺乏具体的实践操作性及针对性；最后，相继出现的教育均衡发展模式与经验往往也以静态的片段描述为主，在一定程度上缺乏对教育均衡发展理论与实践的过程性深层次探究。

当然，由于本书是基于叙事范式上的质的研究，上述文献综述的介绍目的并不是为了给本书提供一个理论框架。之所以在这里介绍前人的研究是为了给本书提供一个研究背景，从而有助于标识出本书在相关领域中所处的位置，同时也为笔者在分析原始资料的基础上进行理论探讨提供参考。

第三节 研究思路与方法

一 研究的思路

本书以华东地区一个县级区（北仑）的教育均衡发展之路为对象，通过情境分析和类别分析相结合的方式，拟主要解决三大问题：第一，教育均衡发展在特定区域内是如何演变的，如何以超常规、跨越式高位均衡发展模式开创全国"教育传奇"的，在这个过程中，隐藏着怎样的社会文化与结构因素；第二，推动区域教育均衡发展的动因与机制到底是什么，即一块原本是教育贫瘠区的乡村之地发展到今日之教育胜景，是什么促成了它"造峰抬谷"（而非削峰填谷）的优质均衡，在这一过程中，政府教育行政部门、学校、家庭甚至是学术团体又各自处于什么样的关系之中，起到了什么样的作用；第三，这只是一个历史个案，还是在全国性的城镇化进程中具有一定的普遍意义，对于我们今天重新理解"教育均衡"又会有什么样的影响。

沿袭这一思路，本书主要由3大部分组成，共分为7章。第一部分包括引子和第一章、第二章，主要介绍了研究的背景及北仑教育的历史传承。引子部分叙述了我是如何进入北仑场景，以及为什么将北仑教育均衡作为选题的过程，旨在本书的开篇提供一个活生生的"北仑现象"，使读者获得一种具象的感受，为后文的深层探究埋下伏笔。随后第一章是绪论，主要介绍了本书的研究问题、研究意义、相关文献回顾以及研究方法，其中在研究方法上，主要采用了质的研究，具体方法包括文献法、人物访谈、观察、田野工作、问卷调查等。第二章是进入北仑场景前的铺垫，通过介绍北仑地区的文化、风俗、当地人性格及教育发展的历史记忆，为分析北仑现象搭建了一个背景"舞台"（stage），也为后面分析北仑教育提供了一个更深、更广的视角。

第二部分包括第三章、第四章、第五章，主要是对北仑教育均衡发展的三个阶段的完整呈现，是深度描述"北仑现象"的主体部分。这部分主要是基于叙事范式的基础，把情境分析与类型分析相结合，在对资料分析整理的基础上，将北仑教育均衡发展分成三个阶段。这三个阶段各有特点、各有侧重，生动呈现了教育均衡发展过程中的复杂的实践样态。其中第三章是北仑教育均衡发展的第一阶段：普及与奠基。从北仑建区到1993年，这一时期为北仑教育的奠基期，是政府主导下的"普九"突围过程，旨在解决老百姓有书读的需求，从而摆脱"教育弱区"的帽子，按照翟博的教育均衡发展阶段理论，这一阶段的北仑教育处于"低水平教育均衡"发展阶段。"政府主导"与"普及"是这个阶段的两个关键词，其复杂的实践样态彰显为："没钱"与"要政策"（两个本土概念）；教育行政部门与家庭的"台前幕后"，"重输入、轻输出"的重心倾斜。第四章是北仑教育均衡发展的第二阶段（1994—2002年）：扶弱与提质。这一阶段为北仑教育的整体转型期,主要体现为家庭命运与教育制度之间的抗衡,发展的重心从"有书读"开始转向"读好书",随着北仑"教育综合改革试验区"的成立,素质教育、招生制度改革等逐渐在北仑兴起,教育的关注重心从投入端开始转向输出端,力求在办学条件和制度上实现突破,从而趋近教育"初级均衡阶段",重点体现在"教育条件"与"制度"上。第五章是北仑教育均衡发展的第三阶段(2003年以后):内涵与生态,是学校作为生命体的觉醒过程,这一阶段的突出特点在于区域"特色发展",北仑教育开始走上内涵发展道路,关注学校自主发展,关注学生差异和个性,力求让每个学生最大程度地发挥自己的特长和学习潜能,从而向高水平教育均衡迈进。这整个过程实质上蕴含的是在教育发展过程中对"人"与"教育"的重新理解,以人为本,尊重差异,为教育均衡发展找到灵魂。因此,"办学水平"与"内涵"成为高级均衡的关键。

第三部主要包括最后两章,第六章力图通过透过"现象"看本质的方式进行理论探究,通过特征分析、归因分析来系统归纳"北仑现象"的成长基因及内在机制,并在此基础上通过理论层面的思考与归纳,揭示出教育均衡发展的内涵,构建出教育均衡的"金字塔"模式来进一步探讨它对教育均衡发展评价的影响。第七章是总结,是一个未尽探索的延续,除了总结本书的几点发现和不足之外,更希望在文本结构上与开头的引子部分形成呼应,展望北仑教育均衡发展的新征程。

二 研究方法

从总体上讲,本书主要采用质的研究方法(qualitative research),用陈向明的话来说,这是采用"文化主位"的方式对具体的实践进行描述和总结。[①] 具体而言,在资料收集上,本书主要采用了文献法、访谈法、观察法、问卷调查等多种具体方法。从2010年3月起,由于课题研究的需要,笔者跟随导师前往北仑区。在此过程中,笔者对北仑地区的教育史料有了比较充足的前期积累,这些资料包括公开报道的资料、史料以及诸多内部资料。随后,笔者分别在2011年4月和11月两次前往北仑教育局资料室和北仑区档案馆,对本书中涉及的资料进行了进一步收集。此外,从2011年3月到12月,笔者先后进行了四次针对性的正式

---

① 陈向明:《质的研究方法与社会科学研究》,教育科学出版社2000年版,第12页。

访谈，访谈人物涉及教育行政部门领导、学校校长、教师、家长和学生等各个群体，并在此基础上选定了深入访谈的对象。2011年5月以来，还进行了多次非正式访谈，如席间交流、会后闲聊等，这些均对整个研究起到了极大的作用，并以录音、笔记、回忆记录等多种方式记录资料。在观察、访谈的同时，考虑到政策这一因素的特殊性和敏感性，还借助于问卷这一工具来帮助测量北仑区教育均衡发展中影响其政策有效执行的影响因素。问卷调查的对象是教育行政部门人员及学校中高层管理者，最后共回收问卷181份，其中有效问卷176份，有效率达97.2%，分析结果见第六章。①

在文本形成上，以叙事方式为主结合类别分析，通过引用当事人的叙述，并提供一些重要的未经处理的原始材料，使得文本更加生动和详密。同时，考虑到文章的可读性和连续性，文中对部分访谈内容进行了适当翻译和修改（比如对方言进行了适当的"翻译"、原话引用时删除了部分无意义的语气词、停顿词等）。②

第四节 关于本书的几点说明

一 对题目的说明

本书涉及几个重要的概念，需要在此加以简单的说明。首先是"叙事范式"，根据库恩在《科学革命的结构》一书中对"范式"（paradigm）概念的解释，很显然，本书中的"叙事范式"从严格意义上来说并不是库恩笔下严格意义上的"范式"概念。实际上在今天"范式"一词也被诸多学者们在多种不同的意义下使用着，例如在课程研究领域当中，范式在使用中至少存在三种意义，包括作为分类系统的范式、作为研究假设的

---

① 由于当时发放问卷时是通过北仑区教育局的帮忙，挂到区教育局的公共主页上，采用加密匿名的方式进行，所以无法统计问卷发放数。这次问卷调查的顺利进行以及相对比较高的有效率很大程度上得益于区教育局的帮忙。但是也存在无法排除的隐患，那就是由于问卷是放在区教育局的网站上，无形之中带着一种"行政指令"的射影，可能会对填问卷的对象造成心理上的影响。

② 特利普认为，如果将口头文字逐字逐句地呈现在书写形式中，读者可能根本无法理解，因此陈向明认为，为了在写作中有效的传递说话人意图，作者做一些适当修改是必要的。

范式和作为说明课程领域范围的范式。① 因此，更确切地说，本书中的范式是在"方式"的意义上被使用的。其次，是"教育均衡"，在本书中，教育均衡主要针对基础教育均衡发展，是被作为一种发展状态来使用，既是一个系统概念，又是为了实现教育公平的一种途径。最后是"北仑现象"，主要是指北仑区从原先一个落后的农村地区到如今成为优质均衡的教育发展新高地，一度轰动全国。"北仑现象"在最初表现为"没有一所薄弱学校、没有一门被轻视的课程、没有一个被遗弃的学生、没有一个教育管理上的薄弱环节"的"四个无"现象，到如今彰显为"办好每一所学校、开好每一门课程、成就每一位教师、造就每一个学生"的"四个一"现象，这整个生动实践的现象，正是本书所要探索的主要内容。

二　叙述的逻辑线索

本书以地处浙东的北仑区教育均衡发展之路为对象，以时间的演进为外显线索，探讨了北仑教育在脱离镇海县独立建区后将近30年的发展变化，为改革开放以来中国区域教育均衡发展提供了一个微观的个案图景，一段真实的教育发展演进历程。在具体展开叙述时，采用倒叙的写法，以一则发生在近期的现实事件作为切入点，引出北仑建区25年之后的教育繁荣景象，继而将镜头切回到建区之初的原始面貌，从北仑区所处的地域时空背景入手，追寻北仑教育的历史源头，在"记忆与传承"的广阔社会历史基础上，详细考察了北仑教育均衡发展之路的变迁，以时间顺序深度描述了北仑教育从"艰难起步"的低水平教育均衡到"整体转型"的初级均衡形成，直至向"特色发展"的高级均衡趋近三个发展阶段。

除了时间的显性线索外，在本书的主体部分还有一条内隐的逻辑主线，它们贯穿于主体内容的行文过程中。这条线索是北仑教育主体要素间的互动方式及其关系的变迁，以及这种变迁对个人境遇、北仑区域均衡程度所造成的影响。这几个主体要素主要包括政府教育行政部门、学校、家庭以及学术团体等，它们两两之间形成一种直接或间接的关系和互动结构，在北仑区社会经济及教育发展的过程中，这种互动方式和关系结构直接影响着北仑区教育均衡的形成与发展，这种作用一直渗透在整个区域教

---

① Schubert, W. H., Schubert, A. L. "Curriculum Inquiry: Alternative Paradigms", In Lewy, *The International Encyclopedia of Curriculum*, 1991, pp. 51–55.

育发展历程中，并还在继续演变延伸着。

　　此外，需要说明的是，根据研究的伦理道德问题，本书中所使用的人名均作了适当处理，采用化名。整个研究既是一个探索过程，更是笔者的一个学习过程。为了在研究结果和方法之间建立一个有机的联系，也为了呈现出笔者的思路和决策方式，本书中除了对研究结果进行描述和讨论外，还对研究的方法、过程以及笔者自身的演变和发展进行了说明，进而帮助判断研究结论的可靠性。同时，整个研究使用第一人称的叙事方式，一方面可以有助于理解研究结果的获得渠道和过程，另一方面也可以使笔者有机会介绍自己当时的感受和反省。

> 这种感情以烦恼而又甘甜的滋味在我心头萦绕不去,对于它,我犹豫不决,不知冠之以忧愁这个庄重而优美的名字是否合适?
>
> ——[法]弗朗索瓦兹·萨冈《你好,忧愁》

第二章

北仑教育的记忆与传承

教育作为一个历史范畴,有其自身的起源、发展和传承,从而决定了在不同的时期具有不同的含义和存在形态。马克思在批判了利托尔诺(Charls Letourneau,1831—1902年,法国社会学家)的教育"生物起源论"和孟禄的教育"心理学起源说"后创造性的提出了教育的"劳动起源说",认为教育起源于劳动,依赖于社会生活实践,随着社会的变迁,不断地改变其性质与内涵。因此,从历史的眼光来挖掘北仑区教育,对于我们理解"北仑现象"有着重大的意义。本章将作为进入北仑教育场域前的"铺垫",通过介绍北仑区的社会文化、风俗、当地人性格及教育发展的历史记忆,为分析"北仑现象"搭建一个背景"舞台"(stage),也为后面分析北仑教育均衡提供一个更深、更广的视角。

第一节 一个地处浙东的"海濡之地"

任何一种教育的发展都受特定社会要素的制约,教育与社会发展的关系问题是教育学的基本问题之一。众所周知,社会由自然环境、人口和生产方式三个要素构成,三者共同决定了社会政治制度和社会文化性格特征,从而影响着教育的发展。就自然环境而言,它包含了一个地区地理位置、气候、地形和自然资源等各种自然条件,不同的自然环境具有加速和阻滞教育发展的作用,有的自然环境有利于教育的发展,有的则不利甚至阻碍着教育的发展。在没有其他因素条件作用下,教育处在良好的地理环境中（如文化发达、生活富裕、气候适宜、交通便利等）往往要比处在文化落后、生活贫困、气候恶劣、交通不便等并不优越的环境中发展得更快、更好。

教育的社会属性决定了其具有强烈的社会制约性，北仑教育也不例外。北仑区地处沿海，独特的历史沿革、自然条件和人口特征形成了其特有的"海濡文化"，而北仑区的教育发展无不渗透着这些文化的基因，从而在这些文化背景下一步步向前迈进。

一 北仑区的历史沿革

北仑区位于浙江省东北部沿海，为宁波市辖6区之一，区境介于北纬 29°44′—30°00′，东经 121°38′45″—122°10′23″ 之间。三面环水：西濒甬江，与镇海区分界；东北入大海，与舟山市定海区相望；东南隔佛渡水道、象山港与舟山市普陀区、宁波市象山县呼应；西南与鄞州区接壤。该区由宁绍平原延伸部分和穿山半岛组成，因此北仑区在地形上可以说是丘陵与平原间隔，如图2-1所示。

图2-1 宁波市北仑区政区

北仑区在历史上隶属于镇海，在区域上位于原镇海县甬江以南地区。1984年划镇海县城关镇、湾塘乡、新碶乡和小港等地区新建宁波市滨海区；1985年，镇海县撤销，滨海区扩大并调整属地，甬江以南为滨海区，甬江以北为镇海区；1987年滨海区更名为北仑区。

北仑区虽是新建区，然而文化底蕴深厚，历史悠久。据资料显示，夏、商就有镇海的记载，当时称为"东夷"地。① 公元前221年，秦统一六国后，在全国推行郡县制，据《史记—秦始皇本纪》记载，当时"分天下以为三十六郡"，其中会稽郡为三十六郡之一，下辖句章、鄞、鄮三县，北仑地区属于鄮县境内。宋太祖建隆元年（公元960年），改望海军为奉国军，北仑区域的大部分隶属路明州的鄞县；到了宋神宗熙宁十年（1077年），鄞县东境的灵岩、泰邱、海晏三乡归为定海县，自此北仑区全境隶属定海县。元、明时期该地区承袭了宋朝的行政划分。

清康熙二十六年（1687年），定海县更名为镇海县，自此"镇海"第一次登上了历史舞台，历经清、中华民国时期、新中国成立，北仑地区均属于镇海县。1985年7月1日，国务院作出了《关于浙江省撤销镇海县、调整宁波市市辖区的批复》，确定镇海一分为二，甬江以南为滨海区（北仑区的前身）。

以上便是北仑区的来历。如今北仑区包括6街道、2镇、1乡，共有211个村民委员会和35个社区居委会。6个街道分别是新碶街道、小港街道、大碶街道、霞浦街道、柴桥街道和戚家山街道；2镇为白峰镇和春晓镇；1乡即梅山乡。同时北仑区还拥有5个国家级开发区，分别是宁波经济技术开发区、宁波保税区、大榭开发区、宁波出口加工区、梅山保税港区，为北仑区社会经济的发展提供了强劲动力。

二　北仑的气候：洪涝与灾荒印记

北仑区位于东海之滨，属亚热带季风气候区。冬夏季风交替明显，气候温和湿润，冬夏长、春秋短，四季分明，无霜期长，雨量充沛。据资料统计，平均而言全区春季82天，夏季88天，秋季64天，冬季132天。年平均气温16.5度，年平均雨量1316.8毫米，雨日150天。以上数据似乎显示北仑区是一个风调雨顺的地区，然而事实却不尽然。因所处纬度常受冷暖气团交汇影响，天气多变，常有不同程度的灾害性天气。据北仑区气象局工作人员介绍，北仑地处太平洋西岸，三面环海，"几乎所有的灾害性天气在北仑范围内都可以找到，台风、暴雨、冰雹、高温、干旱、大风、强雷暴等"（北仑区气象工作人员邓某，2011年3月）。而在这些气象灾害中，台风无疑是破坏最大、频率最高的一个。台风所经之处常有狂

---

① 镇海县志编撰委员会：《镇海县志》，中国大百科全书出版社1994年版，第35—40页。

风暴雨、风暴潮,可冲毁海塘,淹没农田、村庄,对工农业生产、航运、交通、国防建设和人民生命财产安全造成重大损失。

据资料记载,北仑地区历史上发生过多次大规模的台风,各个朝代均有关于台风的记录,如:

> 宋淳熙四年(1177年)五月、七月,江潮大溢,九月丁酉,连日大风雨,驾海潮,坏堤两千五百余丈,漂民田庐。
>
> 元至正四年(1344年)七月,飓风大作,海啸、塘崩、海溢、伤禾成灾。
>
> 明崇祯六年(1633年)六月,飓风,雨如注,民庐倒塌,外洋防海战船漂没损坏十之八九,巡民沉溺不计其数。
>
> 清康熙四年(1665年)七月,霪雨飓风大作,拔木拆屋。
>
> 民国十七年(1928年)九月,水、风为灾,田禾、棉花损失甚巨,冲毁塘堤5000余丈,灾民2300余人。①

对于科技尚不发达、人民生活很大程度上尚需依赖于自然环境的古代,台风无疑会对劳动人民产生毁灭性打击。从新中国成立到1970年,北仑地区主要遭遇了7次大台风,数百人在台风中丧生,农田、房屋、渔船大量被毁。到了70年代,北仑地区对台风的记录更为详细,专门为台风建立档案,记录其发生的情况,根据资料记载,北仑区从1971—2006年共遭遇台风91个,平均每年2.5个,最多的一年是1989年,共遭遇6次台风袭击。从发生的月份看,绝大多数发生在7—9月,少数发生在冬季。

表2-1　　　　　　　1971—2006年影响及严重影响台风月分布

月　份	5	6	7	8	9	10	12	合计
影响次数	1	2	18	34	28	7	1	91
严重影响次数			1	14	12	2		29

资料来源:根据《北仑区志》的数据统计。

这一时期随着经济、科技的发展,人们对于台风的预报、抵御措施更

---

① 宁波市北仑区地方志编纂委员会:《北仑区志》,2011年4月11日,宁波北仑地方志网,http://dfz.bl.gov.cn/detail.php?id=145。

加完善，因此人员伤亡数量大大减少，据统计1971—2006年间北仑地区仅20人在台风中丧生。但是这一时期台风对北仑地区造成的经济损失却越来越大，如1997年的"9711号"强台风给北仑区带来的经济损失达到2.01亿元；2005年"麦莎"台风使北仑经济损失6.18亿元。2005年"卡努"台风极大风速29.6米/秒，最高潮位3.78米，带来全区性特大暴雨，受其影响北仑经济损失4.5亿元。

自然环境在不断挑战人类生存能力的同时，也在塑造着当地人的文化性格，北仑地区的人民对待台风的态度，由最初的恐惧、迷信，到逆来顺受、忍耐，再到后来有意识的预防和抵抗，在这过程中逐渐形成了北仑人独特的个性。因此，才有人们对北仑人独特个性的感叹：

> 初到北仑，感觉这里有着男人的野性活力，蓬勃发展；也有女性潮湿的泪滴温柔，海风来往，吹散很多的忧伤，留下转身潇洒的背影。——摘自"阿拉宁波人"论坛

日本作家和迁哲郎在他的名著《风土》中提出，人类的性格受到当地生存环境的影响，他将全世界人们的性格归纳成三类：牧场型性格（欧洲人为典型），在大自然中自由生长，无拘无束；沙漠型性格，必须面对自然界残酷的挑战，他们通常比较团结，种族意识强烈，养成好斗的品性，如阿拉伯人；季风型性格，顺从自然，从大自然中学会"忍辱负重"。北仑人性格具有季风型的典型特征，在台风中成长的北仑人骨子里也渗透着部分"台风性格"，"台风性格"一词是和迁哲郎提出来的，此类性格的最基本特征就是"忍耐"与"突发"。忍耐，意味着能量的积蓄，意味着北仑人可以在不同的条件下生存；而一旦决心不再忍耐，就势必会产生无穷的能量和魄力，极力去改变现实。

第二节　北仑教育的历史溯源

一　北宋时期庆历兴学

北仑区1984年前隶属镇海县，因此追溯北仑教育，应该从镇海区教育状况讲起，而镇海的教育可以一直追溯到北宋时期。北宋建立后，为吸

取唐朝以来"藩镇拥兵自重"的教训,统治者进一步加强以皇权为核心的中央集权。据史料记载:

> 太祖既得天下,诛李筠、李重进,召赵普问曰:"天下自唐季以来,数十年间,帝王凡易十姓,兵革不息,苍生涂地,其故何也?吾欲息天下之兵,为国家建长久之计,其道何如?"普曰:"陛下之言及此,天地人神之福也。唐季以来,战斗不息,国家不安者,其故非他,节镇太重,君弱臣强而已矣。今所以治之,无他奇巧也,惟稍夺其权,制其钱谷,收其精兵,则天下自安矣。"语未毕,上曰:"卿勿复言,吾已喻矣。"(卷一 杯酒释兵权)①

因此在北宋统治者看来,造成唐季五代以来弊端的根本原因是"节镇太重"和"君弱臣强"。② 因此统治者为了分散大臣和地方权力,层层分解政府机构,从而导致官僚结构臃肿,机构庞大。而在选拔官员方面,由于当时过于重视科举考试,结果所取人才皆无真才实学,造成政府效率低下,使得阶级矛盾、民族矛盾日趋激化。面对这样状况,范仲淹斥责当时重科举、轻教育现象,据《宋史·选举制》记载,范仲淹多次建言兴学校,主张慎选举,敦教育。③ 于是庆历三年(1043年)在韩琦、宋祁、欧阳修、郭襄等支持下,范仲淹向时任皇帝(仁宗)提出十条教育改革方案,仁宗允准,并颁布兴学诏令,由于此诏令颁布于庆历年间,因此又称"庆历兴学"。

范仲淹提出的改科举,兴学校,重实用的主张,其目的在于将学校教学,科举取士与经世治国三者统一起来,形成一个以学校为主体,科举考试为手段,社会需求为目标的新的教育体制。④ "庆历兴学"中的教学改革分为教学制度和教学方法的改革。在教学制度上,包括分斋教学制度改

---

① (宋)司马光:《涑水记闻》,转引自《唐宋史料笔记丛刊》,中华书局1989年版,第11页。
② 魏福明:《北宋的集权与分权》,《东南大学学报(哲学社会科学版)》2003年第4期。
③ 戴晓刚:《宋代三次兴学中的教学改革研究》,硕士学位论文,西北师范大学,2004年,第1页。
④ 李国钧、王炳照主编:《中国教育制度通史(第三卷)》,山东教育出版社2002年版,第75页。

革、国子监教育制度改革、太学教育制度改革和地方官学的教育制度改革，在这里我们重点关注地方官学的改革。"庆历兴学"之后，在全国兴起了一股创办县学之风，当时地方官学包括府学、州学、军学、监学、县学五种，而以州学、县学为主。北宋政府对县学学官任职条件、奖惩制度、教学规章等做了详细规定。同时政府放宽了入学资格，平民孩子皆能入学，在学生管理方面，制定了各种学规。县学的兴起对于推动地方教育发展有着重要意义。

但是，兴学改革并不是想象的那么顺利，由于触犯了贵族官僚的利益，从而遭到他们的阻挠，兴学运动也最终以失败而告终，庆历五年初（1045年），范仲淹、韩琦、欧阳修等人相继被排斥出朝廷，各项改革也因此被废止。但当时的教育改革，对宋代及以后的学校教育产生了深远的影响。

二 县学兴起与"庆历五先生"

"庆历兴学"虽然因为贵族阶级的反对而最终宣告失败，然而，历史的车轮从来都不会被"螳臂挡车"，贵族和官僚阻挡不住波涛汹涌的历史发展潮流，而"时势造英雄"更是一个亘古不变的规律。庆历七年（1047年），就在范仲淹怀着忧郁、惆怅的心情写下"先天下之忧而忧，后天下之乐而乐"（《岳阳楼记》，1046年6月）半年后，27岁的王安石开启了他一生辉煌的政治生涯。1046年，王安石从临川赴京，并于1047年被朝廷任命为鄞县（今宁波地区）知县。上任后王安石为老百姓做了许多实事，除兴修水利，贷谷与民外，还格外重视发展教育。"庆历兴学"失败后，除京城太学之外，地方州县之学大多废毁，据《王文公文集》记载，当时全国的教育状况为：

> 而学之士，群居、族处，为师弟子之位者，讲章句、课文字而已。至其陵夷之久，则四方之学者，废而为庙，以祀孔子于天下，斫木抟土，如浮屠、道士法，为王者象。州县吏春秋帅其属释奠于其堂，而学士者或不预焉。①

---

① 参见王安石《明州慈溪县学记》，转引自《王文公文集》第34卷，上海人民出版社1974年版。

学废庙兴,学士在地方地位卑下,这是当时州县的普遍现象,鄞县亦是如此。王安石到鄞县后的第二年,就以孔庙为学校,重整县学,以教养县子弟,并请当时很有名望的越中隐士杜醇先生主持县学。[①] 从此鄞县的学风又为之振兴,百姓因之受惠,尊师重教也成了鄞县的重要地方风俗。[②]

如今在宁波市有一条"县学街",该街东起开明街,西至镇明路,全长540米,宽11米。根据《鄞县通志》记载:"县学街,旧名县学前、郡庙前、石住桥跟",县学街中的"县学",即鄞县学府,是儒学教官的衙署。北宋政治家、改革家王安石,于1047年来到宁波,就任鄞知县的第一项政务决策,就是创办一所县学,他以鄞县孔庙为学宫,鄞县始有县学。[③]

根据以上材料,宁波地区县学兴起于北宋王安石任鄞县知县期间,县学的兴起也大大地促进了宁波地区教育的发展,而且王安石聘请名师,特别是"庆历五先生"在明州讲学,更是开启了鄞县四明之风。

以上记载描绘了鄞县县学发展状况,清朝诗人陈劢在《读王荆公〈鄞县经游记〉有感》一诗中写道:"荆公事吾鄞,学校振士风。石台足师表,楼王皆儒宗。"也极大地肯定了王安石对鄞县地区教育的贡献。

镇海位于鄞县东部,在地理位置上同属宁波,镇海的县学发展受到鄞县县学之风的影响,北宋崇宁三年(1104年)开始建立县学[④]。县学发展到南宋出现了衰落,由于南宋政府与北方的金朝战乱不断,建炎四年(1130年)县学被金兵焚毁,连年战乱严重损害了教育事业的发展。直到1138年,才在县城东北改建学宫,庆元年间(1195—1120年),政府组织重修大成殿,并在殿内设讲堂。明清时镇海县学设教谕、训导[⑤]各1名,吏典1人,负责学生的学习和考试事宜,县学每年于正月望日与朔日[⑥]举行两次乡饮礼,礼仪繁琐,皆有定式;县学的经费在宋、元、明、清各代

---

① 张详浩、魏福明、匡亚明:《王安石评传》,南京大学出版社2006年版,第67页。
② 徐定宝:《〈王安石评传〉中鄞县的县令》,《宁波日报》2008年6月23日第134版。
③ 毛艳艳等:《百般滋味县学街》,《东南商报》2008年5月4日第A11版。
④ 镇海县志编撰委员会:《镇海县志》,中国大百科全书出版社1994年版,第703页。
⑤ 根据明清规定,各县设"县儒学",是一县最高教育机关,内设教谕一人,另设训导数人。教谕相当于教委主任或县学校长,负责教育生员;训导则相当于教谕的助手。
⑥ 农历每月十五是望日,农历每月初一是朔日。

均有赡学①田土钱粮及鱼漕等收入供给②。

镇海县学起于两宋,然而发展最辉煌的时期是清末,据《镇海县志》记载,清朝末年镇海地区县学蔚为壮观:

> 学宫及其周围陆续建有崇圣祠、文昌祠、魁星阁、尊经阁、忠义孝悌祠、节孝祠、讲堂、教谕署、训导署、射圃、砚池等附属建筑,构成县学建筑群。③

县学经历了宋、元、明、清四代,到清光绪三十二年(1906年),废科举,县学停办。

三 书院的兴与衰

书院出现于唐朝。一般认为,唐玄宗时代建于朝省的丽正、集贤书院是最早使用"书院"名称的机构,但也有学者认为,最早的书院并非出现于玄宗年代,在此之前民间已经有书院存在。④ 虽然最早的书院究竟出现于唐朝何时尚且是一个颇具争议的话题,但书院出现于唐朝确是一个不争的事实。书院始于唐却兴于宋,两宋时期,书院总数达到720所。⑤ 北宋时,浙江省有书院4所,到了南宋浙江省拥有82所书院。

当时北仑区所隶属的镇海地区书院也是在南宋时期得到了长足发展,跟全国其他地区一样,镇海书院兴于南宋有其深刻的社会及文化根源。一方面,从北宋末年开始,金兵就开始南侵,从而战事连连,再加以当时全国各地的农民起义,因此北宋灭亡后,书院的建设基本上处于一种停滞状态。另一方面战争对官学的破坏也极为严重,各地州、县学校大多毁于战乱,因此南宋新一代理学家们为了"收拾人心、重建伦常",开始选择在书院进行讲学,从而使得书院在全国兴盛起来,也使得书院作为一种文化教育制度得以完全确立。南宋时期,学者沈焕(1139—1191)在镇海设南山书院,这是镇海教育史上第一座书院,其建立对镇海教育产生了重大

---

① 意为资助办学。
② 镇海县志编撰委员会:《镇海县志》,中国大百科全书出版社1994年版,第704页。
③ 同上。
④ 邓洪波:《中国书院史》,东方出版中心2004年版,第10页。
⑤ 邓洪波:《中国书院制度研究》,浙江教育出版社1997年版,第355页。

影响。据史料记载，沈焕，字叔晦，定海人①，定海今属北仑小港镇。沈焕的家学渊源极为深厚，其祖父沈子霖、父亲沈铢均为进士，且为程门私塾弟子。沈焕本人在太学求学时与陆九龄成为好友（"试入太学，始与临川陆九龄为友"②），在月湖讲学时与吕祖谦的弟弟吕祖俭友谊笃深。史浩时任鄞县县令，于月湖修建书院，并邀请沈焕讲学。而最为著名的是沈焕曾讲学的"南山书院"，该书院原址在一鉴池北，梓荫山南，始建于南宋淳熙年间，距今已有800多年的历史，宋孝宗赵昚特为该书院书写了匾额③，沈焕也因此被称为"南山先生"。沈焕在南山书院讲学，倡全县诗礼之训，开尊师重道学风。④ 据旧志记载，北仑区境内曾先后创建有6所书院，详见表2-2。

表2-2　　　　　　　　北仑地区境内历代书院

书院名称	地点	建立时间	备注
灵山书院	灵岩乡邬隘	1804年	光绪年间倾塌，1892年重建
庐江书院	海晏乡柴桥	1793年	1797年改为观澜书院，光绪末年废除
龙山书院	泰邱乡	—	科试早已废除
振文书院	灵岩、泰邱交界处	1878年	
九峰书院	泰邱乡九峰	1878年	1905年改为九峰养正小学堂
云衢书院	郭巨所城	咸丰年初	1910年改为云衢学堂

资料来源：根据《北仑区志》整理。

南宋以后，书院除了用于进行讲习外，还是用于纪念理学大师的处所。书院发展到清朝，开始转向衰落。清政权建立之初，由于"反清复明"在各地出现，清政府"惟恐明末民族主义思想及自由讲学、清议朝政、裁量物之风复活，更怕书院聚众成势，举旗反抗，因而百般抑制"⑤。雍正十一年（1733年）后，由消极抑制转为严格监控下发展，1901年，

---

① 脱脱等：《宋史·沈焕传》（http://www.doc88.com/p-9029715560359.html）。
② 同上。
③ 赵春阳：《梓荫山，文风吹过千年》，2011年5月17日，镇海新闻网（http://www.zhxww.net/zhnews）。
④ 镇海县志编撰委员会：《镇海县志》，中国大百科全书出版社1994年版，第703页。
⑤ 邓洪波：《中国书院史》，东方出版中心2004年版，第235页。

学堂渐兴，北仑境内书院停办或改为学堂。①

从第一所书院——芦江书院的建立，到清朝书院逐步停办，书院的出现对整个北仑教育发展起了重要作用。"靖康之役"后，北宋灭亡，南宋偏安一隅，建朝初期饱受来自北方金兵侵略，后期又遭受蒙古军队掠扰，因此，当时的政治、经济、社会形势均使得南宋的统治者无暇也无力顾及文教事业，而连年战争又耗费了有限的财力，使得统治者更无力于文教。因此，南宋建立后，官学没有太多新的发展，大唐时期建立的州县乡党之学等地方学校教育制度一直没有得到恢复，从而导致了中央官学一蹶不振、地方文教事业瘫痪的局面。在这种形势下，书院的兴起自觉地分担起培养人才、发展教育的职责，对于推动北仑境内教育具有重大意义。

四　社学与农村教育

社学创办于元朝。元朝建立后，对中央和地方的行政机构进行了改革，在地方结构设置上，除河北、山东、山西由中书省直接管理外，其余地方均设置行中书省（简称行省或省）。行省是由中央委派官员到各地署事，下有道、路、府、州、县、社六个级别，同时要求在各路地区全面实行社制。至元二十三年（1286年），朝廷命"诸县所属村庄，五十家为一社，……每社立学校一，择通晓经者为学师，农隙使子弟入学，如学问有成者，申复官司照验"②。社学的出现缘于"社"的出现，而且元朝政府要求每社成立一所学校，同时规定农民子弟能入学读书，反映了元朝政府对地方教育的重视。元朝时社学主要教授《孝经》《小学》《论语》《孟子》等，同时以教劝农桑为主要任务。

1368年元朝灭亡，社学也一时停办。明朝建立后，洪武八年（1375年），诏令郡县设置社学，镇海县在坊隅设社学1所，各乡共设社学24所，③包括北仑在内。当时，社学发达的原因主要有以下几点。首先在选官制度上，明朝实行了比唐宋更完备的科举制度。据史料记载，明朝"中外文臣皆由科举而进，非科举者勿得与官"④，由此科举成为平民百姓进

---

① 镇海县志编撰委员会：《镇海县志》，中国大百科全书出版社1994年版，第704页。
② 宋濂等：《元史·食货志》（http://www.shicimingju.com/book/yuanshi/93.html）。
③ 镇海县志编撰委员会：《镇海县志》，中国大百科全书出版社1994年版，第704页。
④ 张廷玉：《明史·选举制》（http://www.shicimingju.com/book/mingshi/70.html）。

入仕途的唯一途径，乡里老百姓对科举和功名的重视促进了社学的发展。其次，明朝时期，家族经济发展较快，为乡村社学提供了物质基础，许多大家族都置有义田，从而有足够的收入保证子弟入学。

到清朝，社学多流于形式，并随后被义学和义塾取代，于明朝嘉靖年间废除。但作为农村启蒙教育的一种形式，社学对于启发民智，提高人民素质起到了重要作用，虽然其带有明显的政治特征，并一直作为为封建统治服务的地方文教机构，但客观上对推动地方教育起到了重要作用。

五 义学、义塾：早期的免费学校

义学或义塾是专为民间贫寒子弟所设立的免费学校，承担着贫困家庭子女的教化任务，带有慈善性质。据史料记载，北仑境内最早的义学创办于1746年乾隆年间。北仑境内义学或义塾的兴起主要在于弥补教育体制的漏洞。在当时的教育结构中，无论是官学还是书院，一般只设立在州县一级，而且学生需要缴纳一定的费用，使得一些贫困家庭的孩子没有能力入学。清朝王韬在《征设乡义学序》中讲到"义学者，即以补官学之所不及"。清朝统治者认为"朝廷有教化而后草野有风俗。学校者，教化之所出"[①]。因此政府为强化思想教育，稳定地方统治秩序，逐渐重视各阶层教育发展。为了扩大教化的普及面，那么就必须把学校继续向州县以下的乡里推进，同时也要需要免费收取学生，这样义学或义塾便开始兴起了。义学或义塾就其性质而言属于慈善教育机构，同其他地区一样，北仑境内义学（义塾）的经费来源有官办、族办和私人捐资兴办三种。

根据《北仑区志》及《镇海县志》记载，北仑境内共出现过各式义学、义塾6所，其具体情况摘录如下：

灵山义学，清嘉庆年间办于邬隘，清末废；林氏义学，设在高塘村，1905年改为高塘学堂；杨亭义学，清乾隆十一年（1746年）始办于霞浦杨亭庙内，宣统元年（1909年）停办；周氏义塾，道光二十四年（1844年）创办于陈华铺；李氏义塾，光绪年间设于小港村；徐氏义塾，咸丰元

---

① 彭履坦：《新设乡学序》，转引自光绪《南川县志》卷十一《艺文志》。

年（1851年）创办于郭巨。①

从以上史料记载可知，当时北仑境内主要存在官办义学和族办的义塾两种。官办义学主要由地方政府负责资金的拨付和教学管理，族办义塾则是由当地经济状况较好的大家族创办的学校，属于早期民办学校性质。从办学目的看，北仑境内义学或义塾通过启蒙式的教育培养学生的道德品格，从而道德教育是其主要教学目的和内容；其次，义学（义塾）注重实用性，倡导技能的培养，以提高人民的普遍处世能力。与其他地区一样，北仑境内的义学（义塾）教学内容受到政府的严格控制，学生主要学习一些道德教化类书籍，以及皇帝诏令和政府法律，另外还包括一些日常行为规范、诗律作文、自然和社会常识等。

清朝末年，随着科举制度的废除，学堂逐渐兴起，北仑境内原有的义学与义塾也随之停办或改为初等小学堂，据北仑区志记载，20世纪初，在北仑境内的义学和义塾中，杨亭义学、灵山义学先后于清末停办，林氏义学等纷纷改为学堂。

从以上分析可知，近代以来，在北仑地区隶属于镇海县时一共出现过4类教育方式或学校类型：县学、书院、社学、义学（义塾）。各种学校类型的产生都有其特定的历史背景和社会需求，并在一定程度上推动了当时教育事业的发展。

表2-3　　　　　　　　　北仑境内各类教育发展历程

	960	1127	1279	1368	1644	1911	
	北宋	南宋	元	明	清		民国
县学		▨▨▨▨▨▨▨▨▨▨▨▨▨▨▨▨▨▨▨▨					
书院			▨▨▨▨▨▨▨▨▨▨▨▨▨				
社学				▨			
义学/义塾					▨▨		

资料来源：根据《北仑区志》整理。

---

① 宁波市北仑区地方志编纂委员会《北仑区志》；镇海县志编撰委员会：《镇海县志》，中国大百科全书出版社1994年版，第705页。

总览 4 类学校类型，产生最早的是县学，出现于北宋崇宁年间（1104年）。作为政府教育机构之一，县学与州学、府学、太学等构成了一整套的官学体系，承担着国家选拔人才、教育民众的责任。虽然这种由政府主导的学校，或多或少刻上了统治阶级的思想烙印，但是县学的出现从客观上为当时北仑地区出身贫寒、没有家庭背景的读书人提供了一条进入仕途的道路，从而激发了青年学生"寒窗苦读"的决心，在当地兴起了尊师重教之风。而且，县学对于文化传承有着不可磨灭的贡献，"师者，所谓传道授业解惑"，北仑地区所隶属的镇海县通过兴办县学，聘请名师，从而使得文化得以一代代传承。当然，这种作为政府选拔人才的方式，带有强烈科举意图的学校，也随着清朝末年科举制度的废除而随着消失。科举制度的废除同时宣告了县学在完成其历史任务之后可以"功成身退"了，在经历了宋、元、明、清 4 个朝代共 800 多年的历史后，从 1906 年起，镇海县学停办。

第二种学校类型是书院，出现于南宋淳熙年间（1238 年），当时北仑境内共出现过 6 所书院。书院是一种独立于官学的另一种教育系统，其设置的目的不在于考试与升官，而在于学术交流与传播，因此北仑境内的书院是集藏书、教学与研究于一体的教育机构。书院对于弥补官学的不足、促进教育和文化的传播起到了积极的作用。北仑境内书院发展到清朝时开始衰落。政府力图使之官化，因此到了清末，书院逐步停办或改为学堂，如芦江书院、灵山书院、九峰书院、云衢书院先后改为小学堂，其余书院在此之后大多被废除。

在明朝前期（洪武八年，1375 年），镇海出现了第三种学校模式——社学。社学在镇海的设立解决了州学、县学覆盖不全的问题，使得当时身处农村和偏远山区的孩子有书可读。镇海地区社学就其办学而言，仍属于官办学校，只不过相对于州学、县学而言处于较低层次，因此社学的出现最大贡献在于扩大了镇海地区教育的普及面，而其教学内容仅为读书识字之类的初级知识和普及性教育，又由于当时镇海相应的政策和运作机制还存在缺陷，加上没有稳定的办学经费，到后来社学基本上流于形式，于明朝嘉靖年间（1522—1566 年）废除。

第四种学校形式是义学（义塾），出现于清朝乾隆年间，义学（义塾）是一种免费提供给贫困家庭子弟的学校，可以是官办，也可以是民办或民间募捐助学。后来随着新式学堂的出现，义学（义塾）多停办或改为学堂，虽然义学（义塾）持续的时间较短，但对于北仑境内的教育却仍然产生了重大影响。一方面，随着社学的废除，农村地区和贫困家庭的孩子无法入学，义学（义塾）的出现完善了教育体系，从而保证了基础教育的普及；另一方面，义学（义塾）为清末民初镇海政府将义学改为中小学堂，推行新式教育奠定了基础，北仑区随后出现的中小学堂很多都继承或借鉴了原有义学教育的学制、校址、校务管理等基础。

第三节　近代以来的中小学教育发展

一　民国时期：学堂改学校，办学捐资多样

根据前文所述，北仑境内先后出现过四类学校，其中县学和社学分别在清末和明末时期停办，而随着科举制度的废除、新式学堂的兴起，学院和义学（义塾）也大多改为学堂，因此到清朝末年，学堂是北仑境内最主要的办学形式。据资料记载，镇海地区最早的学堂是光绪二十七年（1901年）的睿智学堂，其前身是大市堰于氏义塾，而在北仑境内第一所学堂是开办于光绪二十九年（1903年）的港口务实女学堂。到宣统二年（1909年），镇海地区共有学堂57所，其中北仑地区共开办各级小学堂26所。[①]

（一）民国时期办学情况

1911年清朝灭亡，1912年孙中山就任临时大总统，中华民国成立。1912年1月19日，新成立的民国教育部为了稳定全国的教育秩序，颁布了《普通教育执行办法》，规定将之前的各项"学堂"改名为"学校"，堂长改称校长，实行男女同校。各地方政府根据南京临时政府教育部的要求制定本地区具体的执行办法，据此，浙江省教育司拟定了《对于小学教育的办法》，要求全省各地遵照执行。根据要求，北仑地区26所学堂中有24所改为学校（另外两所——发蒙学堂和务实女学堂，在民国时期无资料记载），而当时北仑地区全部学校只有32所，可见清朝末年兴办的各式学堂是民国初期教育的主要来源。为了进一步规范学校的名称，1915年

---

① 宁波市北仑区地方志编纂委员会：《北仑区志·教育篇》，2011年4月11日，宁波北仑地方志网（http://dfz.bl.gov.cn/detail.php?id=145）。

根据民国政府颁布的《高等小学校令》和《国民学校令》，乡镇公立高等小学校及部分两等小学改为区立高等小学校，私立初等小学校改为国民学校，北仑地区小学也因此更名。详见表 2-4。

表 2-4　　　　　　北仑地区清末学堂及演变情况（部分）

学堂名称	创办时间	地址	民国初校名
李氏养正学堂		港口李氏义庄内	1916 年私立李氏养正国民学校
时敏两等学堂	1904	大碶三官堂	1916 年公立时敏国民学校
芦渎学堂	1905	柴桥公输殿东	1916 年区立芦渎国民学校
云衢学堂	1910	郭巨所城内	1916 年区立云衢国民学校
浃南学堂	1906	江南道头谢氏宗祠	1916 年区立浃南国民学校
灵杰两等学堂	1905	小港义成碶文昌阁内	1916 年区立灵杰国民学校
乐氏宗善学堂	1909	港口乐氏宗祠内	1916 年，乐氏宗善国民学校
虫匽山学堂	1909	港口东岗碶	1916 年私立虫匽山国民学校
七星延陵学堂	1906	小港青峙村	1916 年私立七星延陵国民学校
发蒙学堂	1909	小港黄瓦跟	
务实女学堂	1903	小港港口	
灵山小学堂	1905	邬隘灵山书院内	1914 年区立灵山高等小学校
高塘学堂	1905	石高塘林氏义学内	1914 年，区立高塘国民学校
求备两等学堂	1906	新碶备碶村	1916 年，私立求备国民学校
虞氏小学堂	1906	邬隘扎马村虞氏宗祠	1918 年私立虞氏述志国民学校
愈愚学堂	1906	高塘第三洋傅氏宗祠	私立愈愚国民学校
陈氏思本学堂	1907	大碶周隘陈	1916 年私立陈氏思本国民学校
林头小学堂	1910	邬隘林头庙内	1916 年区立林头国民学校
开智学堂	1910	邬隘石湫村义民祠内	1914 年，区立开智国民学校
蕴秀女学堂	1910	大碶头街	1916 年区立蕴秀女子国民学校

资料来源：根据《北仑区志》统计。

随着经济的发展和各种思想的传播，新式学校在全国各地如雨后春笋般兴办起来。到了 1925 年，北仑境内共有各类小学 68 所（县立 5 所，区立 13 所，私立 50 所），到 1935 年，全日制小学达到 116 所，虽然学校数量庞大，但是当时设备非常简陋，条件艰苦，而且当时各地饱受日军侵略，学生和老师没有一个安定的学习环境。全面抗日战争爆发后，1941 年 4 月 19 日，由于日军的侵略，宁波沦陷，县城被日伪占领，北仑境内所有学校停课，随后柴桥、长山两区在县抗日自卫委员会发动下，成立柴桥区教育会，动员各小学复课，但出于当时的战争影响，复课之路举步维艰，学校随时可能遭受日军的袭击，因此，一直到次年3月，各小学才相继复课。1945年抗日战争结束，从1945年到1949年新中国成立期间，北仑境内小学发展状况大致如下：

> 1945年，境内学龄儿童31012人，入学13657人，占学龄儿童总数的44%。1946年实施第二期国民教育计划，境内30个乡镇有小学157所，其中中心国民学校36所，代用国民学校30所，保国民学校90所，私立小学1所，共有383班，学生16995人，教职员504人。1947年，区境撤并为19个乡镇，有中心国民学校22所，代用中心国民学校11所，保国民学校63所，代用保国民学校58所，私立小学7所，共161所，365班，学生16781人，教职员518人。①

由此可见，民国时期北仑境内小学发展可谓迅速，图2-2反映了这一期间学校数量的变化。

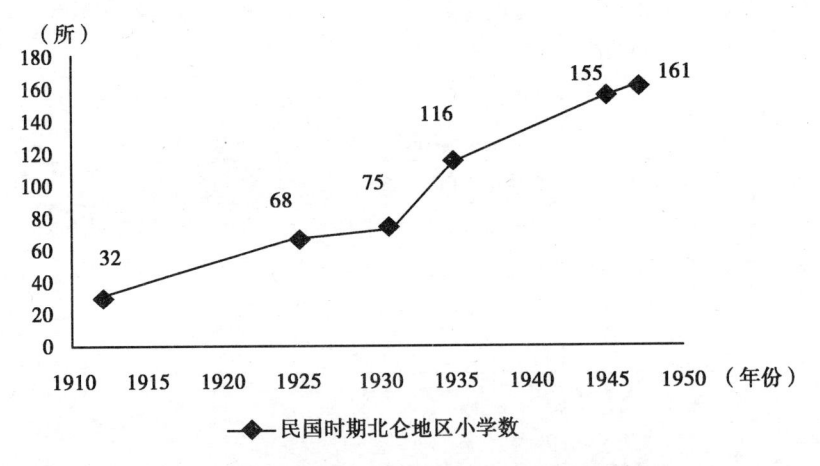

图2-2 民国时期北仑地区小学数量变化图

除了小学外，民国时期，初级中学也开始萌芽。北仑境内的中学教育

---

① 宁波市北仑区地方志编纂委员会：《北仑区志·教育篇》，2011年4月11日，宁波北仑地方志网（http://dfz.bl.gov.cn/detail.php?id=145）。

要追溯到镇海县立中学堂。据史料记载,镇海县立中学堂创办于宣统三年(1911 年),地址位于今镇海梓荫山麓,由盛炳纬等募资创办,这是镇海县第一所中学,到 1933 年秋,学校改制为县立初级商业职业学校。之所以跟北仑境内中学教育挂钩,是因为据北仑区志记载,"1939 年秋,因日本战机骚乱,战火威胁,镇海县立初级商业职业学校迁于柴桥瑞岩寺办学一年"①(柴桥,隶属北仑区),详见图 2-3。

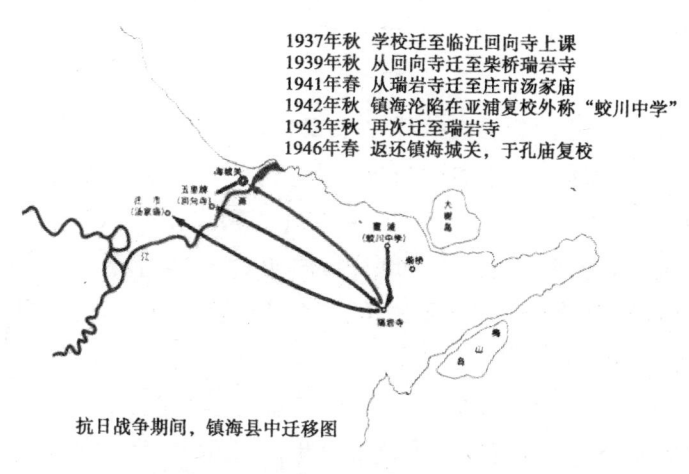

1937 年秋 学校迁至临江回向寺上课
1939 年秋 从回向寺迁至柴桥瑞岩寺
1941 年春 从瑞岩寺迁至庄市汤家庙
1942 年秋 镇海沦陷在亚浦复校外称"蛟川中学"
1943 年秋 再次迁至瑞岩寺
1946 年春 返还镇海城关,于孔庙复校

抗日战争期间,镇海县中迁移图

图 2-3 镇海县立中学迁移图

但镇海县立中学并没有驻留在北仑,大概一年后(1941 年春)为了便于县政府接应,学校又搬迁到庄市汤家庙。1941 年 4 月 19 日凌晨,当闻之镇海县城已被日本侵略军占领,学校仓促解散,校具簿册散失无存。镇海县沦陷后,县城被日伪占领,国民党游击县政府在江南山区活动,并控制柴桥、郭巨、大碶、长山等区。1942 年秋天,由曹峰、周维新等组织校务协进会,借(北仑区)霞浦小学校址恢复镇海县中,为了避开日伪军的注意,对外称"私立蛟川中学",国民党县党部书记长王万成兼校长,胡葆德任副校长,王漱琅为校务主任主持校务,刚开始共招 3 个班,学生 85 人。1943 年 5 月间,蛟川中学学生抗议校方贪污行为,事态扩大,初三学生罢课,在部分教师、家长和社会各界声援下,有关人员辞职

---

① 宁波市北仑区地方志编纂委员会:《北仑区志·教育篇》,2011 年 4 月 11 日,宁波北仑地方志网(http://dfz.bl.gov.cn/detail.php?id=145)。

或解聘。① 1944年学校再次迁至北仑瑞岩寺，据记载：

> 在瑞岩寺时的县中，环境艰苦，条件困难，教师不齐，课本不全，图书仪器更一无所有；师生睡地铺，吃青菜淡饭，自己动手开辟活动场地。但师生们非常珍惜这学习机会：清晨，琅琅书声伴随古寺钟声；夜晚，在昏暗灯光下勤奋攻读。开创了辛勤教学、艰苦奋斗的好校风，为国家培养了一批人才。②

1946年1月，李价民接任县中校长，2月份，学校全部迁返镇海城区。至此，镇海县立中学在北仑做了2次短暂的停留，第一次是1939年秋到1941年春，第二次是1943年秋到1946年春，虽然只是作为临时办学点，也不能算真正意义上的北仑境内初中，但是，这恰恰是北仑初级中学教育的肇始，到新中国成立前，整个民国时期，北仑境内再无初中出现。因此，镇海县中的两次迁移给北仑地区中学教育留下了美好的回忆，全国劳动模范、微电子学专家、中科院院士李志坚，以及中科院院士、医学专家沈自尹等，都是那个时期的学生。

（二）办学模式与经费来源

这一时期的小学包括公办、私立和捐资助学等类型。对于公办学校，国民政府时期，教育部规定，义务教育经费以地方自筹为原则，中央略为补助。这一规定使得北仑地方政府承担了区内教育经费的重任，根据北仑区志记载，民国时期北仑公办学校经费主要来源于当地学田田租、学校基金利息、各项迷信会产收入（如灵峰香期的香资收入拨充灵山学校办学经费）、学杂费、省县款补助费、各种捐税补助费等，③ 虽然教育经费由地方承担在某种程度上加大了地方政府的负担，但是它大大调动了社会力量的积极参与。

---

① 浙江省镇海中学：《镇中简史（1911—2011）》，2011年4月12日，镇海中学校园网（http://www.zhzx.net.cn/campus/11history.asp）。

② 同上。

③ 宁波市北仑区地方志编纂委员会：《北仑区志·教育篇》，2011年4月11日，宁波北仑地方志网（http://dfz.bl.gov.cn/detail.php?id=145）。

表 2-5　　　　民国 8 年（1919 年）县补助各区教育费一览　　（单位：银元）

区　别	补助款额	区　别	补助款额
崇　邱	274 元　689 厘	海　晏	290 元　628 厘
灵　岩	350 元　658 厘	郭　巨	58 元　995 厘
泰　邱	389 元　160 厘	合　计	1364 元 130 厘

资料来源：根据《北仑区志》整理。

除了公办学校外，还有私学和捐资助学。19 世纪末 20 世纪初，中国的民族资本主义逐步发展起来，经济出现短期的繁荣。北仑境内自古以来就有浓厚的商业文化传统，又由于北仑地少人多，长期以来有外出经商传统，同时受浙东学派"工商皆本"的启蒙思想影响，因此在当地出现了一批实业家，他们大多生于北仑，发迹于上海，拓展至海外，长期生活在外面，使他们视野更加开阔，深感文化教育视野的重要，因此一些有识之士便以普及家乡初等教育为己任，通过集资、合资、独资等多种形式纷纷开办学校，当地一些大家族也加入其中，纷纷捐资办学。据北仑区志记载，民国时期在北仑境内涌现出一大批捐资助学的典范（见表 2-6）。

表 2-6　　　　　　　　民国时期部分捐资助学情况

校　名	创建年份	校　址	始创与续办人	校　名	创建年份	校　址	始创与续办人
蔚斗初级小学	1927	倪家桥	唐爱陆等	虞氏继承国民学校	1912	白石庙村	虞宝昌、虞瑞尧等
蒙泉国民学校	1919	沈家村	沈觐舜	培本国民学校	1922	杨家桥	王宗余、王燕锴等
惜阴国民学校	1915	朱田洋村	刘九皋	后洋国民学校	1922		张之栋等
墅群国民学校	1911	雅度岙	陈文桢	鹰山国民学校	1922		江绍瑛、江义方等
求精第二国民学校	1915	胡家洋村	谢天锡	锺灵国民学校	1920		干孝本、大淇等
求精第四国民学校	1917	太平庵	谢天锡	井溪国民学校	1913	井溪庙内	傅锡恩、张秉初等
求精第五国民学校	1918	顾家桥村	谢天锡	时晋国民学校	1912	史家村	史丽生、道生等
求精第七国民学校	1918	王家漕村	谢天锡	敦群国民学校	1912	霞浦前村	张星灿
崇邱第一国民学校	1913	丁家山下	丁宋伟	励志女子国民学校		霞浦村	张景渠

续表

校名	创建年份	校址	始创与续办人	校名	创建年份	校址	始创与续办人
区立沿山国民学校	1913	璎珞河头	李景初	遐思国民学校	1923	下史村	史梅卿、史苇芳等
贺氏养正国民学校	1917	前宋外村	贺云章等	洪溪国民学校	1921		史光国等
李氏敬德国民学校	1918	横河村	敬德堂	嘉逸国民学校	1912	广束头村	王惠霖、兆兰等
妙林国民学校	1915	妙林村	顾葆羽等	静德女子国民学校	1917	柴桥	李光埠、李光玷

资料来源：根据《北仑区志》整理。

以上仅列出部分私人捐资办学的名单，根据北仑教育志统计，从1905年到1927年，共有78所学校由地方个人创办或续办。在诸多捐资办学的人物中，其中有一个人吸引了我的注意，他就是在梅墟和崇邱创办7所求精国民学校的谢天锡。然而在查阅资料时，我发现北仑区志和镇海县志对他的记载都很少，《北仑区志·教育篇》对谢天锡的记载：

> 谢天锡在梅墟和崇邱创办求精国民学校7所，建校舍、聘名师、免费招收学生，负担全部办学经费达数十载。①

除此之外别无多言，而在民间访谈中，只有少数老人对他略有耳闻，而且描述各有差异，在翻阅史书和网络搜索时，也很难找到谢天锡的专门介绍，只是偶然在一些宁波地区资料中出现此人名字，这激发了我弄清其真相的决心，也希望从中一窥民国时期私人集资办学的状况。通过多方资料拼凑，才稍加得到解答。

根据一些零星的史料记载和后人口述，谢天锡（1875—1960），字蘅窗，北仑小港人。早年在上海从事煤炭生意，几年后，业务日益扩展，成为上海滩首屈一指的煤炭大王，被推为上海煤业公会会长。清光绪三十四年（1908年），谢天锡先生出巨资在鄞县、镇海等地创建了7所小学，其一便是在梅墟西方寺原址创建的"梅墟求精学校"。此后，谢天锡先生一

---

① 宁波市北仑区地方志编纂委员会：《北仑区志·教育篇》，2011年4月11日，宁波北仑地方志网（http://dfz.bl.gov.cn/detail.php?id=145）。

直承担着学校的一切开支，有资料统计，自开办起到民国二十二年，累计出资多达50亿元以上。学校有了雄厚的经济实力，又在教育上引进了先进的西方模式，使学校逐渐成为了梅墟及鄞东地区的知名学堂。师生们一直到80年代，才迁往新建的校舍，而原来的学校也一直归新学校管理。

可见，社会力量集资办学特别是诸多有识之士深感教育之重要，出资办学力图回报家乡的行径是北仑地区由来已久的风尚，这种传统也为后来的北仑教育发展提供了有力的帮助。

二 新中国成立后：幼儿教育起步，质量相对落后

1949年5月26日，北仑解放，广大人民翻身做了主人，随后北仑境内通过土地改革运动，农民分到了土地，在经济上翻了身。在这种背景下，教育作为一种全新的诉求，其性质和内涵也发生了重大变化。遵循着《中国人民政治协商会议共同纲领》的办学思路，同时根据1949年教育部召开的第一次教育工作会议精神，北仑地区制订了解放初期教育改革的主要任务，即回收教育主权，使之成为人民大众的教育；同时进行课程调整和教学内容的改革，以适应新中国的需要。据资料记载，这一时期，北仑境内当地政府共接管旧公立、私立学校130余所，同时整顿和改造小学教育，贯彻"学校向工农开门，教育为生产服务，师生为人民服务"的办学方针，废除党义、公民课，增设政治课；取消训育制度，对学生进行"爱祖国、爱人民、爱劳动、爱科学、爱护公共财物"的思想品德教育。

这一时期，除了对现有学校进行改革外，北仑境内还开始发展学前教育。自古以来，北仑境内的人民十分重视幼儿启蒙教育。早在南宋时期，宁波学者王应麟就著《三字经》，成为中国古代最具影响力的幼儿启蒙教材；再到清朝张雪门（宁波鄞县人）"一生痴迷幼稚教育"[①]。但是，由于北仑境内受经济、政治等因素影响，到新中国成立时，都没有创办一所真正意义上的幼儿园。新中国成立后，为了加强幼儿教育，同时解放妇女劳动力，以便女性有时间参加政治生活、生产劳动、文化教育等活动，北仑境内开始筹办幼儿园。1951年，柴桥小学开办附属幼儿班，这是北仑境内第一个正式的幼儿园，到第二年，幼儿班改名为柴桥小学附属幼儿园，设大、中、小各1班，在园幼儿90人。随着人们思想觉悟的不断提高，

---

① 杜成宪、王伦信：《中国幼儿教育史》，上海教育出版社1998年版，第271页。

越来越多的家庭开始重视幼儿教育,加之随后全国开展"大跃进"和人民公社化运动,妇女需要下地生产劳动,北仑地区响应浙江省政府号召,各人民公社、生产大队(村)纷纷开办简易幼儿园,并聘当地妇女当保育员。据北仑区志记载,1960年,园数猛增至160所,241班,在园幼儿7726人,教养员502人。[①] 这一数据反映了当时北仑境内幼儿园数量虽多,但规模较小,160所幼儿园仅有7726名学生,平均每个幼儿园只有48个幼儿,同时由于当时缺少专门培养幼儿教师的学校,教养员的质量有待商榷。

访谈中了解到,在20世纪五六十年代,北仑境内的幼儿教育更多的是为经济、政治生活服务,家长送孩子上幼儿园也更多的是为了完成生产任务。在这样的情境下,整个北仑地区都忙于社会大生产,政府也没有精力关注幼儿的教育问题,各社只要能把小孩子安顿妥当、有一个安全的去处就行了。因此,虽然从1952年区内第一所幼儿园建立,到1960年区内共有160所幼儿园,其间仅仅间隔了8年,但是,数量的急剧增长并不能代表幼儿教学质量的提升,学前教育对义务教育的奠基作用并没有体现出来,这一时期的幼儿教育可以被视为经济社会改革的附属品。因此,随着"大跃进"运动的结束,1961年北仑地区贯彻中央提出的"调整、巩固、充实、提高"方针,大批妇女也有了较充足的时间,幼儿园不再是孩子的托养所,因此,据北仑区志记载,"1961年,上述幼儿园全部停办"[②]。之后,各工厂幼儿园和乡镇幼儿园纷纷开办,1964年,柴桥后所4332工厂幼儿园开办,随后各工厂纷纷开办自己的幼儿园。到70年代末80年代初,北仑地区大碶、新碶、高塘、柴桥、霞浦等乡镇中心幼儿园先后开办,幼儿教育问题逐渐被提上日程。但是,这一时期的幼儿教育存在的典型问题是数量少、幼儿多,幼儿园不能满足上学需求,而且据当地人回忆,当时很多幼儿园设备不齐。80年代北仑境内幼儿园在数量和办学条件上都不能满足家长的需要,一方面,这一时期北仑隶属镇海县,教育投资和布局受到县政府的制约;另一方面当时北仑境内经济还较为落后,没有足够的财力、物力保障教育的发展。因此,到1984年建区之前,北仑

---

① 宁波市北仑区地方志编纂委员会:《北仑区志·教育篇》,2011年4月11日,宁波北仑地方志网(http://dfz.bl.gov.cn/detail.php?id=145)。

② 同上。

境内的幼儿教育（包括小学和中学教育）都处于落后的状况。

三 中等教育的肇始与更继

上文讲述了1949年新中国成立到1984年北仑境内（隶属镇海县）的小学和幼儿园教育发展状况：新中国成立后北仑当地政府接手了旧公办、私办小学130所，至此，境内小学教育跟随着全国教育发展趋势开始一步步发展；幼儿教育方面，从1952年起，第一所幼儿园创办，开启了北仑境内幼儿教育之窗，到80年代，幼儿教育的困难与发展相互交织。而在此期间，除了幼儿教育与小学教育外，区内中学教育也开始发端，并为之后北仑境内中学变革和发展奠定了基础。

从前面的叙述中我们知道，北仑境内的初中教育始于1939年，这期间镇海县立中学在北仑境内做了2次短暂的停留，这是北仑初中教育的最早记忆。但是，随着1946年镇海县立中学迁回原址，北仑境内的初中教育也随之销声匿迹。因此，一直到解放初，北仑境内无中学。①

1951年为了贯彻"教育为国家建设服务，学校向工农开门"的方针，北仑境内开始兴办中学。根据1951年政务院颁布的《关于改革学制的决定》，中学教育的指导方针确立：

> 中学的修业年限为六年，分初、高两级。修业年限各为三年，均得单独设立。初级中学，招收小学毕业生或具有同等学力者，入学年龄以十二足岁为标准；毕业后，得经过考试升入高级中学或其他同等的中等专业学校。高级中学，招收初级中学毕业生或具有同等学力者，入学年龄以十五足岁为标准。②

按照这个指导方针，1952年北仑地区在柴桥镇人民建设协会集资下，于芦江河西岸创建私立柴桥初级中学，这是北仑区第一所初中。建校第一年，学校共有3个班，学生180名，教职工10人，开办之初的学校教师都较年轻，基本上来自小学，没有受过系统的中学专业教育，因此用"教

---

① 宁波市北仑区地方志编纂委员会：《北仑区志·教育篇》，2011年4月11日，宁波北仑地方志网（http://dfz.bl.gov.cn/detail.php?id=145）。
② 《政务院关于改革学制的决定》（http://baike.baidu.com/view/3007948.htm）。

学相长"来形容这一时期的初中教育再恰当不过了,广大青年教师在教学中"教会了学生也教会了自己"。关于这一时期的初中教育状况,我访谈了原先在柴桥中学任职的傅老师,根据他的回忆我们大致了解了柴桥初中教育的一些状况:

> 1952年上半年,我奉调来到柴桥中学做开学筹备工作。那时学校只有刚落成的两幢砖木结构平房,共六间,其中三间作为教室,一间为教师办公室,一间为图书阅览室,一间为音乐教室,除此之外当时其他一无所有。(2011年4月,傅老师)

从傅老师的话中我们可以看出,柴桥中学办学之初,条件非常艰苦,而且在当时的社会环境下,国民经济处于调整和恢复阶段,各项事业百废待兴,因此对教育的投入和关注极为有限,柴桥中学的建立也在很大程度上得益于胡伟农的慷慨捐赠。因此,虽然学校成立后人事、招生等皆由教育行政部门统一管理,但是实际上柴桥中学在当时是一所民办性质的学校。如此一来,学生和老师的状况又如何呢?傅老师回忆道:

> 当时学校条件是非常艰苦的,没有学生宿舍,绝大部分学生是带饭走读的,最远的学生每天往返需走30里路,虽然这么艰苦,但不论刮大风下暴雨,不论严寒酷暑,学生们都坚持上学,出勤率很高,很少迟到。教师则住在老式矮平房的阁楼上,又低又闷,夏天像个蒸笼,冬天像个冷柜,但教师们毫无怨言。(2011年4月,傅老师)

从老人的话中,能深刻地感受到他对那段时光的怀念和对学生老师的眷爱之情,同时也激励我进一步走进柴桥中学,探寻办学之初的点点滴滴。于是我走访了柴桥中学前校长俞宗老师,俞老先生于1982到1995年任柴桥中学校长长达13年。从他那里我聆听了很多关于柴桥中学的故事,临走前,俞老先生还承诺给我寄一本关于柴桥中学办学历史的书,希望我对那段历史有更深刻的认识(之所以不能现场给我,是因为书在学校资料室存放着)。结束调研后,我回到了杭州,渐渐忘记了书的事。2011年6月21日当我收到快递公司送来的书时,顿时被老先生的热心、负责所感动,这件事情也从中折射出老一辈人在办学过程中的兢兢业业，严肃认真。老先生寄给我的这本书名叫《五十春秋》，是为纪念柴桥中学建校五十周年专门编写的，从书中我逐渐加深了对柴桥中学的认识。

根据书中记载，当时，第一届初中班称为"春雷班"，意指该班诞生于隆隆雷声的春季，同时渗透了老师们的美好愿望。从1954届"春雷班"学生赵伟、周海的回忆中，我们从学生的角度了解了当时初中的办学情况：

> 当时班上学生有68名，年龄相差悬殊，有的曾在社会上工作，有的是家庭妇女，有的刚从小学毕业，因此一个班级出现了母子同堂、姑嫂同室、夫妻同校的情况。虽然文化基础不一，但他们学习都很勤奋，尤其是大龄学生。（摘自柴桥中学建校五十周年编写的《五十春秋》）

1956届初中班胡云回忆起这段历史也深有感触：

> 柴中三年是我最无忧无虑、天真活泼的美好时光，我当过少先队辅导员，我们带领少先队员去远足，去海边捉蟹、拾贝壳，还乘着海军的汽艇乘风破浪在祖国的东海上……（摘自柴桥中学建校五十周年编写的《五十春秋》）

从当时的办学经历和校友回忆可知，柴桥中学作为北仑境内第一所真正意义上的初中，它的创办深深影响了一代人，也为后来北仑境内的初中教育发展奠定了坚实的基础。但是由于时代的局限性，当时的初中教育同样免不了烙下政治和时代的痕迹，其建立和发展很大程度上是为了适应经济、政治的需要，而且这一时期，除了私立柴桥初级中学外，区内再无别的初中，据资料统计，1954年境内仅柴桥私立初级中学1所，共5个班级，有学生286人。[①]因此，初中教育改革还有很长的路要走。

随后，到1956年，随着社会主义改造基本完成，北仑地区农业、工

---

① 宁波市北仑区地方志编纂委员会：《北仑区志·教育篇》，2011年4月11日，宁波北仑地方志网（http：//dfz. bl. gov. cn/detail. php？id=145）。

业均完成公有化改造，作为上层建筑的教育，势必会随着经济基础的变化而改变其性质。北仑地区初步建立了社会主义教育制度，私立柴桥初级中学改为公立，并更名为"镇海县第一初级中学"，随后，县立第四、第五、第六、第七、第八初级中学相继成立，① 北仑境内初中教育慢慢走向社会主义教育新时期。

50 年代的北仑已经拥有了幼儿园、小学、初中教育，然而初中毕业的孩子如果要继续深造怎么办？这是困惑学生和家长的难题。当时整个镇海县只有一所高中，根本无法满足越来越多的初中毕业生的升学需求。因此，在这种情况下，北仑当地政府决定在柴桥办一所既有初中教育又有高中教育的"完中"。1958 年 9 月，上级部门决定在镇海县第一初级中学办高中教育，这也是北仑区内最早的高中教育。据资料记载，首届高一新生共招收 2 个班，包括本校初中毕业生 50 余人，另加从镇海中学应届毕业生中录取的 30 余人。新办的高中班于 9 月份正式开学，谁知 1958 年下半年全国掀起了"大跃进"，为响应这一运动，全校师生一起投入热火朝天的"大炼钢铁"运动，因此，在高中开班之初，为了贯彻"教育必须为无产阶级政治服务，教育必须与生产劳动相结合"的教学方针，学生更多地是参加劳动与生产，教育课程的学习并不是很多。据柴桥中学校史记载：（开学后）全校师生一起投入热火朝天的"大炼钢铁"运动，不少高中生夜以继日地摇船去洪岱村装运缸泥，让全校师生大制"小钳锅"炼铁。

北仑境内第一所高中出现于物资急剧匮乏及各种天灾人祸引起的"三年困难时期"，师生们除了要学习外还要参加社会劳动，常处于半饥饿状态，条件极为艰苦。但是即便在这样的情况下，首届高中毕业生考试却成绩斐然，录取率超过 60%，名列全省前茅。也正是跨出了这第一步，大大增强了北仑地区继续兴办高中教育的信心，为后来北仑境内高中教育的长足发展奠定了基础。到 1976 年，整个北仑地区共有 19 所高中。

综上所述，在新中国成立后，北仑境内教育结构得到进一步完善，从幼儿教育到小学教育，从初中到高中，北仑地区逐步形成了一整套教育体系。不同历史时期的学校形态，包括县学、书院、社学、义学，直至近代以来的学堂与学校，可以说是在不同时代下的历史产物，它们面向不同的

---

① 当时北仑隶属镇海县，第二、第三县立初中不在北仑区域内。

教育群体，发挥着符合当时具体情境的历史作用，在某种意义上体现着一种教育均衡的孕育。但同时，我们也必须认识到，各级教育仍然存在各方面的问题，时代所造成的局限性在所难免，从而形成了建区之初的困窘境地，关于这一点，后文会详述。

> 想想我们经历过的事情吧，想想它们重演如昨，甚至重演本身无休无止地重演下去！这癫狂的幻念意味着什么？
>
> ——[捷克]米兰·昆德拉
> 《生命中不能承受之轻》

第三章

艰难起步：政府主导下的"普九"突围

1984年，改革的春风逐渐吹到了曾经创造过河姆渡文化的宁波地区，这个远在唐朝时便全球闻名的通商口岸，[①] 终于在新中国迎来了全新的发展时期。这一年宁波市进行行政区划改革，将原先镇海县内甬江以南的地区单独划分出来，包括原属镇海的城关镇、新碶镇、俞范镇、青峙乡、清水浦乡二乡三镇。1985年7月，根据国政字[1984]99号文件"撤销镇海县、扩大滨海区、建立镇海区"的精神，以甬江为界，以南均属滨海区，1987年2月，滨海区更名为北仑区。

北仑区成立之时，该区一半面积是山区和海岛；32万人口中，87%是农业户口，经济较为落后。在调研中，当地一个山村引起了我的注意，它就是如今被誉为"城市花园"的牌门村，隶属于北仑区大碶街道。该村2007年工农业总产值达到2.5亿元以上，村级集体经济收入32万元，村民人均收入达1.5万元，村里35%农户购买了小轿车，几乎家家户户都有摩托车或电动车。然而在20多年前，即北仑建区之初，牌门村却是一个名副其实的"泥巴村"，当时村里的状况：

[①] 唐代宁波成为"海上丝绸之路"的起点之一，与扬州、广州并称为中国三大对外贸易港口；宋时又与广州、泉州同时列为对外贸易三大港口重镇；鸦片战争后被称为"五大通商口岸"之一。

第三章 艰难起步：政府主导下的"普九"突围

蜿蜒的泥路、摇摇欲坠的茅草房，那是一个视自行车、电视机为稀罕物的年代；那是一个物资匮乏、购物皆凭票的年代；那是一个基础设施落后、生产积极性普遍低下的年代。①

如今的"后花园"，昔日的烂泥塘。牌门村是当时北仑区的一个缩影，集中反映出建区之初资源严重匮乏、经济较为落后的状况。而教育作为上层建筑，其发展状况必然受到经济基础的制约，因此，从北仑建区之初的经济状况中，我们大致能想象到当时北仑区糟糕的教育状况。

这一年，我尚在襁褓中牙牙学语，完全不知与自己一同诞生的北仑区如同命运注定一般已跟自己结下了不解之缘。而也正是这一年，一个平凡的人物开始了他的教育管理生涯，并在随后20多年的时间内，一点一滴的见证、参与和推动了北仑教育的发展。他便是胡志，现今已退休的一位关工委②老干部。为什么会是这样一位退休老先生成为我探析"北仑现象"第一阶段的关键人物？他与北仑教育的发展变迁又有着怎样千丝万缕的关系呢？第一次看到"胡志"这个名字是在北仑区教育局档案室中查阅资料时，当时很多文件资料中虽然第一署名并不是他，但文中标注的执笔人多数为他本人。这引起了我对他的关注。

2010年12月29日，当时我正在北仑区淮河小学调研，在同该校郑校长的访谈中了解到，原来胡老先生作为关工委的离退休老干部，经常会到一线学校做讲座，同青少年儿童打成一片。据郑校长介绍，这位老先生从一线教师到校长再到区教育局管理层，对于北仑区的教育发展，他既是见证者又是亲身参与者，现如今虽然已经退休了，但仍一心扑在教育上，令人可敬可佩。当时一股强烈的感觉告诉自己：我应该见一见这位胡老先生。于是，在郑校长的引见下，我有幸见到了这位老先生，并在第一次见面时就得到了他的赞许与热心帮助。我们的第一次访谈时间长达3个小时，临行结束时，他还赠送了当年他自己写的一些工作笔记与文稿给我。

---

① 北仑之窗编辑部：《30年记忆：从"泥巴村"到"城市桃园"》（http：//www.bl.gov.cn/doc/gyk/dlygj/2008_2_19/385774.shtml）。
② 即北仑区"中国关心下一代工作委员会"，成立于1990年。

第一节 临危受命：从中学校长到教育股股长

胡志，1981 年为大榭中学校长。1985 年 7 月，滨海新区成立，随后滨海教育局也相继成立。为了布局新成立的教育局工作方向，选举新一届领导集体，1985 年 10 月 8 日滨海区教育局第一次全体工作人员会议召开，当时办公地点设在镇海城关金向任弄 6 号。会议确定了滨海区教育局领导班子：

局长、党委书记：桂江

副局长、党委副书记：叶土根

副局长：王崇祺、颜力

在确立完领导班子后，会议还决定教育局下设教育股、人秘股、计财股等子部门。股是中国行政级别里最小的一级，其上依次为科级、处级。所谓教育股就是区（县）教育局下设的一个由基教、职成教、德育、体育、卫生等多部门组成的综合性办公室，我查阅了北仑区教育档案，找到了当时教育股的主要工作职责：

> 负责管理全区基础教育工作，制定义务教育规划，组织监测义务教育普及程度，负责中小学学籍管理，负责职业教育管理，指导初中毕业生短期实用培训，统筹协调指导成人教育，负责民办教育管理等。

教育股长虽然只相当于副科级领导，然而对于一个区（县）的教育发展却至关重要。局长和书记作为区县教育局的一把手，需要负责整个教育系统的全局发展，因此不可能做到"事必躬亲"，往往把具体的工作分派给副局长；而副局长大多分管不同的部门，有的分管人事、有的分管财务，真正分管教育（特别是基础教育）的就经常出现人手不够的情况。教育股作为教育局下专门分管教育（包括基础教育和职业成人教育等）的机构，可以说是处在最前线、工作压力大、对工作人员要求高的一个部门。

1985 年 11 月，教育局新任领导班子正式上任，并开始着手建设各股室。对于教育股而言，选择一个合适的股长至关重要。此时，身为大榭中学校长的胡志万万没有想到自己将会走下讲坛,开始一段全新的教育生涯。

1986年1月30日,农历腊月二十一,宁波地区早已是寒风嗖嗖。这一天,大榭中学刚放寒假,胡志校长正在组织教职人员进行年度工作总结,并着手制订新学年的教学计划。

> 当时我接到通知,说区教育局叫我去一趟,有要事商量。当时教育局办公地址刚从金向任弄①搬到人武部大楼。我当时也不知道去干啥,估计就是校长工作会议方面的。但是,我一去才知道,教育局打算把我调到教育股做股长。

从校长到股长,从学校到教育局,从官职上看无疑是提升了一级。中国传统学者和文人大多遵从"学而优则仕"的观念,即学问做好了、教书教好了就自然成为做官的最佳人选。然而,当梦寐以求的机会降临在自己身上时,胡志校长却深感纠结和矛盾。访谈中,胡老先生也流露出当年离开大榭中学时的依依不舍。

> 要知道,我当时的身份是学校校长,怎么能轻易说走就走呢。特别是对于大榭,因为这里驻扎着一个海军基地,相当于师一级的单位,因此大榭中学的很多学生都是部队里面的子弟。我觉得战士们站岗放哨很辛苦,大家都清楚,海军是最辛苦的,平时可能也没时间照顾孩子,所以我当校长期间,对他们的孩子是很有感情的。(2011年4月,胡志)

对家长的承诺、对孩子的感情,也许正是这一点让当时区教育局看准了胡老先生,认为他是教育股股长的合适人选。因此,局里告诉他,回去好好想想,我们等你的消息。

> 我回去把这个消息告诉了学校,这样消息就慢慢散开来,家长孩子们也知道我要走了。他们首先表示反对:"他是不能走的",还有

---

① 地名,即滨海区教育局旧址。

一些教师也希望我留下来。拖了大概三个月,教育局实在是希望我过去,我自己的想法是能留下来最好,毕竟大榭中学从当初很差的学校,慢慢发展到这么大了,自己舍不得。但是组织上的意思也不好违背。

鉴于组织上比较急,希望我能早些过去,在这种情况下,我们教育局的领导请部队首长、当地政府的领导同志座谈,谈了以后,学校还是把我放掉了。这样我就去了教育局,正式上班是(1986年)春节过后了。(2011年4月,胡志)

如今在胡老先生看来,当年的这一走颇为壮烈,但自己也深感压力。在中国,基层干部尤其不好做,基层环境条件差、工作压力大,而且经常面临"上面千条线,下面一根针"的情况,而面对组织上的信任,胡老先生能不负众望吗?

第二节 新官上任:踌躇满志与现实的无奈

建区之初,北仑区高等教育基本空缺;而在中等职业教育方面,全区只有2所职业学校,共588名学生。① 可以说,北仑区的教育基本上以基础教育为主,即小学到高中阶段教育。上任后,胡志也主要是负责基础教育方面的工作。

俗话说"新官上任三把火",上任后的胡老先生首先对新区基础教育总体状况进行了仔细研究,只有脑子里装着一幅教育现状图,才知道火往哪里烧,火势要多大。根据统计数据显示:

1986年滨海区共有小学175所,学生21485名;初中28所,学生12662名;高中3所,学生1430名。

很显然,在基础教育中,小学和初中教育又是重中之重,不仅因为中小学学生人数多,而且因为它承担了区域内所有适龄儿童的上学问题,是

---

① 宁波市北仑区地方志编纂委员会:《北仑区志·教育篇》,2011年4月11日,宁波北仑地方志网(http://dfz.bl.gov.cn/detail.php?id=145)。

义务教育阶段；而对于高中，区外分流可以大大减少区内的压力，而且当时高中段入学率也相对较低。规模小、师资差、设备旧是当时北仑区中小学教育的主要状况。北仑区从一诞生就戴着"宁波市教育落后区之一"的帽子。根据区教育局的指示，胡志带领工作小组多次深入中小学校了解具体情况。

一 上任后第一次掉泪

梅山是一座位于北仑区东南部的海岛，地形崎岖，岛内散布着15个大小高低不等的山丘，因此居民楼房大多依山而建。受地理位置和交通的制约，岛内经济发展较为落后，当地居民多以养殖海生鱼类、贝类和晒制海盐为生。

上任后胡志给自己定的第一个任务就是让自己的足迹覆盖每一个乡镇，这一次他来到了这个海岛之乡——梅山乡。胡老先生一直认为，以自己的经历，"再苦再难的人和事，应该不太会出乎意料"。然而当他来到梅山乡，看到当地学校的校舍状况时，胡志却忍不住掉下了泪水。胡老先生回忆道：

> 这里的校舍条件太差了，很多学校都设在工厂、仓库和祠堂中，没有一套像样的桌椅，有的学生上课时就趴在石头墩上面，教室里光线很差，黑板也是临时制作的，当时这场景真的让我眼眶湿润了。（2011年4月，胡志）

寺庙与庵堂里的学校，这也许是北仑教育发展史上一段最为痛苦的经历。通过查阅北仑区教育档案我知道，在建区之初，全区16万平方米校舍大部分是破旧房、危房，区政府驻地大碶镇仅一所设施简陋的初级中学和一所小学及其下辖的几所完小。由此可见当时北仑区中小学校舍等教育资源问题的严峻。原梅山小学校长贺广在谈到当年的教育经历时，也颇为感叹：

> 反正我当校长那几年，最苦恼的事情，就是校舍太破、学校设备差。我也经常到下面（村校）去，到了那里我就看到周围老百姓都在造房子，看到这种情况，我心里特别不是滋味，居然农民的住房都比学

校条件要好，说明我们的教育出了问题了。（2011年5月，贺广）。

校舍严重不足，怎么办？当地人想到了一个办法。由于梅山地区自古有祭祀祖先和先贤的传统，因此，岛内有许多祠堂，鉴于祠堂的高大宽阔及平时又大多处于空闲状态，因此，许多学校便设置在祠堂里。其实，不单单梅山乡是这样，北仑其他地方也存在同样的情况。

吴华江先生现年36岁，北仑小港人，目前是一名商人，常年奔波于宁波、杭州、上海一带。吴先生儿子今年10岁，就读于上海一所著名小学。吴先生告诉我，自己学历较低，初中还没毕业就辍学打工去了，孩子长大后，夫妻二人为了孩子上学的事情伤透了脑筋。由于自己平时多在上海，因此为了照顾孩子，吴先生在上海买了一套房，妻子也去上海做起了全职太太，专门负责孩子的上学问题。吴先生告诉我，自己在教育问题上是"吃了亏的"，现在生意做大了，文化水平对自己的限制就明显了。回想起当年上学的经历，吴先生更是感慨万千：

> 7岁那年，家里决定送我去读书，然后父亲就领着我去村里的小学。说是小学，其实是一个祠堂。祠堂是郑家的，郑家在我们村是一个大姓，人口多，而且有钱有势，才有资格建起祠堂。祠堂大门前面是一个天井，天井左边堆放着柴草，右边就是学校的厨房；大祠堂的左边隔壁是祠堂的附属建筑，低矮昏暗，学校用做学生的寝室；祠堂的右前方是一栋两层楼的土坯房，共6间教室，那就是学校的教学楼。（2011年6月，吴华江）

虽然祠堂在当地也算得上是大户人家修建的，但是内部设施和条件并不尽如人意，特别是用作学校时，如果没有大规模修缮，学生待在里面较为难受。加上祠堂大多有上百年的历史，因此各祠堂都十分破旧，光线也非常昏暗。另外，祠堂内并没有教室，所有年级的学生都要在大厅内上课，如何划分"教室"就成了一大问题，吴先生告诉我：

> 祠堂的大厅被隔成很多教室，中间的隔墙仅有一人多高，上课时两个教室的声音互相干扰，学生彼此听得见隔壁班的声音，一不留神，听讲科目的内容就会"窜题"。祠堂原来的露天天井也被改建成

教室，搭上了临时的"厝顶"，每到雨天，常常漏雨。(2011年6月，吴华江)

吴先生的讲述让我体会到那段时期的艰辛，也许"祠堂"这个词对大多数人来说首先联想到的就是屋垛飞檐，雕梁画栋，砖刻壁画等美好的字眼，但是就如吴先生所言，"如果你是一个旅游者，你一定会被这里秀丽的风光，古朴的村落，淳朴的民风所折服，但要来这里学习或者工作，长时间的在这里生活，你肯定是不会乐意的"。除此之外，根据吴先生回忆，当时人们都比较迷信，一直都觉得祠堂里很"邪门"，过去祠堂曾是供奉祖宗牌位的地方，且祠堂里曾有老师在那里病逝过，所以，一走进祠堂，学生和老师都总感觉是阴森森的，不免会萌生一种莫名的恐惧感。

  白天人多热闹，感觉不到有什么可怕。到晚上9点多钟时，老师们大多回家了，我们待在黑漆漆的祠堂里很害怕。但还是努力地安慰自己：不要怕，世上怎么会有鬼呢？但是只要听到祠堂里有什么异样的响声，依旧是毛骨悚然。(2011年6月，吴华江)

祠堂里的学校生活对于学生和老师而言，都是一段异常艰苦的岁月，难怪当胡志看到眼前的境况时，也忍不住掉下眼泪。胡老先生告诉我，这是他上任后第一次掉泪。从此之后，他也深刻地意识到北仑区教育底子的薄弱。以前作为校长，只需要管好自己的学校就算圆满完成了任务，虽然教育部门相关领导一再提醒大家，新区的教育在宁波12个区县中排名倒数，但是自己没有真正体会到这句话的含义，而这一次的梅山之行，让他更加清楚地认识到当时北仑教育的落后程度，也深感身上的责任重大。回来后，胡志向局里汇报了这一情况，教育局决定对区内中小学校的校舍情况进行全面盘查。盘查的结果让人吃惊：全区中小学校舍建筑面积共计16.46万平方米，其中危房面积0.9万平方米，破旧房面积9.93万平方米，危房、破旧房合计10.83万平方米，① 占全区总校舍建筑面积的

---

① 宁波市北仑区地方志编纂委员会：《北仑区志·教育篇》(http://dfz.bl.gov.cn/detail.php?id=145)。

65.5%,为全宁波市破旧危房比率最高的地区,也是全浙江省破旧危房维修重点地区之一。而对于校舍设置在仓库和祠堂的学校数量,当时没有明确的数字统计,但是从较多的文字记载、会议记录以及工作报告中可知,这一比例也是全区以至全省最高的。

除了校舍问题外,教学设备也让胡志头痛不已。当他走访了大大小小十来个村镇后,胡志得出了一个结论:当地办学条件跟解放初期没什么差别,桌椅板凳很多都是解放初期的那种长板凳。关于教学设备,胡志先生还给我讲了一个故事:

> 有一次我们到白峰乡的中心小学,我问学校,你们有多少图书啊?他们学校老师很自信的回答"我们学校图书还蛮多的"。我跑去一看,他那个所谓的多,就是放在一个红柜子里的书。我打开一看,除了《毛泽东选集》等书外,基本上没有小孩子喜欢看的,比如连环画、故事会、科普类等。我对这个体会是很深的,我觉得这样一个乡中心学校,图书这么少,这是不应该的。另外实验设备方面也是很缺乏的,当时我们学生做实验的话,就是在公立学校选几个点,叫做实验中心,其他学校要做实验的话,都要分组排队到这个中心去。(2011年4月,胡志)

其实,以上现象的产生不是偶然的,归根结底在于当时落后的生产力状况。任何地区办教育都必须以一定的人力、物力、财力作为基础,必须以现实生产力发展水平所能提供的物质条件为前提。毛泽东曾说过:教育(或学习)是不能孤立地去进行的,我们不是处在"学也,禄在其中"的时代,我们不能饿着肚子去"正谊明道",我们必须弄饭吃,我们必须注意经济工作;离开经济工作而谈教育或学习,不过是多余的空话。① 这是因为一个地区能拿出多少钱来办教育,能招收多少人入学学习,普及教育到什么年限、程度,这并不取决于人的主观愿望,而是取决于生产力发展的需要和生产力当前的水平。因此马克思也在《政治经济学批判(序言)》中指出:物质生活的生产方式制约着整个社会生活、政治生活和精

---

① 《经济问题与财政问题》节选,转引自《毛泽东选集》第二卷(http://wenku.baidu.com/view/2b52d61fb7360b4c2e3f64a2.html)。

神生活的过程。① 在马克思看来，教育是受社会的物质生活条件所制约的。② 这在当时的北仑区教育中体现得分外明显。

二 张老师的哭诉：一定要离开峙头乡

对于胡志而言，12年的教师生涯让他对北仑当地的教师群体有一定的了解。由于1985年以前，北仑隶属于镇海县，因此建区之初，北仑教育的师资几乎完全取决于建区前镇海县的师资规划。胡先生告诉我，北仑分离出来时，好一点的教师基本上都留在了镇海，因此建区后，北仑区的师资力量十分薄弱。

（一）年龄结构

由于不同年龄的教师在学识、教学经验、个人修养、工作热情方面有着较大的差别，年老的教师拥有更多的实践经验和素质积淀，但在接受新思想、工作积极性方面比不上年轻教师；而年轻教师虽然"年富力强"，但缺乏教学经验和技能，如果教师队伍过于年轻化，则不利于"以老带新"，因此单一的年龄结构都是不好的。"合理的教师年龄结构应该是以30—45岁业务成熟的教师为主，形成中年教师带老青的局面"③。

总体来看，这一时期北仑区的教师年龄结构比较合理，根据胡老先生回忆：

> 当时全区的确有一部分年龄较大的老师，但是后来慢慢地都退了下来；年轻的老师每年都会增加，我们也没去统计到底哪个年龄段的老师占多大比例，但是从每次去学校调查，或者组织学校教师开会的情况看，没有出现师资年龄过于集中的现象。（2011年4月，胡志）

胡老先生强调这只是从全区整体的情况出发得出的结论，具体到某一个学校，差别仍然比较大。对于一些农村学校，教师待遇低，生活条件也

---

① 《马克思〈政治经济学批判〉序言研读》，马克思主义研究网（http://myy.cass.cn/news/380434.htm）。

② 冯克诚：《马克思、恩格斯无产阶级教育思想与教育论著选读》（上），学苑音像出版社2005年版，第4页。

③ 柳海民、周霖：《义务教育均衡发展的理论与对策研究》，东北师范大学出版社2007年版，第292页。

比较差，因此年轻教师大多不愿去或中途调走，剩下来的教师年龄往往普遍偏大。这种现象可以用一句话来概括：优秀教师走了，新加入的教师素质越来越低了，不合格的教师增加了。① 而对于位于城镇的学校，特别是初高中，教师队伍则相对年轻化。

（二）学历结构

教师学历水平是衡量师资力量的重要指标，虽然我们没有权威的证据表明，学历高的师资队伍一定是最优的，但不可否认的是，一个地区教师学历不合格率与当地的教育水平有着很大联系。学历不合格的教师比例越高，教学水平一般也好不到哪里去。从全国"老少边穷"的贫困地区薄弱学校看，教师学历普遍偏低是其共同特征。

谈到教师学历问题，原梅山小学校长贺广对此印象也十分深刻。

> 当时师资最主要的一个特点，别的学校我不敢说，但是就拿梅山小学而言，教师学历基本上都很低；（任课教师）能达到初中学历在当地就算好的了，很多老师都是小学毕业的。你想想小学毕业然后又回来教小学，教学质量可想而知了。（2011年4月，贺广）

教师学历低，作为教育股股长的胡志当然也意识到了这个问题。但是到底教师学历达到什么水平才算高呢？在当时区教育局认为小学老师必须是中师或者高中以上学历；初中教师，应该是大专毕业；高中教师，应该要本科毕业。所以按照这个要求，胡老先生将北仑区当时的师资总结成一个新名词："三四五"，即初中老师的合格率为30%，小学老师的合格率为40%，高中老师的合格率为50%。因此，按照这个计算的话，北仑区师资水平是非常低的，特别是小学、初中老师。为了进一步验证胡老先生的话，我查阅了北仑区的教育年鉴（见图3-1）：

根据统计1985年全区有小学专任教师1031人，其中中师和高中毕业以上学历516人，占50%；中学教职工716人，其中初中专任教师517人，大专毕业以上195人，占37.7%；高中专任教师64人，大学本科毕业以上27人，占42.2%。以上统计数据跟胡老先生的说法稍有差距，究其原因我认为可能是统计口径不太一致，胡老先生说的教师包括所有教职

---

① 玉丽：《教师何时告别"代课"》，《中国教育报》2005年3月20日第3版。

□ 教师人数　■ 学历合格数

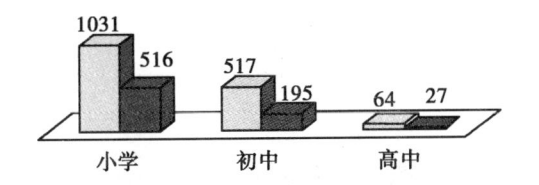

图 3-1　1986 年北仑区教师学历达标情况统计

（小学：1031／516；初中：517／195；高中：64／27）

员工，而统计表上的教师则是指专任教师。但二者同时说明了一个问题，即单从学历看，各阶段教师学历达标率均不超过 50%，师资水平由此可见一斑。

然而，雪上加霜的是，即便是这仅有的不足一半的达标老师，也并非都能坚持在岗位上。一部分老师离职是因为条件太艰苦，这主要是指物质条件。由于北仑区成立之初全区大部分是农村，同时受山区地形影响，居民居住比较分散，由此导致中小学校"小而多"。让胡老先生记忆非常深刻的是，有一次到一个山区小学，发现整个学校就一个老师，而且还是一个女老师。学校所有的家当，都在这个老师的办公室里一览无余。

> 我问她，你们中学上课要用三角板啊，这些东西在哪里？她回答：全都没有。我又问她，你吃饭怎么办呢，菜哪里来。她说，是礼拜六回去以后，礼拜日上班来的时候从家里带来的。我问能吃几天？她说最多能吃 3 天。我说你每周四、五、六这 3 天怎么办呢，她说四、五、六这几天，饭呢自己煮，菜主要是当地农民送给她。（2011 年 4 月，胡志）

其实，跟这位女老师一样遭遇的教师在北仑区不是少数。我查阅了 1986 年前后北仑区中小学校情况，数据显示当时北仑区共有小学 175 所，705 个教学班，学生 21485 人，平均每所学校只有 4.03 个班级，123 名学生；初中共有 32 所学校，共 201 班，平均每校只有 6.3 个班，221 名学生。这里面包括了乡、镇中心学校，这些学校规模都比较大，因此除去这类中心学校后，农村地区学校规模就很小了。根据原梅山小学贺广校长回忆：

那个时候，有一个口号叫做"把学校办到家门口"。山坳里面的孩子要读书，不能离家太远，怎么办呢，那就在附近办个学校吧。当时我们一个小小的梅山乡，就有13所小学，最小的学校只有3个学生，1个老师。(2011年4月，贺广)

对于这些位于农村、教师人数只有三四个的学校，每年新学年之前，都有一部分被撤掉，学校教师则由教育局负责调动。

1986年3月，气温已慢慢回升，万物开始复苏，胡志接任教育股股长也有一段时间了，为了践行自己的诺言："跑遍每一个乡镇"，胡志带领教育局工作人员来到了峙头乡。峙头位于北仑最东端，三面环水。来到峙头后，胡志走访了当地乡小和各村办小学，为了进一步了解教师的素质和水平，他决定走进课堂，听一听老师们上课的情况。一连几节课下来，胡志并没有太多的感受，然而当他来到一个小学三年级的课堂时，他明显感觉到了不一样。

我听了很多课，一般小学生读书语速是很慢的，语调像唱歌一样。但这个班级的学生读书像成人一样的，很整齐、很标准。我觉得这位老师肯定是下了功夫的。下了课以后我就找那位老师，是一位姓张的女老师，我跟她说，我听了这么多课，你班上的学生读书是读得最好的；我认为你是下了功夫的，可以看出你是很热爱自己的工作，值得表扬啊。(2011年6月，胡志)

事实正是如此，26岁的张老师师范毕业后进入了镇海一所小学，北仑区分离出来后，她被分调到现在的学校。张老师告诉胡志，自己一直热爱教书，对孩子很好，孩子们也很喜欢她，按张老师的话说，自己就像孩子们的大姐姐。听到这里，胡志很高兴。

但是，张老师话题一转，她说："我最苦恼的事情不是在教学上，最苦恼的事情是家里的事情。"常言说得好，清官难断家务事，但是既然这位老师把这事说出来了，胡志也想听听到底是怎么回事。沉吟了几秒钟后，胡志说如果你相信我的话，就说出来我听听，虽然是你的家务事，但是我能帮助你解决就帮助你解决。听到这，这位张老师竟然大哭了起来。

原来张老师的丈夫在镇海工作，两人生了一个小孩，跟在自己身边。

第三章 艰难起步：政府主导下的"普九"突围

调到滨海区来的时候丈夫就不同意，但是当时并没有别的出路，再加上这位张老师不想丢掉教师这份工作，所以才同意到这边，待以后有机会了再调回去。但是，在跟上面多次反映无果后，夫妻间经常出现分歧和矛盾，丈夫说如果今年再调不回去的话，他们就离婚。张老师哭着说：我一定要离开峙头乡，我不能离婚。

这个问题确实为难胡志了，女老师面临的问题确实让人同情，提出的要求也可以理解。胡志心想，真的给她调出去，毕竟还要党委会讨论的，像她这种情况的人很多。

> 而且我当时打了一个问号，"这位老师所说的是真的还是假的？"如果是真的，这是一个大问题，如果是假的，那这个老师的心机就太重了，而且性质也不一样了。（2011年6月，胡志）

胡志对此并没有现场表态，在稳住女教师的情绪后，胡志说，这事情不能急，我回去后把你的情况向上面汇报一下，局里会考虑的。

从峙头乡回来后，胡志立刻到这位女教师所在的村里了解情况，原来女老师的丈夫在镇海一个叫"二航四处"的地方，相当于现在的港务局，收入比较高，单位的条件也好，听说房子也分给了他。可长期分居，她丈夫跟她说，你再调不回来，肯定要离婚。了解完这个情况以后，胡志心中大致清楚这位女教师的事情应该是真的。

> 所以在一次党委会上我把这个事情提出来了。我们党委一些同志说，这样的情况真的蛮多的，每年条子写过来，都相互托关系，局里很难办。后来大家统一，真正有困难的同志，局里可以放人，因为我们也不希望看到别人家庭就从此破裂掉。
> 在明确了这个思想后，我再次找到那位女教师，告诉她只要镇海教育局同意接收你的话，那么我们就放你走。（2011年6月，胡志）

这位张老师最后如愿以偿，离开了峙头，回到了镇海，成功地挽回了婚姻。然而，老师们的家庭问题解决了，北仑区的师资问题却越来越严峻。

> 当时我们的老师真的是非常不稳定，下海的老师特别多，每年至少有十来个老师下海，对我们冲击也蛮大的。（2011年6月，胡志）

一边是师资合格率严重不足，另一边是合格教师的纷纷出走和辞职，结果就是导致北仑区教师严重缺乏。那这些出走的老师拿什么来补充呢？聘请"代课老师"！这些老师是在（农村）学校中没有事业编制的临时教师，1984年底以前他们被称为民办教师；1985年开始，教育部为提高基础教育的师资质量，明确规定不允许再出现民办教师，但不少贫困山区因财政困难而招不到公办老师或公办老师不愿去，这些空缺仍需临时教师来填补，他们转而被称为"代课教师"。① 而在北仑区，当地人给他们取了一个更形象的名字——"赤脚老师"。

> 当时教师数量不足，而又来不及培养，因此学校就把当地有点文化的人叫来代课，我们当时把这类老师称为"赤脚老师"。（2011年4月，贺广）

教育的核心力量在于一支强大的师资队伍，师资力量也是反映一个地区教育实力的重要标志，"赤脚老师"这一形象的比喻，集中反映了建区之初，北仑教育的窘迫。这些"赤脚老师"不仅缺乏专业的知识和教学方法，而且，也无法全身心投入教学中。"赤脚老师"现象的产生主要源于以下三个原因：第一，当时北仑区各学校教师数量不足，从而产生了巨大的职位空缺，"赤脚老师"的出现一定程度上可缓解当时师资不足的矛盾；第二，由于当时学校存在着高居不下的流生率②，学校以"赤脚老师"来顶一部分的空编，对于用人机制来说具有一定的灵活作用，对长远的教职工分流压力起到了缓解的作用；第三，节约经费支出，由于代课教师没有事业编制，因而也不会完全享受教师的待遇，在当时学校经费有限的情况下，聘用代课教师也是权宜之计。

什么样的人有资格聘为代课教师呢？学历上要高中（或中师）毕业的，愿意到农村的更好。但是胡志说，在实际操作中，代课教师中干部家

---

① 王文慧：《代课教师：你的悲情我实在不懂》，《党员干部之友》2010年第2期。
② 据资料显示小学段流生率为25%，初中段流生率达到30%。

属较多，村里的主任、支部书记都把他的家属、亲戚塞到学校去。这样的结果是师资质量更加下降：

> 当时教师基本不会说普通话，而且在整个北仑，特别是农村，全村没有一个人会普通话。到 80 年代中期，我在学校开学典礼上讲话：从这个学期开始，我们学校要下决心，下大力气，推广普通话。
>
> 80 年代末，放暑假，学校来了一组师范生实习，然后搞社会调查，大家都用土话交流。我接待他们座谈，我说我是校长，在你们问我之前，我问你们一个问题，"你们都是师范生，明年就要毕业了，你们为什么不讲普通话？"说完他们一个个脸红了。我说我们学校都讲普通话的，你不讲普通话，我不要的。（2011 年 4 月，贺广）

而对于校舍设在祠堂内的学校，其师资情况更为严峻。据当地人回忆，祠堂内一般只有几个老师，基本上每位老师都要同时带几个年级的学生，由于师资不够用，往往出现这样的情况：一年级的学生在上语文时，二年级学生就在自学算术。学校教师素质低，教学任务重，教学质量差是祠堂办学的一个概括。

> 当时多数教师为民办教师，其教学水平和教学能力确实不敢恭维，说是高中生，可是 70 年代中期的高中生都学了些什么呢，我是有亲身体会的。学校每个老师都是 20 多节课，不谈质量，能把课应付过去就不错了，况且他们家里还有责任田呢。（2011 年 6 月，胡志）

三 蜿蜒的山路：孩子们自称读书太苦了

峙头乡张老师的事情还没结束，胡志又碰到了另外的麻烦。八九十年代大街小巷有一句话叫"再穷不能穷教育，再苦不能苦孩子"，如果既穷了教育又苦了孩子，那么就更加不能了。然而就在峙头乡，孩子们却一致认为，读书太苦了。1986 年春，教育局人员去峙头中学了解流生情况，发现这个学校学生流失率特别严重，一位峙头中学的老师告诉他们，这些辍学的学生基本来自同一个村，学校已经动员过很多次了，但是都没有办法，孩子们就是不愿意来上学。听到这里，胡志打算亲自去这个地方看一看。那位老师说，您要做好心理准备，这个村车是开不上去的。胡志说，没问题。于是借来自行车一行三人去了这个村。但是，情况比预想的糟糕很多。骑了大概20分钟，就全是山路了，自行车根本没法行走，三人把车往老百姓家里一放，就开始爬坡了，费尽周折终于到达目的地。胡志回忆道：

> 到这个村后，我找到几个女孩子。我问她们，你们这些孩子，年纪轻轻的为什么不去读书？小朋友说太苦了，每天来来去去要两个小时。听到这，我有点不高兴了，心想这么年轻就怕吃苦啊，心里琢磨着当年自己受了多少苦和累都能承受，现在的孩子吃这么点苦就受不了了。于是当即去见他们家长。
>
> 见到家长后，其中一个女孩的母亲跟我倾吐了心声。这位母亲说，从家里到学校全是山路，一下雨以后，树、柴草都是湿的，即便不下雨，早晚草上都是露水，孩子们从家走到学校后下半身都是湿的，到了中午慢慢干了，等到放学的时候，回去又湿了。（2011年6月，胡志）

初中阶段的孩子多在12—15岁间，正是青春发育时期，特别是对于女孩子而言，这更影响她们的身体健康。又由于当时学校没有住宿条件，因此只能每天往返于山路。听完这个，胡志理解了孩子们心中的苦。

关于这一时期的流生问题，我查阅了北仑区的相关资料，数据显示该时期小学段流生率为25%，初中段流生率为30%[1]，平均下来，北仑区100个小学一年级的学生中，只有52.5人能读完初中。除了像刚才描述的离家远、上学道路崎岖外，阻碍孩子们继续上学的原因还有以下两方面。

一是因为家庭经济困难。建区时北仑一半面积是山区、海岛，87%的人口是农业户口，经济落后。1985年，全区共30万人口，地区生产总值3.22亿元，农民人均收入仅589元，因此很多贫困家庭孩子迫于经济困

---

[1] 宁波市北仑教育局编：《影像北仑：北仑现象进化纪实》，浙江大学出版社2010年版，第16页。

难中途退学。到了初中这一比例大大增加。在改革开放、迈向富裕的潮流下，对于经济困难的家庭而言，部分家庭存在"读书无用"的思想。一方面，这一批辍学儿童为了生计错过了美好的求学生涯，没有系统地接受学校的教育；但从另一个角度看，这批从小涉足企业与劳动的孩子，从小的社会磨练培养了他们特有的性格和能力，在后来纷纷发家致富，创办企业。因此，之后北仑区涌现出的一大批企业家，都有文化水平和学历低的共同特点。

二是学习成绩差的学生。学习成绩不好往往是造成学生厌学的主要原因，因为这很容易给学生带来挫败感；成绩越差，来自于同学、老师和家长的压力越大，从而更加害怕上学。根据胡老先生回忆：那时的学校管理比较偏颇，对学生而言偶尔不及格，读书就没信心了。

加上建区之初，北仑区没有普及义务教育，教师没有完全意识到"教育是学生享有的权利"，因此很多老师存在这样一种思想："成绩差就别来上学了"（2011年6月，胡志）。这种思想的存在容易使教师不自觉地处在居高临下的地位，认为自己有权利把不喜欢的孩子赶出校门。而教师"要把这个学生赶出校门，不需要骂他、推他出去，只要每次考试给他不及格就行了；你想想一个学生有五六门功课不及格，自然信心全无，家长信心也没了，读来读去都是红灯，干脆辍学得了"。可见，这种思想的存在对于孩子、对于教育事业毒害颇深，因此胡老先生也感叹道：

> 学习成绩较差的学生，都是被我们的老师用"无声手枪"打死的。流生这个事情，我后来写过一篇文章，我说"学得好，才能留得住"，不是"进得来，留得住"。（2011年6月，胡志）

"学得好，才能留得住"这一观点的转变，暗含了当时北仑地区一些教育界人士开始转变办学思路，对于学校不再一味求大求多，而是开始考虑如何让孩子接受更好的教育，让学生安心地留在学校。这些看似不经意的思想转变，实则为北仑地区后来的教育改革埋下了伏笔，也正是追随着这些正确思路，北仑的教育发展才越来越好。

四 乡亲面前承诺：让每一个孩子背上书包上学堂

对于胡志而言，工作了这么多年从来没有感受到如此大的压力。从自己上任后对学校、家长等方面的调查来看，北仑区面临的问题繁多而又复杂。一方面没有足够的校舍，学校基础设施极为落后；另一方面师资力量薄弱，教学水平低下；同时学校布局不甚合理，教育发展极不均衡。总结起来就是，北仑区教育资源严重短缺，难以应对庞大的教育需求。我们不妨从教育经费角度审视一下该时期北仑教育资源投入的情况。

从北仑经费来源看，科举时代书院、学塾的基础建设投入（包括校舍、教学仪器设备等）主要是向私人或宗族集资筹募为主；到了民国时期，当地教育设备主要沿用清末遗留校舍或将民房、祠堂、庙宇改建成学校，因此当时设备简陋；解放后，当地教育经费以国家拨款为主，乡村自筹为辅。北仑新区成立后，教育事业试行分级管理，财政切块到乡镇，实行包干，农村学校的基建投资则以集体筹集为主，国家酌情给予补助。据北仑区志记载，1986 年，全区共有基础教育学生 40715 人，而当年各项教育投入仅为 765 万元，生均经费只有 100 多元。

教育资源短缺造成的最大问题就是"无书读"。虽然从学校数量来看，建区之初幼儿园、小学、初高中学校数量均较多，但是，学校规模普遍偏小，原有的学校布局也不尽合理。而且随着新区建立后，北仑开始步入城镇化进程，原先一村一校的格局被打破。根据梅山乡原校长贺广老先生回忆："我当校长的时候，我们一个小小的梅山乡，就有 13 所学校，最小的学校只有 3 个学生，1 个老师。"这些规模过小的学校，没有足够的资金投入，设备简陋，根本无法满足学生的需求。

顶着"教育弱区"帽子的北仑，亟待对教育进行全方位的变革和提升。而恰好对于刚成立的新区而言，各级人员干劲十足，竭力想改变目前的困境；对于家长和学生而言，对刚成立的北仑区教育局充满了疑问和期待。大家心里都很清楚，北仑分离出来时办学质量最高的学校、学习成绩最好的学生、教书教的最好的老师全都留在了镇海，因此，每个人心中都画了一个大大的问号：北仑的教育能搞好吗？同时大家又充满了期待，当时一些群众向时任北仑区教委主任的桂江说，如果你在北仑也办出一所像镇海中学那样的学校，那你就功德无量了。

但是包括胡志在内的所有教育工作者都知道，当前北仑地区的任务并不是集中力量去办一所类似于镇海中学的名校，提高基础教育的普及率才是教育工作的重心。胡志回忆道，我们在全区教育工作会议上是下了保证的，一定要让每一个孩子都有学上，不让一个孩子掉队。当时提出这个口号算是把自己逼上了绝路，区教育局领导心里也没底。

顶着群众的期待和压力，面对着教育窘迫的现状，北仑区一场大的教育变革正在酝酿，所有人都在等待时机的到来。

第三节 "杀出一条血路"与"普九"方案的决策

北仑建区之初薄弱的教育基础给当时的北仑区政府和教育部门带来了严峻的挑战，一方面，现实的严峻性要求北仑地区立即改变窘迫的教育现状；另一方面，当时僵化的教育体制，使得北仑教育发展完全依赖于国家计划体制，办学自主权严重不足。1985年5月，中共中央针对当时全国教育存在的问题，颁布了《中共中央关于教育体制改革的决定》，北仑也因此迎来了教育改革的大好时机，把全面普及九年义务教育作为教育发展的方向，并为以后的进一步均衡发展奠定了坚实的基础。

一 区长发话了：要大幅增加教育经费

1984年中共中央组织专门调查小组，对全国各地教育现状进行调查，并于1985年5月颁布了《中共中央关于教育体制改革的决定》（以下简称《决定》）。《决定》认为当前中国教育存在三大问题：第一，在教育事业管理权限的划分上，政府有关部门对学校统得过死，使学校缺乏应有的活力；而政府应该加以管理的事情，又没有很好地管起来；第二，在教育结构上，基础教育薄弱，学校数量不足、质量不高，合格的师资和必要的设备严重缺乏；第三，在教育思想、教育内容、教育方法上，从小培养学生独立生活和思考的能力很不够，发扬立志为祖国富强而献身的精神很不够，生动活泼地用马克思主义思想教育学生很不够，不少课程内容陈旧，教学方法死板。[①] 用原中共中央政治局常委胡启立的话说，在当时的环境下，全国教育处于一种十分矛盾的状况：

> 一方面，我们财力窘困，穷国办大教育，投入不足，经费奇缺，另一方面，投入的经费效益很差，造成事实上的极大浪费；一方面，各条战线都痛感人才匮乏，另一方面，学校培养出来的不少人才又因

---

① 《中共中央关于教育体制改革的决定》（http://baike.baidu.com/view/1824843.htm）。

不合实际需要而形成大量积压;一方面,教育行政部门把人、财、物统得很死,另一方面,真正需要协调、需要统筹的事情却又因条块分割,无人问津……①

对于一个当时有着过亿的人口却处于文盲半文盲水平的国家,中国教育的现状再也不能继续下去了,教育改革的问题再也不能拖延下去了。②在这种情况下,中共中央决心开始实行教育体制改革,对于基础教育这一块,明确提出实施九年义务教育,并根据经济发展水平的差异将全国大致划分为三类地区:

> 一是约占全国人口 1/4 的城市、沿海各省中的经济发达地区和内地少数发达地区。在这类地区,相当一部分已经普及初级中学,其余部分应该抓紧按质按量普及初级中学,在 1990 年左右完成;二是约占全国人口一半的中等发展程度的镇和农村。在这类地区,首先抓紧按质按量普及小学教育,同时积极准备条件,在 1995 年左右普及初中阶段的普通教育或职业和技术教育;三是约占全国人口 1/4 的经济落后地区。在这类地区,要随着经济的发展,采取各种形式积极进行不同程度的普及基础教育工作。对这类地区教育的发展,国家尽力给予支援。③

同时,《决定》提出了一项实施措施和一条政策保障。它的颁布对中国现代化教育的发展具有里程碑意义。它明确地提出了实施九年义务教育的决定,并将教育权力逐步下放到地方,表明中国从新中国成立以来高度集中的公共教育权力开始了其权力变迁的进程。次年(1986年),全国人大第四次会议通过《中华人民共和国义务教育法》(以下简称《义务教育法》),规定"义务教育事业,在国务院领导下,实行地方负责,分级管理",以法律的形式打破了过去由国家包揽办学、过度集权的局面,地方

---

① 胡启立:《〈中共中央关于教育体制改革的决定〉出台前后》,《炎黄春秋》2008 年第 12 期。
② 同上。
③ 《中共中央关于教育体制改革的决定》(http://baike.baidu.com/view/1824843.htm)。

政府的权责得以加大，随之而来的是办学责任感的增强以及地方办学积极性的提高。

针对国家颁布的这一决议，同年9月1日浙江省颁布了《浙江省实行九年制义务教育条例》，进一步明确了浙江省各地区实施九年义务教育的具体方向与工作重点。《浙江省实行九年制义务教育条例》一共分为31条，归纳起来主要包括以下几个方面。①

（1）学生和家长方面。父母和监护人负有使子女或被监护人受完九年制义务教育的义务；年满六周岁的儿童，不分性别、民族、种族，必须入学，按规定受完九年制义务教育，条件不具备的地区，可以推迟到七周岁入学。同时，适龄儿童、少年入学实行就近入学原则。

（2）地方政府部门方面。九年制义务教育实行地方负责、分级管理；学校的举办、合并和停办，必须经县级以上教育主管部门批准，同时各级人民政府和办学单位必须努力改善办学条件，学校校舍不符合安全要求的，当地人民政府必须采取有效措施，及时予以解决。条例还要求各级人民政府必须保证实行九年制义务教育必需的经费。

（3）师资方面。加强教师的思想政治教育和业务培训，逐步提高教师的工资水平，改善教师的医疗待遇和住房条件，保障教师的合法权益，提高教师的社会地位，鼓励教师长期从事教育事业；对于各级教师任职资格，条例中也做了明确的规定，即取得小学教师资格应具有中等师范学校毕业及其以上学历；取得初级中等学校教师资格应具有高等师范专科学校毕业或其他大学专科毕业及其以上学历。已经在小学或初级中等学校中任教的教师，未具备规定学历的，按国家有关教师资格过渡办法执行。

（4）社会方面。任何组织和个人不得干扰学校正常教学秩序，不得擅自搬迁学校，不得在学校附近兴建有污染的工厂和排放有毒、有害的废渣、废水、废气污染学校环境；鼓励各种社会力量以及个人自愿捐资助学。

对于北仑区而言，如何审视本地区存在的问题，并根据自身的情况制订出该地区普及九年义务教育的具体措施，是摆在当时区政府和区教育局面前的难题。在访谈中，胡志谈道，尽管当时北仑地区的教育问题错综复杂，但是有一点在区内是达成共识的，那就是要尽量加强教育经费的投

---

① 参见《浙江省实行九年制义务教育条例》（http://baike.baidu.com/view/3955092.htm）。

入,没有钱,一切都是空话。

对于这一时期的教育,我在访谈过程中,听到最多的词之一就是"钱"。原北仑区教育局局长胡卫坦言,北仑教育过去发展最大的瓶颈就是"没钱":

> 要说教育局长这个位置好坐也不好坐,如今搞教育,我们比以前有钱了,老百姓的需求也高了,我们关键的任务是如何把这钱花好,实实在在花到教育上,真正为老百姓办实事。而在八九十年代,北仑是没有钱,那个时候的领导难做啊。(2011年3月,胡卫)

对于自身并没有经费来源,一切均看"上面脸色"的北仑教育局而言,区政府决心增加教育经费的消息令人振奋。胡志谈道:

> 当时北仑区长宋锡康在全区大会上明确提出要增加教育经费支出,并对教育局授权,让我们放手去做,经费问题区里面会想办法解决。这给了我们很大的鼓舞。当时提出经费增加主要从几个方面进行,首先提高预算内教育经费拨款,其次,提倡勤工俭学、社会捐赠等方式,扩来收入来源;最后,在全区内征收教育附加费等。(2011年4月,胡志)

二 "第一次思想大讨论"

围绕着《决定》中关于义务教育的问题,北仑区进行了第一次思想大讨论。讨论的目的在于两个方面,一是传达上面的精神,让全区的教育人士形成普及义务教育的理念;另一个是转变当地老百姓的观念,扫除政策推行过程中的思想障碍。胡志谈道,长期以来,北仑区人民普遍存在这样一种错误的教育观念,这些观念若不消除,教育改革便难以推行下去。

> 很多人都认为"办学是国家的事,入学是家庭的事","读书是为了升学",这些陈旧的观念一直是阻碍北仑地区,特别是农村地区教育发展的思想毒瘤,教育本来应该是政府、家庭、学校三方面的合作和统一,如果把三者割裂开来,就容易形成角色错位。因此为了实施义务教育全区把抓好舆论工作放在了重要位置。(2011年4月,胡志)

这一次思想大讨论从1986年开始，持续了两三年左右的时间。在区教育局，我查阅了本次思想大讨论的相关材料，根据资料记载，从1986年提出义务教育以来的几年时间内，北仑区向各级干部、人民群众和广大教育者反复宣传了党中央把经济建设转移到依靠科技进步和提高劳动者素质轨道上来，坚持优先发展教育的战略思想；改变农村教育落后面貌必须分级办学，依法入学；基础教育必须"转轨"，为当地经济建设和社会发展服务等思想观点。① 同时用一些具体的事例，如人民素质太差不能满足企业用工需求，大工程不能上马等实际情况，使人们意识到教育的紧迫性。同时，对当时存在的大批高中、初中毕业生回乡后不能适应农村生产建设需要、动手能力差、缺乏健康的文化生活修养这一问题进行宣传讲解，使人们意识到北仑地区基础教育改革的重要性。

全区对教育的宣传形成了制度，坚持每年集中抓两次，年初以区委、区政府和各乡镇相继召开的大型教育工作会议为中心，对实施义务教育的重大问题如依法入学、控制流生、招童工，调整学校布局，群众集资，加强学生德育、改革应试教育等做到家喻户晓。下半年，在教师节时宣传尊师重教或开展宣传月活动，结合宣传解决办学的实际问题。（2011年4月，胡志）

三 "普九"进入议程：一连串问题的聚合

在开展"第一次思想大讨论"后，"普九"这一关键词开始进入北仑区教育部门的议事日程。从政策学的理论来看，一个政策问题进入议程往往需要经过一系列的调查、评估和论证，以确定问题的严重性和迫切性。② 本章第一节讲述的关于北仑的教育问题，是对当时存在问题的宏观描述，但并非每个问题都能进入政策决议之中；而且问题的描述只能代表现象本身，并未揭示出背后的本质，由此可见，找出北仑教育问题的根源并对症下药，才是切实贯彻上级教育策略、摆脱北仑"教育弱区"的关键所在。

---

① 桂江、王崇祺：《实施义务教育迎来了教育改革的春天》，北仑区内部资料。
② 吴遵民：《基础教育决策论》，华东师范大学出版社2006年版，第250页。

(一) 指标与焦点事件（危机符号）

一般而言，政府和教育部门会注意到现实社会中存在的各种问题，比如北仑地方政府会关注本地区宏观经济的发展，同时还会注意到农民的收入问题，另外城市建设、医疗卫生、文化体育等都在其关注的范围之内。而对于教育部门而言，其关注的焦点则几乎全部集中于区域内教育发展问题。在众多的问题中，为什么有些问题最终引起了政府的重视，而其他问题并没有进入政策议程呢？

> 有些问题被引起重视源于上级的压力，比如市教育局布置的任务，这个促使我们去关注这一方面的问题。但有些问题并非来自政治压力，而是我们自己意识到了它的客观存在。（2011年6月，胡志）

可见问题的出现并不都是通过某种政治压力或对人认识的重视而引起政府决策者关注的。问题引起政府决策者关注的原因常常在于某些指标完全表明那儿本来就有一个问题存在。[①] 客观问题的存在总是伴随着客观的指标，譬如辍学率是一个客观的指标，这个指标足以表明"那儿本身就有一个问题存在"；客观问题的另外一种传达方式便是焦点事件（或称"危机符号"）。看下面例子：

> 故事一：一个少年绑架了一个老板的孩子，然后把老板的孩子杀了。公安局把他抓起来后，他交代完作案过程后说："我讲完了，可以回去了吧！"[②]
>
> 故事二：宁波北仑电厂在解决征地用工时，有1000多人因不适应工作而无法招工，为此，区里专门办了两个厂，由于这些人素质差，管理不好，两个厂还是先后倒闭了。[③]

以上两则故事发生在建区之初的北仑，《浙江日报》曾对此进行过报

[①] [美]约翰·金登：《议程、备选方案与公共政策》，丁煌、方兴译，中国人民大学出版社2004年版，第114页。

[②] 马瑛瑛：《"雪中送炭"比"锦上添花"更美好》，《浙江日报》1997年12月15日第1版。

[③] 同上。

道。从这两个故事，我们可以看出，当时北仑区的人民素质较为低下，许多青年和工人缺乏思想道德和劳动技能。这一现象的产生并非偶然，建区之初，北仑教育的窘迫决定了教育的普及面和教育质量均处于低级水平。

另外，我在查阅北仑区档案资料时，看到了下面一段记载，内容是关于十几名家长联名上访，要求罢免某小学校长的"状告信"①。

尊敬的教育局：

我们怀着悲愤的心情向您控告 A 小学××校长，该校长生活作风恶劣，经常以各种名目向学生收取不明费用，对下属教师体罚学生更是视而不见，我们十多个家庭便是受害者。……

我们强烈要求罢免这样缺乏基本职业道德的校长，以保护孩子们的学习成长。

家长签名   1986 年 5 月

这一事件属于教育发展中典型的"危机符号"，反映出家庭与学校紧张的关系，但这一问题本身并不是教育问题的实质，却足以引起教育部门对背后隐藏的问题进行关注。按照金登（John W. Kingdon）的观点，议程的建立即把可能被视为引起关注的问题范围缩小至他们实际上的确关注的那个主题编目上，即参与者为什么处理一些问题而忽视其他问题。针对北仑区教育局而言，当面临众多教育问题时，如学生素质差、家长联名上访、校舍质量不合格、师资力量薄弱、学生辍学率高等，这些问题都会被引起关注，但是，在建立决策议程时，哪些问题最终被界定为"核心问题"，各项问题之间孰轻孰重是北仑教育部门首先要解决的问题。正像胡志谈到的那样：

我们在这么错综复杂的问题面前，有些手足无措的感觉，不知道从什么地方下手。最后通过多次商讨，我们认为，思想观念问题是根本，这是第一个需要解决的问题；之后就是教育经费的问题，有了钱教育局就拥有了底气，虽然不能保证所有问题都能通过钱来解决，但

---

① 出于学术伦理以及对当事人和学校意见的尊重考虑，关于学校和家长的名称均做隐去处理。

是，一些突出的、激烈的问题基本上是可以通过经费的合理配置来解决的。（2011年6月，胡志）

胡志所谈到的"思想观念"问题是当时一些教育"危机"的根本问题，这在当时是很清醒的认识。从家长的角度看，对教育的不重视使他们任凭孩子在学校"进退自如"，想来就来，想走就走；从学校的角度，由于缺乏义务教育的责任意识，把教书作为自己手中的权力，可以对学生随意进行清退、体罚等行为。

对问题的识别，除了教育行政部门（主要指教育局）外，另外一方面就是北仑区政府。北仑在这一时期存在很多问题，比如农村人口比例过高，经济落后，基础设施不足，人民素质较低等，教育问题只是北仑社会生活的一个方面，而对于一个地方政府而言，它所要解决的问题包括了社会生活的方方面面，因此在这些问题面前，教育问题能在多大程度上被关注、在政策上能否对教育有所倾斜，这同样是议程建立首先需要解决的问题。在区政府这一层面，除了政府部门自身开始重视教育外，教育行政部门和学校的参与也是功不可没。根据胡志的回忆：

当时我们做了很多人民代表的工作，做人大常委这些同志的工作，给他们灌输发展教育的思想。我们说现在区里有许许多多的事情要做，其他事情可以搁一搁，先把教育搞上去。当时我们列举了日本等打仗之后条件也不是很好的国家，他们也是从抓教育开始的。做了工作之后，我们心里就踏实了，好像拿到了尚方宝剑似的。（2011年6月，胡志）

"其他事情可以搁一搁，先把教育搞上去"这是我在访谈中听到最受感动的一句话，也让我感受到了当年北仑区教育行政部门的一腔热血。正如胡志所言，区政府的支持对他们而言就如同拿到了"尚方宝剑"一样。

（二）问题界定

不论是指标还是焦点事件，其实只是问题的表现形式，金登教授称之为"状况"，但问题的界定并不等于状况的识别，但又离不开状况的客观事实。为此，我再次联系上时任北仑区教育局副局长的胡志先生，并对他进行了再一次访谈。

访谈时间：2011 年 6 月 29 日下午
访谈对象：原北仑区教育局副局长胡志先生
访谈纪要：

问：请您回忆一下当时区政府和教育部门是如何界定北仑地区教育问题的？

胡：1985 年国家提出实行教育体制改革和普及九年义务教育以后，中央要求各地方根据当地的实际情况制定出具体的实施方案，我们当时也很迷茫啊，因为没有现成的模式和方案借鉴，大家都是第一次听说搞九年义务教育，所以当时区政府和教育局感觉压力很大。为此，我们组织教育局领导班子，首先认真学习《中共中央关于教育体制改革的决定》的文件精神，必须明白中央的精神和要求，随后我们开始查阅相关文献资料，并对当时国外是如何搞义务教育的进行了一定的研究，之后我们教育局以及北仑政府人员就深入一线去调查。

问：实际调查主要针对哪些地区或学校，调查发现了哪些问题？

胡：应该说基本上每一个乡镇我们都去过，跟当地的家长座谈，与学校校长、教师讨论，调研中我们发现当时北仑的教育问题实在太多了，特别是海岛、山区等贫困地区问题更多，但是我们当时确实不太清楚问题的根源在哪里，不清楚从什么地方去解决这些问题，直到反复地调查后这些问题才逐渐清晰。1985 年 10 月份，我带着教育局同志去峙头乡考察，当地的孩子很多都辍学在家，家长都跟我反映学校离家太远，孩子上学实在太累了，所以就干脆让孩子回家。

从胡老先生的谈话中可以看出：第一，北仑地区人民（特别是一些偏远地区）教育意识很差，即普遍存在一种观念"办学是国家的事，入学是家长的事"。因此，家长想让孩子读书就送他去上学，不想让他读书就让他辍学回家，这个问题是很致命的，如果不从思想上改变人们的观点，义务教育很难推进下去。第二，家长反映的问题触及了当时的一个现实：教育布局不合理的问题。随后对师资问题、校舍问题等的进一步了解均源自这些实地调查。基于此，我们大致明白北仑区教育行政部门在政策问题提出过程中主要经历了三大步骤：第一步，根据中共中央的决定明确本地区教育改革和发展的方向，并搜集相关文献，了解世界各地义务教育的做法，大致明确北仑教育改革的方针，从而为以后的政策制定奠定基础，这一阶段属于前期准备工作，是必不可少的；第二步，深入一线进行实地调查，细心听取不同群体的意见。由于教育事业涉及多个利益群体，因此在实地调查中也要听取不同群体的意见，比如从家长的角度了解教育的群众诉求，从教育工作者（校长、教师）角度了解教育资源的供求状况等，这些资料有助于明确教育问题的根源，找到解决问题的路径；第三步，分析总结，对前面的调查内容进行反复的论证和考察，并广泛的征询学者、专家的意见，对问题进行聚焦、凝练。

访谈中胡老先生还告诉我，为了进一步聚焦北仑地区的问题，在初步调研完成后，北仑区教育局召开了多次义务教育工作会议。由于当时各方面技术欠缺，并没有对会议进行完整的记录。根据胡老先生的回忆，也正是通过这些工作会议才逐步明确了北仑区的教育问题，并针对北仑如何开展普及义务教育形成了大体思路。首先是明确了两大主题，一是对北仑区（当时称滨海区）存在的教育问题进行归纳总结；二是对如何解决教育问题提出大致的看法。在这两个问题上，当时的与会人员分别从校舍、师资、学校布局、群众思想等方面进行了讨论，并初步达成了共识。同时，北仑区教育局作为一级教育行政管理机构，在政策制定之初，先进行了广泛的调查分析，然后召集各部门人员进行商谈，听取各方意见，从而精确的诊断问题，这一科学合理的政策过程为正确的制定本地区教育政策奠定了坚实的基础。

当然，北仑区在当时进行教育改革，可以说既是一大机遇，也存在很多压力。一是机会方面，表现为由于中共中央提出全国实行九年义务教育，浙江省也有针对性地颁布了省域内义务教育实施条例，因此，有了足够的法律、政策保障，北仑区可以趁此机会改变其教育落后的面貌。二是压力方面，则来自于理想与现实之间的矛盾，从前面的分析可知，北仑的教育问题是一个系统性问题，要想改变现状需要进行一场彻底的革命。而在这一点上，当时北仑区压力是非常大的，其中包括来自兄弟区县的压力。访谈中胡老先生说道："北仑当时从镇海分离出来时，好像兄弟分家一样，兄弟县区都看着我们呢；我们北仑条件那么差，绝大部分是农村，所以当我们雄心勃勃打算在全区实行义务教育时，他们说北仑有冒进现象,我们压力真的是非常大。"

在这种机会和压力并存的情况下,北仑区"敢为人先",在对目前存在的校舍、师资等问题进行充分论证后,北仑政府和教育行政部门将问题聚焦为合理配置教育资源,全面普及九年义务教育,实现区域内教育均衡发展。政策问题的明确为备选方案的出台奠定了基础。

问题的识别是一个漫长的过程,但一旦被认可,那么将具有如下意义[1]:①如果某一给定的政策建议或主题与某一重要的问题联系在一起,那么它被提上议程的可能性就会明显地提高;②一旦某一特定的问题被界定为紧迫的,那么完整的解决办法就要比其他的解决办法更受欢迎。

因此,对于北仑区教育行政部门而言,制订一个完善的备选方案,将是"征服"地方政府和人代会的关键了。备选方案的阐明,即从范围上把一大批可能的备选方案缩小到实际上要从其中进行选择的那一批备选方案上,即为什么某些可供选择的备选方案很受重视而其他的备选方案则被忽视。比如,1985年颁布的《中共中央关于教育体制改革的决定》中,根据全国各地区经济发展情况,将普及九年义务教育分为三类地区,但是具体哪个城市、县区属于第几类并没有明确指定。因此,当时北仑区内部对此有较大争议,有人认为北仑当前经济发展薄弱,教育基础落后,应该将自己归为第二类;有人却认为,应抓住机遇,敢于突破,将北仑归为第一类。为此,在政策制定时,各备选方案的倡导者必然需要对各个方案进行阐明,这一过程产生的争议和分化及各种力量之间的博弈,为政策的最后出台奠定了基础和依据。

四 备选方案的形成:多方参与者的相互博弈

在系统分析论证了北仑区教育存在的问题后,北仑区政府和教育部门开始着手普及义务教育相关政策的制定。相对于市级政府而言,区县级政府在贯彻落实中央政府义务教育政策方面的"自由度"和"裁量权"要略为宽松。基础教育政策的贯彻执行本身就是一个政策调整与适应的过程,因此北仑区为了推动当地普及九年义务教育的进程,需要对中央政策做出一些必要的适应性调整。然而,政策调整和新方案实施涉及多方面的

---

[1] [美]约翰·金登:《议程、备选方案与公共政策》,丁煌、方兴译,中国人民大学出版社2004年版,第250页。

利益，其中有些利益是共同的，但有些利益却在不同群体之间产生了冲突。因此，跟任何公共政策制定一样，北仑义务教育政策制定中由于利益群体的分化，使得各利益群体为获得政治利益的保障而演变成一种利益争斗的博弈。① 而值得庆幸的是，北仑区很好地实现了各群体的利益平衡，区政府和教育行政部门克服了官僚主义、家长制和"一言堂"的工作作风，② 积极听取各方面的意见和建议，"思想在这样的共同体中四处漂浮"，并且以各种各样的方式彼此结合起来，从而保证了决策的科学性和合理性。

（一）可见参与者

1. 区政府与人大常委会

北仑区政府负责北仑区政治、经济、文化、公共服务整体发展，既影响教育议程的建立又对教育政策备选方案有某种控制能力。可以说，一个地区的政府官员的教育理念和执政能力极大地影响了该地区的教育发展状况。关于这一论点，托马斯·戴伊和哈蒙·齐格勒于1975年在《民主政治的讽刺》一文中提出来的精英决策模型更是将杰出人物（官员）在公共政策制定中的作用发挥到极致，映射到教育政策制定过程，该理论认为教育政策"是依据社会上少数人的观点制定的"，是精英集团价值偏好的反映，一般公众对教育政策缺乏兴趣，对教育政策的了解也非常少，普通公民很少向政府提出政策性的要求。该理论虽然过多地夸大了关键人物在政策制定中的作用，忽视了公众群体和利益相关者对政策制定的影响，但是理论中对杰出人物（官员）在政策制定中的肯定还是具有合理性的。

北仑区人大常委会一方面要保证国家各项教育法律法规在北仑地区的遵守和执行，另一方面要讨论、决定本行政区域内教育发展的重大事项，审议区政府有关教育发展的方针、政策和决议，并提出意见和建议。例如，1986年，区人大常委会听取和审议区政府《关于实行九年制义务教育情况报告》并做出决议，会后组织人大代表两次到柴桥、郭巨地区的部

---

① 吴遵民：《基础教育决策论——中国基础教育政策制定与决策机制的改革研究》，华东师范大学出版社2006年版，第71页。

② 有学者认为，由于中国缺少规范化的办事程序，政策制定过程的黑箱操作、不规则性是行政管理运作的常态特征。参见梁建东《我国公共政策模式：韦伯主义还是管理主义》，《福建行政学院学报》2002年第3期。学者吴民遵也认为在科层行政体制中，中国基础教育政策制定与决策的官僚主义作风盛行，简言之，大家已经习惯领导拍板了，即教育决策者包办了政策制定事宜。

分镇（乡）进行实地考察、调查，进一步促进《决定》的实施。因此，区人大常委会是北仑地区教育政策制定的最高决策机构。

看上去，人大常委会的工作仅在于投票（"用手投票"和"用脚投票"），并没有直接参与政策的制定，但是，我们认为该群体仍为可见参与者。正是因为人大常委会对地方政策（包括教育政策）具有一票否决权，因此，政策的制定过程不可能不考虑到他们的想法和意图，甚至需要征询他们的意见。从胡志的访谈中我们也可以看到，教育局在给人大常委"做工作"时，不可避免地也会被人大常委"做工作"，二者是相互的。

2. 区教育局人员

教育局是各级地方义务教育的行政机关，其职责包括制定全区教育事业发展的中长期规划、年度计划和招生计划；指导和督促全区中小学全面贯彻党的教育方针，实施教育、教学计划；做好学校布局结构调整；规划并指导全区教师队伍、学校管理者队伍建设及人事制度改革等具体事项，并将重大方针政策提交政府部门审议。可以说，区教育局是从问题识别，备选方案提出到政策实施过程中参与度最高、参与方式也最直接的群体。

在政策制定过程中，北仑区牢牢抓住三大原则。

（1）强调"基础性"原则。所谓的九年义务教育即是指小学六年加初中三年，紧紧抓住其基础性特征成为北仑区政策制定的首要前提。

（2）坚持"公平性"原则。建区之初的教育落后面貌，使得北仑区深刻明白保障每一个学生的教育机会与条件是其推进义务教育的基础。

（3）贯彻"均衡性"原则。北仑教育发展历史上，曾经走过一段非均衡发展道路，即政府优先办好一批重点小学、重点初中，由此推动优质资源的形成，这是中国仿效苏联模式搞精英化教育模式带来的弊端。由于优质教育资源的供给不能满足大多数民众的教育需求，因此在优质资源极为有限的情况下产生的"薄弱校"问题，使得学生入学、升学成为一个重大的社会问题。由此，北仑在制定新时期义务教育发展方案时，从一开始便朝着均衡化的方向发展，努力实现北仑区内不同乡镇间教育均衡发展、不同学校间均衡发展、不同受教育群体间均衡发展。

在确立以上原则后，区政府和教育局开始思考，在目前的条件下，是全区同时进行义务教育呢，还是先在部分地区进行试点，待条件成熟后再对剩余地区和学校开展义务教育。中央要求全国在实行九年义务教育时应该根据自身经济发展状况逐步推进，而且在没有足够条件的情况下，允许先进行小学教育普及，随后进行初中段普及。因此，北仑区的这一想法并不违背教育的公平性和均衡原则，这些顾虑反而更体现了实事求是的工作作风和原则。在访谈中，胡志老先生向我讲述了当时政策起草的一些过程。

  一个地区义务教育的实施方案集中反映了政府和教育部门对本地区的教育发展规划，因此，我们在制定政策时一定要既突出重点，又要考虑全局。从当时的情况看，我们硬件条件很差，特别是海岛和山区的学校条件更差，因此，从客观的角度讲，这部分地区在当时要实施义务教育还是有难度的。我们也私下里商讨过，是不是可以先在条件好的地区实现九年义务教育，条件太差的地方先等一段时间。但是，后来我们基本上一致否决了这个提案。

  问：那否定这个方案是基于什么考虑的，新的方案又是什么呢？

  胡：之所以否定这个方案，主要有三个原因。第一，我们要考虑老百姓的感受，建区之初，大家都干劲十足，信心百倍，因此如果我们宣布一些地方实行九年义务教育，另一些地方暂不实行，那么老百姓心里肯定很不平衡；第二，对于各乡镇教育管理部门而言，如果区政府在政策上不一视同仁，不利于调动乡镇的积极性，既然国家提出教育权力逐步下放到基层，那么我们一定要利用好这个政策，充分实现"分级管理，分级办学"；第三个原因是我们觉得凡事都不能等，不能任何事都等条件成熟了再去搞，何况事物都是动态变化的，我们也不知道条件成熟到底是个什么样子，所以还不如自己去创造，即便有些贫困地区实施义务教育有难度，但是我们仍然愿意去尝试。所以，在否定了这个方案以后，我们提出一个新的方案，也是一个大胆的提议，那就是在全区内提出了"全面实施，分步要求"的办法。

（2011年6月，胡志）

从上面的访谈中我们可以看出，北仑区在制定九年义务教育实施政策时，确定了一个大方向，即全区20个镇（乡）全面实施义务教育，北仑区也成为浙江省最先提出全面实施义务教育的地区。方向确定了，但是如何推进呢，什么时候完成普及九年义务教育的目标呢？这又是一个新的问题。根据《中共中央关于教育体制改革的决定》，虽然对全国地区进行了分类，但是具体哪个地区属于第几类并没有明确指定。因此，面对国家出台的这一政策，北仑区也在琢磨自己到底属于第几类地区，按照当时的经济状况，1985 年北仑地区共实现地区生产总值 3.22 亿元，农民人均纯收入 508 元，城镇居民人均可支配收入为 889 元，而当年全国的农民纯收入是 397.6 元，城镇居民人均纯收入为 690 元，可见，北仑地区的经济情况略好于全国平均水平，但仍然不属于第一类地区。那么在这一问题上北仑区是如何确定的呢？带着这个疑问，我从胡老先生口中大致了解了情况：

> 问：当时对北仑区实施九年义务教育大致目标和规划是怎样的？
> 胡：就是前面提到的，一定要在全区 20 个镇（乡）全面实施义务教育。但教育的发展需要政府的支持，所以我们首先要从政府的口中判断大致形式，如果政府很支持，那我们的信心就会大增，那么义务教育的进程就会加快。很庆幸的是，当时的区政府和人大代表们都很支持这个决议，所以我们才能放手去做。按照国家提出的三个地区分类看，我们的目标就是希望能在 1990 年大致实现"普九"，然后开始接受国家"普九"验收。（2011 年 6 月，胡志）

（二）潜在参与者

1. 专家学者的建议

专家和学者好比社会的智囊团，一项政策决议的制定如果没有专家学者的参与，往往只能停留于经验总结推广的层次。按照金登的观点，一项政策决议的制定包含了广泛的参与者，专家学者属于金登所指的"潜在参与者"范畴。中国学者吴遵民也提出，中国基础教育政策与决策的发展走向应该是政策生态环境中所要实现的三个主体的"博弈"，这三个主体即民众、教育行政领导和研究教育问题的专家学者。专家学者这一群体对教育政策的影响除了通过直接参与决策议程外，还可以通过演讲、发表论文等方式向社会传输其政策建议。北仑区在本次政策制定过程中，专家学者直接参与决策议程的情况比较少，但北仑区政府和教育局在政策制定时广泛参阅了专家学者发表的关于九年义务教育的文章和政策建议，对于其政策的制定产生了无形的影响。从这个角度看，将专家学者纳入北仑教育政策的潜在参与者是合理的。

专家学者团体在 1980 年前后就开始探讨义务教育的问题，但当时的文章主要是介绍国外的义务教育情况（如日本、瑞士），在对中国义务教育的探讨中尚未明确学制等具体内容。1985年中共中央颁布《中共中央关于教育体制改革的决定》后，大量学者开始探讨在中国如何搞义务教育，里面提出的很多观点和理念在今天看来仍是高屋建瓴、高瞻远瞩。北仑政府和教育部门广泛参阅相关文献，力求能为我所用。比如，1985年《人民教育》上面的一篇文章《实施九年义务教育急需解决的问题》，① 里面讲到各地方开展义务教育应坚持"两条腿"走路，搞好多渠道集资，解决好经费问题。这对当时的北仑区政府和教育行政部门有很强的指导意义，胡老先生告诉我：

> 虽然当时北仑区也有这样的思路，也想到多渠道集资，但首先大家对此还不太确定，也就不太敢去尝试。专家学者的言论让我们心里更有底气了；第二就是，对于到底怎么多渠道筹措经费，具体做法是怎么样的，我们当时也不是很清楚，因此这些学者和专家的建议对我们帮助很大，虽然这些学者专家并没有仅仅针对北仑区，但这些具有普遍性的指导措施对我们的帮助还是挺大的。（2011年6月，胡志）

当然，专家学者的言论也会有产生压力的时候。1985年6月，有学者发文指出，地方在实施九年义务教育时，要处理好普及小学和普及初中的关系，没有普及小学教育的地方，首先要扎扎实实抓好小学，不要急于大量发展初中，一定要在普及小学的基础上普及初中，并切实做好师资和其他办学条件的准备工作，切不可操之过急、一哄而起，应允许各地有先有后。② 这个结论让北仑区当时的教育部门产生了压力，担心自己有操之过急的行为，而当时兄弟县区也认为北仑教育有"冒进"行为。但是最后还是决定全区同时"普九"，靠什么呢？在胡老先生看来，一个是教育局班子成员思想高度统一；另一个是全区都干劲很足，做了蛮多的工作，比如对政府，对人大会等。

2. 媒体

有着"第四种权力"之称的媒体作为一种强有力的沟通手段，影响

---

① 张光喜、杨栋梁：《实施九年义务教育急需解决的问题》，《人民教育》1985年第9期。
② 高闻远：《怎样实施九年义务教育》，《光明日报》1985年6月28日第2版。

着政策制定的过程，被普遍视为政策主体的一个重要组成部分。媒体充当一种沟通角色，对公共舆论产生影响，从而间接影响参与者，常常被描绘成有力的议程建立者。但金登的研究却发现情况并不全是如此：媒体的曝光等往往不被视为真正重要的问题，更像是一些短期的麻烦事；媒体不是对议程产生独立的影响，而是报道政府中正在发生的事情。[①] 与此相反，我在访谈中了解到，在北仑教育发展过程中，媒体的作用是不可忽视的，媒体报道的不仅是正在发生的事情，而且有横向和纵向的比较，常常富有可操作性的建议，加之媒体的传播范围和影响力也较大，因此，媒体可以说也是北仑教育发展中的潜在参与者之一。

3. 利益团体

利益团体在政策制定中的参与性主要表现为一种无形的力量，主要指家长、学校、教师等。虽然很难有证据表明北仑区在制定义务教育政策时在多大程度上受到了家长、学校、教师等利益团体的影响，但是，教育行政部门在调研中发现的一些问题为其政策决策施加了压力。比如胡老先生谈到教师因为待遇差等原因纷纷下海或调离，这实际上是该利益群体对北仑教育现状的回应，这种回应必然会影响到教育政策制定，北仑区专门针对教师问题出台了多项政策，譬如提高教师待遇和社会地位，免费组织教师培训等。

五 "政策窗"的开启：全面"普九"方案的顺利通过

从前面的叙述中我们看到，北仑区政府和教育局在进行充分的调查、论证后系统地提出了北仑区教育存在的问题。从公共政策的角度看，问题的识别是政策议程的第一步，只有正确地找出现存的问题，才能为后来的政策制定提供依据。北仑区教育政策制定遵循了这一思路，在完成问题识别后，区政府和教育行政部门多次召开政策研讨会，对备选方案进行了反复推敲和修改。最终，区政府和教育局共同编制了北仑区《关于实行九年义务教育情况报告》，报告中明确了北仑区实施义务教育的思路和原则，但报告在未通过区人民代表大会审议的情况下，仍不具有法律效力。借用

---

① [美] 约翰·金登：《议程、备选方案与公共政策》，丁煌、方兴译，中国人民大学出版社2004年版，第73页。

金登教授的"政策窗"(Policy window)① 概念，也许政策窗的开启即是方案真正得以实施的时机。

1986年4月10日，滨海区一届三次人代会在大碶镇召开，这个时机来了。当时会议应到代表216名，缺席20名，听取和审议了"一府两院"工作报告和国民经济发展计划报告，并听取和审议了区政府《关于实行九年义务教育情况报告》，报告分析了目前国家的教育政策宏观背景，提出实施义务教育是时代的必然要求；随后对北仑区（当时叫滨海区）当前的教育状况进行了描述，重点突出了北仑教育存在的问题以及解决思路，最后提出在北仑区实施九年义务教育的基本方案。会议审议了区政府的报告，并做出了本次人代会第一个决议——在全区开展九年义务教育，并要求全区按照"全面实施，分步要求"的方针，先从小学和初中一年级开始，然后逐步扩展，直到完全实现九年义务教育。"普九"方案的顺利通过开启了北仑教育长足发展的序幕，也为其后向高一级的教育均衡发展迈出了坚实的一步。

一届三次人代会的召开也为北仑义务教育发展奠定了一个基调，表明了政府对教育工作的重视和支持，同时，会议中审议通过的《关于实行九年义务教育情况报告》开启了北仑实施义务教育的政策大幕，随后一系列政策措施相继颁布。1986年10月，《宁波市北仑区实施九年制义务教育乡（镇）政府责任制》出台，赋予了乡镇政府依法办学的权利和责任，同时对义务教育实施标准进行了规定。以下是这一制度的部分内容：

各乡镇人民政府：
　　为了切实执行《中华人民共和国义务教育法》，保证全区九年制义务教育的深入实施，特制定《宁波市北仑区实施九年制义务教育乡（镇）政府责任制》。
　　一、按照基础教育由地方负责、分级管理的原则，乡镇政府应负

---

① 金登认为，政策窗指政策建议的倡导者提出其最得意的解决办法的机会，或者是他们促使其特殊问题受到关注的机会；通俗地讲，政策窗就是指政策提出的机会，就像航天发射中，窗口预示着一次发射的机会一样，在政策系统中，窗口也蕴含着一次机会。金登教授认为政策之窗不是经常打开，而且敞开的时间不长，因此一旦错过机会的话，就必须再次等待，直到下一次机会的降临。参见［美］约翰·金登《议程、备选方案与公共政策》，丁煌、方兴译，中国人民大学出版社2004年版，第209—212页。

责办好本乡镇的初中和小学，村或联村要负责所在地小学的办学。乡镇政府应根据《义务教育法》、区人民政府教育事业规划和九年制义务教育验收要求，制定本乡镇实施计划。

二、乡镇政府应督促学校端正办学指导思想，努力提高教育质量，使儿童、少年在品德、智力、体质等方面全面发展，为提高全民族的素质，培养有理想、有道德、有文化、有纪律的社会主义建设人才奠定基础，为本地区的经济建设服务。

三、乡镇政府应依法保证儿童、少年授完九年义务教育，接受考核验收。初级中等教育阶段适龄少年入学率达到98％以上。"三残"适龄儿童、少年入学率达到97％以上。初等教育和初级中等教育在校生年辍学率，应分别控制在0.05％以下和0.2％以下，无童工童商。……

可以看出，该制度不但明确了各乡镇在实施义务教育中的权限和责任，要根据相关资料和本地实际情况制定实施计划；同时还明确了各乡镇政府主要工作的重点，包括师资队伍建设、教育经费筹措、学校硬件设施等方面。

六 一个修正的"垃圾桶"模型："普九"决策解析

以上分析解开了北仑从建区到全面"普九"方案颁布整个过程的"政策迷宫"，这一决策有悖于哈罗德·拉斯韦尔"理性、有序"的公共政策制定模式，同时又有别于林德布鲁姆等人倡导的"渐进主义"决策模式，在内容和形式上，它更趋近于科恩等提出的"垃圾桶决策模型"。

垃圾桶模型是迈克尔·科恩（Michael Cohen）、詹姆斯·马奇（James March）和约翰·奥尔森（John Olsen）在《组织选择的垃圾桶模型》（A Garbage Can Model of Organizational Choice）一书中提出的决策模型。传统的组织理论认为，组织处于一个层级结构很清晰的决策环境中，然而科恩等人一开始便将组织认定为"有组织的无序"（Organized anarchies），这种形态表现为以下三个方面。

（一）目标模糊或未定偏好（Problematic preferences）

整个组织本身所要追求的具体目标并不清楚，而且偏好总是随着现实情况发生改变，"与其说组织是根据偏好来采取行动，不如说是在行动中发现偏好"。① 其实在北仑制定义务教育实施方案的过程中，目标（偏好）也并没有明确的界定，正如胡志所言：

> 我们也是"摸着石头过河"，虽然有一个大致的方向——普及九年义务教育，但是对于具体的目标仍然不明确，与其说从一开始我们就设定好了北仑教育未来发展的方向，还不如说是现实的问题让我们不得不采取行动，只有在行动中慢慢地摸索出自己的方向。（2011年6月，胡志）

林德布洛姆认为一个人在没有明确目标的情况下常常容易采取行动，②当参与者真的稍微精确地界定了自己的偏好时，他们就会发生冲突。③

（二）技术不确定（Unclear technology）

由于组织的松散结构，使得很多人在决策时往往并不清楚实现目标的手段或方法，在尝试中不断摸索，从经验中学习便成了其中常有的事情，有时甚至是先决定了要做的事或行动（Action），然后再去思考"为什么"以及"怎么做"。正如北仑区教育局，即便他们能够知道自己的总体目标，但是他们并不知道如何实现这一目标，例如他们要消除失学率，而消除失学率的手段和方法则相当"难以捉摸"，而且正如金登所言，人们对自己构成的这个组织也未必了解：左手并不知道右手在做什么。因此，在消除失学率上，谁应该做什么，就北仑区教育局而言往往并没有清晰的认识。胡老先生坦言：

> 我们到乡下去"请"孩子们回学校，一开始我们以为教育局出面了，家长会给我们这个面子，但是，去了才知道自己错了。对于困难家庭，他们会反问我们教育局：难不成你们出钱？（2011年6月，胡志）

---

① Michael Cohen, James March and John Olsen, "A Garbage Can Model of Organizational Choice", *Administrative Science Quarterly*, No. 17, March 1972.

② Charles E. Lindblom, "The Science of Muddling Through", *Public Administration Review*, Vol. 19, No. 2, Spring, 1959.

③ [美] 约翰·金登：《议程、备选方案与公共政策》，丁煌、方兴译，中国人民大学出版社2004年版，第105页。

(三) 流动性参与 (Fluid participation)

在政策制定过程中,组织决策就像一个舞台,参与者自由进出于这个舞台,具有相当程度的流动。不同部门的决策者在不同的时间对不同的政策议题有着不同的参与,即使是同一政策议题,他们的参与亦因时、因地而异。[①] 特别是当有外部力量介入时,如北仑区教育政策制定过程中,专家学者、媒体、利益团体(如学校,家庭,教师)等,他们会根据各自所关注的问题,对相应政策制定过程施加影响,这种"有形"与"无形"的参与,会让整个决策制定过程充满流动性(Fluidity),给人"漂进漂出"的感觉。正如区教育局俞文所说:

> 在制定普及标准时,有的学校领导会跟教育局反映,他们当地较为贫穷,老百姓上学意识差,因此普及义务教育实施起来相对比较困难,能不能放低标准或者延长时间;还有的学校多次向我们表达了增加教育经费的要求。(2011年6月,俞文)

按照俞文的话说就是每个群体都有自己关注的重点,他们总是在跟各自利益相关的政策制定上"横插一脚",这种情况正是科恩等人所说的"流动性参与"特征。

符合以上特征的这些组织被科恩等人定义为"松散的观念集合体"(Loose collection of ideas)。在这个状态中,组织的决策需要四个构成要素:问题、解决方案、参与者和决策机会,这四个要素间相互独立,彼此间没有太多的联系。比如,人们在提出某一问题的解决办法时,除了是对该问题的回应外,还包括某些群体为了自己特定利益而做出的选择。当一些待解决的问题(如师资问题)在组织(如北仑区教育部门)中漂过时,各自参与者都会卷入(包括可见的参与者和潜在的参与者),并且他们进入时都携带了各自拥有的资源,如权力、金钱、舆论、道义等;此后各种各样的问题(比如办学条件、教师待遇、经费筹措等)都被纳入议程之中,这样就会在内部产生各种各样的解决办法(如学校要求政府提供经费、教师要求提高工资待遇等)。此时,各种问题和解决办法就会被倒入一个被科恩、马奇等人称之为"垃圾桶"的装置内,其结果就是"垃圾"

[①] 张才新、夏伟明:《垃圾桶决策模式:反理性主义的声音》,《探求》2004年第1期。

（包括问题、解决办法、参与者和参与者的资源）在该垃圾桶中的混合程度和垃圾处理方式的函数。这在约翰·金登的"政策流"分析路径看来，正如一个"修正的垃圾桶模型"。

北仑区全面推行"普九"政策的制定包括了"议程的建立"和"备选方案的阐明"①。根据金登的观点，对上述两个问题的回答需要从参与者与过程两方面回答，他借用问题溪流、政策溪流以及政治溪流三股溪流来解释这个过程。三股溪流可以单独存在，也可以汇合，从而使政策开启，金登称之为"政策窗"。②从根本上看，一扇政策之窗之所以开启，其原因主要在于政治溪流的变化。换言之，政策窗之所以敞开，其原因在于一个新的问题引起了政府官员及其周围人们的关注。行政当局的变更可能是政策溪流中最明显的政策之窗，由此可见，政策窗要么因为紧迫问题的出现而敞开，要么由于政治溪流中的事件而敞开。③于是就有了"问题之窗"和"政治之窗"，抑或是多条溪流的汇合，共同形成了"政策窗"。而能否抓住这个"政策窗"开启的机会，则成为政策制定的关键点。

在北仑区"普九"决策过程中，对于"政策窗"的把握可以说是该项决策顺利通过的重要因素。而且，在访谈中我也能感受到类似于"政策企业家"（Policy entrepreneurs）④角色的存在。从受访者的口中，当提到

---

① 议程的建立即参与者为什么处理一些问题而忽视其他问题；备选方案的阐明指从范围上把一大批可能的备选方案缩小到实际可供选择的方案上，即为什么某些可供选择的备选方案很受重视而其他的备选方案则被忽视。参见［美］约翰·金登《议程、备选方案与公共政策》，丁煌、方兴译，中国人民大学出版社2004年版，第247—248页。

② "政策窗"的出现可以是单独溪流引起的。如问题溪流，一旦紧迫任务被识别，那么该主题在政策议程上将获得显著地位，并可能成为政策之窗开启的原因之一，我们把这种由问题主导下的政策窗称为"问题之窗"。参见［美］约翰·金登《议程、备选方案与公共政策》，丁煌、方兴译，中国人民大学出版社2004年版，第219—221、256—258页。

③ 在政治溪流方面，金登教授认为政治溪流由公众情绪、压力集团间的竞争、选举结果、政党或意识形态在国会中的分布状况以及政府的变更等要素构成。因此，任何政治角色的调整（政治力量的变更）都会为人们打开一扇政策之窗。参见［美］约翰·金登《议程、备选方案与公共政策》，丁煌、方兴译，中国人民大学出版社2004年版，第184、212—213页。

④ "政策企业家"（Policy entrepreneurs）是指那些愿意投入自己的资源，包括时间、精力、声誉以及金钱，来促使某一主张以获得预期收益（表现为物质利益，政治抱负等）的这样一些倡议者。他们可以是官员，也可以是学者或新闻工作者，还可以是一些热衷公益事业的知名人士。参见［美］约翰·金登《议程、备选方案与公共政策》，丁煌、方兴译，中国人民大学出版社2004年版，第226—227页。

某件事（如某项教育政策措施）时总能联想到某些特定的人物。虽然没有哪一个人在决策过程中享有至高地位，但是大多数人仍然会把这些类似"政策企业家"的人视为该过程中的重要人物。正如金登所言，就问题而言，政策企业家试图突出那些使其问题特别惹人注目的指标；就政策建议而言，政策企业家对于软化过程至关重要；就结合而言，政策企业家在政策之窗打开时再次出现。① 从这个意义上来理解北仑区全面"普九"决策的过程，对于我们进一步探索北仑区基本实现普及义务教育的事实有着更深层的意义。

第四节 全面普及义务教育的实施：用"加减乘除"解读

1986年4月，北仑区提出在全区各乡镇实施义务教育后，区政府和区教育局便着手实施义务教育的政策落实。舆论宣传和思想教育的结果是扫清了义务教育实施的障碍。随后北仑区政府和教育行政部门开始进行多方位的教育改革，根据访谈记录及文档资料整理，我将其归纳为四个方面：提高经费、改造危房、改善师资、规划布局，分别隐喻为"加、减、乘、除"法的应用。

一 "钓鱼"理念与多渠道经费筹集

对于这一时期的北仑教育发展，几乎每一个受访者均提到了"教育经费"问题，可以说，在当时教育经费不足的情况下，多渠道筹措经费为北仑教育的发展奠定了坚实的物质基础。

（一）"钓鱼"理念：以"小钱"换"大钱"

中国中小学教育经费体制是随着国家财政预算体制而改变的，自新中国成立以来，主要经历了三个阶段。②

第一阶段：1950—1953年。新中国成立之初，中国财政实行中央统一、三级管理的模式。"三级"即中央、大行政区和省三部分，1953年，

---

① ［美］约翰·金登：《议程、备选方案与公共政策》，丁煌、方兴译，中国人民大学出版社2004年版，第258页。

② 参见王善迈、李春玲《我国中小学教育经费的拨款体制》，《教育与经济》1991年第4期。

国家决定取消大行政区，同时新建县（市）一级财政，从而构成了新三级：中央、省、县（市）的财政模式。与此对应，中小学教育经费也形成了中央、省、县（市）三级，中央直属的中小学，教育经费归为中央财政预算范围，由中央负责统一拨付；省级直属的中小学，由省级财政拨付；县（市）级直属的中小学，由县（市）负责拨付。

第二阶段：1954—1979 年。这一时期，国家财政预算实行"统一领导，分级管理"的原则，以"条块"为单位结合，以"块块"为主进行管理。中小学经费列入"科学文化教育事业"专项经费中，由财政部根据国家教育事业发展计划，计算出经费数目，并分款下达。地方根据中央下达的指标，结合本地区的财力和实际需要，进行相应的调整。与前一阶段相比，该阶段的教育经费制度赋予了地方政府更大的自由度，经费预算也不再按一刀切，转而关注到地方的实际需要。

第三阶段：1980 年至今。1980 年 2 月国家颁布了《关于实行"划分收支，分级包干"的预算管理体制的暂行规定》，开始了预算体制改革，从而确定了中央和地方财政实行"分灶吃饭"的办法。对于中小学教育经费方面，中央所属的中小学由中央财政负担，地方所属中小学经费由地方财政负担，并接受中央财政的普教专项补助。1985 年，颁布了《中共中央关于教育体制改革的决定》，遵照这一决定，中小学教育经费纳入地方预算，由地方财政拨款，同时还规定地方政府的教育拨款增长要高于财政经常性收入增长、并按在校学生人数平均的教育费用逐年增长的"双增长"政策。

1985 年明确提出的"实行地方负责，分级管理"，打破了国家包揽办学、过度集权的体制，对教育经费上也转变为上级政府拨付加地方配套。北仑区成立后，乡镇企业发展迅速，因此大多数乡镇和村都掌握了一定的资金，按照区政府颁布的乡镇办学责任制要求，北仑地区改变了过去办学经费由国家单一拨付的局面，不断扩大教育经费筹集渠道。表 3-1 列出了 1987—1992 年北仑教育经费情况，从表中我们可以看出，从 1987—1992 年北仑区共筹集教育经费 9935 万元，年均增长达到 27.56%，单 1992 年教育经费就达到 2777 万元，较 1987 年增长了 232.97%。访谈中胡老先生告诉我：

> 北仑区教育经费的激增得益于区政府财政倾斜和多渠道筹措教育

经费的结果,1985 年之前,镇海地区的教育完全由国家包办,北仑区成立以后,恰好赶上中央政府对教育体制的改革,提出地方教育要形成以政府财政拨款为主,财、税、费、产等多渠道筹资的格局。1986 年我们提出在北仑区全面实施义务教育后,积极响应国家的政策,逐步扩大北仑地区教育经费筹措渠道,有力地推动了北仑地区教育的发展。(2011 年 6 月,胡志)

表 3–1　　1987—1992 年北仑教育经费总收入情况统计

年份	教育经费（万元）	比上年增长（%）
1987	834	—
1988	1037	24.34
1989	1486	43.30
1990	1702	14.54
1991	2099	23.33
1992	2777	32.30
累计	9935	232.97

资料来源:根据《北仑区志·教育篇》整理。

在北仑区,教育经费的来源主要是财政拨款。根据《中华人民共和国教育法》第五十八条规定,国家财政教育经费支出占国民生产总值的比例应当随着国民经济的发展和财政收入的增长逐步提高;省级以下各级财政中教育经费所占比例,由省、自治区、直辖市人民政府决定,乡镇财政收入主要用于发展教育事业。胡老先生说他们充分利用了中共中央"分级管理、分级办学"的政策。在这之前,地方办学的积极性是没有的,办学是人民政府的事情。从他当老师,到后来在教育行政部门当领导,都是不需要到乡镇和街道去汇报工作的。这也一定程度上解释了为什么当时北仑教育处于如此薄弱的境地,即教育行政部门和乡镇地方政府各干各的,二者没有达到"心往一处想,劲往一处使"的默契。在这种情况下,政府管政府自己的,教育管教育自己的,教育发展也没有得到乡镇政府的支持。

然而,这种教育行政部门和政府"不相往来"的做法,伤害的却是整个地区教育的发展,也让主管地方教育的北仑区教育局倍感窘迫——"没钱"。访谈中,胡老先生连说了三个"没钱啊"。得益于国家的教育改革,北仑区充分依靠"分级管理、分级办学"的决定,把办学的主要责任下放到当地政府。按照胡志的说法:

当时全区上百所学校，我们教育局直属的就包括普通高中和一所公立幼儿园，其他的都下放到乡镇政府。在教育经费方面，我们有一个"法宝"，当时在党委会议上这么讨论：一元的钱要去做十元、二十元的事情。那怎么办呢？我们在安排年度经费预算时，故意留出二三十万元。当时二三十万对我们教育局来说是非常非常大的数字。这个乡镇我给你5万元，你配套资金必须要20万元，我们当时称这个是"钓鱼"：我们拿一部分"小头"，要去钓乡镇大的，这样连续弄了几年。（2011年6月，胡志）

"钓鱼"理念的实施带来了显著的"以小搏大"的效果，由于地方政府的支持，北仑区的财政性教育经费稳步上升。表3-2列出了1987—1992年北仑区财政性教育经费收入情况。从表中我们可以看出，从1987年到1992年，北仑区累计实现财政性教育经费6533.9万元，年均增长率达到15.95%。其中预算内财政拨款共计4537万元，从1987年的473万元增长到1992年的1059万元，6年间增长了2.24倍。从生均经费看，1987年北仑区生均经费仅为233元，到了1992年生均经费达到729元，该数字是1987年的3倍多。

表3-2　　　　　1987—1992年北仑区财政性教育经费　　　　（单位：万元）

年份	教育经费			生均教育经费（元/人）	预算内拨款占财政总收入（%）	预算内拨款占财政总支出（%）	财政性教育经费占国民生产总值（%）
	总计	其中预算内财政拨款	比上年增（%）				
1987	834	473	5.3	233	8.9	22.8	1.4
1988	1037	607	28.3	293	9.3	17.5	1.4
1989	1486	654	7.7	406	9.5	18.1	1.5
1990	1702	866	32.4	457	11.7	23.6	1.5
1991	2099	878	1.4	555	10.9	21.8	1.4
1992	2777	1 059	20.6	729	12.2	22.4	1.2

资料来源：根据《北仑区志·教育篇》整理。

（二）各方动员：多渠道筹集教育经费

除了财政性拨款外，这一时期，北仑区的教育经费来源还包括四个方面，即通常所说的"税、费、产、社"四个方面。

"税"，指教育专税，在北仑主要是教育附加费。1986年为了贯彻落实《中共中央关于教育体制改革的决定》，加快发展地方教育事业，扩大地方教育经费来源，国务院发布了《征收教育费附加的暂行规定》①。北仑区教育费附加于1986年起征收，当年全区征税总额达97万元，之后逐年递增，1992年达到347万元，1994年达1140万元。

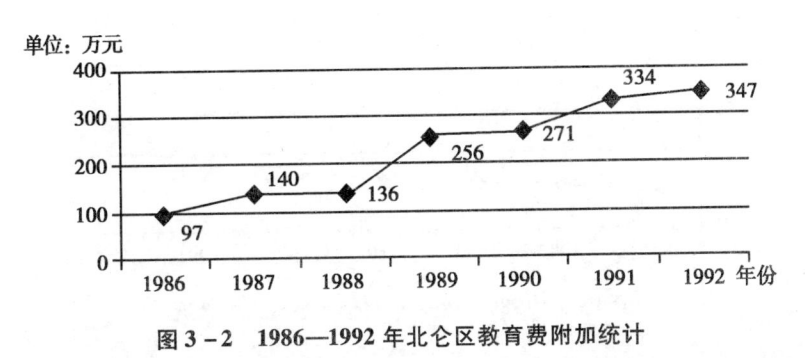

单位：万元

年份	1986	1987	1988	1989	1990	1991	1992
金额	97	140	136	256	271	334	347

图3-2　1986—1992年北仑区教育费附加统计

"费"，主要指义务教育阶段的杂费。1986年《中华人民共和国义务教育法》第十条规定，"国家对接受义务教育的学生免收学费"。同年9月，国家教育委员会等四部委发布了《关于实施〈义务教育法〉若干问题的意见》，进一步强调了义务教育免收学费的原则（第十一条），但是第十二条指出，"有条件的地区可以免收杂费；条件尚不具备的地区，要向家长做好解释工作，并在当地财政状况许可时，免收杂费；对家庭经济困难的学生，可减免杂费。"② 规定指出"有条件的地区可以免收学费"，而对于"条件不允许的地区"，国家实际上是默许了征收杂费的行为。但是，对于什么是杂费，以及学费与杂费有什么区别，相关法律法规对此没有准确的界定。甚至有学者认为杂费就是学费，为了应付家长对免收学费而收取杂费这一矛盾规定的质疑，因而需要"做好解释工作"。③

尽管对杂费的收取存在很多质疑和争论，很多家长当时也不理解，但是，在财政性教育经费投入不足的情况下，杂费却支撑着广大中小学的运

---

① 规定指出教育费附加以各单位和个人实际缴纳的产品税、增值税、营业税的税额为计征依据，征税率为2%，分别与产品税、增值税、营业税同时缴纳。

② 《关于实施〈义务教育法〉若干问题的意见》(http://www.hzedu.net/Template/ShowNew.aspx?id=213)。

③ 陈玉云、葛大汇：《"多渠道筹资"体制在义务教育阶段实用性的反思》，《教育研究与实验》2004年第3期。

转，特别是在农村中小学，杂费已成为它们主要的公用经费来源。根据《北仑区志·教育篇》记载，1986年实施九年制义务教育后，小学、初中停收学费，只收少量杂费。图3-3是1986—1992年北仑区征收杂费的情况，从统计数据看，1986年共征收杂费44万元，1987年为57万元，以后各年逐年递增，到1992年达到137万元。

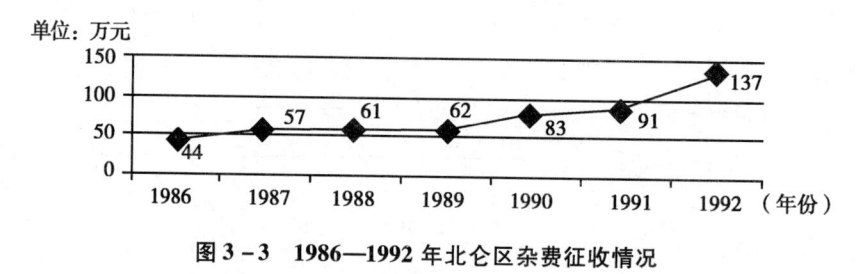

图3-3　1986—1992年北仑区杂费征收情况

"产"包括校办产业，勤工俭学和社会服务收入。北仑地区主要是勤工俭学收入，即学校结合学生的思想教育和教学活动开展实验、科学种田等生产实践和生产经营活动。从表3-3看出，1986年北仑区勤工俭学收入为32万元，以后各年平均以33.6%的速度增长，到1992年，勤工俭学收入达到138万元，较1986年增长了331.25%，累计实现743万元收入。勤工俭学一方面培养了学生的动手能力，并将理论与实践相结合，而且让学生参加社会劳动，接触生产实际，有利于培养其热爱科学、热爱劳动的思想品德；另一方面，勤工俭学能为学校带来一定的收入，改善学校办学条件，例如可以用于改善学校教学设备、老师和学生的伙食、订阅报纸杂志等，因此，勤工俭学的开展对于教育事业的发展具有重要意义。

表3-3　　　　　　　1986—1992年北仑区勤工俭学收入情况

年份	勤工俭学（万元）	比上年增长（%）
1986	32	—
1987	53	65.63
1988	82	54.72
1989	160	95.12
1990	139	-13.13
1991	139	0.00
1992	138	-0.72
累计	743	331.25

资料来源：根据《北仑区志·教育篇》整理。

"社"即调动社会办学热情。"人民教育人民办,办好教育为人民",这是当年风靡北仑大街小巷的宣传标语。所谓"人民教育人民办"并非转移政府责任,加重人民的负担,而是真正让老百姓参与到教育办学的队伍之中,人民有权利对教育进行监督及意见反馈。同时人民也可以捐钱捐物,为教育发展提供资金、物质支持。据资料记载,为了增强人民办学意识,1989年北仑区向社会各界筹集教育资金180.6万元,同时,按照国家有关政策成立了人民教育基金。[①]

同时,北仑区重视海外华侨的力量,通过牵线搭桥,让他们回家做一些造福桑梓的好事,来捐资办学。在调动海外华侨方面,北仑区政府和教育行政部门做了大量工作。

首先,北仑区政府对北仑地区的华侨、侨眷等情况进行摸底调查,大致弄清了侨胞的数量和规模[②]。

> 当时,我们组织人员到老百姓家里,挨家挨户的问,统计北仑地区海外侨胞数量,然后通过亲朋好友的关系,与这些侨胞建立联系。(2011年7月,胡志)

1986年,区委、区政府举行侨眷座谈会。在这次座谈会上,广大爱国侨眷表达了自己立志为家乡做贡献的愿望,并建议成立北仑区侨胞联合会,定期召开侨联大会。

随后,北仑区侨联代表大会、台胞代表大会相继召开,简要情况记录如下:

> 1986年3月21—24日,区侨联第一次代表大会在大碶镇举行,大会正式代表143名,列席代表47名。会议选举产生了滨海区归国华侨联合会第一届委员会委员25名。随后1986年7月29日,北仑区着手准备"三胞普查",9月12日全面铺开,到11月底结束。普

---

① 根据北仑区内部资料整理。
② 据统计,北仑区共有归侨、侨眷和港澳台同胞的亲属3000余户、13600余人,在海外的华侨2208人,港澳同胞6612人、在台人员1442人。宁波市北仑区档案局:《北仑历史1986年大事记》,北仑档案网(http://blda.bl.gov.cn)。

查对象为在外的三胞、在区的"三胞"亲属、在国内的滨海籍著名人士。

1988年5月21—22日，区台胞、台属第一次代表大会召开，北仑区台胞台属联谊会正式成立，王奕年担任联谊会会长。会议通过了致全区台胞、台属的一封信，决定在全区台胞台属中开展当好宣传员、联络员、接待员、参谋员活动，动员大家为统一祖国、振兴中华、建设家乡献计献策。①

以上活动的开展，大大激发了侨胞们的办学热情，于是大家纷纷捐资助学，表3-4列出了1986—1992年北仑区社会捐资助学的情况。从表中可以看出，从1989年起，社会捐资数量急速增长，到1992年北仑区累计接受社会捐赠1263万元，大大充实了北仑地区的教育经费。

表3-4　　　　　1986—1992年北仑社会捐资助学情况统计

年份	社会捐赠（万元）	比上年增长（%）
1986	20	—
1987	24	20.00
1989	204	827.27
1990	92	-54.90
1991	319	246.74
1992	604	89.34
累计	1263	1128.48

资料来源：根据《北仑区志·教育篇》整理。

表3-5　　　　1985—2006年侨胞、港澳台同胞捐资兴学一览　　　（单位：万元）

年份	捐资人姓名	旅居地	捐资数	受款（物）单位	备注
1985—1991	沈炳麟	中国香港	28.5	柴桥信恩幼儿园、庆同职高	建教学楼、宿舍楼、幼儿园
1987	阮翠娣	日本	3.0	邵阮幼儿园	
1988—1999	顾国和 顾国华	日本 中国香港	665	周翠玉幼儿园 顾国和中学	建园舍、校舍、图书楼、体育馆、配置电教设备
1989	张新章	德国	13.5	下邵乡中心学校	建教学楼

---

① 宁波市北仑区档案局：《北仑历史1988年大事记》，北仑档案网（http://blda.bl.gov.cn）。

续表

年 份	捐资人姓名	旅居地	捐资数	受款（物）单位	备 注
1989—2002	贺云卿 邱月仙	新加坡	8.0	高塘凤洋、邬隘、绍成小学	扩建校舍、赠送钢琴
1989—2006	王明康	中国香港	350.2	小港联合中学、凤洋、新碶小学、区实验小学、新碶幼儿园、三山友飞幼儿园、算山幼儿园	扩建校舍、园舍、新建算山幼儿园、设奖学金，赠音箱设备一套等
1989	王圣根	中国香港	0.5	高塘凤洋小学	扩建
1989	金麟	中国香港	1.0	小港红联小学	扩建
1989	虞文良	美国	0.5	下邵中学	篮球场
1990	王明康 严信才	中国香港	23.3	新碶中学、小港中学	赠进口面包车1辆、购置图书、仪器、乐器
1990	虞方祖	中国香港	0.3	周翠玉幼儿园	活动器具
1990—2003	孙先德	中国香港	51.8 港币72万元	区实验小学、三山友飞幼儿园 小港联合实验学校	建教学楼、设奖学金、购置图书、玩具、电教设备等
1990	周方信	中国香港	0.1	柴桥穿山小学	
1990	李坤	中国香港	105	芦渎中学	扩建、造桥、添置图书
1991	洪尧卿	中国香港	15.0	周翠玉幼儿园	尼桑面包车1辆
1992—2000	王绍成	中国香港 新加坡	271港币200万元	绍成小学	新建、扩建校舍、添置设备设施、赠面包车1辆
1993—2001	周敏国 周月琴	中国香港	170	大碶中学（其中邬隘中学10万）	教学楼、科学馆、购置仪器、电脑等

资料来源：根据《北仑区志·教育篇》整理。

从以上分析可以看出，自1986年北仑区提出全面实施义务教育后，区政府和教育行政部门将教育经费问题摆在了首位，通过建立多渠道资金筹集方式，为义务教育的全面展开奠定了坚实的物质基础。综合以上分析，这一时期北仑地区各部分教育经费构成如图3-4所示。

从图中可以看出，财政拨款占据47%的比例，非财政拨款（包括教育费附加、事业收入、社会捐赠、勤工俭学和其他收入）共占据53%的比例，由此可知北仑区财政性教育经费与非财政性教育经费各占"半边天"，二者互为补充，使得这一时期北仑区的教育经费迅速增长。

但在庞大的教育经费背后，我们应该看到北仑地区与国内外地区的差距。首先从财政性教育经费占国民生产总值的比例看，北仑区1987—1992

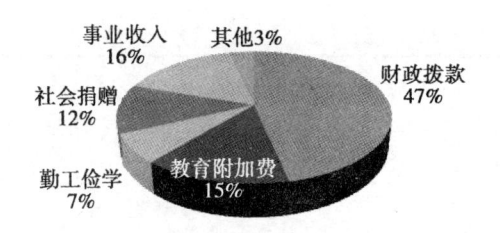

事业收入 16%
其他 3%
社会捐赠 12%
财政拨款 47%
勤工俭学 7%
教育附加费 15%

图 3-4　1986—1992 年北仑区教育经费构成图

年均值为 1.4%。这一比例还相对较低，从表 3-6 可以看出，1988 年在公共教育经费占国民生产总值比例上，世界平均达到 5.5%，发达国家为 5.8%，发展中国家为 4.1%，中国仅为 2.97%，而北仑仅为 1.4%。这一组数据对比表明，中国教育经费投入远远落后于世界平均水平，而北仑地区又大大低于全国平均水平；到了 1990 年，中国与世界平均水平差距有所缩小，公共教育经费占国民生产总值的比例达到 2.86%，但北仑区仍然只有 1.5%，与全国平均水平仍存在显著差距。

表 3-6　1980—1990 年世界各国公共教育经费占国民生产总值的比例　（单位:%）

	1980	1985	1988	1990
世界平均	5.50	5.60	5.50	5.00
发达国家平均	6.00	6.00	5.80	5.20
发展中国家平均	3.80	4.10	4.10	3.90
中国	2.80	2.97	2.75	2.86
其中：宁波北仑区	—	<1.4	1.4	1.5

资料来源：前四行数据来源于顾明远、薛理银：《比较教育导论》，人民教育出版社 1996 年版，第 300 页；北仑区数据根据北仑教育年鉴统计得到。

从生均教育经费看，北仑区每个学生平均拥有的教育经费数与世界主要国家也存在一定差距。表 3-7 显示了 1990 年世界主要国家生均经费情况，从数据对比看，发达国家生均经费远远超过中国，北仑地区与全国平均水平基本持平。

表 3-7　1990 年世界各国生均经费情况对比

	生均教育经费（美元）	
	学前、小学	中学
美国	3047.2	8204
英国	2433	4379.4

续表

	生均教育经费（美元）	
	学前、小学	中学
法国	2383.2	4170.6
日本	3794	4336
中国	65	195
其中：宁波北仑区	69	

资料来源：前四行数据来源于顾明远、薛理银：《比较教育导论》，人民教育出版社1996年版，第300页；北仑地区数据根据北仑教育年鉴统计得到。

由于单纯考察生均经费绝对值没有考虑到国家经济发展水平，顾明远、薛理银（1996）对这一指标进行了改良，即计算生均经费指数。

生均经费指数 = 生均经费/人均国民生产总值　　公式3-1

按照此方法，1990年世界主要国家生均经费指数情况见表3-8，从表中数据可以看出，北仑地区义务教育生均经费指数高于全国平均水平，甚至超过了世界部分发达国家平均水平，这一数据表明，虽然北仑地区生均经费的绝对值仍较小，但是人均教育经费占人均GNP的比值却很高，表明了区政府对北仑教育的重视。

表3-8　　　　　　　1990年世界各国生均经费指数对比

	人均GNP（美元）	生均教育经费指数	
		学前、小学	中学
美国	23440	0.13	0.35
英国	16220	0.15	0.27
法国	19860	0.12	0.21
日本	27100	0.14	0.16
中国	1300	0.05	0.15
其中：宁波北仑区	326		0.21

资料来源：部分数据来源于顾明远、薛理银：《比较教育导论》，人民教育出版社1996年版，第305页。

二　清除学校危房、破旧房

针对这一时期的校舍问题，北仑区进行了专项整治。我查阅了相关资料，在1986年，全区中小学校舍建筑面积16.46万平方米，其中危房面积0.9万平方米，破旧房面积9.93万平方米，分别占总建筑面积的5.5%和60%，为全省破旧危房维修重点地区之一。① 为了改变这一状况，1986年北仑区教育局提出校舍建设标准化目标，并提出健全校舍管理制度。为此，1986—1989年，区、乡镇政府多渠道集资，共投入基建资金1840万元，境内90%的初中、60%的中心小学和20余所完小的校舍得到了重建和改造。校舍建设中，政府在经济上对山区、海岛学校实行倾斜政策。如1986年区一届人大三次会议召开后，区政府随即投入教育基建资金220万元，以改善办学条件，并确定峙头、下邵、上阳、梅山等山区及边远乡为投资重点。在访谈中，胡老先生也提到了当时在改善校舍条件时，区政府和教育局对贫困山区的重点关注，他以当时条件最差的峙头乡为例，讲述了当时的情况：

> 当时峙头乡是条件最艰苦的，经济也很落后。当时我们教育局的同志去那里开会的时候，连住的地方都没有（没有宾馆，没有旅馆），因此我们都住到老百姓家里。我们到那里后发现当地的校舍条件很差，很多家长都不愿意让孩子去上学，所以流生率很高。在这种情况下，我找到他们村里的支部书记。我跟他说，我们应该提供这些孩子良好的校舍和住宿条件，区政府和教育局也愿意给你们支持。你们山上的树很多，那么你们提供木料，我们负责把这些木料做成课桌、木凳送到学校，木工的钱我们教育局出。（2011年7月，胡志）

从胡老先生的谈话中我们大致能体会到当时区政府和教育局在改善校舍条件方面所作的努力，而事实证明，这些努力带来的成果是显著的。表3-9是1986—1993年间北仑区学校危房、破旧房改造情况，从表中我们可以看出，到1987年，北仑区破旧房从9000平方米减少到6000平方米；到1988年年初，北仑区尚有危房0.44万平方米，至年底全被排除，北仑仅用了不到三年的时间便将区内9000多平方米的学校危房全部消除。1989年北仑区被省政府授予排除学校危房先进区称号。在破旧房改造方面，1986年全区破旧房达到9.93万平方米，占据总学校建筑面积的60.33%，从1987—1989年，这一比例分别为40.84%、23.7%和

---

① 宁波市北仑区地方志编纂委员会：《北仑区志·教育篇》，内部资料，第125页。

16.34%，到1993年区内破旧房面积减少到0.5万平方米，只占总建筑面积的2.07%。

表3-9　　1986—1993年间北仑区学校危房、破旧房改造情况

	危房		破旧房	
	面积（万平方米）	比例（%）	面积（万平方米）	比例（%）
1986	0.9	5.47	9.93	60.33
1987	0.6	3.33	7.36	40.84
1988（年初）	0.44	2.29	—	—
1988（年底）	0	0.00	4.55	23.70
1989年	0	0.00	3.17	16.34
1992年	0	0.00	0.97	4.31
1993年	0	0.00	0.50	2.07

资料来源：根据《北仑区志·教育篇》整理。

除了对危房、破旧房进行改造外，北仑区还不断提高校舍标准、改善教学设备。从1986—1993年，北仑区用于修建校舍的资金累计达到5001.2万元，添置桌椅数共计13575套，图书馆和实验室的面积均增长了1倍（见表3-10）。同时在教学装备上，教学仪器投资从1987年的45.2万元增长到1993年的105.8万元，增长率超过100%；电教仪器投资从18.38万元增长到81.8万元。同时，北仑区开始在中小学开设计算机课程，到1993年底全区共有142台计算机，投入资金14.8万元。在劳动技能装备方面，1986—1993年投入金额也翻番，音体装备和图书藏量均大幅上升。

表3-10　　1986—1993年校舍及添置课桌椅情况　　（单位：万平方米）

年份	教学及辅助用房面积			行政办公房面积	生活用房面积	修建校舍资金（万元）	添置课桌椅数（单人套）
	普通教室	实验室	图书馆				
1986	7.75	0.42	0.34	1.82	4.63	250.0	2 500
1988	8.07	0.47	0.37	1.88	4.68	341.2	2 570
1990	8.34	0.51	0.40	1.96	4.75	523.5	1 005
1992	9.04	0.91	0.58	2.40	4.86	938.2	750
1993	10.45	1.33	0.61	2.50	4.90	1 548.5	550

资料来源：根据《北仑区志·教育篇》整理。

三 教师培训与师资队伍建设

从收集的资料中可以看出,师资是这一时期北仑教育发展的又一关键词。北仑区从"普九"一开始便意识到,建设一支数量足够、质量合格、结构合理的师资队伍是实行义务教育必须解决好的一项战略任务,为此北仑区从1986年起在教师培训、改善教师待遇等方面下了功夫。

(一)教师素质培训

从当时的情况看,教师队伍普遍存在学历不达标的情况。[①] 因此从1986—1988年,北仑区小学和初中教师培训的重点为学历补偿,即在职教师以进修的方式提升自己的文化程度,从而达到学历要求。北仑区教育部门先后组织中小学教师参加"教材教法"考试、"专业合格考试"和"文化专业知识"考试,对不达标者进行强化训练,直到合格为止。1988年随着教师学历进修任务基本完成,北仑区把对教师培训的重点转向继续教育的岗位培训。以下资料是当时培训的部分介绍:

> 在培训方式上,主要采用三种形式,第一种是采用为期两个月的脱产轮训,第二种是为期1—2年的不脱产轮训,第三种是为期一星期的短训。脱产轮训和不脱产轮训主要由教师进修院校负责实施,一星期短训主要由区教委组织有关科室、站和理科学会、教育学会、青少年科辅学会等教师群众学术团体来实施。同时每年暑假都会组织五六百名教师参加学习培训,内容包括政治工作学习、学生德育和各学科教学业务等。为了保证培训工作的顺利开展,全区从1989年开始调整教师结构,陆续为体、音、美、劳动(技)、生物、自然和乡镇中小学自然学科配备了专职和相对稳定的兼职教师。[②]

岗位培训适应北仑区教育转轨需求,针对教师迫切需要解决的实际问题,得到了广大干部和教师的欢迎。岗位培训的成果,已经在学校加强思

[①] 1986年北仑区共有小学教职工1177人,其中专任教师1031人;中学教职工716人,其中初中专任教师517人,高中专任教师64人。小学专任教师中,中师和高中毕业以上学历516人,占50%;初中专任教师中,大专毕业以上195人,占37.7%;高中专任教师中大学本科毕业以上27人,占42.2%。宁波市北仑区地方志编纂委员会:《北仑区志·教育篇》,第97页。

[②] 根据北仑区教育局内部资料整理。

想政治教育、提高课堂教学效益和开展第二课堂的活动中得到了充分体现。

(二) 提高教师待遇与地位

发展人才的下一步还需要留住人才,因此,如何让教师安心留在北仑成为当时区政府和教育局重点考虑的问题。为此,北仑区采取了各种措施来提高教师待遇,解决教师生活上的难题,解除他们的后顾之忧。

> 1985年,全国开始着手改革中小学教职工工资制度,实行职务工资为主的结构工资制(包括基础工资、职务工资、工龄工资、奖励工资四部分),开始发放教龄津贴。工资制度改革后,北仑区有905名教师增加了工资,占全区教职工的50%左右。到1993年10月,中小学、幼儿园教职工工资改革,执行国务院统一的工资制度和标准,工资由"固定部分"和"活津贴"构成,并建立正常晋升工资制度,每两年考核成绩为合格及以上人员,晋升一档职务工资。2103名教职工增资,人均月增资16.6元。404名离退休人员增资,人均月增资110.9元。①

表3-11是1986—1993年北仑区公办教职工的收入情况,从表中可以看出,1986年在职教职工月人均收入为80.1元,到1993年,月人均收入达到162.88元。离退休教职工收入更是达到了333.62元,均较建区之初有了较大的改善。

表3-11　　　　1986—1993年北仑区公办教职工收入情况

年份	在职教职工			离退休教职工		
	年平均人数	月支付总额(元)	月人均收入(元)	人数	月支付总额(元)	月人均收入(元)
1986	1648	132021	80.10	245	23823	97.23
1988	1819	186981	102.80	270	28273	104.71
1990	1994	258330	129.55	313	49280	157.44
1992	2155	287544	133.43	384	114222	297.45
1993	2239	364700	162.88	470	156800	333.62

资料来源:根据《北仑区志·教育篇》整理。

---

① 宁波市北仑区地方志编纂委员会:《北仑区志·教育篇》,内部资料,第99—111页。

除了增加工资外，1986年实施"三结合"办法建造教师住房，平原地区按造价，由区和乡镇政府各负担20%，学校和个人负担60%；山区、海岛和边缘地区，由区和乡镇各负担25%，学校和个人负担50%。1986—1988年，建教师集体宿舍4800平方米，成套房152套，计9000平方米。1989年，投资182万元，建教师住宅楼7890平方米，121套。之后，教师集资房陆续兴建，共建860套，基本解决了教师中的无房和缺房户。

1985年1月，全国人大决定9月10日为教师节。1990年始，利用暑假时机，区局经常组织学校领导、骨干、优秀教师外出旅游，各校定期组织教师暑期旅游。1993年，办理中级职称以上专业技术人员的35名配偶、9名子女"农转非"。境内各乡镇举行隆重庆祝活动，县委、县府决定为教师办六件实事。此后，每年教师节，举行多种形式庆祝活动，北仑区领导去学校慰问教师，乡镇政府和学校给教师发慰问品、慰问金。[①]

除了提高教师待遇外，北仑区还重视教师社会地位的提升。旧社会教师职业低微，被视为"文人末路"，素有"家有三斗米，不当孩子王"之说。新中国成立后，教师被誉为"人类灵魂工程师"，逐渐受到全社会尊重。北仑区成立后每年教师节均开展尊师重教活动，北仑区领导在这一天都要去学校慰问教师，乡镇政府和学校给教师发慰问品、慰问金。同时，北仑区建区以来，历届区人大代表和政协委员都有教师代表参加。

表3-12　　　　历届区人大教师代表和区政协教师委员人数

届别	一届 1984年9月	二届 1987年6月	三届 1990年4月	四届 1993年3月
教师代表数	7	19	15	15
占代表总数（%）	4.2	7.5	5.5	5.4
教师委员数	8	10	12	12
占委员总数（%）	11.6	10	9.6	8.9

资料来源：根据《北仑区志·教育篇》整理。

---

① 宁波市北仑区地方志编纂委员会：《北仑区志·教育篇》，内部资料，第100—111页。

表 3-13　　　　1989—2006 年荣获部（省）级嘉奖教师名录

年份	姓名	工作单位	荣誉称号	表彰部门
1989	虞知行	三山乡中心小学	全国优秀教师	国家教委
1989	黄均荣	邬隘中学	全国优秀教师	国家教委
1989	贺杏仙	梅山乡中心小学	全国优秀教师	国家教委
1989	於幼芬	柴桥镇中心小学	省报晖奖	浙江省人民政府
1991	俞崇高	柴桥中学	全国优秀教师	国家教委
1993	贺　诚	区实验小学	全国优秀教师	国家教委

资料来源：根据《北仑区志·教育篇》整理。

四　调整中小学学校布局

北仑区在实施义务教育过程中，面临着一个现实的问题，即教育布局不合理，尤其以农村地区最为明显。这一现象的产生源于60年代兴起的"把学校办在家门口"的热潮，因此以梅山乡为例，一个小小的梅山乡，就有13所学校，最小的学校只有3个学生，1个老师。这种办学模式对于促进农村地区基础教育曾经起到过一定的作用，但是，随着社会经济的发展，村办学校的弊端日益明显，并且在很大程度上阻碍了北仑地区义务教育的顺利推进。

（1）教育资源严重浪费。根据《北仑区志·教育篇》记载，这一时期，北仑区小学平均每校只有4.03个班，初中平均每校只有6.3个班。"麻雀虽小，五脏俱全"，这些中小学校虽然规模很小，但各类教学仪器和设备均需要配置，从而导致校舍、师资、图书、仪器等教育资源的严重浪费。

（2）义务教育质量得不到保证。由于学校数量过多，分布又太散，因此，学校之间办学质量存在很大差异。中心小学和规模较大的初中办学条件相对好些，但在这部分相对好些的学校就读的学生却只占少数。在实施义务教育初期约有25%左右的初中学生很难适应正常的教学活动，而这部分学生中的50%来自村办完小，所以不提高完小初小的教学质量，全民素质的提高实际上是句空话。① 由此可见，通过调整学校布

---

① 桂江、王崇祺、胡治益等：《调整农村中小学布局的研究与实践》，北仑区内部资料。

局，实现各级学校之间的相互撤并，对于提高北仑区义务教育质量至关重要。

（3）全面贯彻义务教育方针受到阻碍。一方面分散的学校布局严重浪费了各类教学资源，另一方面在资源有限的情况下，学校网点过散又必将导致各类教学资源短缺。比如一个学校只有 3 个学生，但同样需要配置 1 名教师，需要修建 1 个教室，需要购买黑板等教学设备，而且在这样的情况下，1 名教师势必会承担好几门课程，这对于全面推进北仑区义务教育势必会产生影响。

在这种情况下，自 1986 年起，北仑区政府和教育行政部门开始调整区内学校布局。在布局调整中，相关部门严格遵循以下三个原则[①]：第一，确保学校网点覆盖率达到 100%，在保证学校完全覆盖的情况下，小学以走读、就近入学为原则，中学以适当集中、分片入学为原则。[②] 第二，扩大中心小学的规模，努力增强中心小学的受益面。此次布局调整应加强中心小学优秀资源的辐射范围，使更多的学生能享受中心小学水平的师资、经费、设备及管理，使超过一半的学生能在中心小学就读。第三，办好每一所学校，教好每一个学生。这是学校网点布局的出发点和重要目标。布局调整从表面上看是一个撤除、合并的过程，但撤并学校并不是布局调整的目标，而是通过优化教育资源，使得区内的教育普及水平得到全面提升。

在确立了以上原则后，北仑区开始对学校布局进行调整。从 1986 年下半年开始，北仑区政府和教育部门深入全区调研，分析各个乡、镇、村的人口结构和经济发展趋势。城镇每一万人口设置一所小学，农村平原、半山区、山区分别为 2500 人口、2000 人口和 1500 人口设置一所小学和十万人口设置一所高中，每个乡镇一般设置一所初中。[③] 实际上，在当时学校布局调整中，并不是所有家庭都能够理解这个举动的出发点。在访谈中胡老先生跟我讲了这样一个故事：

[①] 该部分内容源自北仑区教委《调整农村中小学布局的研究与实践》和历次访谈记录。

[②] 按照《国家教育委员会关于制定义务教育办学条件标准、义务教育实施步骤和规划统计指标问题的几点意见》，看学校覆盖范围和学校布局是否合理的标准是，小学低年级学生单程上学时限不超过 30 分钟，高年级单程上学时限不超过 45 分钟，中学生不超过 60 分钟。

[③] 桂江、王崇祺、胡治益等：《调整农村中小学布局的研究与实践》，北仑区内部资料。

1986年北仑区进行中小学布局调整，原先很多破、乱、小的学校都要拆掉。当年小港、大碶、三山等镇的7所小学被列入了撤销名单，我记得包括后洋小学、桂池小学、前宋小学、王隘小学等，当时老百姓反对声音很大，一些当地的农民白天就拿着锄头坐在学校门口，不准我们拆学校。当时宁波市的刘处长不敢在文件上签字，他就跟我说："干脆这样，我签字也不签了，我把这个权力给你好不好？"我当时也是年轻气盛了些，心想就豁出去了，我说你不签我签，我还调侃说："刘处不好意思啊，今天我夺你权了。"刘处说："老胡，我跟你说明白啊，如果北仑区有学生或者家长投诉了，造反了，你自己来解释，好不好？"说实话，我当时也吓到了，也担心当地老百姓要闹事啊。于是我跟刘处说，"虽然字是我签的，不过真的有事情来的时候，你也帮我说说话。"当然最后区政府也出面进行帮忙了，老百姓情绪也算稳定下来；教育局也给老百姓做了保证，一定会给孩子们安排好学校，这事才算过去。（2011年4月，胡志）

这件事情让胡老先生一直记忆深刻，所以在访谈中他连连向我感叹：你现在年纪比较小，没经历过这样的事情，是感受不到的。事实上，他的描述与感慨已深刻让我体会到当时学校布局调整中的重重困难和阻力。从资料分析中可知，在当时北仑区进行中小学布局调整时，主要存在三方面的阻力，一是部分干部和群众受地域和宗族观念的影响，习惯了在"家门口"上学，不愿意让孩子去邻村或别的地方上学；二是中心学校和条件较好的学校担心布局调整后影响本校质量，由于布局调整涉及撤除、合并，因此一些中心校势必会接收弱校的学生和老师，出于自身利益的考虑，这些好学校对网点调整存在抵触和惧怕心理；三是有些教师不愿去大的学校或外村任教。这是一个很奇怪的现象，一方面好的学校不想让差学校的学生和老师进来，另一方面，差（小）学校的老师也不想到规模大的学校去，因为到大学校去压力增加了、工作环境也都发生了变化，所以大家还是存在抵触心理的。排除上述阻力的最好办法是摆事实讲道理，用撤点并校的紧迫性、必要性和可行性统一干部、群众和教师的思想，同时通过网点调整现场会，对布局调整先进乡镇进行考察参观，对撤校并点中涌现出来的先进单位和个人进行表彰等形式，逐步消除了上述阻力，从而加快了规划实施的步伐。①

通过多年的努力,北仑区在普及义务教育实施上取得了一定成效,不但提高了中小学学校规模,逐渐形成规模效益,而且部分改善了中小学校办学条件和师资力量,为区域教育的进一步发展提供了保障。从学校规模来看,1986年北仑地区有小学175所,到1993年,全区只有100所小学,共撤并了75所小学,小学从平均每校4.03个班123名学生增长到6.8个班239名学生;初中从1986年的28所减少到1993年的18所,班级和学生人数均有小幅度的上升,到1993年,初中每校平均有14.6个班707名学生(详见表3-14)。而与当时的全国和浙江省平均水平相比,②北仑区各学校的办学规模几乎超过全国、全省平均水平。学校规模的扩大,改变了过去分散、无序的办学状态,政府和教育行政部门能集中力量办大事,实现有针对性的教育改革,为全面提升区域内的教育发展水平提供了基础条件。

表3-14　　　　1986—1993年北仑区小学、初中基本情况

年份	小学			初中		
	学校数(个)	班级数(个)	学生数(人)	学校数(个)	班级数(个)	学生数(人)
1986	175	705	21485	28	252	12662
1988	165	766	24113	23	197	8996
1990	122	779	27226	21	170	7513
1993	100	683	23886	18	262	12714

资料来源:根据《北仑区志·教育篇》整理。

从当时的硬件条件、师资力量来看,全区在1988年基本消除了危房,

---

① 资料显示,为了推进学校布局调整,激发各级人员的积极性,北仑区对促进学校布局调整进行了奖励规定:在校舍投入方面,初中和中心小学由教委和乡镇政府按3:7比例负担;完小、初小经费由当地乡、村各负担一半;对于贫困乡村改造扩建校舍,教委适当补助;在图书、仪器、文体器材的配发上,教委出资50%优先装备网点调整以后的学校;因撤并学校而节余下来的教师编制,教委并不收回,奖励给乡镇统一使用。参见桂江、王崇祺、胡治益等《调整农村中小学布局的研究与实践》,北仑区内部资料。

② 当时全国小学平均人数为171人,初中平均人数为588人;浙江省小学平均人数为130人,初中平均人数为594人。

基本做到了"当地最好的房子是校舍"①，同时中小学校95%以上的课桌椅得到了更新，到1992年全区通过了实验教学普及县的验收，中小学的生均图书拥有量分别达到15册和11册，使用义务教育教材的班级达到了"二机一幕"的配置标准，30%的中学已建有语音实验室，全区中学平均每校有电脑6台，中心小学和中学拥有钢琴55架，平均每校达1.5架，各类学校均按省颁要求配置了音、体、美器材，完小以上的学校均配有团队活动室、图书阅览室和实验仪器室，办学条件在学校布局调整中得到了较大改善。②同时，学校的师资力量也得到了一定程度的提高，学校规模扩大后，中小学校的教师数量得到提高，小学教师编制从原来的每班1.3人增加到1.9人，初中教师编制从原来的平均每班2.2人增加到2.9人，这样不仅使初中的政治课、语文课、数学课、自然课配齐了专任教师，而且使初中的历史课、地理课、音乐课、美术课、体育课、劳动课和完全小学以上小学的自然课也配齐了专职教师，中小学"搭头课"越来越少，教师进修的机会越来越多，因而教师的学历达标率有了大幅的提高。

政府主导下的"普九"突围改变了北仑教育设施简陋、师资薄弱、竞争力低下等的现状，基本解决了当时"有书读"的问题。到1993年，北仑区的小学巩固率一直稳定在99%，学生流失率仅为1%，小升初的比率在98%以上，初中的流失率也在2%以内。北仑区作为省"两基"验收的试点县市区之一，取得了"七至十五周岁适龄儿童少年入学率、十七周岁普及率、残疾儿童少年入学率、教师文化达标率"在全省领先的地位，实现了率先在全省同时实施义务教育、率先在全省消除中小学危房、率先在全省通过实验教学普及县的验收、率先通过人民政府"两基"评估验收等"四个率先"的优越成绩。③

第五节 启示之一：政府主导与普及——区域教育低水平均衡的形成

处于起步时期的北仑教育，从教育资源上来说是严重匮乏的，但"穷

---

① 桂江、王崇祺、胡治益等：《调整农村中小学布局的研究与实践》，北仑区内部资料。
② 同上。
③ 同上。

则思变"的魄力让北仑区政府教育行政部门紧抓国家实施义务教育的契机,在 1986 年区一届人大三次会议上提出了在全区全面实施义务教育的决定,之后对区内中小学教育进行了大刀阔斧的改革。到 1988 年,北仑区成为浙江省第一批校舍无危房的县(市、区)之一,1993 年北仑又在全省第一个通过省及国家"两基"验收。"普九"的基本完成改变了北仑建区之初教育弱区的局面。根据翟博的教育均衡发展阶段理论①,这一过程恰是北仑教育低水平均衡形成的过程,可以说为北仑教育进一步长足发展奠定了坚实的基础。

从这一时期的叙述来看,"政府主导"与"普及"成为北仑教育低水平均衡形成的两个关键词,"以追求教育机会的均衡为目的,让每个适龄儿童都能享有受教育的权利和均等的受教育机会"②,用当地人的说法,就是解决"有书读"的问题。但是,在这个宏观概括的背后,教育低水平均衡的形成有它具体的复杂的实践样态,就这一时期的北仑而言,可从以下几方面来剖析:

一 "没钱"与"要政策":低水平均衡下的教育资源与政策关系

> 既然没钱,又没有校舍,又没有人,但你得给我政策;我只要不违法、不违纪,你负责监督、检查,我不管怎么搞,你得在政策上支持我。——俞宗校长

> 我们虽然没钱,但是更需要的是办教育的权力,我们需要政策支持,需要一个能以政府的名义向全社会公开的教育政策和法规。——胡志

对于建区之初的北仑而言,"没钱"成为当时铁定的事实,一时半会儿无法得以改变,"没钱"的背后隐藏的是对当时教育资源严重匮乏的清晰认识。但是,"钱"是死的,"人"是活的,"要政策"成为当时北仑区教育行政部门的不二选择。在当时北仑区社会经济条件下,教育发展根本无法依靠现成的教育资源包括经费去完成普及工作。怎么办?等"有钱"

---

① 参见翟博《教育均衡发展:理论、指标及测算方法》,《教育研究》2006 年第 3 期。
② 翟博:《教育均衡发展:理论、指标及测算方法》,《教育研究》2006 年第 3 期。

时再来大力发展教育？很显然，在"没钱"和"要政策"之间，北仑教育人"不等不靠"的精神品格以及智慧选择成就了"普九"工作的突围。"没钱"与"要政策"所彰显的正是低水平教育均衡下教育资源与政策之间的关系问题。换言之，在教育均衡发展过程中，教育资源的匮乏并不必然制约政策的施行，政策在教育资源匮乏的情况下往往能起到扭转局面的作用，而这与教育发展过程中的路径选择有很大的关系。

教育的发展有其特定的社会制约性，从广义范围看，自然环境、人口状况、社会生产力、政策制度、社会文化均构成教育发展的制约力量。在这些因素中，社会生产力和政策制度无疑是最具影响力的。生产力水平决定了教育发展的规模和速度，而政策制度则决定了教育发展的方向和性质。远在春秋时期的管仲便有"仓廪实而知礼节，衣食足而知荣辱"（见《管子·牧民》））的经典论述，该句话的精髓在于它道破了物质资料对于精神文明（假如将教育作为精神文明的组成部分）的重要性。在教育发展过程中，社会生产力水平对教育的影响我们不妨称之为"教育资源"，包括物的资源和人的资源，其中教育经费是物的资源的重要组成部分。但是对于当时"没钱"状况下的北仑区来说，教育经费的匮乏并不意味着普及义务教育步伐的停滞或是"打折扣"。对于教育政策，一般被定义为"为实现一定时期的教育义务而制定的行为准则"[1]，或"教育政策是有关教育的政策措施，是教育权利和义务的具体体现"[2]。这一时期的北仑教育在"没钱"的现实条件制约下转向对"政策"的诉求，实际上在北仑教育人心中，"要政策"恰恰遵循着政治系统分析理论创始人戴维·伊斯顿多提出的"公共政策是对全社会的价值做权威分配"[3]的观点，认为教育政策的本质是教育权力和利益的权威分配。政策成为北仑区教育发展中的"权力象征"。

在理想的情况下，往往认为拥有足够的教育资源和充分的政策支持是教育良性发展的最好保障。然而在现实中这种情况并不多见，这就面临着如何抉择的问题（见图 3-5）。建区之初的北仑教育基本上处在典型的

---

[1] 袁振国主编：《教育政策学》，江苏教育出版社 1996 年版，第 115 页。

[2] 张新平：《简论教育政策的本质、特点及功能》，《江西教育科研》1991 年第 1 期。

[3] D. Easten, *The Public System*, New York: Knopf, 1953, p. 129. 转引自张金马主编《政策科学导论》，中国人民大学出版社 1992 年版，第 17—18 页。

"缺资源缺政策"的状况，即下图中的 A 区。要从 A 到达 B，有三条路径可走，路径 1 是一步到位，直接从"缺资源缺政策"到"有资源有政策"，但这条道路过于理想化，现实状况中很少存在，更为常见的是路径 2 和路径 3。这两条路径带有"曲线救国"的韵味，即在政策和教育资源二者无法同时兼得的情况下，先选择其中一方面作为突破口，再继而寻求另一方面的支持。具体而言，路径 2 是倾向于先寻求政策支持，再集中精力解决教育资源配置问题；路径 3 是倾向于先等待教育资源的充足，再逐步转向政策支持以更好地分配教育资源。两个路径并无绝对的孰优孰劣之分，只是面对具体情况时的适当选择而已，当然，政策和教育资源也不是排斥关系。这一时期的北仑教育发展选择的正是路径 2，就当时的北仑教育落后状况而言，显然在他们认为先经费后政策的路径并不是明智之选，也不符合当时的区情。

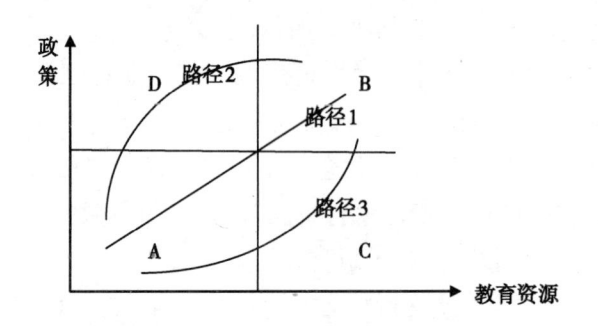

图 3-5　北仑第一阶段路径选择图

在普及义务教育的发展过程中，政府主导与教育行政部门的政策推动起着关键性的作用。一般而言，对于公共政策通常包括两个方面，其一是公共政策制定；其二是公共政策执行。[①] 北仑区教育管理者在"没钱"情况下"要政策"的举动恰是对政策的一种权力理解。跟政府要政策，可以通俗的理解为向政府要权力，以行政命令的方式来获得权力支持。这种权力带来的最直观的效果就是"有更大的公开操作空间，可以让很多想法变成现实"。

---

① ［美］约翰·金登：《议程、备选方案与公共政策》，丁煌、方兴译，中国人民大学出版社 2004 年版，第 6 页。

> 我们到乡下去做教育普及，往往是需要乡政府或者村长、书记的配合的，因为他们比教育局的人更好发话，老百姓比较服他们。但是，实际的情况是，他们干他们的，我们干我们的，往来很少，倒不是我们教育局架子大不愿去找他们，而是这些人对我们根本就不理睬，认为教育问题是归教育局管，他们乡（村）不愿插手。
>
> 所以，这个需要上面给我们政策：那就是，乡（村）政府有责任和义务配合教育局的工作，尽量满足教育局提出的一些要求，这样的话问题就好解决了。比如说，我们去峙头乡，发现当地的校舍条件很差，很多家长都不愿意让孩子去上学，所以流生率很高。在这种情况下，我们说，你们当地山上不是树很多吗，那么你们提供木料，我们负责把这些木料做成课桌送到学校。这个时候村民们说他们做不了主，山上的树不能乱动，需要请示村委书记。有政策支持，我们就好办事，后来他们同意了，事情也得到了很好的解决。我明显感受到政策支持的力量。（2011年4月，胡志）

胡老先生的话反映了作为教育管理部门的北仑区教育局对政策的渴求和使用。政策不同于法律，可以由地方政府颁布实施，因此，当时的宁波市政府和北仑区政府便是北仑教育某些政策的提供者。我能深刻体会到当时这种对"政策"的独特理解，因为不仅仅是当时身在教育局的胡志有这样的想法，作为学校校长的俞宗也同样表达了这样的观点。

> 刚提出搞义务教育那阵，各个学校都要进行危房和破旧房的改造，还要对教师进行培训，上面就一句话，没有提供什么钱，我们学校就为难了啊。我在一次会议上比较气愤地说，你既没有经费，又没有校舍，又没有人，但你得给我政策；我只要不违法、不违纪，你负责监督、检查，我不管怎么搞，你得在政策上支持我。（2011年6月，俞宗校长）

俞宗校长所讲的"政策支持"主要指政府出台政策支持学校进行自我创收，比如学校开办一些校办厂，或向社会筹集资金，或向学生收取杂费等，以解决教育经费不足的问题。这些行为如果没有政策的支持，都会被人"扣帽子"。所以正如俞宗校长所言，没钱不要紧，但是要给我政策。

北仑这一时期所表现出来的"要政策"实际上形成了一种强烈的政策"权力象征"和依赖，这种依赖从某种程度上保证了政策执行的有效性，因为在政策颁布之初各级人员便形成了较高的政策认同感和期待感，这样政策一旦颁布便能促使政策执行者拥有较高的政策"忠诚度"。当然，这无形中也给政策制定者施加了较大的压力，即一定要确保政策的正确性。不管是一种巧合，或是历史的必然，前文中基于"垃圾桶"的政策决策模式，恰好科学、适时地出现在北仑人面前，虽然正如有学者所言，那些期待用政策博弈来获取自身利益的畸形依赖，将随着政策的转型与回归，被悄悄地扫入历史的故纸堆。① 但不可否认的是，这种"政策依赖"在低水平教育均衡发展阶段起到了积极的作用。

二 角色关系：教育行政部门与家庭的"台前幕后"

在低水平教育均衡发展阶段中，包含有众多的参与者，其中教育行政部门、学校和家庭占据着重要的主体地位。虽然在"备选方案形成"这一节中论述了北仑区家庭和学校作为利益集团（Interest Group）而成为"潜在参与者"，试图对教育政策施加影响，但是纵观该阶段整个过程，我们仍然不难发现，在教育普及发展的过程中，政府教育行政部门站在了最前台，而学校和家庭则在这一过程中退居"幕后"，成为相对被动的、沉默的一方。三者的关系可以用下图表示（见图3-6）：

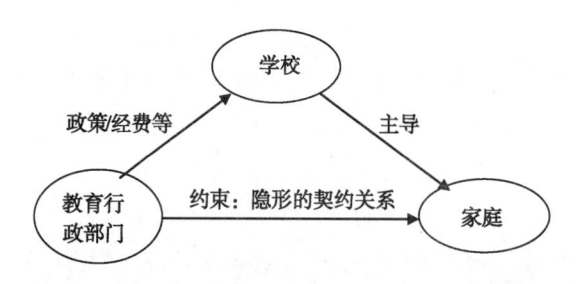

图3-6　北仑区第一阶段教育行政部门、学校、家庭关系

"教育行政部门——学校——家庭"之间呈现单方向的制约关系。教育行政部门与学校之间可以用显性的契约关系来形容，一方面学校被动的

---

① 孙晓冰：《危险的政策依赖症》，《商界（评论）》2009年第2期。

接受政府教育行政部门提供的经费等物质资源；另一方面，学校又要受到行政命令的限制，比如经费的投向、需要完成的各项指标等。而在学校与家庭的关系中，学校几乎主导了整个教学活动，家庭更像一个"幕后看客"，默默支持着教育系统的运行，用胡老先生的话说，就是"在整个过程中我们几乎看不到家长的身影，但又不能忽视其存在"；同时学校又是教育行政部门与家庭隐形契约关系的传导者，学校对家庭的主导缘于教育局对家庭施加的压力，即"无论什么时候，学校总是可以在家长面前搬出教育局"，这种在家庭面前"见刀如见君"的威力，正是各级学校推行教育政策的"尚方宝剑"。

教育行政部门主导学校，学校主导家庭，家庭受制于政令，这样的关系模式实际上扫清了"普九"突围中政策推行的障碍，使得北仑教育从一开始便走上了整体"脱贫"的道路。这种关系模式背后隐藏的实际上是一种政府主导下的教育普及，带有"强制性"的意味：强制性的入学规定，强制性的经费划拨，强制性的学校撤并等，而且最为关键的是，"强制性"地形成了区域教育低水平均衡。在如今的教育现代化时代，这种"强制性"多少有点让人心生抵触，但是，事实上这种"强制性"并不是否定意味的强制，而是政府作为第一责任人的强大意识体现。在世界上教育均衡发展做得相对较好的国家，我们都能看到政府责任的到位，从法国的《哈比法案》到前美国总统乔治·布什提出的"不让一个孩子掉队"，再到日本的"偏僻地区教育振兴"，这种由国家机器护航的教育均衡发展模式，正是公共教育发展的强大武器。当然，政府的强力主导并不意味着学校和家庭的绝对被动性接受，低水平均衡下的角色主体关系既有着它合情合理的实际意义，也蕴藏着进一步变化的潜在动力。

三 重心倾斜：低水平均衡下的"顾此失彼"

从北仑区这一时期的教育发展过程来看，不难发现，筹措资金、清除破旧危房、建设师资队伍等方面是"普九"工作中的重心。倘若将教育发展事业比喻成一个投入产出的生产过程（见图3-7），那么，师资、校舍、仪器、经费等则构成了这个过程的"输入端"，学生的成长和发展则成为"输出端"。在北仑教育的起步发展阶段，一个比较显著的现象就是"重输入、轻输出"，无论是教育行政部门，还是学校、家庭，历史和现实的原因让他们均无暇顾及输出端的质量问题，在他们眼中更加关注的是输入端的问题,是教育的"温饱"问题。校舍破旧得改造、"没钱"读书而辍学、"赤脚老师"占半边天,这一切均成为当时普及义务教育的重大阻碍。尽管到 80 年代末基本实现了"普九",但重心偏移所造就的低水平均衡难免存在"顾此失彼"的现象,可以说这里面既存在历史原因,也是在当时现实条件限制下的一种无法逾越的真实。

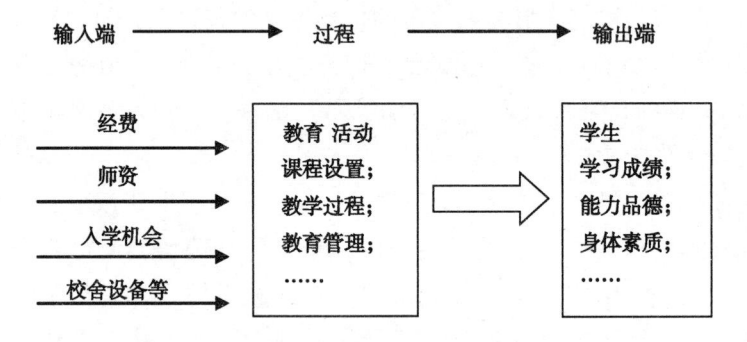

图 3-7 教育发展过程示意图

一个理想的教育发展过程往往是既关注输入端,又关注输出端,同时兼顾教育过程。诸多学者也提出了教育均衡与公平应是包括起点公平、过程公平以及结果公平的综合体,即在输入端,保证每一位学生享有均等的受教育权利和机会,享受同等的师资、校舍、教学设备等条件;同时在输出端上,保障每一个孩子都能得到均等的成就机会,但是并不意味着要抹杀学生间的个体差异,而是应使每个学生接受教育后都应达到一个最基本的标准。① 就这一时期北仑教育而言,不论是访谈,还是内部资料显示,教育工作的重心基本放在"输入端"上,还难以关注到教育的过程和结果。用胡老先生的话说,这一阶段北仑教育发展的主要任务就是解决"有书读"的问题,而实现"普九"是解决这一问题的重要途径,让每一个学生都能上学,而对于能不能学好的问题,其实还没有足够的精力去顾及。诚然,教育均衡发展是一个动态的连续过程,每一阶段都有其特有的发展特征,"不均衡——均衡——不均衡——新的均衡……"这是一条曲折的发展道路。因此,教育均衡发展不是一劳永逸,更不可能一蹴而就,何况在北仑区成立之初,教育还处于十分薄弱的境地,在面对失学率、危房率、教师达标率等均非常严峻的情况下,教育发展也难免"顾此

---

① 于建福:《教育均衡发展:一种有待普遍确立的教育理念》,《教育研究》2002 年第 2 期。

失彼"。

  总之,政府主导下的"普九"工作的基本完成为北仑教育发展奠定了基础,虽然旧的问题逐渐得以解决,但新的问题仍不断显现出来,而且接下来所面临的困难更具挑战,但是我们仍然有理由去期待下一轮的转变。

> 请打开那栅栏的门窗
> 静静地站着,站着
> 像花朵那样安眠
> 你将在静默中得到太阳
> 得到太阳,这就是我的祝愿
> ——顾城《不是再见》

第四章

整体转型:家庭命运与制度的抗衡

从建区伊始到1993年"普九"验收完成,可以说是北仑教育发展的第一个阶段。这个阶段的教育改革主要着眼于宏观大局,家庭在这个时期的"沉默式"参与一定程度上成就了政府主导下的"普九"突围。从第三章叙述可知,北仑建区后,面对着教育"庞大的烂摊子",紧紧抓住国家普及九年义务教育的契机,在短短几年内,实现了从成立之初的"读书难"到"有书读"的第一次飞跃,切实解决了当时老百姓"有书读"的强烈需求。然而,随着北仑区经济与社会的不断发展,一个农业县级区已经悄然发生了蜕变,宁波经济技术开发区、保税区顺利运作,开发大榭岛热潮蓬勃掀起,经济的高速发展与生活水平的提高增强了人们对教育的更高需求。原先的"有书读"再也无法满足家长和学生的需要,家庭开始活跃在区域教育的"舞台"中,其命运与区域教育制度紧紧拴在一起,成为另一个可以被"感知"的角色主体。

为此,从家庭命运与教育的角度去探寻北仑区如何实现从"有书读"到"读好书"的教育转轨成为本章的关键问题所在。1994年,宁波教育综合改革试验区宣告成立。对于充满政策敏感性和冒险精神的北仑人来说,是迎难而上还是驻足不前?新一阶段的机遇与挑战,也成为摆在北仑教育人面前的双重考验。

第一节 一个县级区的蜕变：旧制度与教育新需求的冲突

1993年，中共中央、国务院印发了《中国教育改革和发展纲要》，提出到20世纪末，中国教育将建立起比较完善的体系，实现教育现代化。在这一年，八届人大第一次会议在北京举行，随后党的十四大确定了中国经济体制改革的目标是建立社会主义市场经济体制。随着经济体制、政治体制和科技体制改革的深化，教育体制改革也提上日程，采取综合配套、分步推进的方针，加快步伐，改革"包得过多、统得过死"的体制，初步建立起了与社会主义市场经济体制和政治体制、科技体制改革相适应的教育新体制。① 为了完成党的十四大确定的90年代的主要任务，科技进步和提高劳动者素质成为当时的重中之重。

也就在这一年，在国家制定重大政策方针的大环境下，北仑区的教育发展状况已殊为可观。一方面北仑摘掉了"教育落后区"的帽子，另一方面也给人以教育发展得"差不多"的印象，教育已"吃"去太多的资金。因此在干部、群众中存在"歇歇脚""喘口气"的想法，甚至有的干部群众说，校舍已经是农村最漂亮的了，孩子已全部进学校读书，还要花大钱办教育干什么？九年义务教育的巩固、提高工作始终处于"高原区"，找不到突破口。

任何一次改革都是从发现问题开始的，因此，在顺利完成"普九"任务后，面对前所未有的成功时，所有的北仑人需要对基础教育现状进行重新的认识。在此情形下，北仑区教科委厘清了当时北仑的教育形势。

> 迄今为止我们所做的工作都只是在"还旧账"。我们其实都很清醒地看到其中还有很多不足：学校基础设施仍比较薄弱；义务教育高标准目标尚未达到，高中段以上教育设施已显得陈旧……更为关键的一条是，教育改革还滞后于社会主义市场经济发展的步伐，全区教育事业的整体水平和发展速度远远不能适应北仑区域经济发展和现代化

---

① 中共中央、国务院：《中国教育改革和发展纲要》，2012年4月26日，百度百科（http://baike.baidu.com/view/486179.htm#3）。

港口城市建设的要求,也满足不了群众求学的要求。①

的确,随着宁波经济技术区、保税区的顺利运作以及开发大榭岛热潮的掀起,北仑区经济外向度得到了前所未有的增强。人们的生活水平提高了,对教育"质"的要求也提高了;同时北仑区经济发展加速,也加剧了对各类人才的需求。根据当时的统计资料表明,当时的协和石化、北仑电厂、北仑水泥厂、申洲织造、北仑钢铁厂等一批大企业都大量要人。到1995年5月前,北仑全区共引进外资项目657个,总投资26亿多美元,实际利用外资也在4.8亿美元以上。时任北仑区副区长的王银泽介绍说:外商到北仑投资,除了希望得益于这里的政策、港口和廉价的劳动力之外,还渴望有一大批高素质的从业人员。

北仑区经济社会的发展向北仑教育提出了更高的要求,然而北仑区的教育发展速度却仍然滞后于北仑经济社会的发展速度,虽已基本解决了"有书读"的问题,但"读好书"的强烈需求远未满足。家庭参与教育的主动性得到激发,开始萌生了与教育制度抗衡的迹象。北仑教育再一次陷入了如何解决"质"的问题的困境之中。

一 港口经济与家庭生计

作为全国海岸线中枢,北仑具有天然的地理位置优势,建区后,受到了国家和地方政府的高度重视。自1984年经国务院批准设立宁波经济技术开发区以来,北仑港口的建设得到了快速的发展:1985年北仑港第一期工程基本建成,北仑港口经济初具规模。1992年5月1日李鹏总理亲临北仑港,亲笔题词"东方大港",同年10月份北仑港二期工程建成,使北仑港年吞吐能力达到160万吨。1992年底到1993年国务院先后在北仑成立了宁波保税区和宁波大榭开发区,进一步完善了北仑港口经济,推动了北仑区社会经济的高速发展。

在调研中,有这样一个年轻的小伙引起了我的注意,他叫张志军,今

---

① 资料来源于北仑区关工委的一位离退休老干部胡治益老先生赠送的一本内部资料。宁波市北仑区教育委员会编《为了这一方热土——北仑区教育改革与发展成果选编》,第22页。原载于1996年3月9日《浙江教育报》头版头条。据他回忆,这本成果选编中的大部分资料都是经他执笔的,多篇被予以刊登发表。

年22岁，毕业于宁波技工学校，现为宁波港北仑股份有限公司机修厂的一名工人。他告诉我他们一家三代都是港口工人，从他的讲述中我感受到了北仑港的发展和北仑经济的起飞。

> 我爷爷（张光成）出生在解放前，当时家境贫寒，为了生计便去宁波码头做起了"脚夫"。在那段时间里，受尽了折磨，工头稍有不满意就对工人拳打脚踢。新中国成立后，农民分到了土地，我爷爷就打算不再跑码头了，我奶奶也希望他不要再去受这种苦，安心待在家里种地就好了。没想到这时当地干部来到码头发动工人生产自救，党代表经常到工人家庭，挨家挨户摸情况、搞发动，特别是对于像我爷爷这样有码头工作经验的，希望能继续干下去。在这种情况下，爷爷又开始了码头工人的生活，没想到一做就是一辈子。（2011年9月，张志军）

从志军的描述中我们知道，他爷爷的港口工人生涯处在一个新旧交替的年代，先后经历了军阀统治时期、国民党统治时期、日本人占领时期以及新中国成立后的全新时期。他的爷爷成为港口工人实属无奈之举，虽然在爷爷看来，港口凝聚了自己一生的心血，但是其中的艰辛却只有自己知道。这种完全靠出卖体力、生活始终处在温饱线上的码头工人，真实的反映出了80年代以前北仑地区人民生活的现实状况。1981年志军爷爷退休回家，从此，志军的父亲接过了爷爷的担子，开始了新的港口工人生涯。志军告诉我，其父亲（张明远）出生于1958年，当爷爷退休时，他23岁。因从小跟着爷爷跑港口，父亲也开始习惯了港口的生活，于是爷爷退休时，父亲便接过了爷爷的担子。

> 其实我奶奶一直是反对我父亲干爷爷这一行的，但几十年的港口生涯让爷爷对港口产生了浓厚的感情，所以当父亲要去港口工作时，爷爷并没有反对。加之当时父亲确实没有别的职业，因此，最后父亲还是成为了一名港口工人。（2011年9月，张志军）

在志军的引荐下，我见到了其父亲张明远，张大伯今年53岁，身体健硕。谈起自己的港口工作经历，大伯颇有感触：

> 我参加工作的时候，宁波港掀起了大建设的热潮，当时国家决定兴建镇海港区、北仑港区。1983年，因建设需要，组织上安排我去北仑港区，主要负责预制板的吊运和安装。到80年代末期，北仑港二期工程开建，当时志军妈妈怀孕了，由于工期紧张，所以我将近2个月没有回家。后来我丈母娘，就是志军的外婆到工地上去找我，说远珍（志军妈妈）生了，我才急匆匆的赶回家，第二天又到工地上去了。（2011年10月，张明远）

这样的家庭经历对于志军妈妈而言，至今仍有所抱怨："这个鬼地方，实在太冷清。要玩没地方玩，想买东西也买不到，所以我一开始就不想让他干。"但是抱怨归抱怨，内心里对丈夫的关心也让张明远大伯心里感到丝丝的甜意。张大伯憨笑道："再苦再累都值。"

提到收入，张大伯说，养家糊口没什么问题，但是想发财是不可能的。80年代初的时候，一个月大概200多元钱吧，到后来涨到800元了。

张志军生于1988年，从爷爷和父亲的口中，年幼的志军便对港口工人有了初步的认识。不过跟爷爷和父亲相比，志军的生活幸福多了，父辈们吃过的苦头换来了志军的幸福生活。特别是这几年，北仑港口经济的兴旺发达，家庭经济状况一年比一年好。如今，他们一家人住在北仑小港街道的新房子里，这里环境优美，家里电脑、电视一应俱全，去年家里还买了一辆汽车。志军向我讲解了自己进入港口工作的经过：

> 2006年高考成绩不太理想，当时家里让我自己选择，要么复读，要么报一个差一点的学校。最后我还是选择了后者。父亲年龄也大了，港口工作还是很累的，所以我选择了留在父母身边，于是报考了宁波技工学校，毕业后我来到了现在的工作岗位。（2011年9月，张志军）

从当年破破烂烂的宁波老港，到如今雄伟壮观的现代化北仑大港，这一切已经发生了翻天覆地的变化。小时候，在志军的印象中，当一名港口工人每天要在尘土飞扬的环境中日晒雨淋，可如今的北仑港区简直就是一座美丽的大花园。"北仑区的经济发展主要是因为它的港口发展迅速，没有对比就感受不到变化。"从志军父亲的话中，我能真切的感受到他对北仑区这些年变化的无限欢喜。

事实正是如此。我查阅了北仑区统计资料，1986年建区之初，北仑区的国内生产总值为3.72亿元，到1995年全区生产总值达到27.7亿元，10年间经济总量翻了近四番，年均复合增长率达到25%，大大超过了同一时期全国的平均水平。到1998年，区内生产总值在1995年的基础上又翻了将近一番，达到50.16亿元（见表4-1）。

表4-1　　　　　　1986—1998年北仑区经济总量统计

年份	1986	1993	1995	1996	1997	1998
GDP（亿元）	3.72	15.4	27.7	35.8	43.9	50.16
人均GDP（元）	1221	4807	8599	11009	13429	15306
浙江省人均GDP（元）	1237	4469	8149	9552	10624	12214
全国人均GDP（元）	963	2998	5046	5846	6420	6797

资料来源：根据《浙江省统计年鉴》以及北仑区统计资料。

如果进一步考察这一时期的人均GDP[①]，纵向比较看，1986年北仑区的人均GDP为1221元，到1995年达到8599元，是十年前的7倍，到1998年这一数字达到了15306元，几乎是1995年的2倍。从横向比较看，1993年以前，北仑区的人均GDP与浙江省人均GDP几乎持平，或者略低于全省平均水平，而从1995年开始，北仑区的人均GDP明显超过了全省的平均水平。以1998年为例，北仑区的人均GDP超过了全省平均水平3000多元。再看这一时期全国平均水平，可以看出，北仑地区的人均GDP远远高出全国平均水平。正是经济社会的快速发展带动了人民生活水平的提高，而这个改变带来了人们对教育需求的变化。

从以上分析至少可以得到如下判断：第一，北仑地区的经济总量和人均GDP在90年代得到了快速的发展，港口建设所带来的航运、物流、加工制造和贸易等事业的发展是其经济起飞的最主要原因。第二，从90年代起，北仑地区的经济在全省，甚至全国均处于较高水平。这种经济上的优先地位，使得北仑地区具备雄厚的经济基础对教育、科技、文化等上层建筑进行发展和改革。第三，经济的快速发展让家庭对教育的诉求达到了

---

① 即人均国内生产总值，是反映一个国家（或地区）宏观经济运行状况的重要指标，也是衡量人民生活水平的重要标准。

前所未有的程度，预示着家庭在教育发展中的角色关系转变。

二 老百姓鼓起的腰包与教育新诉求

区域经济的快速发展带来的是人民收入的增加和生活水平的提升。根据统计资料显示，1985年北仑区城镇人均可支配收入仅为889元，农村人均可支配收入为508元；到1994年城镇人均可支配收入达到6008元，农村人均可支配收入为2857元；而两年后的1996年北仑区城镇和农村人均可支配收入分别达到了8354元和4368元（见表4-2）。

表4-2　　1985—2001年北仑城镇、农村居民可支配收入统计

年份	城镇居民人均可支配收入	农村居民人均可支配收入
1985	889	508
1994	6008	2847
1996	8354	4368
1999	9492	4978
2001	11991	5476

资料来源：根据《北仑区志》统计。

这一超速的增长模式，极大改善了当地人的生活。具体来说，以1985年为例，我查阅了当时的家用电器价格，发现一台14英寸彩色电视机售价大约为1100元[1]。根据该年北仑地区的人均收入情况来看，一个城镇居民要工作1年2个月才能购买一台该型号的电视机，一个农村居民要工作2年才能购买一台该型号的电视机。然而，到了1995年，以熊猫25英寸彩电为例，当时每台价格为3500元左右[2]，此时北仑区城镇人均收入超过了7000元，农村人均收入超过3600元，因此城镇居民一年可以购买2台这样的彩电，农村居民也只需工作一年便可购买1台这样的彩电。

以上对比旨在说明从1985年到1995年，在北仑建区后的短短十年内，人们的收入水平大大提高。根据恩格尔定律，一个家庭收入越少，家庭收入中用来购买食物的支出所占的比例就越大；随着家庭收入的增加，

---

[1] 北京市地方志编纂委员会：《1985年前后的北京物价（资料汇编版）》（http://www.kaixin001.com/repaste/8350376_3234660100.html? from=groupmessage&isappinstalled=0）。

[2] 中国电子商情杂志编辑部：《国产大屏幕彩电参考价格（1995年7月广州全国家电春交会）》，《中国电子商情：基础电子》1995年第8期。

家庭收入中用来购买食物的支出比例则会下降。而购买食物的支出比例下降将导致其他领域（如教育）支出的增加。① 我走访了一位小学老师，名叫胡波平，1994 年时他还是北仑地区一名中学生，他向我讲述了当年他的学习生活情况。

> 我读小学的时候，家里买了一台黑白电视，当时村里谁家有一台黑白电视就远近闻名了，每到晚上家里必然会挤满了人。所以，那个时候每天上学最期盼的就是放学回家看电视。1994 年家里买了彩色电视，后来陆陆续续有了冰箱和洗衣机，我上高中时，家里还给我买了一辆自行车。(2011 年 10 月，胡波平)

从胡老师的描述中，我们可以看出，随着北仑区人民收入的增长，家庭支出中用于非食物类支出越来越多，人们开始追求更高层次的生活，彩色电视机、冰箱、洗衣机等家用电器并非是生活必需品，但在居民的消费支出中的比例已经明显增加。而对于有孩子的家庭，投在孩子教育上的钱也越来越多。据胡波平回忆：

> 高二时，家里开始给我买辅导书。当时我的物理不好，为此父母还专门送我去补习班，这些投入的效果是明显的，我在高三时学习成绩上升很快，我想跟当时丰富的辅导资料和课外补习不无关系。(2011 年 10 月，胡波平)

胡波平讲述的经历反映了 90 年代以来，随着北仑地区人民收入的提高，家庭对教育的投入也越来越大。这并非是一个特例，像胡波平这样的例子在 90 年代的北仑区比比皆是。在调研中，我走访的魏杰这个家庭也表达了类似的看法。

魏杰生于 1983 年，现在在杭州一所高校攻读研究生，1995 年读初一。父母都是普通工人，家庭收入在北仑地区处于中等水平，基本代表了当地人们的平均收入状况。其父母原本生活在农村，姐姐晓雯初中毕业后就外出打工了。随着父母相继进城，家里有了稳定的收入，姐姐也能靠自

---

① 恩格尔：《恩格尔定律》(http://baike.baidu.com/view/40680.htm)。

己的收入独立生活了，因此为了让魏杰接受良好的教育，家里对魏杰的上学问题可谓费尽心思。北仑地区中小学水平参差不齐，小学毕业后，父母希望小杰能上一个好一点的中学。当时义务教育阶段虽然实行就近入学原则，但是家长和学校都明白，花钱择校在当时是比较常见的。为此父母为小杰花去择校费一万元。小杰母亲说：

> 其实我们并不愿意"择校"，不但要花钱，还要到处给人送礼，跟人说好话。但是，当时北仑区有几所公认的最好的中学，也有大家普遍认为比较差的学校。我们真的很希望孩子去好学校。到初二的时候，他们学校搞文艺活动，小杰觉得自己没有一技之长很丢脸，回来跟我们闹别扭，当时他爸说，孩子大了，有自己的兴趣爱好了，就给他报个美术班吧，所以每个月又要花去上百元钱去学画画。（2011年10月，魏杰母亲）

其实，像魏杰这样的情况，在当时北仑地区不算少数。就拿课外兴趣班为例，很多家长并不希望孩子成为书呆子，而学校又一味地追求分数和升学率，体育课、美术课、音乐课大多成了摆设。关于这个问题，魏杰妈妈认为：

> 我曾经说过一句非常极端的话，我们都是读过书的人，现实中有几个人用到过数学的原理去解决实际问题？用不到。我们培养的绝大多数都是普普通通的劳动者。真正要成为"家"，是极少数的。所以，我一直认为孩子不能死读书，要多参加课外活动，培养自己的兴趣爱好，所以，我们当父母的对孩子未来的发展应该有一个清醒的认识。（2011年10月，魏杰母亲）

但是家长又是矛盾的，就如魏杰妈妈那样，虽然他们希望孩子全面发展，但是又十分担心孩子们考试成绩太差。父母这种矛盾的态度，让当时的区教育局及学校也陷入两难的境地。在访谈中，原北仑区教委副主任胡志向我大倒苦水：

> 我们不能轻视学习成绩，这样家长不答应。每次开家长会的时

候，学校说孩子要全面发展，学校会经常组织课外活动，家长都答应得很痛快，但是一旦考试成绩出来，家长就翻脸了，成绩考差了要责罚孩子，开始找学校的原因，考虑转学。这样很多素质课程开展不下去。(2011年5月，胡志)

一方面家长表现出逐渐追求孩子全面发展的诉求，另一方面在应试教育的指挥棒下，孩子考差了又会遭到父母的责罚，这种矛盾的心境实则反映出当时北仑地区中小学教育的现实问题：旧的教育制度与新的教育需求产生了冲突，全新的教育诉求需要对原先的教育模式进行调整，而这正是"后普九"时代，北仑教育发展的关键。

三 城镇化浪潮与人口结构改变

进入90年代，北仑地区大量农民进城，掀起了一股城镇化浪潮。关于小城镇发展问题第一次受到中央政策肯定与支持的是在1984年1月，中央颁布了《中共中央关于1984年农村工作的通知》，同年10月颁布了《国务院关于农民进入集镇落户问题的通知》，随之城镇化战略渐次走进人们的视野，以城市改革为重点的经济体制改革一直推动着城镇化的发展。① 北仑区正是在这样的背景下诞生并紧接着踏入了城镇化进程的浪潮中的。这个本本源源的"农村地区"，作为中国农村城镇化进程的一个缩影，在受到"二元体制矛盾"和人地关系紧张这一基本国情的制约中实现了对城乡分割"二元体制"的突破与创新，在经济大开发中逐步蜕掉了"农业县级区"的鞘壳。

自1986年12月国务院批准建立北仑港工业区以来，北仑人民抓住港口开发机遇，决定走"以港兴区"的道路。1992年11月经国务院批准在北仑境内设立宁波保税区，是浙江省唯一的保税区，具有进出口加工、国际贸易、保税仓储三大主体功能。1993年3月又经国务院批准由中国中信集团公司成片开发宁波大榭开发区，享受国家级开发区政策。工业化步伐的不断加快，城镇化进程的推进，让北仑的经济社会发展步上了一个新台阶。1991—1995年（"八五"期间）区属国内生产总值年均增长29.2%，远远超过全国平均水平。这一时期，北仑的基础建设也有了飞跃

---

① 姜爱林：《中国城镇化理论研究回顾与述评》，《规划师》2002年第8期。

发展，逐步从一个农业区蜕变成工业重镇和现代化港口。1995年区内城镇居民人均可支配收入为7275元，大大高于全国平均水平4283元，当年浙江省会城市杭州的城镇居民人均可支配收入为6301元，北仑区超过了这一水平。

这一时期，伴随着北仑地区经济的发展，农村人口大量涌进城市。农民为什么会进入城市，黄瓒博士在其博士学位论文《教育场域中的资源争夺——多维视角下的浙南小镇教育变迁》中，将龙岗镇农民进城的动机概括为三个：

> 一是在城乡二元体制隔绝背景下，城市和农村成了两个完全迥异的世界，城市人有着先天的优越感。农民对于城市的渴望使得他们迫切改变自己农民的身份；二是农村狭小的市场空间不足以满足农民尤其是乡村精英发展的需求，对农村里一些能人来说，农村对于他们来说简直就是一种耻辱与限制；三是城镇居民资格的获得有助于下一代一直维持这种身份，城市里比较优越的就学、就业条件使得农民对改变自己的命运充满希望，并热切地为实现这一目标努力打拼。①

对于北仑地区而言，广大农民大量涌进城市，其原因也不外乎上面所讲的三个方面。而且根据以往的经验数据看，城镇化水平跟经济发展水平是正相关的。从这一时期北仑区的城镇化水平来看，1991年末全区户籍人口达31.67万人，其中城镇人口只有14.09万人，占全区户籍人口的44.48%。到1992年末，全区户籍人口基本保持不变，但城镇人口几乎翻番，占全区户籍人口的83.39%（见图4-1）。

将这一时期的城镇人口同北仑建区之初的情况对比来看，当时北仑区87%是农业人口，不到10年时间，已经发生了巨变。为此，我专门访谈了当年从农村搬到城区来的朱明旺一家。

> 在农村反正是饿不死，但是没有什么经济来源。90年代初的时候孩子要上学读书，家里缺钱，我就出来打工，后来想想干脆把全家

---

① 黄瓒：《教育场域中的资源争夺——多维视角下的浙南小镇教育变迁》，博士学位论文，华东师范大学，2008年，第74页。

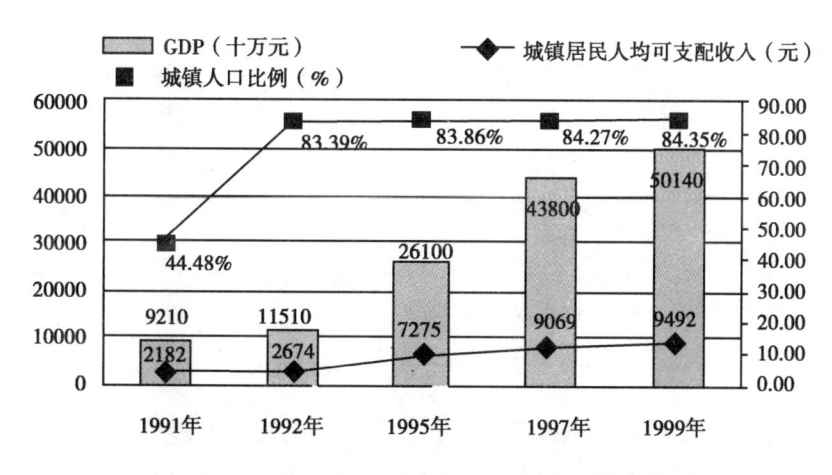

第四章 整体转型：家庭命运与制度的抗衡

图 4-1　1991—1999 年北仑区经济发展与城镇化水平

人迁过来得了。那个时候非农业户口是很值钱的，非农业户口的家庭在城市可以享受免费教育、保险、福利等很多好处。所以，我们都进城了。（2011 年 6 月，朱明旺）

从朱大伯的访谈中，我了解到像他这样当时从农村进城的人数其实不少。大量农民进城，一方面反映了农村剩余劳动力的大量存在，另一方面反映了北仑区的劳动类型开始发生转变。过去，北仑地区的人民主要以农、牧、渔为业，如今伴随着新式厂房和企业的创办，各种技术工人和高素质的劳动者需求开始强烈起来。比如：协和石化到北仑建厂时，需要化工机械、化工工艺方面的大批人才，以及管子工、铆工、焊工等技术工人；北仑水泥厂也十分缺乏技术人员；北仑电厂急需宾馆服务人员和码头运管工等；利华毛条厂从筹建到投产只花了 6 个月的时间，但纺织机械操作工却一直招不到。[①] 从统计数据看，1990 年以后，北仑地区的就业人口在三大产业中的比例发生了巨大变化，第一产业人数剧减，而第二、第三产业就业人数急剧增加（见图 4-2）。

但是分析当时的实际情况，失业人口数量也呈现上升趋势，失业与在业人口结构改变的主要原因很大一部分来自区域开发与经济发展的结果：一是部分原先从事农业的人员因农业种植结构调整后，农业劳动力特别是

---

① 根据北仑区教委内部资料整理。

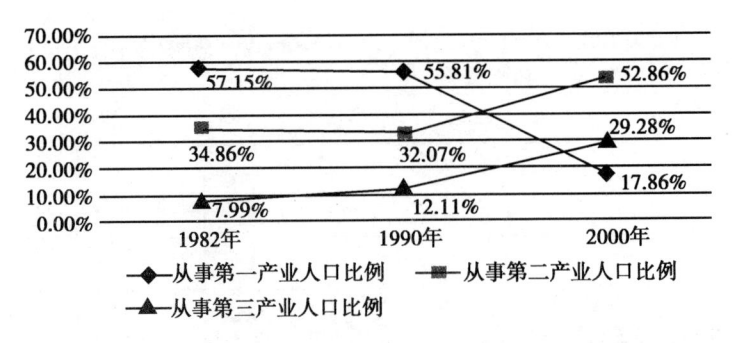

图 4－2　若干人口普查年份北仑区域在业人口产业构成

妇女劳动力未能及时实现就业转移；二是部分下岗待业人员的文化、技能水平较低，更新提高比较困难，增加了重新就业的难度；三是随着劳动力市场运行机制的不断完善，自由择业意向更趋普遍，部分人对再就业抱有更高的期望值；四是因土地征用等因素造成不在业人员增多。除此之外，还有很大一部分原因则来自在校学生的增加以及人口老龄化步伐加快导致的离退休人员不断增加。从统计数据来看，2000 年的在校生数比 1990 年的在校生数几乎翻了一番，学生数的增加在一定程度上反映出教育需求上的增强。

从建区之初发展到 90 年代初，北仑区可以说历经坎坷实现了九年义务教育的基本普及。进入 90 年代后，这块"农村之地"已悄然蜕变，北仑区的教育又将面临着前所未有的机遇与挑战。遗留给北仑人的新问题是大开发、大建设让本是农业区的北仑迎来了经济发展的春天，那么，教育呢？是否能够搭上经济发展的新航道迎风破浪呢？

第二节　传统制度下的家庭求学之路

在这一时期，家庭开始成为区域教育体系中的另一角色主体活跃起来。在寻找家庭案例的过程中，我大致设定了如下范围：①具有代表性。来自普通家庭，非官非富，能够反映北仑区的普遍情况；②时间定位。中小学阶段在 1993—2000 年之间，以利于考察这个时期基础教育的情况，因此，案例家庭中的孩子应该在 1980 年以后出生；③家庭成员（包括父母、姐妹）和当事人尚在，能进行直接的访谈和后续追踪。在确定了以上原则后，我通过随机走访、朋友引荐、档案查询等途径共调研了 12 户家庭。

(1) 随机走访：2家
(2) 淮河小学引荐：3家
(3) 北仑区原教委副主任胡志引荐：4家
(4) 原柴桥中学俞宗校长引荐：2家
(5) 查询北仑区档案：1家

在针对家庭的调研中，我明显感受到"社会称许性"偏见效应的存在，即被访者对于一些敏感性话题，或涉及"压力知觉"和面子问题时，往往会采用自我防御的策略而做出与实际情况不相符的回答。比如在问及当事人对教育行政部门或学校的看法时，受访者心里往往存在戒备，对于自己的真实想法不愿意说出来。这种"社会称许效应"是社会调查中普遍存在的问题，从而使我试图从"局外人"进入"局内人"困难重重。通过多方综合考虑，我在这12户家庭中，最后选择了居住在北仑区新碶街道的王家作为文本呈现。之所以选择该家庭，主要基于以下三个方面的原因：第一，在一开始就由熟人出面引荐我们相互认识，一定程度上减少了受访者的疑虑和担忧；第二，该家庭的主人公王友江如今已是杭州一名高校教师，当家人向他说起此事时，友江表示非常支持，而且由于地域的优势，使得我能够在杭州对其进行多次跟踪访谈；第三，友江的教育经历颇具代表性和曲折性，能够比较深入地反映出这一阶段北仑区教育发展同家庭命运之间的互动与抗衡。

一 望子成龙与家庭期望

王爷爷今年62岁，住在北仑区新碶街道，房子是儿子刚为他们买的。王奶奶比他小3岁，他们有三个孩子，大女儿王晓雪，二女儿王昭娣和儿子王友江。据王爷爷透露，当时二女儿的原名其实叫王招弟，女儿的名字直接表达了家里迫切希望有一个儿子的想法。中国传统文化中有重男轻女的思想，虽然这种思想随着改革开放慢慢变淡，但是在一些地区和家庭，特别是依靠体力劳动生存的农村，这种思想还较为严重。女儿终归要嫁人，而身为农民的父母，年老后又没有经济来源，生活上也特别孤单，因此都希望能生一个儿子。在访谈中，我发现在当地的老人心中大多存在这一思想。一些老人告诉我，在七八十年代，在生孩子问题上当地人坚持的原则是"一直生，直到生出儿子为止"。王爷爷和王奶奶1968年结婚，婚后前两胎都是女儿，家里有3亩地，没有别的经济来源，按照当时的经济条件，夫妻二人本不应打算生第三个孩子。访谈中，二位老人表达了当时他们渴望生一个儿子的愿望：

> 虽然当时家庭的负担已经很重了，但是，我们想要个儿子。我们知道女儿也很好，但是在我们这个家庭，必须要有一个儿子，作为农村人如果女儿都出嫁了，那我们老了以后谁来照顾？难道跟着女儿走？那是不可能的。（2011年10月，王爷爷）

二女儿出生后，取名为招弟，带有重男轻女烙印的名字让二女儿从小就感觉是一种"耻辱"：

> 任何一个人只要看到我的名字，就知道我们家没有男孩，然后就会调侃我：招弟啊，你有没有招到弟弟啊？这让我非常难堪。长大后我把自己的名字改成了昭娣。（2011年10月，王昭娣）

也许正是应了那句古语：心诚则灵。一心想要儿子的夫妻俩终于在1980年生下了一个儿子，取名友江，儿子的出生寄托了父母的所有期望。

在重男轻女的传统下，女孩和男孩受到的待遇也差别较大，在80年代，中国社会仍然保留着部分封建社会中关于女性"读书无用"的传统观念。因此，二女儿回忆起当年上学时的情形时说道，当时父母对女孩读书一般都要求不高，觉得能识字就行了，学习成绩特别好的除外，其余的很少有继续读下去的。随着北仑区港口的开发，各类企业相继兴办起来，大女儿王晓雪和二女儿王昭娣初中毕业后相继进厂打工了。一则家里经济情况困难，两个女儿懂事较早，也能理解父母的辛苦，希望早点帮助父母承担家庭的经济负担，二则当时两姐妹学习成绩不太好，觉得继续读下去也没什么用，还不如干脆出去挣钱，积累社会经验得了。

作为家中唯一的男孩，友江从小就集各种宠爱于一身，父母视他为掌上明珠，从小就没干过什么脏活累活。父母的想法很明确，孩子的未来就要靠读书，"知识改变命运"这句话在友江父母那里体现得格外明显。

北仑新区成立后，区内的中小学教育得到显著的改善，高考升学率也逐步提升。就在友江3岁时，表哥刘志伟考上了大城市的师范大学，这是王爷爷家族中第一个大学生，亲人无不以此为骄傲。从此，父母对友江更是寄予了很大的期望，希望他也能像表哥一样，考上大学，光宗耀祖。

在中国社会，教育往往扮演着改善生存环境，改变家庭命运的角色，特别是对于穷苦家庭的孩子而言，读书、考大学是很多家庭的唯一救命稻草。父母对孩子的教育无不是希望他们能长大成才，让他有一个好的前途。而亲人中的模范带头者往往对家族起到标杆比较（Benchmark）的作用，成为后来者效仿的对象。友江回忆道：

> 小时候很崇拜自己的表哥，亲戚们在一起也总是拿他作为我们小孩子学习的模范。现在大家觉得家里出一个大学生没什么稀奇的，但是在80年代，大学生还是很少的，家里考上一个大学生真的是为全家争光。（2011年11月，王友江）

二 事与愿违："应试"还是"天赋"？

6岁的时候，友江去村里的小学上学了。然而，友江并没有如父母期待的那样成绩优异，学前班第一个月下来，多次被通知家长去学校谈话。根据友江的回忆：

> 我小时候对学习基本没感觉，或者说根本就没找到学习的窍门。刚上学的时候整天跟同村的小伙伴们混在一起。我记得非常清楚，有一次我跟班上几个男生去学校后面的小河沟里洗澡，上课了还没返回学校。老师发现我们不在，到处找，最后在小河沟里找到了我们。结果可想而知了，我们全都光着身子，被老师用竹鞭狠狠地抽了一顿，还把家长叫到了学校。（2011年11月，王友江）

对童年的回忆中，友江最深恶痛绝的就是每次回家叫家长，这好像已经成了友江的家常便饭一般。当时充满恐惧的友江也许不知，对于父母而言,除了在老师面前的难堪、道歉外,更多的是伤心和失望。学校叫家长,本身是学校教育和家庭教育的互动,其初衷固然是好的,然而,在实际操作中,这种"动辄叫家长"的行为却让学生和家长都感到十分难堪,而且作为学校,孩子一出问题就叫家长,难免有推脱责任之嫌。现在很多教育工作者和学者逐渐意识到"叫家长"对孩子和父母的伤害,然而在80年代,"叫家长"却一直是很多孩子的梦魇。友江还记得有一次,也是上学前班的时候,跟几个同学在操场上打球,上课铃响了也没听见,旷了一节课,班主任知道后,直接拉着他去了家里。当时父母又是赔礼又是道歉,最后还狠狠教训了他一顿。

因此在老师眼中,天生调皮的友江是一个典型的"坏孩子",这也让父母多多少少有些失望,但是作为小孩子的天性,也许并不能就此判断其好坏。卢梭(Jean. Jacques Rousseau,1712—1778年,法国启蒙思想家哲学家、教育家)认为,要尊重儿童的天性,不要急于对他作出或好或坏的评判。卢安克在《与孩子的天性合作》一书中也认为我们应该把孩子当作独立的个人来看待,应该尊重孩子的天性,从而开发其潜能。好在父母还比较开明,他们认为随着年龄的增加这些调皮捣蛋的性格会慢慢改变的。但有一点却让父母极为不满,那就是从学前班到三年级,友江的学习成绩一直在班上垫底。

然而,令父母和老师想不到的是,学习成绩垫底的友江却有着绘画的天赋。友江告诉我说,绘画这种东西确实是需要天赋的,小时候他也没学过专门画画,但是美术课上只要老师稍微指点,我就能照着实物画出来。所以,在学习上备受打击的友江经常以画画来放松自己。友江拿出当年小学时用过的课本,上面的空白处画满了各种花鸟鱼虫,如果不是我亲眼所见,还真完全想象不出这种情形。

也许,在友江的心中朦朦胧胧就存在着关于画画的梦想。这种梦想在最初并非那么清晰,只是心中有一种强烈的爱好和渴望,只要闲下来就想画几笔。

> 我小时候画动物、画人是画得最好的,但是当时只是单纯的喜欢。而且当时根本没有学画画的条件,当时班上的美术老师是一个初中毕业的年轻老师,也不太懂画画,上美术课就让我们照着课本自己描。(2011年11月,王友江)

但是当时学校对这些与升学考试无关的美术课等课程不是很重视，友江的画画天赋并没有在学校教育中得到充分的展现，而且由于他的学习成绩差，无法得到老师的关注，为此也让友江显得比较自卑。

三　三次转学经历

（一）第一次转学

升入小学三年级后，友江的学习成绩依然很糟糕。父母认为，友江学习成绩差主要源于跟同村小伙伴们的"鬼混"。友江父亲说，我们村里面跟他年龄一样大的小孩子很多，这些孩子成天混在一起，哪有心思搞学习，除了玩别的什么都不干。

关于这个问题，我私底下问过友江，友江也不确定这到底是不是自己成绩差的主要原因，他说：我们一起玩的伙伴中也有成绩好的，他们玩得并不比我少。但是在父母看来，让友江远离这些孩子，给他一个全新的学习环境才是提高学习成绩的唯一办法，这样友江在三年级下学期开学的时候转学了。

对于同龄人群体是否对中小学生产生影响，约翰·古德莱德（Goodlad）在1984年对20世纪80年代前期的数据进行了分析，在对"学校里最好的事情是什么"问题的回答中，35%的中小学生选择了"我的朋友"，选择其他答案（诸如"我的老师""我选的课程"等）均未超过13%。这是因为在同龄人群体交往中，青少年的学习常常处于一种没有太多情感债务（Emotional charged）的环境中。[1] 因此，这种比较放松的状态让他们与成人世界的关系越来越淡薄，结果导致中小学生大多存在"像其他孩子那样干"的思维[2]，这种思维表现在学习中就是，看见别人在玩，自己就无法静下心来认真学习。访谈中，王爷爷告诉我：

> 每次考差了，回到家我都会批评他几句。但他每次都反驳道，你看看咱们村某某比我考的还差呢。（2011年10月，王爷爷）

---

[1] 谢维和：《教育活动的社会学分析———一种教育社会学的研究》，教育科学出版社2000年版，第179页。

[2] R. J. Havighurst, *Society and Education*, Boston, 1957, pp. 110–120.

从友江父亲的话中可以看出，同龄人的表现对友江的成长确实具有重要影响。同龄人的这种相互影响可能是正面的，也可能是负面的，取决于群体的内在和外在规则及组织性。① 父母的转学决定具有其合理性，友江父亲对当时转学的情形印象仍很深刻。他告诉我：

> 在这个社会，要么有钱，要么有关系，否则很难办事。当时我认识学校的一个语文老师，也算沾了一点亲戚关系。我去找他，他说这个事情他决定不了，但可以引荐去找校长，当然最好别空手去。（2011年10月，王爷爷）

也许友江父亲的话有些夸张，但仍然反映出当时人情关系的重要。特别是随着改革开放的发展，既有利益的获得者为了巩固既得利益，一部分人产生了放弃改革的念头，转而寻求途径将利益合法化，其结果是导致"帕累托改进"（Pareto Improvement）模式的结束。权力的垄断和市场经济结合后的产物之一，就是造成阶层两极剧烈分化、阶层之间缺乏公平流动机制的社会结构：一边是社会强势集团，另一边是社会弱势群体；社会弱势群体不仅在政治、经济和文化领域都被边缘化，还缺乏改变自身命运的机会和机制，由此产生了很强的被剥夺感和反社会情绪。② 这种情绪反映在普通老百姓那里就正如友江父亲所抱怨的那样。这样，王爷爷就在熟人的引荐下带了一些礼物，领着友江到了校长那里，他回忆道：

> 当时校长看了看，说："这孩子还蛮机灵的嘛，学习成绩怎么样？"我把成绩单给了校长，校长说："成绩太差了。"意思就是不愿意接收。后来我说了跟那位语文老师的关系，并保证有他的监管，孩子在学校定能遵守规矩。（2011年10月，王爷爷）

在费尽心思和口舌后，学校最终决定以借读生的名义接收友江。其实友江的这次转学并没有经过深思熟虑，父母的初衷就是要让友江远离自己

---

① ［美］丹尼尔·U. 莱文：《教育社会学》，郭峰、黄雯译，中国人民大学出版社2010年版，第126—129页。

② 郎嘉：《中国应当警惕社会阶层固化》，《联合早报》2010年4月2日专题版中国政情。

的小伙伴，给他一个全新的学习环境。然而由于学校离家较远，因此友江只能选择住校，每个星期回家一次。一个小学四年级的孩子离开父母独自生活，对此，友江的内心充满了酸楚。在友江的一个日记本里，我找到了他大学时写过的一篇日记，回忆了他从小学到大学的学习经历，关于这次转学，上面有一段话这样写道：

> 那一年父母把我转学到异地，开学那天，一路上我哭天抢地，死死的拽住父亲的手，死活不肯离去。然而挣扎的结果是我最终睡在了父亲的怀里，第二早醒来发现睡在一个陌生的床上，陌生的学校还有陌生的同学。
>
> 从此我的青春注定了漂泊与流浪。
>
> 那时我刚读小学四年级，我学会了生活，像一个家庭主妇似的购置各种日用品。每天放学后，我便一个人留在学校，搭着凳子在青石板上洗衣服；或是坐在青石板上，半天半天的发呆，我可曾知道，当夕阳的余晖拉长我瘦小的身躯时，那些环绕在父母身边、集百宠于一身的孩子们，他们的青春又给了谁。
>
> ——摘自王友江日志

可见那时的友江对父母仍然存有抱怨，作为孩子，友江想不通为什么自己会被安排到一个陌生的学校，甚至他认为这是父母对他的惩罚。但是这种不满只能在内心里面存放着，并不敢表现出来。

(二) 第二次转学

转学之后友江的成绩一度有了起色，究其原因友江认为，一方面是到了一个新的环境，跟周围的同学不熟，因此玩的没以前那么多了，放学后自己还留在学校看书写作业；另一方面，父母反复督促自己努力学习，因此害怕学习成绩不好"回家挨揍"。但是，在友江看来，虽然自己的成绩较以前有了很大提高，但是在班级里仍然是排名靠后。

学习了不到一年后，友江再一次转学。这一次转学的直接原因是学校的体罚。

> 数学老师是最喜欢打人的，四年级的数学每上完一章都有一次考试，当时的规定是计算题错一个就打一鞭子（竹鞭）。有一次班上一

个女生的手被打出血了,家长来学校找老师,之后数学老师就再不亲自打我们了,而是让我们自己打自己,还要走到讲台前面去,当着所有同学的面打。(2011年10月,王友江)

根据埃里克森(E. H. Erikson)的个性与社会发展理论,一个人的社会心理发展通常要经历八个阶段,对中小学生来说,主要是以下三个阶段:

......
第三阶段:主动对内疚(3—6岁)
第四阶段:勤奋对自卑(6—12岁)
第五阶段:同一性对角色混乱(12—18岁)
......

第四阶段相当于弗洛伊德(Freud)的潜伏期(Latent stage),在埃里克森看来,6—12岁的孩子在这一阶段主要在于获得勤奋感,克服自卑感,体验着"能力"的实现。而在同学面前的这种被"羞辱"(友江认为这是一种羞辱),会产生强烈的"同伴压力"(Peer pressure),从而形成自卑、内向,以致产生厌学情绪。除了考试成绩屡屡受挫而被"请上讲台"外,对画画的喜爱也给他增添了很多麻烦。

那个时候我坐在教室倒数几排,上课时经常开小差,喜欢在课本上画各种稀奇古怪的东西,经常被老师看见,然后就叫我出去,不让我待在教室。(2011年11月,王友江)

对于友江而言,这种动辄被"撵出教室"的行为是对自己心灵上的莫大惩罚,这种心灵的惩罚与肉体上的惩罚均使孩子产生了巨大的心理阴影。惩罚是世界各国教育中均面临的一大问题,其原因往往在于教师的滥用权力。王全志在其博士论文《论学校教育中的行为不当及其对少年犯罪的影响》一文中,对中小学生的违规行为进行了分析。其中,教师的滥用权力是导致学生不满,进而违法犯罪的一大原因,该论文中写道:

2003 年诺贝尔文学奖获得者 J. M. 库切认为，教师因其年龄、学识、地位、经历，一般总是处于强势地位，是握有权力的一方，而学生处于劣势。在库切的代表作《耻》里，教师卢里私自改动学生梅尼拉的缺课记录和考试成绩（梅尼拉没有参加考试，但卢里给了她 70 分），明显是"滥用权力"。而他对梅尼拉的勾引，完全是利用自己强势的力量，超越了师生的界限。①

"教师权威理论"认为，在教学活动中，树立必要的教师权威，对于青少年学生违规行为的控制和制止是非常重要的。② 但从现实教育活动的经验看，这种教师权威模式的问题也常常出在有些教师过分地使用了这样的权力，以至于在一定程度上造成了对青少年学生的伤害。③ Lee Canter 和 M. Canter 研究发现，这种伤害体现为伤害中小学生的自尊心和自信心，从而助长他们产生逆反心理。④ 所有的厌恶和不满最终在一次课堂上爆发了，在被数学老师扇了 2 个耳光后，友江就在心里筹划着如何逃离学校。终于，友江找到了一个适合的机会逃走了。据友江回忆，因为住校，所以每个星期日的下午就要从家里返回学校。那天，他从家里出来后，就没去学校，但是也没别的地方去，最后跑到宁波那边的舅舅家躲起来了。友江的出逃给学校带来了极大的压力，父母也非常焦急，不知其去向。

> 最后，舅舅把我"出卖"了，把我供了出来。但我死活还是不想上学，无奈之下父母决定给我转学。（2011 年 11 月，王友江）

友江的第二次转学仍旧以失败而告终。这一结果的产生不是偶然的，恰好突出地反映出当时北仑地区教育出现的问题。如果说第一阶段北仑教育面临的突出问题是解决中小学生"有书读"的问题，从而教育改革更

---

① 王全志：《论学校教育中的行为不当及其对少年犯罪的影响》，博士学位论文，北京师范大学，2005 年，第 67—68 页。
② 谢维和：《教育活动的社会学分析——一种教育社会学的研究》，教育科学出版社 2000 年版，第 329 页。
③ 同上。
④ Lee Canter, M. Canter, *Assertive Discipline: More than names on board and marbles in a Jar*, Phi Delta Kappan, 1989, pp. 57 – 61, p. 71.

多的是从宏观方面着手的话；那么，当"普九"工作结束、"有书读"已不再成为问题时，教育改革则更多地着眼于微观层面。教育的微观层面既包括作为教育活动参与者的学生、教师，以及家长、政府、社会等利益团体，也包括一些物化的要素，如教学设备、硬件设施、校舍条件等。转学是对现存教育资源（包括人的资源和物的资源）不满的一种应对和补救。当横向的流通不能满足需要时，纵向的流通模式将开始，这种单一方向的从低向高的流通模式，必然给挤进城里的农村孩子带来巨大的压力和负担。而友江恰好选择了进城念书这条道路。

（三）第三次转学

在五年级的下学期，父母实现了当初跟友江的"约法三章"——转学进城。此时，两位姐姐已经成了家庭经济的顶梁柱，她们一致认为，应该送弟弟去城里念书。

转学到城里，没有家里想象的那么困难。在"熟人社会"的农村，人与人之间的关系遵循着"我们大家是熟人，打个招呼就是了，还用得着多说么？"①，在这个环境中，熟人往往比金钱还见效。在友江的前两次转学中，关系发挥了最主要的作用。然而，在城市，人与人的关系则讲究契约和利益。按照友江的观念，只要你愿意花钱就行。

当金钱和教育结合在一起时，教育的纯洁和独立就严重丧失了。友江的经历实则反映出90年代在全国兴起的"择校"之风，这种在优质教育资源稀缺条件下产生的"价高者得"的行为，严重破坏了教育事业的严肃性和权威性。

然而不管怎么说，对于友江一家人而言，通过择校暂时满足了家庭的教育需求。可是从农村到城市，友江并没有体会到伙伴们所羡慕的那样"高人一等"。90年代初期，农村和城市的二元分割依旧牢不可破，"城里人对乡里人的歧视是根深蒂固的"，所以友江到了城区小学后的第一个感受就是被"歧视"。

城里人对乡里人的"歧视"在很大程度上来源于刻板印象（或称定型化效应），刻板印象一旦形成，便很难打破，这种认识上的偏见容易产生错误的归因。比如，农村孩子一旦在学校犯了错误，便容易被城里人归因为"农村孩子的品性差"之类的话，从而加深了对农村孩子的歧视；

---

① 费孝通：《乡土中国》，北京出版社2005年版，第7页。

而城市孩子学习成绩好，大家便认为城市孩子智力高，城市孩子比农村孩子聪明等。费孝通先生在《文字下乡》一文中，讲述的农村孩子与城市孩子的故事，便体现了这一现象：

> 同事中有些孩子送进了乡间的小学，在课程上这些孩子样样比乡下孩子学得快、成绩好。教员们见面时总在家长面前夸奖这些孩子们有种、聪明。这等于说教授们的孩子智力高。我对于这些恭维自然是私心窃喜。穷教授别的已经全被剥夺，但是我们还有别种人所望尘莫及的遗传。
>
> 但是有一天，我在田野里看放学回来的小学生们捉蚱蜢，那些"聪明"而有种的孩子，扑来扑去，屡扑屡失，而那些乡下孩子却反应灵敏，一扑一得。回到家来，刚才一点骄傲似乎又没有了着落。乡下孩子在教室里认字认不过教授们的孩子，和教授们的孩子在田野里捉蚱蜢捉不过乡下孩子，在意义上是相同的。①

在费孝通老先生看来，由于受成长环境的影响，城里孩子不会捉蚱蜢是可以理解的，将其归为"不需要、没机会"，即城里孩子不需要去捉蚱蜢来下饭，同时也没有机会去学习捉蚱蜢的本领。

> 那么我为自己孩子所做的辩护是不是同样也可以用之于乡下孩子在认字上的"愚"呢？我想是很适当的。教授们的孩子并不见得一定是遗传上有什么特别善于识字的能力，显而易见的却是有着易于识字的环境。这样说来，乡下人是否在智力上比不上城里人，至少还是个没有结论的题目。②

也许原本去讨论城里孩子和乡下孩子的智力与聪明程度本身就是徒劳的，只不过在现实中，人们却往往对农村孩子存在偏见。

我承认自己在乡下时养成了一些不好的习惯，比如说乱扔东西，

---

① 费孝通：《乡土中国》，北京出版社2005年版，第11—12页。
② 同上。

上课时东张西望，书本总是脏兮兮的。但是，还是常常受到老师们的另类眼光。只要东西被破坏了，班主任都要把我叫出去，问是不是我弄的，虽然他没有直接说是我弄的，但是隐含的意思我能体会的出来。(2011年11月，王友江)

这就好比著名的皮格马利翁效应（Pygmalion Effect）告诉我们的，"赞美、信任和期待具有一种能量，它能改变人的行为，当一个人获得另一个人的信任、赞美时，他便感觉获得了社会支持，从而增强了自我价值，变得自信、自尊，获得一种积极向上的动力，并尽力达到对方的期待，以避免对方失望，从而维持这种社会支持的连续性"。① 因此在教育中，教师对学生的尊重、赞美和信任往往会起到意想不到的效果，促进孩子向好的方向发展。而当受到同学和老师的怀疑和歧视时，友江心里实际上受到了严重的伤害，这种现象的产生源自城乡之间教育的差距，使得身处城市的孩子和老师有一种优越感。而对于农村和落后地区的孩子而言，如果从小就生活在自己的家乡，并不会感受到这种差距，然而一旦流动起来，从农村走向城市，这种心理上的落差就会立刻显现出来，从而形成马太效应（Matthew Effect）："好的越好，差的越差。"

但是必须承认的一点是，当时城里学校的教学水平确实明显高于农村学校。友江告诉我：城里的学校比较注重学生的全面发展，城里学校的老师素质普遍比较高，能意识到学生的个性发展；其次城里学校教育设备比较齐全，为学生体育、美术、音乐等兴趣的发展提供了平台。

正是这一点，友江的画画天赋开始给自己带来了"甜头"。在谈到这段经历时友江仍然抑制不住内心的喜悦和骄傲：以前总是给自己带来苦恼的绘画，此时终于发挥了作用。因此，友江每个星期最盼望的就是美术课，自己还被美术老师任命为课代表。在城区小学一年多的时间内，友江一共参加了学校举办的绘画比赛3次，其中2次获得一等奖，1次获得特等奖，这些奖状至今仍保留在他的书柜里。随着自己慢慢融入城市生活，友江也渐渐自信起来，特别是自己在绘画方面的表现让同学和老师对他刮目相看，友江的学习成绩也有了一定的进步。

---

① [美] 罗森塔尔、雅格布森：《皮格马利翁效应》，2012年5月24日，百度百科（http://baike.baidu.com/view/41268.htm）。

在短短的六年小学时光中，友江一共转学三次。转学（或称择校）是家庭对当时就读学校不满的集中表现，也是一种补救性措施。同时，这也表现出此时北仑区各中小学校之间存在显著差异，从而使得家长有选择的余地；反过来，如果区内的学校都不相上下，那么家长和学生就没有转学的必要了。这种差距的存在，势必使一部分学生享受优质的教育，而另一部分学生只能享受差质量的教育。对于那些不能享受优质教育的孩子，一部分家庭可以通过转学（择校）进入优质学校，但在优质资源的"蛋糕"没有充分做大的情况下，必将有一部分孩子享受不到优质资源的"蛋糕"。因此如何在完成"普九"后，将北仑地区教育整体提升，摆脱"低水平均衡陷阱"，正是这一时期北仑教育发展面临的最大问题。

四　中考失意与外出打工

友江对初中生活没有特别深刻的回忆，父母也慢慢接受了他学习成绩差的现实，内心的失落也逐渐平衡。而且父母对读书的看法也有了悄然的转变，王爷爷说："后来我们也意识到读书不一定就必须要考大学，行行出人才，孩子成绩差，考不出去也是没办法的事，强求是没用的，只要他品行端正，踏实勤奋就行了。"而且对父母来说还有一个好消息，那就是随着北仑区经济迅猛发展，一大批企业相继成立，对技术工人的需求量剧增，因此北仑区职业教育迅速发展起来，职高或中专录取分数低，就业比较对口，北仑地区当时涌现了很多"合作办学"，向企业定向培养人才。因此，友江父母已经为他想好了出路：考不上高中就去读职校，学一门技术。

但在友江心目中，宁愿辍学也不进职高，因为在同学们和老师看来，只有成绩最差的才去读这样的学校，班主任每次在班上训话时都会说：不好好学习，到时只能去读职高，给别人下苦力。这种认识对错与否暂且不论，但通过这种方式来激励学生努力学习也是老师们的一片苦心，其结果就是让学生们对职高产生了厌恶。所以进入初三后，友江明显感受到了升学的压力。访谈中，他谈道：

> 中考是人生的第一道坎，也是第一次真正意义上的升学考试，能不能考上一个好的高中直接影响到以后的前途。当时大家都很紧张，学校也很重视毕业班的升学问题，所以，从初三开始，我们就基本上

没有体育课、音乐课、美术课了，周末也没有了，一般都是连着上两个星期再放假。(2011年12月，王友江)

中考是一种升学考试，由于高中教育直接关系到能不能考上一个好的大学，因此初中升高中的考试竞争非常激烈。20世纪90年代，宁波各高中基本上以分数作为选拔标准，学校越好录取分数必然越高。对于初中而言，抓升学率是头等大事，因此各种补课、作业、考试、题海变成了学生们的家常便饭。至今友江回忆起初三那段时光都感觉后怕：

那个时候很少有周末，学校一般连着上12天，然后放假两天。由于我们是住校，所以每次回家都要带12天的粮食。进入初三，每个月有一次月考，全年级排名然后全校公布，因此考差了觉得特没面子。(2011年12月，王友江)

当时北仑地区有四所高中，即北仑中学、柴桥中学、大榭中学、顾国和中学。四所高中水平各异，友江告诉我：北仑地区最好的高中肯定属北仑中学。北仑中学创办于1989年，是省一级重点中学，友江说：它的本科升学率90%以上，学风也不错。那时北仑中学班级有等级区分，最好的是"小小班"，是年级分数最高的学生，第二好的是重点班，接下来才是普通班。除了北仑中学，友江认为柴桥中学也是不错的。柴桥中学是一所老校，历史悠久，文科比较好。但是，在友江看来，最好还是能考出去，去镇海中学、慈溪中学等全国都著名的学校。对于友江而言，按照当时的学习成绩，能进入一所好高中简直是一种奢望。1996年6月，友江参加了中考，但考试并不如意，感觉糟透了的友江很是绝望。

当时每个学校都有自己的录取分数线，在分数线以上的会收到录取通知书，而且是公费，也就是只需要缴纳基本的学杂费就够了。如果在录取线以下，某一分数线以上（通常称为"自费线"），如果要进该学校，就必须交纳一部分额外的费用，根据考试分数与录取线的差距，收费在好几千甚至上万不等。如果考试成绩在"自费线"以下，需要靠关系、花更多的钱才能进入该学校。(2011年12月，王友江)

中考失意让友江觉得无脸见人，特别是对不起自己的父母。心里有愧的友江于是决定外出打工，7月份，他独自来到了浙江温州，开始了自己的打工生涯。外出打工后，友江才深刻体会到知识和学历的重要性。

一个初中毕业生出去打工，基本上只能干体力活，工资也非常低。稍微好一点的岗位都要求高中或中专毕业，我当时出去一没有学历二没有技能，因此找工作也是四面碰壁。(2011年12月，王友江)

第三节　教育转轨下的家庭命运转折

外出打工的友江万万没有想到，原本以为将永远告别学校的他，却重新踏入了校园。在20世纪90年代，社会对知识分子的重视虽然不如古时"惟有读书高"那样的至高无上，然而大学生仍被誉为"天之骄子"。他们一面受着先进思想的滋养，心态积极充满朝气，同时又享受着政府的好政策，给他们带来保障和安逸。在大学生毕业"包分配"的年代，考进大学就意味着拿到"铁饭碗"、前途无忧。这种对知识的尊重和崇拜让身在象牙塔之外的中学生们对大学充满了期待，而高中无疑是通往大学的最后一扇门，也往往被家长称为孩子人生中的转折点。

友江命运的转折得益于北仑教育政策的改变。一个人的命运到底遵循着怎样的发展轨迹？在友江看来，社会背景无疑扮演着十分重要的角色：人生的发展需要机遇，需要社会给你搭建舞台。诚如友江所言，当放大了历史背景后，个人命运实为社会命运的真实反映。戎国彭的小说《二次插队》，便讲述了一位知青一生的曲折经历，小说中，主人公钱万强一生命运被分为四个阶段：

第一阶段
时代背景：国家号召知识青年上山下乡
主人公命运：作为老三届的初中生，钱万强响应国家号召到农村成了知识青年。
第二阶段
时代背景：知识青年大返城
主人公命运：从农村返回杭城，由知青变成了工人。

第三阶段

时代背景：国有企业改制，工人下岗浪潮

主人公命运：在这一浪潮中，未能幸免，从工人变成了失业人员。

第四阶段

时代背景：市场经济，自由竞争

人物命运：回到当年插队的地方，开始乡村创业，并取得了成功。

小说描述的主人公的命运转变集中反映了中国社会的变迁，同时也正是社会的变化才引起了主人公命运的多次转折。而对于友江而言，自己的命运改变则得益于北仑地区的教育转轨。

一 酝酿：第二次思想大讨论

第二次思想大讨论开始于 1990 年前后，可以说是北仑区教育转轨的酝酿期，也是区域内诸多家庭命运转机出现前的酝酿。此时的北仑区已经基本普及了义务教育，实现了建区之初在老百姓面前立下的誓言——让每一个孩子有书读。然而，在完成了"普九"任务后，此时的北仑教育该何去何从？

1990 年 3 月 3 日，根据区人民政府（仑政［1990］16 号）文件，北仑区教育局撤销，由北仑区教育委员会替代。教育委员会是政府的教育行政职能部门，它的基本任务：

> 认真贯彻执行党的教育方针、政策和上级教育部门的重要指示，有计划地发展教育事业；加强干部、教师队伍建设，管好用好教育经费，逐步改善办学条件，努力提高教育质量，为社会主义现代化建设培养劳动后备力量，为高一级学校输送合格的新生等。

从教育局到教委，这一悄然的转变实则蕴含了北仑区教育制度的改变。在中国，局是行政机关，通常以一人负全责并由上而下的进行行政事务的指挥监督，一般实行行政首长制，"一把手"是书记或局长。而在委员会，行政事务的决定、执行与行使由地位平等的多人负责，力求全民动员、全民参与教育事业,"一把手"是书记或主任,体现了北仑区教育行政制度的改变,为教育制度创新埋下了新的种子。新成立的教委领导班子沿袭了原教育局的人马,桂江任教委主任兼党委书记,王崇祺和颜力任副主任。教委下设部门也发生了变动,原先的部门相继废止,由相应的科室代替。此时,胡志已经从教育股股长变成了普教科科长。

"普九"以后,北仑地区基础教育何去何从?有人认为,北仑作为现代化的港口城市,要有像样的大学,应该大力发展高等教育;有人提出,要迅速构建终身制的体制,与国际接轨。但是北仑区在这种情况下,仍然坚持基础教育是整个教育体系中的基础。特别是对于刚成立的北仑教委,清楚认识当时的形势尤为重要:

> "普九",只是在政府大力倡导下和民众热情参与下取得的一种阶段性进展,不能认为北仑普及九年制教育的任务已经完成,相反,"普九"工作正处在关键时刻:"普九"还是低水平、不稳固的,如果继续努力,加大力度,就会巩固成果,上一个新台阶;如果是放松努力,甚至放任自流,那么"普九"成果就会丢失,我们将负历史的责任。任何时候我们都不能忘记"普九"重中之重的地位。[①]

"普九"还处于低水平,一方面指区内整体教育质量仍处于较低水平,另一方面则暗含学校之间"贫富差距"较大,因此即便在当时看上去喜人的形势下,仍然存在很多问题,访谈中胡志谈道:虽然通过"普九"解决了"有书读"的问题,但是当时好学校还是太少,大大不能满足老百姓的要求。家长都是希望孩子去好学校上学,不仅仅是说有学上就够了。因此,实现"高标准普九、高标准扫盲"可以说既是对前期工作的延续,也是下一阶段的发展铺垫。硬件上的教育条件改善成为当时北仑区过渡期的重要任务,包括进一步调研学校布局,完善资源配置等。但是硬件上的完善如果缺失了软件上的配套,那么教育最终将只落得一个"有大楼无大师"的空壳。

如何从提升教育规模转到提高教育质量的问题,引起了区内教育人士

---

① 邓威、叶辉:《让每个学生都能享受优质教育——来自宁波北仑教育综合改革试验区的报告》,《光明日报》2001年11月9日九州风华版。

的关注。为此,从 1989 年到 1993 年,北仑区开展了第二次思想大讨论,讨论主题为"教育转轨"。

"教育转轨"实际上很大的一块内容就是素质教育,但当时还没有这种说法。北仑地区"教育转轨"是我的前任主任提出来的,就是要从"应试"转到学生全面发展;他提出这个之后不久就退休了,之后我接替了他教委科长的位置,从而接替了他的工作。(2011 年 6 月,胡志)

本次思想大讨论开始于 1990 年春北仑区第四次教育工作会议,会议中心议题围绕着"转轨"二字展开。然而,"转轨"二字说起来容易,但是一旦落实起来却相当难。一方面,往什么方向转是一个问题,一旦转错了轨,将出现方向性错误,必然对区内教育产生沉重打击。另一方面,教育作为公共服务的一部分,其利益群体(Interest Group)包括了学生、家长、学校、老师等各方面,转轨可能侵犯部分群体的既得利益,从而产生改革的阻力,形成路径依赖(path dependence)。

(一)教育转轨中的"路径依赖"

路径依赖是一个经济学概念,最先由诺贝尔经济学奖获得者道格拉斯·诺斯提出。他在探寻为什么所有的国家并没有走同样的发展道路,为什么有的国家长期陷入不发达,总是走不出经济落后制度低效的怪圈等问题时,发现了路径依赖(path dependence)现象,在他看来,路径依赖就好比是物理学中的"惯性",其既定方向会在未来的发展中得到自我强化。[1] 处于转轨时期的北仑教育,"由于历史传统非均衡发展的依赖效应,均衡发展不可回避会受制于此,以致义务教育的均衡化进程必然阻力重重",[2] 其路径依赖现象主要表现为以下几类。

一是政策路径依赖。"普九"完成为北仑区基础教育的延续和变化提供了源泉,但原先的发展思路、教育模式会沿着"普九"过程延续下去。

---

[1] [美]道格拉斯·诺斯:《路径依赖》,2011 年 10 月 7 日,百度百科(http://baike.baidu.com/view/397443.htm)。

[2] 柳海民、周霖:《义务教育均衡发展的理论与对策研究》,东北师范大学出版社 2007 年版,第 31 页。

比如教育行政部门的教育发展目标、政策倾向、资金投入、工作重心等都会不自觉地朝教育普及的方向倾斜,即只要能确保区内的孩子有学上就够了。学校的育人模式也会更多的基于"普九"期间的思路,保证义务教育的巩固率,同时一味地追求考试成绩和升学率,而忽视学生的全方位发展。另外,义务教育发展具有强烈的政府主导性,特别是在20世纪90年代,各地区、学校的教育自主权不像现今那么大,政府教育行政部门几乎主导了教育发展的模式。虽然随着国家教育体制改革,北仑区教育自主权有所扩大,但是仍然需要不断地寻找政策依据。教育政策的调整又具有滞后性,因此,原先制定的教育政策与发展方向将在很大程度上决定接下来的教育发展路径,而社会各界对于北仑的赞誉和肯定则进一步强化了这一模式(这一时期省内外报刊多次报道了北仑教育的成绩,在省内具有较大影响),从而形成了琼斯所说的"锁定"(Lock in)① 这一概念,即传统制度(政策)框架通过选择"定型"(Shaping)形成锁定而制约了新的制度(政策)的产生。当然,这并不是说北仑区普及义务教育本身制造了一个稳定平衡的系统,而是指作为先发事件,"普九"的完成会导致人们对教育系统结构内外次序选择的改变,从而使得系统出现新的特质。因此,整个系统或者过程的结构本身体现了"纳什均衡",单一的内在因素改变难以冲出牢笼。

二是思维路径依赖。这是一种主观认知的依赖,主要指基础教育的路径一旦形成,会产生某种在现存体制中有既得利益的压力集团,或者说他们对现存路径有着强烈的需求,不愿意改变。这种路径依赖最容易产生组织变革阻力。管理学家斯蒂芬·罗宾斯(Stephen P. Robbins)认为,组织在发展过程中会产生惯性,从而遭遇变革阻力,尽管这一改革可能是有益的。对于北仑区而言,思维路径依赖性产生的利益集团阻碍变革的因素包括以下几个方面。

(1)对未来的不确定性。现存的教育状态为一定群体提供了稳定的预期,不管这个群体多么有把握地被告知教育改革后形势会变得多么的

---

① 所谓"锁定",就是进入了一个"诱致性区域"(Trapping Region),一个包围地区稳定平衡的吸引盆地。当一个经济(或教育)体系进入"锁定"状态,唯有通过外力的干预和冲击改变其结构和参与者的基本关系,才能从中逃逸。参见 David, Paul A., Path dependence, its critics, and the quest for "historical economics", in P. Garrouste and S. Ionnides, *Evolution and Path Dependence in Economic Ideas*, Cheltenham: Edward Elgar, 2001, pp. 25 – 26。

好，对家庭详细描述改革后对学生发展的意义，对校长和教师描述改革后教学成果如何提升，但是家庭、学校等利益群体仍然对未来存在不确定性，从而产生对未知风险的厌恶（Risk aversion）。家长会担心教育变革后孩子的前途会不会受到影响，教师会担心新的教学方式将意味着重新学习，担心自己不能胜任。关于这一点，以素质教育为例，俞宗校长如今提起"素质教育"一词仍大道苦水：

> 你能告诉我到底什么是素质教育吗？至少到现在我仍然不知道什么是素质教育。只要有升学考试存在，素质教育就很难搞起来。（2011年6月，俞宗）

尽管俞校长对素质教育存在质疑，但是这确实反映了在北仑区提出教育转轨时，存在很多思想上的阻力。这种思想阻力的产生并非偶然，如果说身为"局内人"的中小学老师对素质教育的要求过于苛刻的话，那么跳出这个圈子，我们看看高校教师如何看待素质教育，据胡志回忆：

> 有一次我在浙江教育学院参加教育领导干部轮训，有个老师给我们上课，他在课上大发牢骚，对素质教育一顿大骂。（既然是）培训我们，又自己先发否认素质教育，可见当时这件事情争论真的是很大的。（2011年4月，胡志）

（2）关心既得利益。"普九"完成后，虽然解决了适龄儿童入学问题，普及了义务阶段教育，但是中小学内部层次明显，城乡学校间的教学质量差距突出，教师的待遇也有差别。这样一来，现存体制中的既得利益者力求巩固现有教育制度，从而阻碍选择新的发展路径（比如强弱校联合、教师城乡流动等），哪怕新的教育体制比现存体制更有效率，但是他们担心失去现有的地位、收入、权势、友谊、个人便利或其他看重的福利。这点说明了为什么老教师比年轻教师更加反对变革：年老的教师一般说来对现有系统的投资更多，因而调整到变革状态后失去的也更多。

路径依赖现象的存在对北仑教育提出了严峻的考验，随之而来的是各种教育乱象的逐渐兴起。其中，以中小学"择校"最为突出。胡志回忆道：当时择校现象比较严重，好一点的学校人满为患，差一点的学校可以说门可罗雀。

(二) 择校现象：家庭的主动回应

所谓"择校"，是指在教育资源不够均衡的情况下，为了使孩子享受优质教育，而自主选择学校的行为。选择自己喜欢的学校，这本身是家长和孩子应有的权利，"孟母三迁"的故事正是一个典型的择校案例。择校现象在先进国家普遍存在，西方一些民主发达国家通过开放式的择校政策，不仅保障了家长和学生的择校权，而且还以此来推动公立学校的体制改革并提升其教育质量。[①] 在中国，为了缓解择校现象，除了取消小学入学和小升初升学考试外，还以法律形式对义务教育阶段就近入学进行了明确规定。这一规定实际上表明，实现"就近入学"是国家对义务教育均衡发展的一个美好愿景。

然而，仅仅勾画一个愿景是不够的，实现"就近入学"也并非是国家颁布一项法律条款就能实现的，在教育资源没有实现充分均衡配置的情况下，择校现象不但没有被消除，反而愈演愈烈，并变相衍生出很多方式（比如"赞助费""捐资助学费""共建费""择校费"等），打法律的"擦边球"。在学者吴遵民看来，这一原本为减轻学生学业负担的决策，客观上却使得户籍、家庭经济状况成为儿童能否入读重点学校的主要因素，从而间接限制了部分原本可以"以分择校"的儿童的入学机会。[②] 教育不公平现象日益凸显。关于择校危害，学者张长安认为：

> 自从20世纪90年代以来，择校风越刮越凶，不少家长凭借着权利和金钱，让孩子跨越学区，到师资力量强、硬件设备好的理想中小学就读，导致办学条件一般乃至处于劣势的学校生源不足；而"名校"则负荷太重，影响了教育教学质量的进一步提高，形成了恶性循环。[③]

择校现象之所以屡禁不止，最根本的原因在于教育发展的"非均

[①] 吴遵民、沈俊强：《论择校与教育公平的追求——从择校政策的演变看我国公立学校体制变革的时代走向》，《清华大学教育研究》2006年第6期。

[②] 同上。

[③] 张长安：《义务教育阶段择校生问题的成因危害和对策》，人民网（www.people.com.cn）。

衡"，使那些不能享受优质教育资源的家庭通过择校的方式实现这一教育诉求。而支撑该现象运行下去的动因在于部分家庭、学校、教师、政府等利益相关者之间形成了一个互惠互利的利益共同体。

"利益相关者"一词最早被提出可以追溯到1984年，美国学者弗里曼（Freeman）出版了《战略管理：利益相关者管理的分析方法》一书，明确提出了利益相关者管理理论。弗里曼认为，利益相关者是能够影响一个组织目标的实现，或者受到一个组织实现其目标过程影响的所有个体和群体。沿用弗里曼关于利益相关者的定义，在择校行为中，存在的潜在和显在的利益相关者包括家庭、学校、教师和政府等主体。他们通过权力与利益的交换构成了择校行为，互惠的利益共同体关系促使这一行为维持下去（见图4-3）。

在这个利益链中，政府、教育行政部门本身是禁止择校和乱收择校费的。但是，教育资源作为公共的稀缺资源，须由地方政府进行配置，由于教育资源配置的"非均衡"，使得各学校在办学条件、师资力量等方面存在显著差异，从而为择校现象的产生提供了条件。同时，学校通过收取择校费，弥补了教育经费的不足，在一定程度上减轻了地方政府的负担，这也是择校现象屡禁不止的一个重要原因。

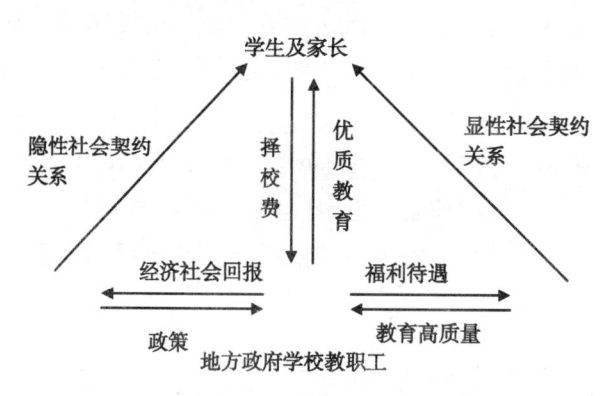

图4-3 义务教育择校中的利益相关者关系

资料来源：陈静漪：《义务教育择校：利益相关者视角下的探析》，《现代科学教育》2008第6期。

学校与家长的利益链在择校行为中表现得最突出、也最为牢固。学校通过收取择校费，能改善办学条件、增强师资力量，提高学校的办学实力，从而进一步增强学校的知名度，吸引更多的家长和学生前来择校，达到一箭双雕的效果。因此，对于学校而言，有足够的动机提供择校的名额。对家长和学生而言，择校能满足部分家庭对优质教育的需求，通过缴纳择校费换取优质教育资源，对于这些家庭而言是重要的途径之一。

在访谈中，胡先生谈到，当初北仑区教委召集各中小学校长探讨择校问题时，一部分校长认为，收了择校费改善了学校办学条件，增加了教师的福利待遇，在减轻政府的负担方面还立了功。胡老先生很是感慨：

> 当时教育经费有限，而且各个学校下拨的经费有多有少。有的学校认为，政府和教育部门只知道管学校，却不愿意花钱。因此，对教育部门存在抵触心理：既然你不给我经费，我自己收取择校费，这不刚好减轻了政府和教育部门的负担吗？（2011年6月，胡志）

这种观念仅仅是站在学校利益的角度，而忽视了大多数家庭的利益。一旦择校收费披上合法的外衣，将极大的损害区域内教育秩序和教育公平，义务教育也将失去其公共服务的特征，而变成少数人独享优质教育资源的局面。在这一时期，由于北仑地区基础教育阶段各学校差距显著，因此小学入学和小升初均存在比较严重的择校现象。小学入学时，在父母眼中，孩子上一个好的小学才能打下坚实的基础和良好的学习习惯，为以后的成长作保障。可谓"教育要从娃娃抓起"，父母希望孩子不要输在起跑线上，因此只要家庭经济情况允许，父母大多希望孩子能上一个好的小学，即便花钱也在所不惜。虽然按照《义务教育法》的规定，小学应遵循就近入学的原则，但是这一原则本身就具有模糊性，到底"多近"才算近，没有一个明确的规定。而且在实际操作中还存在另外一个难题：

> 由于学校的分布和生源的分布不是完全对应的，因此，有些人口密集的地区，如果按就近原则，那么这些孩子应该在附近的A学校上学。但是，A学校容纳量有限，这样只能把该地区容纳不下的孩子划分到B学校，这实际上就跟就近原则产生了冲突。这些被分到离家较远的学校的家庭不干了，声称要自己选择学校，学校和教育部门对此也没有办法，只能出来调节，这实际上是默许了这部分家庭的择校行为，要不然他们要闹。（2011年6月，胡志）

择校现象更为严重的是小升初阶段。当地的老师告诉我，每年的七八月份都是家长们最忙碌的时期，他们到处打听行情：北仑区哪个初中最好？哪个学校可以接收择校生，择校费用是多少？他们到处送礼、拉关系、找亲朋好友。

据调查，20 世纪 90 年代初期，北仑区共有 18 所初中，各学校办学质量参差不齐，在家庭和社会心目中也有一个排名；到 20 世纪 90 年代后期，随着新建学校的发展壮大，北仑区出现了家长和学生心目中"三校"的说法，这"三校"即东海学校、顾国和中学和庐江书院，是当地家庭心目中最好的三所初中。为此，我访谈了北仑区一小学家委会主任褚女士，她同时也是一个小学三年级学生的母亲。在访谈中，褚女士认为，孩子能上这三所初中是一种莫大的荣誉，在她心目中，"三校"之所以好，主要好在以下几个方面：

> 首先，我认为这"三校"师资力量雄厚，那是肯定的。也许从实际角度看，别的学校师资不比它们差，但是孩子学习成绩提高了这是事实。另一方面，这三所学校的学生都是精英，都是学习好的人，作为父母，都希望自己的孩子（和成绩好的人在一起）。（2011 年 4 月，褚女士）

顾国和中学的前身是新碶中学，创办于 1957 年。1993 年得益于港胞顾国华、顾国和先生捐资，学校进行了重新建造，并更名为顾国和中学。从 20 世纪 90 年代起，张老师作为北仑顾国和中学一名小学一年级班主任，每年四五月份都是他最忙碌的时候，几乎每个星期都有家长领着小孩来找他，他说：

> 家长来找我的目的很明显，就是想把他们的孩子送到我们学校来念书。我作为一名班主任，看到社会各界对我们学校的认可感到很高兴。但是，这也给我带来很多尴尬，北仑地区小升初有明确的政策规定，不是我说了算；但我又不能直接告诉家长说"你把孩子领走吧，我们不能收你的孩子"，毕竟父母对孩子也是一片苦心。最后没办法，我只好说，你去找校长吧，这个我做不了主。（2011 年 5 月，张老师）

跟张老师面临的情况一样，择校问题最后几乎无一例外的变成了家长与校长之间的博弈。而这种利益的博弈极易滋生腐败，导致关系纽带、权钱交易等现象的产生，极大损害了教育的均衡发展。择校现象一开始还遮遮掩掩，到后来已经明码标价了。北仑教委多次发出禁令，禁止收取择校费用，但却屡禁不止。对于家长而言，择校费增加了家庭的经济负担，很多家庭因为送孩子上学而债台高筑，但是在实际操作中已经演变成"周瑜打黄盖，一个愿打一个愿挨"。

从表面来看，学校收取择校费的确能在一定程度上改善办学条件，但是优质教育资源属于稀缺资源，如果没有合理的分配制度，而采取"价高者得"的供求模式，那么以收费、权力或其他关系为纽带的"择校热"将迅速升温，其结果就是穷了家长、富了学校、苦了孩子、坏了风气，最终导致学校之间的差距越拉越大，优质教育成为少数群体享受的特权，严重影响教育公平。

调整教育政策，实现公平、高质量的教育转轨问题摆在了北仑区教委的面前。区教委班子对择校现象进行分析时认为，择校问题实际上就是优质教育资源上供需矛盾的问题。择校既干扰了正常的教育秩序，而且还易诱发腐败现象产生，同时又导致了义务教育阶段产生新的不公平。要从根本上消除这一现象，必须千方百计扩大优质教育资源，以满足群众的需求。

（三）教育"低水平均衡陷阱"

对于北仑地区而言，20世纪90年代初期的北仑教育恰处于刚实现"量"的普及阶段。这时候的教育发展程度仍处于较低层次，教育发展更多的是依赖"覆盖率"，发展层次不高，分数、升学率等仍然独占鳌头。如果不转轨到"质"的提升道路上来，那么教育越是量化扩展，反而越强化了这种低层次性，难免陷入"低水平均衡陷阱"。

教育"低水平均衡陷阱"实际上是借用经济学上的"低水平均衡陷阱"（Low Level Equilibrium Trap）[①]这一理论。学者翟博曾描述教育发展

[①] 该理论描述的是，在人均国民收入增长缓慢的情况下，人口增长与国民收入的持久均衡状态。说明发展中国家存在低水平人均收入反复轮回的现象。在外界条件不变的情况下，要走出陷阱，就必须使人均收入增长率超过人口增长率。这一理论认为，贫困地区的农户经济，已经实现了一种在贫困状态下的均衡，但这是一种低水平的均衡状态，经济学家称之为"低水平均衡陷阱"。

层次与发展规模之间的均衡关系，对教育低水平均衡陷阱进行了详细阐述：

> 由于中国教育发展层次不高，发展规模的扩张是在低层次上实现的，发展规模的扩张不仅掩盖了发展的低层次性，而且进一步强化了这种低层次性。这就陷入一个困局，越发展，原有的低层次特征越明显。基础教育均衡发展，要注意"低水平均衡陷阱"问题。①

在翟博看来，中国基础教育这种低层次性的突出标志表现在四个方面，一是大而不强，即存在很多规模大、学生多的学校，但是实力不强；二是发展不均衡，即区域之间、城乡之间、学校之间存在较大差距；三是教育均衡发展层次不高，目前中国大部分地区基本上还处于普及教育的低水平或初级教育均衡发展阶段；四是教育经费长期投入不足。② 如果基础教育特别是义务教育不实现转轨，走向较高层次的发展水平，那么就容易出现"低水平均衡陷阱"，使中国基础教育特别是义务教育发展处于仅满足于普及阶段的"低水平均衡"状态。

由此看来，如何摆脱路径依赖和"低水平均衡陷阱"才是第二次思想大讨论中的核心问题。关于本次思想大讨论，我在访谈中反复听到的一句话就是，从"量"的扩张转变为"质"的提升，足见北仑区教育管理者对区域教育实情的了解与把握。在第二次思想讨论中，北仑区教育行政部门大致形成了"教育转轨"的共识，针对区内普遍存在的择校现象，胡老先生认为问题的源头在于招生制度。

> 多年来，由于社会和教育内部的种种原因，中国初中毕业生的升学竞争一直十分激烈，致使一些学校出现了只重视智育，忽视德育、体育、美育和劳动技术教育；只抓尖子学生，忽视大多数学生的偏向，影响了学生全面素质的提高。家长和学生为什么会择校，择校的标准是什么？我不用去调查就知道，肯定是以升学率为标准。如果我

---

① 翟博：《教育均衡发展需要明确哪些理论问题》，《中国教育报》2006 年 7 月 29 日第 3 版。

② 同上。

们能改变招生制度,让这些孩子不择校也能考上高中,让那些学习成绩差、但具备其他特长(比体育、美术、音乐等)的学生也能进入高中,那么很多问题都能解决了。(2011年6月,胡志)

胡老先生的话既道出了他们即将采取的制度改革措施,也反映了这一时期北仑区中小学教育普遍存在的严重问题。在实施义务教育阶段,由于种种原因,约有30%左右的小学毕业生不能适应初中阶段的学习生活,如果这一实际问题得不到解决,即使全部小学生进入初中,最终就可能"学不好、留不住"。而在教学过程中,教师最容易犯的一种毛病,就是偏爱学业成绩好的学生,对学习成绩一时跟不上的学生缺乏耐心。由北仑区后来所采取的各种政策措施可以看出,当时区域教育发展中对"扶弱"和"提质"的倾斜:

> 在经过思想大讨论后,北仑地区的教育工作者深切的认识到,教师的责任是要教好所有学生,教育工作者是否真正面向全体学生的主要标准是有没有被厌弃的学生。我区教师形成了"做好一名后进生转化工作,有时比多培养一名尖子生意义更大"的共识。
> 从这一点出发,北仑区教委对暂时跟不上初中正常教学的学生采取了非常措施,即按年级在初中办起了58个针对后进生的加强班,针对学生实际,放低要求,放慢进度,以适应学生的接受能力。[①]

二 萌芽:招生制度改革与教学督导

思想大讨论形成的教育共识让北仑区教育工作者首先从高中招生制度改革入手,以打破"择校热"为突破口来作为教育转轨的第一步,而这恰恰形成了家庭命运转机的萌芽期。

由于现行高中段招生制度的束缚,应试教育的情况没有能从根本上得到改变,北仑区教育系统的干部和教师经过长时间的讨论思考后,基本形成了一个共识:应试教育,从本质上说,是不合理的招生制度的必然结果。要提高基础教育质量和办学效益,除了深化教学改革外,应着力在中

---

① 根据北仑区教育局内部资料整理。

考招生制度改革上做文章,以发挥好招生制度的调控导向功能,引导学校教师沿着正确的办学方向前进,以有助于"择校热"的降温。

此时实施高中段招生办法改革对北仑教育发展来说有着较大的有利条件:一是全区从1986年实施九年义务教育以来,取消了小学升初中统一入学考试,实行划片区就近入学。二是经过两次思想大讨论,全区教育工作者的教育思想有了较大的转变,从而为改革高中段招生制度打下了一定的思想基础。三是经过广泛宣传,社会和家庭对改革高中段招生制度也有了一定的思想准备。那么,招生制度改革该从哪些方面着手才能达到预期的目标呢?

(一)招生名额分配

招生名额分配可以说是北仑区招生制度改革的重要创新。"择校热"很大一部分原因来自家庭对高中升学率的狂热追逐,因此,从高中段入手成为北仑区招生制度改革的重要一步。从1992年开始,北仑区就开始着手招生制度改革。根据《北仑区高中段招生改革办法》规定,把高中段招生名额(包括中专、普高、职高)分配到乡镇,分配名额的多少依据的是各初中(乡镇)毕业生人数、该校办学水平评估和该校初中毕业生的文化合格率等三方面因素,再通过中考在该校学生中择优录取。

根据该办法,一所初中的升学人数由两部分组成,一部分取决于学校的办学水平,该部分所占权重为60%。计算方法为,用学校评估分数 M_i 乘以该中学的毕业人数 n_i,得到该校的质量总分;将区内所有初中(当时为20所)的质量总分相加,得到全区的质量总分。二者相除得到该中学的质量比,再乘以录取人数的60%。计算公式:

$$\frac{M_i \times n_i}{\sum_{i=1}^{20} M_i \times n_i} \times N \times 60\% \qquad 公式4-1$$

另一部分取决于毕业班学生的文化考试合格人数,该部分权重为40%。计算方法为,即该学校初中毕业合格人数为 A_i,全区所有初中毕业生合格人数为 $\sum_{i=1}^{20} A_i$,则计算公式:

$$\frac{A_i}{\sum_{i=1}^{20} A_i} \times N \times 40\% \qquad 公式4-2$$

那么一所初中的升学人数则为两部分之和:

$$N_i = \frac{M_i \times n_i}{\sum_{i=1}^{20} M_i \times n_i} \times N \times 60\% + \frac{A_i}{\sum_{i=1}^{20} A_i} \times N \times 40\% \qquad 公式4-3$$

招生制度改革将高中招生名额分配到各学校，将学校的整体办学水平和学生的考试成绩结合起来，不再完全以学生考试成绩为依据，大大提高了老师和学生的积极性。而这也在一定程度上平衡了各学校的升学名额，让家庭觉得各个学校对于他们的孩子来说都存在较大的升学机会。胡老先生告诉我说：

> 当时这个政策出来以后，原来许多跑到镇海去读书的学生，他们就回来了。因为相对来说山区海岛的学生，他们的分配指标也是根据当地的办学水平按照一定的比例分配的，如果你在好一点的学校未必能考上去，回到本地上学，你或许就能考上了。这在很大程度上帮助解决了当时的"择校"问题。（2011年6月，胡志）

指标分配的招生制度改革可以说是北仑区教育发展中的一个创新之举。针对当时追求升学率的择校现象，北仑区追因溯源，将招生名额按照科学计算进行指标分配来达到校际平衡的目的，有效发挥了"教委要求什么，评估什么，学校就干什么，教师就往哪方面努力"的杠杆作用，因而极大地调动了学校和教师全面贯彻教育方针、提高学生全面素质的积极性。据胡老先生回忆，当时之所以想到招生名额分配的方法，是因为在他们看来，自然条件下的生源分布应该是呈常态分布的，每一块区划内都存在所谓的"好生""差生"，只不过是所谓的"名校效应"让很多家庭趋之若鹜，而名校背后蕴藏的很大一部分其实是"高升学率"。如果将升学名额进行均衡配置的话，对于家庭来说，意味着"不择校"也可以实现升学期望，这样生源外流的可能性相对就会减少，择校现象也将随之趋缓。北仑区招生名额分配的背后逻辑让我们看到了"制度创新""敢为人先"实际上并不是"无厘头"，不是"强行"，而是基于经验与智慧的一份沉稳。以下是我当时访谈胡老先生时的一段记录，也许可以反映出这份"深思熟虑"背后的意蕴：

> 胡：关于这个指标分配我是整整准备了两年时间之久。我这个人

做事情不是喜欢今天想到了明天就做的那种。当时我是出于以下考虑：第一是生源，我觉得有人群的地方始终存在着这样几种状况：一种状况是比较好的，然后是绝大部分学生智商都是差不多的，当然也不可避免的存在比较差的。第二个想法，好学生大概有多少？按照当时普通高中自己能承受得了的办学能力，我当时的估计是25%这样一个比例。也就是说，如果我们北仑区每年出生1000个小孩子，按照25%的比例，250个同学（智商高）的概率比较大。这个关系你们可以去研究研究，我这个判断是不是正确的。

问：这个25%您是如何判断出来的？

胡：我到现在基本上还是这个判断。你去看，重点高中升上去的大概是多少学生。不会超过25%的，基数应该是一个地区一年出生的人口。这个是我第二个考虑，好学生跟一般学生，跟所谓比较差的学生，它始终是一个常态分布。这也是我的一个考虑。当时我的理论就是只要这个地区、这个乡镇，没有（别的地区学校）来挑过，一定有好学生。城乡孩子的学习差异主要是由于学习条件、师资配备等整体提供给他们的条件是不一样的，起跑线不是在同一条线上。当然，如果是已经被人家拣过了的，再拿出一个第一名来，这个已经说不清楚了。(2011年5月，胡志)

实际上，在当时推行指标分配政策，对于20世纪90年代初的北仑教育来说，存在的阻力也是很大的。在当时统一划分数线招生的背景下，北仑区的招生名额分配打破了这种"统一"，遭到质疑是在所难免的："为什么你这个学校、这个乡镇分数是划在这个线，而另外一个乡镇要比它高两分？"压力之大并没有阻挡制度改革的步伐，主要得益于当时教育综合改革试验区关于"自主办学、自主招生、自主设置课程"的批文以及详细的指标分配方案。当然，在招生制度推行初期，分配名额的比例控制成为关键，太大或太小都将起到事倍功半的效果，循序渐进是必要的条件，这也是政策的可持续性要求。根据前面的计算方法可知，确定各校的招生名额关键在于确定各校的评估分数：由谁去评估？评估的标准是什么？评估标准是否具有科学性和可操作性？这就需要第三方的"教育督导"。

（二）教育督导的保驾护航

北仑区教育督导室成立于1988年5月，1993年1月升格为人民政府教育督导室。根据国家教委1991年颁布的《教育督导暂行规定》，教育督导的任务是"对下级人民政府的教育工作、下级教育行政部门和学校的工作进行监督、检查、评估、指导，保证国家有关教育的方针、政策、法规的贯彻执行和教育目标的实现。"[①] 从以上规定可以看出，中国教育督导的职责包括"督政"和"督学"两个方面，一方面要对教育行政部门进行监督，另一方面要对学校进行监督。特别是对学校的监督（督学），能够最大程度的规范学校的行为，防止学校违规行为的产生。按照北仑区当地人的话说，实施教育督导后，学校的"牛鼻子"被督导给牵住了，从而极大的遏制了"应试教育""分数至上"等风气的蔓延。胡老先生作为当时区教委推行教育转轨的主力之一，也认为北仑教育获得全国"两基"先进，重要的法宝之一就是"教育督导"。

> 我们北仑区所有的教育大事，比如说"两基"普及以后，图书的达标、实验的达标，素质教育方针的贯彻，各学校有没有在做，就需要通过这些督导到每一所学校去检查。所以，我们是非常感谢他们的。我觉得我们北仑教育，在这几年这么艰苦的情况下，每年都能一步一步的取得这么大的成绩，一直到全国"两基"先进，哪里来的？靠我们这几个人哪有这么大的本事，应该是靠他们（教育督导），他们的功劳是不可忘记的。（2011年5月，胡志）

"教育督导"的产生回答了由谁评估的问题。在中国，教育督导、教育立法和教育投入通常被认为是现代教育发展的三大支柱。中国教育督导制度产生于新中国建立时的1949年，当时称为视导司，后几经废立，到1986年更名为国家教育督导司，标志着中国现代化教育督导制度的重新建立。在国外，教育督导也被视为学校工作的风向标[②]。学者Firsh和Pajak甚至认为，"有什么样的督导就会产生什么样的教师，有什么样的督导就会有什么样的学校"。[③] 在20世纪90年代，世界各国对教育督导进行

[①] 国家教育委员会：《教育督导暂行规定》，2009年10月29日，百度百科（http://baike.baidu.com/view/2933229.htm）。

[②] 洪成文：《90年代国外教育督导发展轨迹初探》，《比较教育研究》2001年第6期。

[③] Gerald R Firth, Edward F Pajak, *Handbook of Research of School Supervision*, Semon &Schuster Macmillan, 1998.14, p.1248.

了进一步的改革和完善,足以看出教育督导存在的重要性。以英国为例,1992年英国开始实行督导市场化改革,根据《1992年教育〈学校〉法》规定:"由根据该法成立的教育质量处取代原陛下督学处,负责受理注册督学的申请,并对申请者进行培训,向合格者授予注册督学资格;学校督学工作由教育质量处公开向注册督学招标,并与中标者签订督学合同;增加督学的法定权力,如果他们认定一所学校办学失败,其督导报告中提出的整改措施经学校总督学批准即具有法律效力。"[1] 以上条例不但进一步强化了教育督导的权力,而且将督导的产生机制由行政任命转变为"合同买卖关系",这种市场化的改革对于市场经济成熟的国家而言,不但提高了督学队伍的整体质量,而且可以使评估结果更具客观性和公正性,达到了"以竞争促进效率"的效果。

对于当时的北仑区而言,教育督导的设立为北仑教育转轨起到了保驾护航的作用。教育督导对区域内的学校办学进行逐项评估,将评估结果与"升学指标、评先评优、奖金分配"等挂钩,使督导评估起到牵一发而动全身的作用,从而保证教育方针的贯彻落实。根据区教育局提供的内部资料整理出如下具体评估流程(见图4-4)。

根据规定,各学校的升学名额跟督导评估的分数挂钩,因此建设一支专业的督导评估团队至关重要。在北仑,这些教育督导主要由一些年龄较大、德高望重的中小学校长或离退休干部组成,通过返聘或续聘的方式将这些原已退居二线的人员重新拉回到教育发展一线中。这支队伍的人员构成不但充分调动了老一辈人员的积极性,更充分发挥了他们长年积累的宝贵经验的重要作用。由于要在短时间内对区内所有的学校进行评估,每所学校的综合评估时间仅为2天,在如此短的时间内要对一所学校进行全面的评估难免有些仓促。基于此,北仑区教育督导还增设了平时进行随访和专项督导的内容,作为对集中评估的补充。对于这一点,胡老先生如今回忆起来仍很清晰:

> 随访由专兼职督学承担,每月督导例会按评估标准确定重点,督学分片包干。由于是不通知的随访,被采集到的学校管理过程的信息更准

---

[1] 孙启林:《世界主要发达国家义务教育均衡发展比较研究》,东北师范大学出版社2009年版,第15期。

督导评估流程

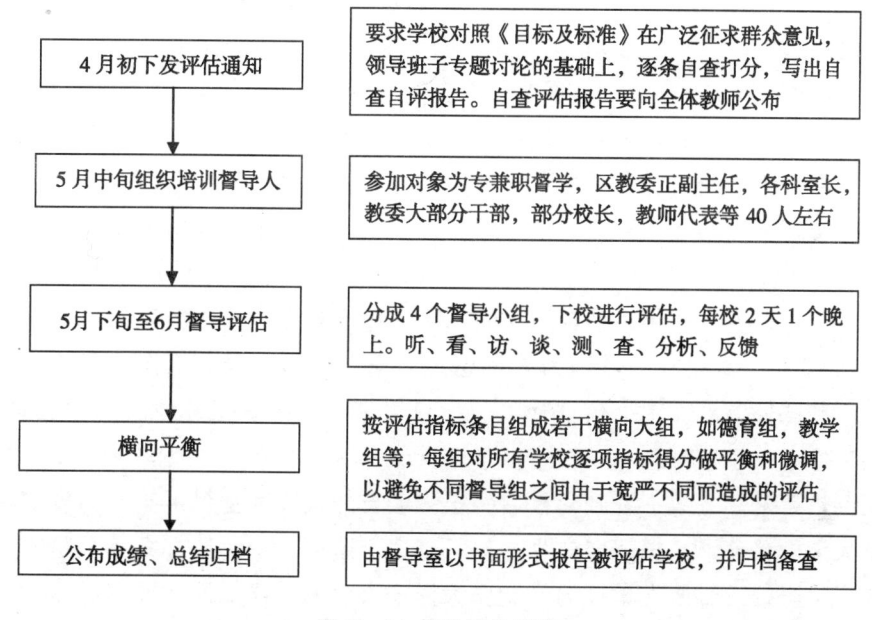

流程	说明
4月初下发评估通知	要求学校对照《目标及标准》在广泛征求群众意见，领导班子专题讨论的基础上，逐条自查打分，写出自查自评报告。自查评估报告要向全体教师公布
5月中旬组织培训督导人	参加对象为专兼职督学，区教委正副主任，各科室长，教委大部分干部，部分校长，教师代表等40人左右
5月下旬至6月督导评估	分成4个督导小组，下校进行评估，每校2天1个晚上。听、看、访、谈、测、查、分析、反馈
横向平衡	按评估指标条目组成若干横向大组，如德育组、教学组等，每组对所有学校逐项指标得分做平衡和微调，以避免不同督导组之间由于宽严不同而造成的评估
公布成绩、总结归档	由督导室以书面形式报告被评估学校，并归档备查

图 4-4 督导评估流程

确。一所学校每学年随访4次以上。除了随访外，还有专项督导，主要内容为教育热点和倾向性问题。比如1990—1992年对初中、高中复读生的专项督导，升学考试结束后，根据群众举报，一经查实，取消新生录取高一年级学校资格，并通报全区中小学；再如对学校乱收费、滥订复习资料等进行的专项督导等。（2011年5月，胡志）

（三）评估方案的导向与传承

至此招生制度改革拥有了方案，也拥有了实施督导的组织机构，那么接下来的关键是制定一个科学合理的学校考核评估标准。在区教育局，我查阅了这个时期北仑区当年所制订的评估方案，共找到了7个版本，经过比较分析，发现这些评估方案并不是孤立的、随意变动的，而是相互衔接、动态发展的。这7个方案呈现出明显的3个阶段。

第一阶段：1990—1993年，方案为《北仑区学校工作目标及评估标准》。

失去镇海依托的北仑区，虽然此时已经完成了"普九"任务，但是仍然难以改变教育底子相对薄弱的现实，加上大多数年轻校长缺乏管理经验，所以在学校评估方案中以强调学校常规管理为龙头，其目的在于巩固义务教育的成果。然而胡老先生的一番话却道出当时实施该方案时的尴尬：

> 你有兴趣的话去看看第一个督导评估细则，你看到具体内容都要笑死的，（会质疑）这样的东西也可以拿去做评估？（2011年5月，胡志）

胡老先生说这句话是有原因的，从该评估方案的具体内容来看，一共包括10项一级指标，分别为教育思想、德育工作、教学工作、劳技文体卫生和课外活动、图书仪器建设、学籍管理、教师队伍建设、总务后勤、勤工俭学、学校管理，一级指标下面又细分为具体的评估内容，共计122项评估要素。方案下发到学校后，很多学校的校长都觉得可笑，内容实在是太细微繁琐了。据胡老先生透露，事实上这第一个评估方案完全是按照他当年当校长时所在学校的经验作为样本来搞的。这个评估方案虽然太过于"细"，但对于当时的区情来说却具有实际意义。

> 我当时是基于什么考虑呢？我们（区里）好的领导、好的老师都调到镇海去了，新出来的稍微有些文化素质的，但他的管理能力很差，还没有入门，我必须要把管理工作当中最基础、最基本的要求（说清楚），希望这些学校能够做到。（2011年5月，胡志）

不过，后来区教委也意识到了这样的评估太过于细化和死板，容易框住学校的办学思路，缺乏创新与个性。在实行了几年后，修整评估方案成为必需。于是出现了后来的修正试用版。

第二阶段：1994—1995年，方案为《学校工作目标及评估提纲（试用）》。

此次评估方案在前次方案的基础上进行了大规模的修整，将评估要素从122项缩减到63项，包括德育工作10项，教学工作22项，师资队伍3项，终端成果14项。通过对比可以发现，此次评估方案比前次方案简洁，重点突出了德育工作、活动课等方面，同时考虑到有的学校故意舍弃掉分值低的内容，该方案公布时各指标没有赋分，其目的是使得学校在办学中能够全方位贯彻。在进行综合督导时，督导室向评估人员提供赋值的评估细则,但不向学校公布,学校在接受综合督导自查汇报时,对照评估提纲做逐条达成度描述性表述,总结成功经验及工作差距。这样做克服了以往几年学校为了应付督导检查,对原始资料弄虚作假的现象,从而提高了督导的信度和效度。但是,该评估方案在促进学校个性及特色发展方面仍空间不足。

第三阶段:1996—2002年,方案为《北仑区1996学年中小学校工作目标督导与评价方案》。

1996年,在总结6年来开展综合评估经验的基础上,区教育局颁布了《北仑区1996学年中小学校工作目标督导与评价方案》。评估办法包括5个一级指标,26个二级指标。这5个一级指标分别为教育思想(16分),德育工作(13分),教学工作(32分),教师队伍(15分),学校管理(24分),共计100分(见表4-3)。但此时在评估指标上逐渐呈现出了部分发展性指标,为学校的自主办学留下了一定的空间(虽然空间相对还较小),可见督导评估的"水平"导向(相对于"分数"导向),为转向素质教育改革提供了保障。

表4-3　北仑区1996学年中小学校工作目标督导与评价方案

一级指标	二级指标	分值
教育思想	1. 办学思想;2. 执行教育计划和法规;3. 转变后进生;4. 发展个性特长	16分
德育工作	5. 德育工作重点和要求	13分
教学工作	6. 教学"五认真";7. "六个一"工程;8. 教研组建设;9. 教育科研;10. 劳技教学;11. 落实体卫条例;12. 艺术教学;13. 兴趣活动;14. "五项"活动;15. 设备利用率	32分
教师队伍	16. 师德规范;17. 政治学习;18. 教师进修;19. 培养青年教师	15分
学校管理	20. 班子建设;21. 管理机制;22. 校长深入教学;23. 校园文化建设;24. 财产经费管理;25. 完小辅导;26. 勤工俭学	24分

资料来源:根据北仑区教育局内部资料整理。

教育转轨时期,经过多年的实践与反复修正,北仑区中小学办学评估体系逐渐由繁到简,从单一的侧重终端为主的评估过渡到兼顾过程的办学水平评估,评估方案具有鲜明的导向性、倾斜性和递进性。

首先是导向性。在指标设置上,可以注意到凡是直接有助于应试教育的指标一并删除,对与素质教育相关的指标,如"减轻学生学业负担""转化后进生""劳动课、活动课质量""学生个性特长培养"等加大权重。

以课外活动为例,北仑区把落实活动课程作为实施素质教育突破口,要每个班"带好一个兴趣小组",把教师辅导学生开展活动逼到非带不可的地步,教师动起来了,学生自然也动起来了;充分的利用环境资源,丰富活动课内容,山区学生上山采集标本,海岛学生下海收集贝壳,丘陵地区学生收割芦苇编扎作品,城镇学生利用易拉罐制作工艺美术品等。据胡老先生回忆,当时想真正把活动课作为一门课程在一个学校落实下去,并不是一件容易的事。

> 在我们逐步往素质教育转轨时,要求每个学校都要有兴趣小组,每天基本上保证一个小时的活动。但是推行起来是很难的,比如说你是教数学课的,同时叫你去担当每个礼拜两节的活动课,据我所知在开始的时候,数学老师经常会把活动课换做数学课。随着督导评估的深入,我们北仑没有一个老师会把活动课移走的,你上这个课就这个课。(2011年5月,胡志)

其次是倾斜性。北仑教育发展自始至终坚持的基本理念就是"办好所有学校,面向全体学生"。而鉴于区内地处偏僻的山区海岛学校与城镇学校相比差距明显,如果实行统一的招生政策,那么偏远地区的学生就非常吃亏。为此,北仑区的做法是全区中学实行划片招生,经费投入尽量向山区海岛倾斜。但由于生源水平各异,为了使山区的学校与城镇学校能在同一起跑线上开展办学水平竞争,在评估指标体系制定中,除不受办学条件限制的办学思想、德育工作等指标要求全区所有学校统一执行外,对其他指标,如"巩固率""毕业考试合格率""结业考试合格率"等分别给出地域性指标,同时在同类学校中达到某指标指数第一名的,即给予满分。

"地域性指标"的出现充分考虑到贫困地区学校的切身利益,弥补了其生源、经费等先天不足的劣势,大大增强了贫困地区学校的积极性,充分体现出了以扶弱为原则的"兜底均衡"。一些地处山区海岛的学校,如峙头学校、三山中学、郭巨镇中心小学、梅山乡中心小学,均因评估总分优秀,被区委表彰奖励。

最后是递进性。当然,在督导评估中,评估标准并不是静态的、一成不变的。北仑教育评估方案充分考虑到了评估的发展性,伴随着区域性评估的推进,对普遍完成较好的指标,实行逐年加码。

> 我们把这些称为"最近发展区",比如"加分项"中,原先规定"学生参加兴趣小组率达到70%以上"便可加分,随着全区中小学兴趣小组的发展,几乎所有学校均能达到70%以上,所以我们把这一指标提升到了80%,最后提升到100%。这样通过层层加压,滚动递进,做到一年一个台阶,年年有提高。(2011年5月,胡志)

总体而言,这个时期北仑区的督导评估方案为教育转轨提供了导向,但是其中存在的问题也不容忽视,可以说这些问题也受到当时时代局限的影响。

第一,如何统一评估指标体系的科学性和可操作性的矛盾。高中段招生办法改革的关键是督导评估,督导评估的信度和效度除有赖于督导人员的业务素质之外,其评估指标体系的科学性和可操作性也至关重要,但二者往往很难达到完满的统一。虽然经过三大阶段,先后形成了7个评估方案版本,指标体系也在不断改进,但总体感觉尚不尽如人意。

第二,对学校大量的信息搜集,主要靠平时巡视积累,每年综合督导一般在5月下旬进行,时值忙季,落实到每一所学校,难以安排更充裕的时间,无疑会影响评估结果的信度。同时,综合评估牵涉诸多人力物力,如何寻找到一种省时、省力的评估方法,有待于进一步探索。

第三,当高中段招生人数尚不能满足家庭社会需要的时候,教育行政部门按评估分数和毕业班合格人数,将高中段招生名额切块到乡镇,对学校、政府、社会都有一定的吸引力,正面导向效果明显。但是当高中段招生人数基本满足或完全满足群众需要的时候,其吸引力就会逐渐减弱,到时新的招生制度改革将成为必需。

三 铺垫:教育自主权与"素质加分"

高中招生制度改革的推行不但让北仑区教育转轨找到了进一步推进的突破口,伴随着北仑区成为"教育综合改革试验区"的契机,教育自主权的加大更是增强了北仑教育转向素质教育的可能性,成为当时区域内诸多家庭实现命运转机的铺垫。

教育综合改革试验区最早于1989年国家教委开始提出,其目的是推动农村教育改革，为实施"燎原计划"① 提供示范。随后，全国各地为了推动教育改革，纷纷设立改革实验区，奉行"先实验，后推广"的原则，为区域内教育发展提供示范。鉴于北仑区义务教育普及已经走在全省前列，在1993年通过了国家"两基"验收后，北仑区政府向省市政府提出要试办教育综合改革试验区。1994年5月31日，浙江省政府对北仑区设立综合改革试验区作出批示：

> 给综合试验区必要的办学统筹权、决策权，（北仑）人民可视实际情况确定；对综合实验实施过程中遇到中专学校的审批、普通中小学教材的选用和教学计划的调整、考试方法的确定等问题，可由试验区教委与省委一道研究解决。
>
> 1994年5月31日
> 浙江省教委

1995年4月，为了争取全社会对开设教育综合改革试验区的理解与支持，区人代会讨论通过了《宁波市北仑区教育综合改革试验区实施方案》（以下简称《实施方案》），使得试验区的改革工作得到了有力的保障。教育综合改革试验区的设立大大增强了北仑教育发展的自主权，包括教材选用及招生、会考、收费等方面。有了这把教育改革的"尚方宝剑"，北仑区有了更大的勇气和决心进行素质教育推广。根据方案意见，北仑区政府可自行审批中等以下办学，自主选用教材，改革招生办法，自定是否参加省市级会考以及根据群众的实际承受能力，确定各类学校的收费标准。在《实施方案》中特别提到：力争至1998年，全社会用于教育经费支出（包括各级财政对教育的拨款、城乡教育费附加、企业用于举办中小学的经费、校办企业减免费部分等）达到全区国民生产总值的4%。

据胡老先生介绍，当时提出教育经费占国民生产总值的4%是需要很大勇气的。早在1993年，国务院颁布《中国教育改革和发展纲要》明确提出到20世纪末，国家财政性教育经费支出占国民生产总值的比重应达到4%，1995年颁布实施的《中华人民共和国教育法》也对此作了相应

---

① 燎原计划是国家教委1988年正式部署实施的一项旨在推进农村教育改革发展，促进农村经济发展和社会进步的计划。

的规定。然而，这个鼓舞人心的奋斗目标却一直没有实现。2007年中国教育经费占GDP比重仅为3.32%，尚未超过4%。而当时北仑区1995年的国民生产总值约28亿元，按照这样的发展速度，到1998年区内生产总值预计达到40亿—50亿元，如果按照4%的指标，就意味着教育经费支出将达到1.8亿元，相当于建区10年来教育经费的总和。同时在办学体制和管理体制上，开始实行校长负责制，很大程度上增强了校长及行政管理人员的岗位责任意识，调动了他们的积极性，使他们能充分利用自己的办学权力和优势，促进学校的良性发展；而教师聘任制的实行，也促使干部、教职工中形成能上能下，能进能出，人尽其才，任人唯贤，优胜劣汰的竞争机制，促进了人才合理流动，促进了教师队伍的优化。这些措施均为北仑地区教育转轨提供了动力保障。

此时的胡老先生已经从教育股股长升为普教科科长了。针对这一契机，北仑区教育局在转向素质教育的轨道上开始充分利用教育自主权，突破以前教育发展的"瓶颈"束缚，试图办出一个"教育特区"。讲到这一点，胡老先生颇为自豪地说：

> 当时提出素质教育，阻力其实是很大的。但是我们北仑区出台的素质教育方案可以说是当时省内第一个。你去看一下，我们浙江第一批（实施）素质教育的方案当中，基本上是套用我们北仑写的方案。当时有多少个专家在我们北仑的宾馆论证，还得到了省里领导的表扬。这个事情我自己真的是蛮满意的。(2011年5月，胡志)

按照这个素质教育方案，在推行初期，北仑区提出了几个"一"，即"做好一个班主任，教好一门学科，带好一个兴趣小组"，通过设置文化课程、必修课程以及活动课程等新型版块课程来打破传统的教育模式。就活动课程而言，在当时的教育条件下，师资问题是一个严峻的"瓶颈"，胡老先生坦言，其实当时北仑区并没有现成的专门师资力量来教活动课程。怎么办呢？

> 当时我们也很苦恼，首先想到的是先找能人培训。那时我们有个教生物的老师，是和我同一届的师范同学，叫江施尧，年龄比较大。他制作风筝是有些水平的。当时风筝方面有一个艺术展，每年暑假举

行。于是就找了他来培训其他老师，先慢慢发展成一个小队伍，然后再建起一支专业的、相对集中的队伍。体育老师也没有，我们就培训体育老师。音乐老师没有，我们就到湖南去"买"。现在你可以引进，可以调，当时我们花了2万钞票。我给你2万，你帮助推荐10名音乐老师。当时的音乐、美术、体育、科技等，就这样子慢慢建立起来，慢慢扩大。（2011年5月，胡志）

就这样，北仑区教育转轨初期的兴趣小组活动课程整整抓了8个年头，8年下来，也算硕果累累。1993年起连续三次获得国家教委、文化部等单位联合举办的读书活动金奖；柴桥镇洪岙村完全小学承担卫星搭载番茄种子植种实验获国家科委、航天工业部颁发的银奖；郭巨小学学生农科兴趣小组培育的"办洪8号"蓖麻良种，被中国农科院确定为全国中小学推广的优良品种；高塘小学5名学生8幅剪纸作品，入选文化部艺术发展公司主办的"美亚杯"首届全国少儿民间工艺美术大展，并在中国美术馆展出。

伴随着教育转轨的推进，素质教育逐渐成为区内教育人士的共识。但是在家庭的意识中，"分数"仍然禁锢着他们的思维，对于素质教育的认识仍然比较薄弱。虽然说招生制度改革从整体上看缩小了学校间、地区间的升学差距，但是，对于学生个人而言，想上好高中，考试分数仍然占据着重要位置。为了进一步扭转家庭的教育观念，也为了真正推进素质教育的转向，让家长和学生尝到素质教育的甜头，北仑区在1995年之际继续借助教育自主权的加大，开始酝酿素质加分，对那些有体育、艺术、劳技等特长的学生实行加分政策。"素质加分"一时风生水起，受到诸多家长和学生的青睐。因为在他们看来，这是实现自己孩子甚至是家庭命运转折的"救命稻草"。表4-4呈现的是当时部分高中招生的素质加分项目。

表4-4　　　　　　　　　　高中招生加分政策

	省一等奖	省二等奖	省三等奖	市一等奖	市二等奖	市三等奖	区一等奖	区二等奖
文艺调演的独唱、独奏、独舞	20	10	6	10	6	6	4	2
文艺调演的重唱、双（三）人舞及群体节目的领唱（奏、舞）	10	5	4	5	4	4	2	

续表

	省一等奖	省二等奖	省三等奖	市一等奖	市二等奖	市三等奖	区一等奖	区二等奖
书法、绘画（美术）	20	10	6	10	6	6	4	2
计算机（构件设计）	20	10		10	6	6	4	2
劳技作品制作（兴趣小组技能技巧比赛）	20	10	6	10	6	6	4	2
科技创造发明	20	10	6	10	6	6	4	2

资料来源：根据北仑区教育局内部资料统计。

"素质加分"政策第一次将素质教育跟学生的升学紧密地联系在一起，在表明北仑区推行素质教育的决心的同时，也让素质教育这一理念在家长和学生心目中变得更直观，更易接受。从另一层面来说，这也为这个时期教育转轨的实现增加了动力。通过俞宗校长的话，我们可以感受到这一政策在当时所产生的影响力：

> 如果跟家长和学生们讲：学生应该全面发展，应在德育、劳技、音乐、美术、体育、科技等方面拥有一技之长，估计没有人会响应，而且他们也很难理解这句话的真正含义。现在出台了这个加分政策，对素质教育的开展起到了有力的推动作用。可以说这个政策的出台扭转了很多人甚至是家庭的命运，特别是那些有文艺特长但学习成绩又不是很好的学生，通过这个加分，其中的很多人都考入了高中，甚至是重点高中。(2011年6月，俞宗)

加分政策的导向确实引起了当时诸多家庭的青睐，俞宗所说的"很多人的命运"实际上也包括了友江在内。不过话说回来，这一政策在特定的时代背景和教育条件下可以起到很好地推动作用，但是随着环境的改变，对这一加分政策的过度追求导致其弊端也日益凸显，例如在后来出现的"奥数热"等现象。这也在一定程度上说明了一项政策本身往往是一把"双刃剑"，具有一定的时效性，但也需要进行动态的发展。

四 转机：破格录取

北仑区教育综合改革试验区的成立以及教育转轨实施让很多家庭，特别是原先学习成绩不是很好的孩子找到了转机。友江就是其中之一。7月的温州很是闷热多雨,习惯了在学校一日三餐、按时作息的友江自然受不了流水线上的艰苦生活。对于那段短暂的外出打工的日子,友江仍记忆深刻:

> 那时候车间里根本不会给你装空调,所有人都挤在流水线上,车间里也不通风,到了夏天又热又闷,而且很臭,你想我当时进的是玩具厂,大多都是塑料和人造皮毛做成的,机器一运转,塑料和皮毛受热融化后就发出很臭的味道,而且烟尘很厉害,人在里面呼吸都困难。(2011年11月,王友江)

在工厂里受过苦累的友江当时深刻体会到了念书的好处,没有文化又没有技术的他,也体会到了父母的含辛茹苦。然而,在当时看来,这一切都已经晚了,中考落榜让自己已经基本告别了学校。然而,友江万万没有想到,原本以为将永远离开校园的他会收到柴桥中学的录取通知书,而且最后还考上了大学。这些都得益于友江的绘画天赋以及北仑区素质教育的改革。从小拥有绘画天赋的友江,自从小学六年级开始便受到同学和老师们的认可,在六年级友江一共参加了学校举办的绘画比赛3次,其中2次获得一等奖,1次获得特等奖,作品还在区里进行了展览。这几次小小的获奖经历对于从小自卑的友江而言,具有重大意义。友江告诉我,正是画画让他逐渐摆脱了自卑,让同学和老师们不再看低自己。

随着北仑区对中小学课外活动和兴趣小组的强化,学校要求每位学生必须加入一个兴趣小组,当时的友江选择了绘画组。友江回忆道:

> 北仑地区的初中一半以上都配备了美术专用教室,规模大一点的学校都配备专职美术老师,这些美术老师至少都要师范毕业,当时我们的美术老师还是从湖南衡阳过来的,水平很高。(2011年11月,王友江)

友江的话实际上正印证了上文胡老先生以及俞宗校长的口述,揭示出20世纪90年代初期北仑区在转变片面追求升学率思想方面所作出的努力。通过查阅这一时期的相关资料,友江的描述也很大程度上佐证了资料的真实性：

> 在器材设备方面，音乐、美术器材，学生用乐器和学具，美术电教器材均达到了国家教委颁布的《全日制中小学音乐、美术教学器材配备目录》的一类和二类标准水平。
> 全区12个班规模以上的学校共31所，其中有26所配有专职音乐、美术教师。除了从外面引进教师外，学校还有针对性的培养有前途的音、美教师到上海等地接受名师指导，据统计，从1990年到1994年，北仑区共培养中学美术专科教师23名。①

拥有了专业的美术教师和先进的美术器材，加上在绘画方面的天赋，友江的绘画水平得到了显著的提高。友江说，"当时我比较擅长的是素描，水彩画需要自己买材料，这个在我们家庭经济上是不允许的，而且画起来比较麻烦。素描很简单，只要有一张白纸，一支笔就够了。"1994年友江参加了"宁波市中小学生美术比赛"，并获得了二等奖；同年参加了"浙江省中小学生美术比赛"，获得优秀奖；1995年，正读初二的友江参加了北仑区"建行杯"书画比赛，获得一等奖；1996年获得北仑区"回归杯"书画比赛一等奖。友江连续在画画方面获奖，让他兴奋不已，然而，每当他把奖状拿给家人看时，却没有得到预期的赞扬。当时父母总认为唱歌、画画是不务正业的孩子才干的事情。

> 每次我获奖了，他们都问我：获这么多奖有什么用？能替代考试分数吗？（2011年11月，王友江）

其实也不怨父母有这种想法，在"分数至上、一考定终身"的年代，学习成绩超越了一切。然而，在北仑区推行教育转轨和素质加分后，学校越来越重视学生的差异发展。1996年5月，北仑区颁布了《1996年北仑区高中段招生素质发展加分范围、条件、分值和办法》，对全区初三毕业生在德育、体育、艺术、劳技、科技等方面的评奖评优获得者进行适当的加分。那年，中考结束后，友江感觉自己的成绩并不理想，绝望之下的他

---

① 根据北仑区教育局内部资料整理。

觉得自己肯定上不了高中了，于是独自外出打工谋生去了。然而根据"素质加分"办法，当录取分数线下来时，友江的文化课成绩虽然不高，但算上素质加分，他实际上达到了录取要求。

当时的友江还身处温州，在拥挤的车间里做流水线的他万万没有想到自己会被家人叫回家，说有重大事情找他谈话。友江心里隐约察觉到这事跟中考有关，但心里仍然不知道是什么事情。回家后，这个出乎意料的消息让友江觉得这简直就是一个"破格录取"。也正是这次"破格录取"，让友江再一次踏进了校园，从此改变了友江乃至这个家庭的命运。友江的破格录取是其个人命运与时代命运的汇集。正如本节一开始所列举的《二次插队》，个人的命运总是受到时代命运的制约。用友江的话说，就是庆幸自己"赶上了好时代"。

进入柴桥中学后，友江比其他同学更加珍惜这来之不易的学习机会。从进入高中开始，他就决心要考大学。也许在别人看来，这只是一次意外之喜，但是静下心来想想，其实这是对友江付出的回报，至少他在画画方面比班上每一个同学都付出的多。高二分科时，友江选择了文科。在高二下学期，学校开始接受艺术生和体育生的报名，友江经过深思熟虑后，最终选择了美术专业。1999年6月友江高考，顺利的考进了中国美术学院。在收到录取通知书的那一刻，友江终于向自己的画家梦迈进了一步。

友江的案例在北仑区教育均衡发展道路上就好比沧海一粟，也许根本没有人会注意到这个处于边缘的家庭，其个人及家庭命运的改变折射出了当时北仑社会中千千万万个普通家庭的缩影。家庭命运与教育制度之间的抗衡打破了区域教育的低水平均衡，促使区域教育走向"质"的转轨。友江的"破格录取"和北仑区实行的素质教育，深刻反映出当时北仑区开始从"量"的扩张转向"质"的提升，通过制度创新来调整内部结构，为学生多元差异发展提供了一定空间。从这个意义上来说，家庭对教育的主动回应在一定程度上促进了教育向更高一级均衡发展。与此同时，教育均衡是社会经济发展到一定阶段的结果[①]，在这个时期北仑区社会经济的快速发展也极大促成了区域教育的整体转型。2001年，北仑区荣获浙江省素质教育先进实验县（市、区）称号，2002年，被评为"省教育强区"，省均衡教育研讨会在北仑召开。区域教育整体实力的提升为北仑教

---

① 翟博：《树立科学的教育均衡发展观》，《教育研究》2008年第1期。

育进入新的发展阶段提供了基础与可能。

第四节　启示之二：教育条件与制度——区域教育初级均衡的努力

这一时期的北仑教育在基本实现"普九"的基础上开始追求"读好书"的境界。但是由于受到前一阶段致力于追求"量"的普及的影响，此时北仑教育发展要扭转从"量"的扩张转向"质"的提升的局面，所消耗的力量非同小可。这个时期，家庭开始从"沉默"中醒来，在教育制度的缝隙间寻求自身的命运转折。他们开始以"主动回应"的方式活动在教育舞台中，用自己特有的方式向区域教育发出他们自己的声音，甚至是"教育危机信号"，比如择校风的兴起。这也是在告诉政府教育行政部门：此时的教育已不能满足社会期望了！

为了扭转这个尴尬而又艰难的局面，北仑区再一次抓住进入"教育综合改革试验区"的契机，围绕素质教育来努力实现教育制度的改革创新以及教育条件的大力改善，不断向初级教育均衡[①]迈进。"教育条件"与"制度"成为这个时期北仑教育发展的关注重心，也是实现区域教育初级均衡的关键，目的是为了实现从"有书读"到"读好书"的教育转轨。那么，在这个教育初级均衡发展的背后，其实践样态又如何来解读？

一　"进的来"与"学得好"：初级均衡下的教育机会与条件保障

这一时期的北仑教育可以说是"普九"时代的延续和提升。在前一阶段中，教育发展注意力更多的集中在"有书读"的目标上，而没有多余的财力和精力去关注学生"读好书"的问题。因此，可以说，在经历了低水平教育均衡发展之后，打破"低水平均衡陷阱"，从"量"的扩张转向"质"的提升是北仑区初级教育均衡发展的重要任务，而这集中体

---

①　根据翟博的教育均衡发展阶段理论，初级均衡阶段即指推进教育体制改革创新，追求教育过程和教育条件的均等。这个阶段主要以追求教育资源合理配置为目的，确保教育资源在区域间、城乡间、学校间、群体间的优化配置，以确保受教育群体和个体的权利平等、机会均等，具体体现为公民就学平等和受教育条件的均等。参见翟博《教育均衡发展：理论、指标及测算方法》，《教育研究》2006年第3期。

现在"进得来"与"学得好"这两个本土概念中。用当地人的话来说，就是不但要"进得来"，而且要使学生"学得好、留得住、出得去"。

事实上，在北仑教育人的概念中，"进得来"意味着受教育机会的均等，而"学得好"则是教育条件的保障。怎样才算"好"？在当地人看来，"好"就是"又博又专"，"博"讲究的是学习的广度，不能只局限于要考试的那几门功课，其他的譬如思想道德、兴趣爱好、动手能力等综合素质也是人才培养所需要的；"专"讲究的是学习的深度，就是保证各方面有深入的提高，对于有某方面特长的，学校要进行鼓励，升学时可以加分录取。而"学得好"的目的又是为了"留得住、出得去"。伴随着经济社会条件以及教育的发展，区域、学校间的生源争夺开始激烈起来，如何才能使学生"留得住"呢？胡老先生很果断地说："学得好才能留得住，而学好了，留下了，才能堂堂正正的'出得去'"。这不禁让我联想到"大楼"与"大师"之论。1931年12月梅贻琦在清华大学就职演讲中提出"所谓大学者，非谓有大楼之谓也，有大师之谓也"的著名论断，其实这一论断不单适用于大学，同样适用于中小学。当"中小学校舍已经成为当地最漂亮的建筑"后，北仑地区开始关注教育质量问题。只不过在中小学需要的不是处于云端的"大师"，这些大师的存在也许反而会让孩子们感觉到"热闹是它们的，我什么也没有"①。

"学得好"成为初级教育均衡的关键，且不能是一句空话，如何才能让孩子"学得好"呢？根据多位教师的访谈资料整理，在他们看来，"创造一个自由、宽松的学习环境，让他们不再感到压抑，不再把学习作为负担，让孩子们在校园内感受到自己被尊重"是关键。然而，正如卢梭在《致日内瓦共和国》中写到的那样："自由就像美味佳肴或甘醇的美酒一样，对于能够受用它的强健体质，它能起到滋补作用，而对于虚弱娇柔的体质，不但不能滋补，反而会折磨、摧残和毒害机体。"② 这句话反映在这个阶段的北仑教育发展中，就好比是在"中考""高考"的指挥棒下，学校所提出的"宽松、自由"使得家长和学生们"无福消受"。因为处于

---

① 朱自清：《荷塘月色》，转引自朱自清《朱自清散文精选》，长江文艺出版社2009年版，第51页。

② ［法］让·雅克·卢梭：《论人类不平等的起源和基础》，高煜译，广西师范大学出版社2002年版，第53页。

教育转轨时期的北仑区，较早地提出要搞素质教育，以实现"质"的转轨，不但对于他们自己来说是新的，对当时的全国来说也还处于起步阶段，没有现成的经验可借鉴，更别说要取得社会和家庭的认同了。正如胡老先生所言：

> 刚开始提出要进行素质教育、加强学生综合素质培养时，还是获得了学校和家庭的支持的；但是当触及到考试成绩时，家长和学校都不满意了。改革要停滞吗？肯定不行！因为普及已根本无法满足社会需要了，"学得好"才是社会所期望的，改革是必需的而且是迫切的。（2011年4月，胡志）

因此，教育发展要继续前进，就务必要打破普及阶段的平衡，借助于教育制度改革与创新来实现不但"进得来"而且"学得好"的质量提升阶段。这个时期北仑区实行的招生制度改革就是真正起到"滋补"作用的均衡强化剂，家庭的命运在此之中得到改变，友江便是其中一例。教育可以给人提供多方面、多维度的发展机会，而不是"独木桥"式的道路，尊重和认同学生间的差异，可以说是教育均衡发展中最容易被忽视的一点，而北仑教育恰恰看到了这一点。当然，毕竟这个时候教育的发展还处于转折期，很多条件都还未完全成熟，遗留的许多问题还有待进一步去解决。但是，北仑区在初级均衡发展阶段借助于制度创新来保障教育机会与条件的诸多做法还是给我们留下了很多有价值的启示。

二 角色转变：家庭从"幕后"到"台前"的主动回应

从这一阶段的角色主体来看，家庭、学校以及教育行政部门之间的关系已然发生了变化。家庭不再只是一个"沉默"的接受者，他们开始追求学校的教育质量好坏，开始借助于自身日渐强大的财力和人力在教育制度的缝隙间寻求更好的优质教育资源，以改变家庭甚至是整个家族的命运。区域教育发展的舞台上不再是教育行政部门和学校的"独角戏"，家庭带着自己的思想以另一个"角色主体"站到了这个舞台中来，只是这个时候的家庭并未同学校等其他角色主体联盟。更确切地说，这个时候的教育舞台拥有着三大"主角"，但他们的立场却各自站在"对立面"上（见图4-5，虚线表示一种间接的回应）。

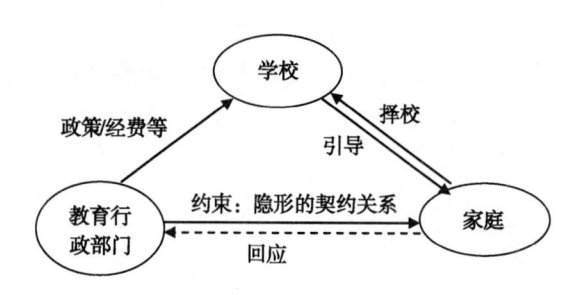

图4-5　北仑区第二阶段教育行政部门、学校、家庭关系图

家庭从"幕后"走向"台前",开始"参与"到北仑区教育系统中来,这里的"参与"还没有达到直接与学校、教育行政部门之间互动的程度,而是与前一阶段"感受不到家庭的存在"相比,此时家庭已经被明显的"感知"。这种感知表现在多个方面,最集中的体现于家长和学生的"择校"过程中。

"择校"是家庭对学校进行的"优胜劣汰"(the survival of the fittest)式选择,也是对当前教育现状的主动回应。在择校过程中,学校明显感受到了来自家庭的压力,用北仑区当地一位中学校长的话来说就是"如果你不想自己的学校门可罗雀,那么你必须下功夫琢磨如何提高升学率"。而在访谈的家长群体中也发现,他们之所以向往"好学校",主要集中体现在四个方面:第一,师资力量雄厚;第二,学习抓得紧,要求高了,孩子学习就更上一层楼;第三,好学校里的学生都是精英,都是学习好的人,有些家长说,跟全是"垃圾"[①]的人在一起对孩子来说也不好,都喜欢和学习好的人在一起;第四,离考上重点大学的可能性更大一些,这是人人都向往的。上文叙述中友江的三次转校大概也主要出于此等原因了。

在学校教育体系中,似乎家庭拥有与生俱来的用手投票(Voting by hand)和用脚投票(Voting by foot)的权力,当家长对学校教育满意时,可以举手表示赞成,愿意留在这上学;而当他们不满意学校教育时,可以利用"脚的方式"选择离开。这一时期家庭作为另一个角色主体活动在区域教育系统中,对于教育均衡发展来说,家庭在其中所起的作用以及所占的分量是不可小觑的。他们的声音和选择从另一个层面揭示出了教育均

[①] 特指学习成绩、生活品性不好的人,所谓"近朱者赤,近墨者黑"大概便是这些家长所认同的。

衡发展的程度，即对"均衡"与"不均衡"产生一定的影响。在这个意义上来说，教育均衡发展将家庭排除在教育系统之外是不可取的。

"择校"现象带来的关系纽带、权钱交易等现象让教育行政部门不得不着眼于如何消除择校。正如约翰·科特在《紧迫感》(A Sence of Urgency)一书中所言，每一次变革都是由危机所推动的。因此从这个意义上讲，家庭择校所带来的危机在一定程度上成为教育均衡发展的推动力，之后北仑区所采取的一系列教育改革也正是围绕着如何让家庭和学生接受更满意、更均衡的教育来进行的。其实，在访谈中我也发现，"教育均衡"更像是在奥·斯特劳斯概念里割裂出的"教育学科"下的一个专属名词，换言之，它更像是一种官方或学术界的说法，而在家长和学生那里，他们往往并不能很清楚地理解"教育均衡"的真正含义，甚至在访谈中，很多人并未听说过"教育均衡"这一确切说法。但是，他们能感受到公平与不公平，感受到差异，同样也感受到幸福和成长、烦恼和不安，这些概念似乎构成了教育均衡的主观因素，让我不得不做出一种大胆的猜想，即教育均衡除了官方或学术界的说法外，还包含了一种主观的感知，就好比"幸福感"一样，可以用GDP、人均收入、基尼系数等冰冷的指标来衡量，也可以用普通老百姓的切身感受来衡量。也正是这两者认知感受上的差异，导致了这个阶段家庭的主动回应，如择校、上访、抗议等方式，这些危机信号促使教育管理者努力采取政策措施力图消除社会上的这些"不和谐声音"。这个想法激发了我进一步从角色关系角度去探索教育均衡发展背后的意义。

当然，家长对优质教育的需求具有"刚性"①的特征，使得他们对教育的期望和要求越来越高。而且，对于北仑区而言，在90年代末期开始出现了一个新的家庭群体——外来务工家庭。所谓外来务工，顾名思义，指从外地来北仑区务工的人员。随着北仑区社会经济的发展，北仑区原有的劳动力和人才供给已经不能满足当地的发展需求，于是北仑区域系统的开放程度越来越高，外来务工人员也越来越多。据调查，北仑区的外来务工

---

① 刚性需求是与弹性需求对应的，弹性需求的原意是消费者会随着其他因素的变化（如价格）而改变其需求量，因此在这种模式下，需求量可以向正负两个方向变化；而刚性需求则不同，它受外界的因素影响较少，而且这种需求往往是单方向的，如工资是"刚性"的，即一般而言人们只接受涨，不希望跌。教育需求具有刚性特征，即社会总是单方向的希望教育越来越好。

人员大致可以分为三类：一类是已经娶妻生子，夫妻二人（或其中一人）来北仑务工，孩子留在家里；第二类是夫妻带着孩子举家来到北仑；第三种情况是尚未成家的年轻人，来到北仑工作后，再安家在北仑的。其中第一类外来工尚不涉及子女上学问题，但后两类家庭就涉及子女上学的问题了。由于户籍制度限制，很大一部分外来工子女享受不了北仑区的公共教育资源。这些离开老家漂泊到北仑的人并不能像种子落入土中一般扎根在此，他们往往只能在其他已经形成的社区中想方设法插进去，租房子是其常见的形式。对于他们的称呼，本土人往往叫他们"外国人""外地人"，官方称法叫"外来务工人员""新北仑人"。在早期，这些寄居于社区边缘上的人并不能说已进入北仑区这个社群中，因为他们由于户籍等限制经常得不到同等待遇，他们不被视作当地人，一定程度上凸显出了现代社会所遗留的"乡土性"①。在这种情况下，教育均衡发展面临着新的议题，即如何解决外来工家庭子女的入学问题，实现外来工子女的"同城"待遇。这一问题在20世纪90年代末以来也越来越凸显，引起当地教育行政部门的高度重视，家庭与制度之间的抗衡再一次被纳入北仑教育均衡发展的议程中。

拉塞尔在《美国教育杂志》第2卷中写道："任何教育制度，不管在它建立的初期多么完美，它并不总能完全适应不断发展着的社会。随着时代的发展，人们的生活追求也在发生变化，教育也应随之发生改变，以便能够满足公众的需求。"面对21世纪的到来，北仑教育将迎来怎样的挑战？家庭、学校与教育行政部门是否仍然维持原有的角色关系继续穿梭在旧有的教育制度中？教育均衡发展阶段又将面临着怎样的演变？……一切疑惑均汇集于下一阶段的北仑教育发展溪流中。

---

① 这种乡土性特指费孝通先生所描述的乡土社会的特性，它是个亲密的社会，熟人社会，外来者被视为"陌生人"，来历不明，形迹可疑。

> 在这里,我再也不觉得"爱学生,爱学校"是口号,是肉麻和虚伪,而是超越了亲人和朋友的人间真爱!在这里我懂得了"累"字的内涵,懂得了"爱"字的结构,懂得了"责任"的分量。
> ——郑巍巍

第五章

特色发展:学校作为生命体的觉醒

进入 21 世纪的北仑区,在城镇化进程的浪潮中,从原先的一片农村之象变成了如今宁波市对外开放的窗口,成为实施"接轨大上海,融入长三角"这一战略部署的前沿阵地。2003 年 1 月,宁波北仑区与宁波经济技术开发区合并,成立北仑新区,至此,北仑经济社会的发展步入协调发展的"快车道",成为北仑教育发展的强大经济后盾。经济的飞速发展与城市化进程的加剧,一方面带来了经济社会发展的繁荣景象,另一方面,也产生了许多毁誉参半、难以定论的新问题。"城乡接合部"就是这个特殊历史时期的产物,它就像是一个复杂系统的混沌边缘,充满着"变相",而处在该混沌地带中的学校,就犹如北仑教育系统中的一个分子,一个生命体,背负着城市与农村的双重文化性格,深受区域环境的影响,演绎出一条区域教育内涵发展的微观路径。

在这个时期的北仑教育发展"舞台"上,角色主体的多元并存赋予了教育发展更多的内涵和动力。在区域性推进学校特色发展过程中,学校作为生命体的存在开始觉醒,自主发展的空间增大以及家校联盟的关系形成促动着区域教育系统的整体功能优化,学术团体的主导性介入更改变了以往单一的"政府主导型"发展模式。因此,从学校入手,深度描述一所学校的成长经历,也就近似于描述了这个时期北仑区特色发展阶段的区域景象。

第一节 新学校的诞生与开学前的"特殊家访"

2004年8月，地处北仑城区新碶街道东端的淮河小学诞生了。虽说这是一所城区学校，实际上更确切地说，它是一所地处"城乡接合部"的城郊学校。由于学校位置紧挨着北仑港区，学校大门口直接就有集装箱卡车频频通过。地理位置的偏僻加上学校历史的"零记录"，使得这所学校自诞生之日起就带上了"先天不足"的烙印，不被家长看好，不被同行学校看好，甚至不被区层面的教育管理者看好。

不难想象，这样一所学校的存在与消失，在教育改革的浪潮里是再寻常不过的事情了。能不能存在下去？在中国相对集中的教育管理体制下，这个问题很大程度上其实并不能由学校自己说了算，但是关于如何存在下去的问题，学校自身却占了很重要的原因。就像朗顿曾经认为的那样，生命就是："永远力图在混沌的边缘保持平衡：一方面始终处于陷入过分的秩序的危险之中，另一方面又始终被过分的混乱所威胁。"淮河小学是由宁波经济技术开发区与太平洋房地产公司投资兴建的。当初建立这所学校，是区政府出于对北仑教育发展与区域建设的需要以及人口结构变化所驱使的教育布局调整的考虑。

首先，从区域经济发展来看，不断增长的生活水平让人们对教育需求有了越来越高的要求，满足城郊居民日益增长的教育需求是增设学校的第一个动机。一方面，地处城乡接合部的北仑港区一带，属于北仑区的城郊，是众多企事业单位的集结地。工业发展带来的住房开发契机以及市区人口密度拥挤与高房价带来的人口迁移，使得很多人考虑往城郊安家。伴随着住宅区的新建、社区的成立，教育的需求越来越成为问题。另一方面，北仑区因其得天独厚的地理优势而享有宁波经济技术开发区、宁波保税区、宁波出口加工区、大榭开发区、宁波梅山保税港区五个国家级开发区。"以港兴区"的发展机遇让北仑的经济建设在不到20年的时间里取得了长足发展。根据北仑统计局提供的数据来看，从2003年到2004年，北仑区的生产总值指数发生了天翻地覆的变化。与1992年相比，2004年的人均地区总值提高了将近5倍；外商投资总额也达到了30万美元，是1993年的6倍之多；2004年城镇居民人均可支配收入达15882元，农村居民人均纯收入约7151元，约为1992年的7倍有余。这其中的转折点当然离不开 2003 年 1 月宁波经济技术开发区与北仑区的合并之举。经济的飞速发展随之带来的是人们生活水平的提高，生活质量的提高随之引发了人们对教育需求的增长，新一轮学校布局调整迫在眉睫。

其次，从人口结构变化来看，北仑区外来人口数量的剧增是促使新学校成立的另一重要动机。根据《北仑地方志》记载，1984 年时滨海区[①]的外来暂住人口只有 1373 人，其中男性 989 人，女性 384 人，女性只占外来暂住人口的 28%，大多数是从事经济活动，来源地绝大部分是省内地区。

随着北仑区域大规模开发建设的推进，尤其是宁波经济技术开发区、大榭开发区等五个国家级开发区的相继设立，更加速了外来人口的大量涌入，逐年不断大幅增加。根据北仑区暂住人口管理委员会办公室统计，2006 年，全北仑区有外来暂住人口 320328 人，比 1984 年增加 232 倍，22 年内年均增长 28.12%。[②] 其中，男性比例占 57.2%，女性占 42.8%，这些人当中绝大多数还是从事经济活动，94.7% 的人员为务工人员，与早期不同的是人口来源大多为省外地区。查阅当年的统计数据发现，32 万外来人口中，来自省外地区的竟达到 293604 名，占总数的 91.7%，其中最多的省份是来自安徽省，次之为贵州省，再次是江西省和四川省。[③] 表 5-1 显示的就是 1999—2006 年间北仑区外来暂住人口的统计情况。从数据上看，外来人口显然已成为辖区人口发展的主要增长点，从事服务行业、务农、经商的人口比重呈下降趋势，迁驻北仑人员的结构变化非常显著，原先以单身男性为主，现如今携妻带子举家迁移的比例大大增加。这使得后期北仑区解决外来人员的融合适应问题[④]及其子女的教育问题越来

---

① 1984 年前北仑隶属镇海县，同年 1 月从镇海县分离出来建立滨海区，1987 年 6 月更名为北仑区。

② 根据当地内部资料整理。

③ 根据当地内部资料整理。

④ Searle 和 Ward 是最早将文化融合过程中移民的适应划分为心理适应（psychological adjustment）和社会文化适应（socio-cultural adjustment）的跨文化心理学家。心理适应将情感反应作为基础，通过个体在跨文化接触中的心理健康和生活满意度作为测量依据；社会文化适应则主要关注的是个体通过适应当地社会及与当地社会成员有效接触的过程，以迁移个体在当地社会体验到的困难作为测量指标。参见 Searle, W., Ward, C., "The prediction of psychological and socio-cultural adjustment during cross-cultural transitions", *International Journal of Intercultural Relations*, 1990, Vol. 14, No. 4, pp. 449–464。

越棘手,也越来越紧迫。访谈中,老家来自四川的刘女士侃侃而谈:

> 我们北仑这边,真正的北仑人,好像只有1/3,2/3全是新北仑人。我们叫(他们)新北仑人,而不是外地人。这里的老百姓有时候都叫他们外国人。一开始听不懂"外国人",我以为是什么美国人,其他国家的外国人,原来是外地人的意思。这是老百姓的说法。因此我们都叫新北仑人,一个新名词。(2010年11月,刘女士)

由于定居在北仑已多年,来自四川的刘女士言谈中,多次用"我们""他们",显然已将自己作为北仑人而不是外地人,但她口中的"老百姓"却又将自己同本土居民区别开来。对于一个原本是农村的北仑县级区,在经济开发的大环境下,本土文化与外来文化的冲击、融合,让这个土地上的人们承受着众多跨文化的社会心理过程。刘女士口中的"我们"、"他们"及"老百姓"反映了其内心深处的矛盾,既将自己置于北仑人的位置而区别于百姓口中的"外国人",又将自己同本土的北仑人区别开来。所谓的"新北仑人"称呼大概是为了消除本土与外来之间的文化差异。从社会学和心理学的角度来分析,这一称呼背后也揭示了一种普遍存在的地域刻板印象(regional stereotype)[①],正确的、符合实际的刻板印象往往有利于人们的交往,反之则会容易导致社会认知偏差。

表 5-1   1999—2006 年外来暂住人口统计   (单位:人)

年份	总人数	其中		来自地区		主要行(职)业			
		男	女	省内	省外	务工	务农	经商	服务
1999	49180	32168	17012	15538	33642	40458	1140	2626	4057
2000	60638	38213	22425	17356	43282	49898	2048	3403	4715
2001	75773	46125	29648	19467	56306	65693	1705	3122	4795
2002	104043	65614	38429	33356	70687	91217	1544	3640	5666

---

① 地域刻板印象(regional stereotype)是一种涉及知觉者的关于某个地区人群群体的知识、观念与预期的认知结构,它通过相对稳定的自然地理环境和人文环境作为基础,以地域文化和文化心理差异为中介而形成。参见杨治良、邹庆宇《内隐地域刻板印象的 IAT 和 SEB 比较研究》,《心理科学》2007 年第 6 期。

续表

年份	总人数	其中		来自地区		主要行（职）业			
		男	女	省内	省外	务工	务农	经商	服务
2003	154199	97719	56480	32009	122190	125522	2991	6668	9344
2004	236764	144122	92642	23155	213609	211971	1354	1768	4529
2005	237376	137930	99446	19751	217625	220322	1682	2966	3428
2006	320328	183327	137001	26703	293625	303228	2328	3991	2844

资料来源：根据《北仑区志》统计。

以上两方面构成了创办淮河小学的"刚性"需求，这也是当时北仑区教育局在制定"十五"规划中所重点考虑的因素。区层面考虑问题往往从大局出发，小处着手，意在解决整个区域当前最迫切需要解决的问题。

就这样，在2004年暑期淮河小学诞生了，并正式面向社会招生。而就在2004年的开学季，淮河小学的老师们遇到了前所未有的麻烦。

8月20日，夏日的炎热还未退去，各学校的师生们还处在暑期长假的惬意中。就在这一天，淮河小学做出了一个惊人的决定：从明天开始，所有班主任老师都去挨家挨户的上门"家访"，而家访的对象是那些本应该划入淮河小学却不愿意来报到的学生家庭。好特别的"家访"！为什么要做这个决定？发生了什么事情？

> 2004年的时候这个学校刚刚建成，很多家长对新学校是不认同的。而且我们这个学校的学生是从原来的长江小学分流过来的。原来他们5个班，分流过来之后，每个年级插入一部分，也就是长江路划开以后，有一部分（学生）是要到我们学校来的。当时这部分学生是属于一个村当中的，他可以选择长江或淮河，那这样的孩子，他肯定不愿意过来了。另外，在我们地段的，成绩比较优秀一点的学生的家长，他想方设法的动脑筋也不愿意过来。对方的学校当然也希望有好的学生留在那里，它也愿意他留下。那么这样的话，学校在还未正式开学时就首先在生源上受到了重创，他们不愿意来啊！（2011年4月，夏民）

现为淮河小学副校长、时任淮河小学班主任的夏民老师回忆起当年首次招生时的情景，不禁屡屡叹气。从她略带沉重的口吻中，时不时让人感受到当年那份艰辛与无奈。

> 不属于我们这学区的，不是很优秀的、淘气的、有困难的学生，他可以做（思想）工作，（或许）换一个环境就会好一点，老师会关注一点，新学校人也少一点，相对你（学生）发展有利。这些孩子可能还是会愿意过来的，放到我们学校来。但事实上从学区划分来说他们应该是不属于我们学校的，整体素质也相对比较差。所以说我们2004年招进来的学生，成绩最好的在原来学校只是小队长。只有新一年级是我们自己招考的，二到六年级全部是这样过来的，从别的学校分流出来的。(2011年4月，夏民)

原来是出于这诸多考虑，为了让本应属于淮河小学的生源能够回到淮河小学，也为了让更多的孩子能够加入淮河小学，学校才在暑假做出了特殊"家访"的决定。从表面上来看，这似乎是一场生源争夺战，姑且不论家长们买不买账是一回事，就拿这样的举动来说，其他同类学校又会如何看待。这还不是最差的情况，一所新学校要得到家长们的信任本来就不容易，但若是能够得到区层面的重点扶持，配以好的师资，选择好的地段，做到好的宣传，那么新学校在成立伊始还是会削减很多阻力，能较快地得到人们的信任。对于淮河小学来说，这一切似乎都是奢望。并不是因为缺钱缺教学楼，从学校硬件上看，它与其他学校相比，并不差，甚至要比一些老牌学校更新，但它的软件成了它的"软肋"，它诞生时所处的地理位置变成了当时发展的"短板"。

> 我们学校大门的对面就是一个大型集装箱堆场，每天都有大量的集装箱卡车在校门口不足10米宽的马路上来回穿梭。我曾站在校门口粗略地数过，平均不到3分钟就会有一辆集装箱卡车开过校门口，别说是孩子，就连我们大人经过都觉得很危险。不是吓唬你，建校不久，曾有一位大爷接送他孙子上学，结果就在校门口被一辆集装箱卡车擦伤倒在地上，险些酿成悲剧啊。(2011年4月，张老师)

并不优越的地理位置让本来就不信任新学校的家长们更增添了疑虑。

对于它未来的发展，更没有人看好它。2004年的开学季，对其他学校来说也许意味着又一学年伊始的喜悦，而这一年的淮河小学却充满着阴霾。先天不足让它在这一年的开学季上演绎了一幕"为学校争口气"的生存保卫战——上门"家访"。以前的家访，对老师来说，那是一个充满光环的教学任务，对家长来说，也意味着一次向教师亲身了解自己孩子学习生活情况的交流机会，是无比欢迎的一件事。但这一次"家访"不同，老师犹如不速之客，需做好"吃闭门羹"的心理准备。很多人其实无法理解这样的做法，因为在2004年，全国正在轰轰烈烈地搞新一轮基础教育改革，"求新"成了当时的热门词汇，很多家长都期望可以享受到最新最好的资源，对于新学校，虽有所疑虑但还不至于如此排斥，似乎不应该沦落到这个地步。时任淮河小学班主任张老师的一番话，让这个疑团逐渐散开：

> 我们学校自建立以来，就被扣上了"公办的民工子弟学校"的帽子，"不被信任"也就是情理之中了。倘若没有后来校长的理念转变和改革创新，淮河小学发展到今天最多也不过就是一所硬件过硬的民工子弟学校，哪里会受到社会的关注。（2011年4月，张老师）

公办的民工子弟学校，这个身份恰与它创办时的初衷吻合了一大半。经济发展与工业化进程的加速促使城市化发展的扩张，更多的农业用地被划入城区建设规划，无可避免地带来了城郊边缘地带的产生。虽然在行政区划上，这样的城郊也被划入城区管理范畴，但在很多人的眼中，还算不上真正的城区，用当地人的话来说，最多只能算是"城乡接合部"。因为并不被大多数人看中，自然而然就成了众多外来务工人员的青睐区域，主要有两大好处：一是城郊往往是重大企事业单位的集聚地，就业机会多且距离近；二是城郊还未发展完全，交通虽乱但并不拥挤，消费也相对较低，特别是占了家庭消费很大比重的住房。单就这两点足以构成很大一批外来务工人员首选此地的理由，当然并不一定是长远之地[①]。解决这一批

---

① 在访谈的众多外来人员家庭中，很大一部分家庭是将此地作为眼下的跳板，他们更远的打算还是想往城市中心集聚。

城郊人员子女的教育问题,当然包括外来务工人员子女,这正是淮河小学诞生时就被烙上的胎记。

> 2004年暑假,那时都快开学了,我们学校老师也都准备好迎接新生了,可很多学生就是不愿意过来,他不来报到啊。所以我们在开学之前,也就是9月1号之前,从8月21号开始,我们学校所有班主任都去落实了挨家挨户的家访。应该到我们学校的学生是有地址的,老师们就是根据这些地址对全部三十几个学生挨家挨户的家访(提高了声音,略显激动)。有的家长还不认同,还不开门。因为这个学校大家都不知道,而且是新的,未来怎样也不知道,所以家长都还是喜欢留在原来的学校。有的家庭,老师甚至敲门两次、三次以上。(2011年4月,夏民)

这种情况在当时来说,确实让人为之震惊。淮河小学的诞生,不像其他许多学校,有着所谓"前身"的历史积淀与文化涵养,它的成长俨然折射着北仑区教育发展的一个缩影。因遗传了先天不足的印记而不得不采取"特殊家访"的举措来为自身的生存发展博得一席之地。从另一个角度来看,正是因为它没有历史因袭的负荷,才使得学校可以在白纸上自由大胆地重新创造自己的历史,涵养自己的文化。可以说,这样一所学校是城市化发展进程中的"不完全"与当时人们众望所归的需求共同作用的产物。但这个产物终归是一个矛盾综合体,它既是人们所期盼的,却又因其办学动机的隐性作用、劣势的地理位置及空白的历史而不被人们所信任,甚至遭到排斥。也难怪现任淮河小学校长的郑微多次在她的手记中提到:

> 虽然我们属于一所城区小学,但由于位置较偏,周边环境较差,集装箱车直接从校门口经过,安全隐患极大;学生中有近三分之一为外来务工人员子女,家长对教育的关注程度相对不高,子女的行为习惯问题突出;作为一所新生的城区小学,淮河小学在本地家长心目中的认同感低,前景不被看好。若按传统的办学思路,只重视学科教学,这样一所先天不足的学校最终将成为一所公办的外来民工子弟学校。学校文化的根到底在哪里?学校的文化基因应该是什么?我们到

底应该往何处去？……（2008年9月，郑校长）

不管怎样，淮河小学在"艰难"的主题下踏上了成长道路，就像当年北仑区的诞生，充满着坎坷与贫瘠，只是此时的贫瘠已换成了文化贫瘠。

第二节 "登楼梯"还是"乘电梯"：个人、学校与区域之间的博弈

学校自创立之初并没有什么优越的条件，甚至处于劣势地位。虽然随着社会经济与教育的发展，国家考虑到基础教育均衡发展的需要，取消了学校重点与非重点之分，但实际上，业已形成的层级化、等级化学校体系仍然影响着教师求职和学生求学时的选择，这与人的趋利避害之天性是分不开的。在当时学校教育角色化问题[①]还较严峻的情况下，年轻的淮河小学是否要继续挤入这片功利性教育的潮流中，只重视知识教学，走传统办学思路呢？如果是，那如何在这个教育场域中博得生存之地？如果不是，那又当何去何从？

一个新学校，在面对发展道路的抉择问题时，以校长为首的领导班子往往起着关键性的作用。校长必须对教育的灵魂有真正透彻的认识，包括教育的本质是什么？学校到底要培养什么样的人？尤其是承担着基础教育的学校，它的真正使命和定位又是什么？所有这些最终都将归结到"学校教育的功能"问题上，而这与学校及校长选择什么样的路径以及本身的教育信念不可分割。

---

① 学校教育角色化是指学校教育以培养未来社会精英角色为主要甚至是唯一追求目标的实践活动，其实质是学校教育选拔功能对育人功能的僭越，基于升学主义的应试教育行动是其实践表征，窄化了学校教育的社会化功能，异化了学校教育的角色学习功能，放逐了学校教育的个性化功能，最终导致学校教育的育人功能式微。有学者认为，教育场域的客观结构与场域中的行动者据此生成的生存心态是学校教育角色化问题最直接的教育场域根源，而社会场域的客观结构和行动者生存心态则构成了学校教育角色化问题的社会场域根源，社会场域中资本的不同分配状况和人对稀缺优质资本的追求是导致学校教育角色化问题的实践逻辑。参见杨光海《学校教育角色化问题反思》，博士学位论文，华东师范大学，2009年，第9—10页。

一　第一次访问与郑校长的成长背景

第一次真正踏进淮河小学的校门，是在 2010 年末，距离当初建校已长达 6 年之久。当时，我们一行五人，主要是由一位老师带队过去参加课题会议的。那天，天气并不是很暖和，受季节的影响，还有点雾蒙蒙的，加上一路长途奔波，早已让人显得有些疲惫。当然，对其中几位同行者来说，这趟旅途显得别有一番趣味，毕竟这是他们第一次踏上北仑的热土，但于我而言，在喜悦之余还多了一份凝重，因为我是带着任务来的，更恰当地说，是私人任务——想趁着此次来北仑的机会寻找几位具有典型性的教育工作者。正当心里还在盘算着如何锁定目标时，不知不觉中我们的车已驶进了淮河小学的大门。

一下车，就看见一位还蛮年轻的女士迎面走过来，左手揣着一个文件夹，远远的就挥手亲切地同我们打招呼，丝毫没有陌生和矫情的感觉。渐渐地走近了，她的皮肤很白，眼睛特别大，精灵般灵动的眼神有种很亮的蓝，柔和而感性，流露出一丝倔强，但也难抵年华流逝，眼角略显几缕倦意；她的穿着很养眼，给人一种华贵与素净融合的舒服感。我不敢很直露地盯着她，因为不熟悉，因为不礼貌，当时只觉得：这女子，够玲珑，一定是这个学校的"导员"，负责接待事务的吧。

在她的带领下，我们沿着楼道来到了学校的会议厅，说是会议厅，其实在我们看来更像是一个咖啡厅，整个空间呈一狭长状，以中间的咖啡吧台为界分为三个主要部分，每一部分都精心布置了温馨的米色沙发和别致的小桌子，每个桌子上都摆着两盘糖果，每个糖果盘旁边还整齐地摆放着较新一期的校刊杂志与报纸。环顾整个大厅，满眼的柔和与温馨，顿时让一路奔波的疲惫与烦恼一下子抛之脑后了，刹那间，竟然忘记了自己是在一所小学的会议厅里。

"这是我们校长。"一位年轻的男教师走过来，指着刚才的美丽"导员"说道。一时间，感觉自己的脸刷得一下红了，原来自己竟然把校长误当"导员"了。当我再一次有意识地打量这位校长时，回想刚才的所见所闻，顿时让我做出一个果断地决定：就是她了！

（一）家庭的影响与个性养成

当得知眼前这位美丽的"导员"就是淮河小学的校长时，心中顿生亲切之感，但是由于对"校长"这类群体的刻板印象，不自觉中又产生了距离感。校长，毕竟是一个学校的最高领导。① 出乎意料的是，这位充满儒雅之气的郑校长在听说我是教育学的博士研究生之后，脸上不经意地流露出一股犹如孩童般纯净的笑容，访问就是在这种不太严谨的状态下展开的。直到后来我才知道，这位郑校长十分热爱教育教学，酷爱儿童文学，把阅读当作一种享受，一向敬重读书人，特别是教育研究者。她曾经为了去拜访几位教育学者，只为了同他们交流教育、办学等思想，不惜千里迢迢跑到北京、江苏等地。

谈起她的成长背景，郑校长不禁回忆起她的母亲，在她看来，家庭对她的原始影响非常大。郑校长的母亲是一位从事小学数学教育的乡村老教师、老校长，无论是不是她的学生，大家都喜欢亲切地喊她"董老师"。也许是受到时代背景及所从事的职业影响（董老师是个小学数学教师，还担任过校长，严谨有素），董老师对子女的教育相当严格。

> 我妈妈自己就是老师，对我们几个子女很严格，可能在同龄人当中特别严格。当然跟现在孩子相比，我的童年还是很快乐的。但是当时一起的人当中，我可能是我妈妈管得特别多的，一直到考入师范为止才算完全放手。我读小学的时候，我老妈是校长，就是原来柴桥那边有个紫石小学，一个乡镇学校，当然现在早已不存在了，已是归并于一乡一校了。最早的时候，我和我姐姐都是当我妈学生的。其他学生不用那个（惩罚）的，我一不听话什么，我妈肯定要（惩罚）什么的。教室里面我肯定是坐得最规矩的一个。当时我妈还都给学生剪头发。大家伙都不敢，所以一上来就先拿我和我姐姐"开剪"。（2011年12月，郑校长）

---

① 自1985年以来，中国就开始推行校长负责制，旨在提高学校管理效率。在中国，公立中小学校长基本上是由上级行政主管部门或政府直接任命的，是受政府委托而经营管理学校的代理人。参见鲍传友《校长负责制下的校长权力大小及其规约》，《教育科学》2004年第4期。这种任命制度有其可取之处，但始终难以摆脱天然的主观弊端和人为主导因素的干扰。据北仑区教育局提供的资料显示，为了弥补任命机制下的弊端，更好地建设校长师资队伍，北仑区自1997年起全面实施"优胜劣汰、评聘分离"的人事制度改革，校长公开选拔制、校长民主直选制等干部选拔任用制度就是当时的产物。到2005年，该区新提拔任用的年轻校长就达16位，占全区中小学校长的44.4%，全区中小学校长的平均年龄只有35岁。

谈起母亲对她的严厉管教,在郑校长的口中似乎并没有那么糟糕,听起来让人觉得反倒是一种"被管的幸福"。这种严厉,其实是与当时的时代背景、社会文化紧密相关的。作为孩子,大人的苦心往往无法理解,而孩提时代的调皮、叛逆在大人的眼中便是"不允许""惩罚",这也是当时中国家庭的一大特色。这个时期是中国教育重建和恢复秩序的转折期。跳出教育场域来看,当时的社会早已受到西方文化的影响,那时的孩子们对很多事物的认识得到了提前启蒙,接触到很多与"玩"相关的事物:电视的产生,录音机的普及,各种书籍的出版,甚至是偶像崇拜,极大地影响了这个时期孩童们的兴趣。① 而这进一步构成了两代人之间教育期望差异性的社会场域根源,父母与子女、教师与学生之间的"猫捉老鼠"现象就是其实践表征之一。但是,在中国这个乡土社会里,年长的人总是觉得自己"可以了解年轻的人,他们甚至可以预知年轻人将要碰着的问题"。② 因此,家长往往左右着孩子的抉择也就不足为怪了,有时候还会助长孩子的叛逆。郑校长在回忆自己儿时的叛逆时,显得有几分激动:

> 托我母亲是老师、是校长的福,那时我还没上小学时就已经像模像样地坐在教室跟着旁听了,以致使我一上学就已经是个能站在全校升旗台上进行领操的大队长了。在那里,我是个十分调皮的学生,也做过许多坏事,也让老妈罚过好多次。可能是受此影响,我的个性变得很坚韧,是个完全男孩状的学生,做事从不缩手缩脚,而是显得什么都不怕。现在想想还真难为情,不是文静的女孩啊。不过每年的六一儿童节,我可是个能到处发邀请书的好学生,每次到一个单位发完邀请书立刻拿回贺礼时,路途中老师都会奖励我一颗花生糖,那感觉好甜哦!那时真的很容易满足。(2011 年 12 月,郑校长)

童年的经历虽然看似荒诞,但现在回想起来却多了几分味道,用郑校长的话来说,那是一种完全符合当时自己只是个孩子时的快乐,有些倔强,不服输,但又逃不出母亲的严厉管教。就在这夹道中,促成着自己的

---

① 张园园:《70 年代末 80 年代初之教育新发展》,2008 年 12 月 9 日,凤凰网(http://ent.ifeng.com/special/gaige78/news/200812/1209_5159_914411.shtml)。

② 费孝通:《乡土中国》,北京出版社 2005 年版,第 63 页。

性格养成。

(二) 曲折的"师范"之路

在改革开放前成长起来的家长,特别是作为教师的家长,或多或少都会受到社会主义革命初期及"文化大革命"的影响,那个年代的艰苦岁月与特殊的历史烙印让那一代的知识分子多了几分谨慎与渴望,而对于政治则显出几分淡漠甚至是回避,他们希望自己的孩子能够中规中矩,"听话",不犯错,他们往往将自己当年没有实现的愿望寄托在子女身上去完成。关于这一点,郑校长深有体会,她告诉我说:

> 其实在初中升高中的时候,可能是受到母亲的影响,我是希望去当一个老师的,所以去考幼师了。当时幼师是考进去的,但是我老妈不让我(去)。她(希望我)最好是能够考大学,所以要我去读高中。当时的时候有点属于家长给你定位了。现在想想,其实我当时如果去读幼师的话,现在可能也会蛮好的。因为我们当时考的时候,也是在慈溪幼师,当时招幼师还蛮早的,我也蛮喜欢幼儿教育的。(2011年12月,郑校长)

虽然,郑校长并没有如期实现母亲的愿望考上大学,在高中毕业后,几度辗转,当了3年的小学代课教师,但这期间母亲的心愿一直在她内心深处依稀保留着。她的坚韧不服输的个性让她觉得一定要通过自己的努力来改变自己的命运。而此时的母亲,并没有因为没考上大学而给予她惩罚,毕竟是有知识、有见地的教师出身,但是母亲接下来所做的每一个决定与举动,在当时看来,似乎是对她的一种态度人生观上的惩戒,但更确切的说,是她对女儿自我成长的锻炼,深刻影响着郑校长对人生、对教育的信念。对于这段经历,郑校长的回忆开始变得有些沉重:

> 当我大学没考上的时候,母亲给了我很大压力,她说你自己去找工作,然后让我自己做裁缝。当时都体验过了,裁缝都做过了。这不是正式去学裁缝,是我妈教的。我妈教我做裤子、做衣服、织毛衣。她就认为你自己考不上好的学校,对学习放弃,那么你就必须要做这些事情,粗活,你就是要承受得起现实的情况。后来看到我的懂事,我的进步,她才告诉我可以去代课当老师。但有一个条件就是,我必

须要自己去找柴桥中心小学下面分管的人说，那个人其实和我老妈关系蛮好的。所以当时我就自己骑着自行车，自己找到那个领导家，我自己去提要求，要去代课。（2011年12月，郑校长）

郑校长的回忆不禁让我对这个家庭肃然起敬。事实上，在当时这个仍留有费孝通先生所描述的熟人社会①印记的北仑热土上，差序格局、礼治秩序、无讼、长老统治、人情等在这个土地上并没有因为现代文明、城市化进程的侵入而销声匿迹。人与人之间的社会关系往往通过人情这个纽带来建立起个人的关系网络，从而有助于个体实现一定的目的。但是随着社会的发展，一个人的能力越来越成为整个社会的聚焦点，之前建立的想完全依靠人情关系网络办事的思维模式已越来越受到挑战。于是就出现了上述母亲与女儿之间的一种"博弈"，其背后蕴藏的事实上是人情与能力之间的较量，充分折射出社会变迁中人际关系与格局的变化。据郑校长透露，她是1971年出生的，但身份证上是1972年，当时因为母亲还是个民办教师，户口也是农村户口，后来转正后要迁户口了，但有个规定：正式教师子女若超过16周岁就不能跟着父母的户口随迁，于是父母亲就在登记身份证时给自己少报了一年。中间的过程有些许复杂，加上年代久远，回忆起来也有些困难。按这个时间来算，郑校长当时高中毕业后也就是一个十七八岁的小姑娘，在当时没考上大学的情况下，父母对她的"放手"历练让她奔走于不同类型的社会部门中。小时候的"什么都不怕"到中学毕业后的第一次"独立"，让她性格中的坚韧与提早步入社会②的锻造融合得天衣无缝。

从她生长的年代也可以看出，这个家庭，作为知识分子家庭，生存于

---

① 熟人社会在费孝通先生的笔下并不是一个绝对概念，它相当于社会学里与法理社会相对的礼俗社会。他认为乡土社会在地方性的限制下成了生于斯、死于斯的社会，常态的生活是终老是乡，在人与人的关系上也就发生了一种特色，每个孩子都是在人家眼中看着长大的，在孩子眼里周围的人也是从小就看惯的。这是一个"熟悉"的社会，没有陌生人的社会。参见费孝通《乡土中国》，北京出版社2005年版，第6—9页。

② 其实高中毕业步入社会在80年代末并不算早，当时很多孩子在小学、初中就有辍学的或没有继续读高中的，之所以这里用了"提早"两个字，是相对于这个知识分子家庭原先的期望与现实间的落差来说的。按照他们原先的计划，此时应该正在上大学，并没有打算让他们的女儿这么早步入社会求生计。

一个特殊的时代环境下,经历了很多动荡的岁月。特别是在"文化大革命"时期,正是郑校长从牙牙学语到认字读书的关键时期。但是在当时的背景下,整个教育系统并没有为出生在那个年代的孩子们提供很好的环境,"学校教育秩序混乱,学生停课闹革命,全社会没有了学习知识的动力和活力,国家出现了严重的人才断档"。① 1977年8月8日,也正是郑校长即将入小学之时,邓小平同志在科学和教育工作座谈会上大胆提出:"今年就要下决心恢复从高中毕业生中直接招考学生,不要再搞群众推荐。从高中直接招生,我看可能是早出人才、早出成果的一个好办法。"② 就这样,一个时代的转折点出现了。恢复高考宛如冬天里的一把火,让人们感受到了春天的气息,掀起了广大青年读书的热情,全国上下学习读书蔚然成风。沉闷的一代被重新唤起,教师们精神振奋,整个教育界重新焕发出生机和活力。作为教师的郑母——董老师,理所当然地对她的子女寄予了厚望——上大学。而郑校长在考大学时的落榜,无疑对这个家庭造成了冲击,但期望与失望之间的强大落差并没有让这位经历过磨难与风雨的母亲失去理智,相反,在当时"读书热"的风潮下,在"能力"、"独立"与"生活"等在现代看来仍是关键词的思想的指引下,毅然决然地选择了让女儿独立锻炼、亲历社会。

> 在代课的三年当中,我跑了不同的学校。因为代课这个东西是不稳定的。它比如说今天有老师生病了,你就可以代课,但是今天老师回来了,你就可能要做无业游民了。所以就要到另外一所学校去了。就这样流窜着,尽管我工作是很努力的。有一个农村学校是要翻山越岭的,当时我每天早上是很早到的。然后年长的老师他还要笑你的,说那么积极啊,这么早来干什么啊。但是呢我是非常喜欢小孩子的。不管到哪里都是蛮认真的。但是有一点,家长就会认为你是代课老师,他就对你不会特别的信任。(2011年12月,郑校长)

---

① 改革开放30年中国教育改革与发展课题组:《教育大国的崛起(1978—2008)》,教育科学出版社2008年版,第6页。

② 邓小平:《关于科学和教育工作的几点意见》,转引自《邓小平文选(第二卷)》,人民出版社1994年版,第55页。

虽然只是一个代课老师①，但性格中充满"认真劲"的郑校长面对这样一份艰苦且并不稳定的临时工作，似乎干得特别投入。她口中的"代课的三年"算来应该是指 1989 年到 1992 年，正值世纪之交，知识经济正在悄然兴起，发达国家开始从后工业时代进入知识经济时代，知识代替物质逐渐成为最主要的资源，不但对中国经济和社会生活产生了深刻影响，也为中国教育提出了重要的战略机遇和挑战。自 1985 年 5 月全国教育工作会议召开后，《中共中央关于教育体制改革的决定》颁布，中国的教育迎来了发展的春天。这一年，教育部为提高基础教育的师资质量，规定不允许再出现民办教师（民办教师正是 1984 年底以前对代课教师的称呼），因此转而被称为"代课教师"。代课教师的人员经费是由其聘用的学校自行筹集和支付的，而不是由市、区财政统一划拨，因此，代课教师同工不同酬、待遇不对等的问题出现了。到了 20 世纪 80 年代末 90 年代初，代课教师的比例已下降很多，而此时担任代课教师的老师们在社会上的认可度早已极度下降，遭到家长们的质疑和在编教师的蔑视就不足为奇了。

据郑校长回忆，当时之所以走上代课教师的岗位，一则是出于对教育行业的热爱，出于对孩子们的热爱；二则是受到家庭的影响，特别是母亲的言传身教，让她一直立志于想做一名人民教师；三则也是考虑到当时的现实条件，似乎只有这条路才能与她心中的追求离得最近。但是有时候现实往往逼得人不得不屈服。在代课的三年中，出于社会的压力以及家长的不信任也曾让郑校长向理想低过头：

> 在代课的过程中，我也考虑过到其他的单位去。当时我去试过很多单位，被录用了但都被老妈否决了。我们当时的那个北仑电厂，也有招人，比如说他们有个招待所啊什么的，希望要有英语方面好一点的。因为我从初中到高中，英语方面都是还可以的。面试以后成功了，我老妈不让我去，她说这个好像有点青春饭。然后北仑广播电视台成立的时候，我也去应聘了，成功了，我老妈也不同意，她说这个好像也是青春饭的，所以都不同意嘛。（2011 年 12 月，郑校长）

---

① 这里的代课教师与前文的"赤脚老师"有所区别，专指没有事业编制的临时老师，是中国特定历史阶段的一部分教师群体，不能享受与正式在编教师的工资待遇、社会福利等，但却充满艰辛、默默地为教育事业奉献着。

第五章　特色发展：学校作为生命体的觉醒

郑校长侃侃而谈，略带有北仑方言口音的普通话此时听起来也特别亲切，她的一番话着实发人深省，不禁感慨人生的道路有时候真的是不知道会发生什么样的改变。三年的代课生涯让一个人积累了，磨炼了，也成长了。在当时教育界有一个规定，代课三年后可以再次参加师范考试，当时的师范与现在有一个很大的区别，就是在当时考进师范院校就相当于有了一个正式工作，用郑校长的话说就是"铁饭碗"，因为毕业后工作是包分配且是正式在编教师。这对于当时很大一批代课教师来说是一个机会，也是一个难点，因为并不是很容易能考进去，除了考试本身的难度外，"僧多肉少"让整个考试充满着竞争，当然也与每个人自身的资质、累积和现实条件均有关。因此，在当时，过了四年、五年、六年还在考的人也是多得很。幸运的是郑校长在三年后的第一年就成功考进了慈溪锦堂师范学校①在余姚教师进修学校的一个教学点，当时在读的两个班都是属于当代课老师以后考上去的。更幸运的是，那一年是政府规定的最后一年可以"代课考"，接下去就没有这个政策了，也就意味着接下来的代课教师就失去了这条可以通过进修取得转正的途径。但是这种"幸运"在我看来并不是一种侥幸，更不是纯属运气，而是时间与个人积淀共同作用后的一种结晶。从此，"师范"生涯开始了。

郑校长的师范求学之路在当时背景下具有相当的代表性。当时的北仑还很穷困，很多有志于从事教师职业的人为了进入"体制内"，成为一名正式教师，姑且不论他们带有为了生计的目的，不惜多次辗转，在诸多政策的夹缝中谋取回报。这种动力来源于对自己命运及家庭子女命运的深切忧虑，希望通过获得体制内的便利和照顾来改变自己和家庭的命运。

二　优质师资的单边流动与新学校的苦楚

郑校长并不是淮河小学的第一任校长，但却是同淮河小学共成长的见

---

① 据史料记载，锦堂师范旧址位于观海卫镇、吴锦堂故居旁边，为爱国华侨吴锦堂为振兴中华、启迪民智，于清光绪三十一年（1905年），在家乡独资创建。浙江巡抚呈光绪皇帝的请赏奏折中称其为"浙江私立学校之冠"。吴锦堂为兴办学校，累计耗资23万银元。民国三年（1914年），吴锦堂向浙江省政府备案，所有校产后世子孙不得干预。1931年，学校改名浙江省立锦堂学校。1984年恢复慈溪锦堂师范学校名称，吴锦堂孙自日本赴慈溪参加复名大会。吴锦堂的壮举，被蔡元培先生誉为与陈嘉庚、聂云台齐名的"办学三贤"。锦堂办学的经验，是中国中等教育理论与实践相结合的先导，对慈溪的教育事业，乃至整个社会的发展都产生了深远的影响。

证人和重要参与者。2004年建校时,郑校长通过"进城考试"从农村学校转入城区学校——淮河小学,这整个过程中可谓几经周折,才得安定。这种现象在北仑区的发展历程中也并非个别现象。当时北仑区正在全区推进"一校一品"的区域性特色办学①,印发了《北仑区推进中小学特色项目建设的实施意见》,希望通过政策的扶持和引领,不断优化结构,打造"优质均衡、轻负高质、特色多样"的区域教育新高地。淮河小学作为当时一所新生的学校,面临区域的政策导向以及众多传统特色明显的学校,如何在这个竞争激烈的区域教育格局中生存下来甚至脱颖而出成为了所有淮河人的重大挑战。②

北仑区域性特色学校的推进,不仅是基于对特色学校内涵的重新认识,也是区域教育迈入优质均衡的必然选择。因为一个区域内的教育均衡发展最终将落实到一所所具体的学校,即所谓的校际均衡。有学者提出:影响以内涵发展促进教育均衡发展的最大障碍是"区域内差异",而不同区域内差异的表现也是各异的。③ 伴随着社会经济和文化的发展,教育资源的严重短缺不再成为制约区域教育发展的凸显问题,学校之间的品质特色则日显重要。倘若校际之间的这种品质差异不断丰富多样起来,逐渐形成一张充满竞争力的网络,那么整个区域的教育发展将最终走向有差异的内涵均衡。这里的"内涵",从学校层面来说,体现为学校领导的管理理念和领导方式、教师的教育教学观、学校文化生态的塑造、学校制度的创新完善等;回归到区域层面,则是局部与整体之间的关系。

当然,在特定的社会文化背景下,一个学校的领导,特别是校长,其

---

① 这也成为北仑区教育均衡发展迈入内涵发展阶段的重要标志。

② 据北仑区教育局提供的资料记载,当时北仑区在推进特色学校创建过程中,将北仑区的中小学分成三个层次类型,第一类是传统特色明显的特色学校,比如被评为浙江省首批体育特色学校的华山小学、浙江省首批艺术特色学校的白峰小学等;第二类是已形成单项特色项目的学校,比如高塘小学的剪纸、江南中学的纸花艺术、绍成小学的钢琴等;第三类就是尚未形成特色或特色不明显的学校,当时的淮河小学就属于这一类。

③ 区域内差异基本可以分为两大类型:一类是自然与文化积淀形成的差异,如所在地区经济发展的差异以及历史文化传统造成的不以人的意志为转移的教育上的差异;另一类是现实中人为造成的差异。人为的差异又可分为两种:一种是因资源缺乏而不得不集中有限的资源用于较为紧迫的事务;另一种是因教育价值取向不同、自觉和努力程度不同而出现的差异,如在欠发达地区将升学率视为政绩的观念导致了对极少数升学有望者不正常的"厚待",而多数学生沦为"陪读"。参见杨小微《义务教育内涵式均衡发展路径分析》,《教育发展研究》2009年第5期。

自身所具备的信念与思想，不论是有意识的还是无意识的，都会影响着校长的行动和学校的道路选择。在很多情况下，虽然这种信念与思想是内隐的，是教育工作的一个心理背景，但这种内隐作用的存在无时无刻不在影响着他们的判断、决策，进而影响他们的教育行为，当然也影响着教师群体和整个学校的发展方向。

(一) 进城考：从农村学校到城区学校

学师范出身的郑校长在师范毕业时并没有直接进入城区学校教学，而是在读师范的最后一年先在一所农村学校"顶编上岗"了，相当于现在的实习，但是承担的工作与正式教师的工作一样，且是带薪的，只是工资比较少些。据她回忆，当时她毕业后工作的第一所学校是柴桥小学下面的一个完小，主要担任大队辅导员，一年多之后转入新碶街道的高塘小学工作，整整八年，从最初的语文教师到语文教研组长，再到教导主任兼教科室主任，身兼数职的她在经历艰辛的同时也经受住了学校的考验。八年高塘小学的工作经历为她进入淮河小学工作积累了许多经验，也为她的教育信念的完善奠定了坚实的基础。

> 在高塘小学，首先是自己专业上面的，语文教研组长，后来是教导主任兼教科室主任，分管教科研这块，还有艺术类。那几年，其实也是蛮充实的。我自己总认为，校长能够把任务给你的话，说明他比较信任你，也比较看重你。我除了把教科研工作都做好外，还力求各个学科能够平衡，其中一个特色就是跨学科听课。另外一方面，分管艺术类这块，当时自己亲自协助舞蹈老师排练舞蹈。在高塘的时候确实是蛮苦的，所以到淮河小学来的时候，更忙，但感觉倒也能够适应。(2012年1月，郑校长)

不难看出，郑校长的言谈中透露着对工作中"信任"的一种赞许。虽处在农村小学，但上级领导以及同事之间的信任让她淋漓尽致地发挥着自身的能量并得到了认可。就像她自己所说的，这种"信任"在当时成为她不断进取、自我规约的内驱力，直到现在也是她工作中为人处世的基本法则。教育是一项有目的、有计划的活动，无论是作为教师，还是教育管理者，都需要通过科学的经过深思熟虑的教育信念来指引。特别是学校的校长，且不说校长权力的大小，其信念的力量直接影响着整个学校的发展，左右着教师的工作积极性和学生的发展方向。有学者甚至指出："有无自己成熟的教育信念是划分教育家与教师的分水岭和重要标尺。"[①] 而教育信念的生成与确立，可以说源自个人全部的生活经验。这一点在郑校长身上体现的尤为明显，正是出于对教育的热爱以及一路走来的辛苦历程，让她对眼前的这份职业多了几分珍惜，做起事来也是加倍认真，以至于有些愧对当时年幼的儿子。

> 还是在高塘小学的时候，那时候儿子还很小，我就纯粹是放在托儿所的，晚上七八点钟的时候去接他，那时还没有上幼儿园嘛，所以就放在托儿所。当时那里可以是晚托的，晚上都在那里吃，对儿子我心中很愧疚，但能够把学校里面蛮多的事情做好还是觉得蛮开心的。所以我们当时高塘小学的校长，根本不用担心我兼任的这些事情，一点不会来管，不插手，因为我总是认为自己份内的事情，他交给你，你总要把它做好。（2012年1月，郑校长）

都说教育信念的力量是心灵力量和教育力量的重要源泉。在高塘小学工作了整整八年的郑校长在当时已然成为一名优秀的教师了，但后来发生的一系列事情让她决定参加一年一度的"进城考"并加入城区学校重新开始。在淮河小学成立的前一年，也就是2003年，担任教导主任的郑校长经过了多年的琢磨与努力，已是北仑区新课程改革的核心组成员了。事业上的一番成就本可以让她选择短暂的放松，但孩子的教育问题一直沉压在她心头没能很好地顾及。当年其母亲董老师一直希望她能够考取大学而一度严加管教，她的"落榜"让这种愿望自然而然地遗传到了她儿子的身上，但在教育方式上，郑校长一直有自己的坚持：我不想给孩子过多的压力和管制，童年嘛，就应该是开心的。这一点与她的童年成长经历是分不开的，在她内心深处，孩子的幸福快乐才是最重要的，也难怪她给孩子起的小名就叫"开心"。出于之前对孩子疏于照顾的愧疚，也考虑到孩子马上就要上小学了，家里的老人和亲人都希望孩子能够到城区学校来读小学。当时要从公办的农村学校进入公办城区学校工作，需要通过全区统一安排的"进城考试"，但民办学校则不用进城考。又是一次两难的选择！

[①] 宋宏福：《论教师的教育信念及其培养》，《现代大学教育》2004年第2期。

2003年是北仑区进入"国家基础教育课程改革实验区"的关键一年，自2002年北仑区被教育部确定为"国家基础教育课程改革实验区"以来，郑校长便积极投入新课改中，并在2003年成为区新课改核心组成员。适逢时机，当时地处北仑城区的一所学校邀请在高塘小学的郑校长过去它那边工作。本来这是一个实现孩子和家人愿望的良好机会，但是重情义的郑校长犹豫了，她说：

> 那时候本来都说好了，但是我们高塘小学的校长也很好，很真诚地挽留我。她说，不是为了帮学校，就是帮帮我，像姐妹一样的，最好能够留下来。我这个人心很容易软的，所以当时就想，那就不出来了，就待在那里。（2012年1月，郑校长）

好景不长，地处农村的高塘小学最终没有留住当时的郑校长。优质师资的稀缺是当时北仑区各个中小学校的现实状况，学校要取得卓越发展，绝对离不开优质师资的配备，直至现在，这一直是各个学校的共识。为此，学校之间愈演愈烈的优质师资"争夺战"可以说不亚于家庭之间的"择校热"。加上中国城乡二元体制的弊端，让当时很大一部分教师都期冀于"进城考"到城区来工作生活。2004年，家里人的再一次建议以及孩子在这一年九月份就要上小学一年级了，双重压力让郑校长不得不做出"进城考"的决定。在"进城考"之前，淮河小学的第一任校长找到了郑校长，希望她能够加入淮小这个新生学校中去。殷切的期望与诚恳的邀请，打动着郑校长的内心。

> 当时我也同家里商量了。因为当时我孩子也是那一年要上一年级，家里人是希望我能够到城区学校来，主要是能够管管孩子。所以当时也跟那个校长沟通了一番，了解了一些学校的情况。后来还比较顺利通过了进城考试，应该说很开心，意味着我肯定是可以转进城区学校了。（2012年1月，郑校长）

像郑校长一样因各种各样的原因参加进城考试的现象在当时并非个案，甚至有些"狂热"。一年一度的"进城考"，一直以来都被广大农村教师视为改变命运的一大契机。产生于计划经济时代的"城乡二元体制"

以户籍制度为主要特征，造成了具有中国特色的城乡居民在社会经济地位上的差异。在城乡教师薪酬待遇以及社会地位上，以户籍为主要特征的"城乡分割"同其他形式的分割相互交织在一起，并从机会不平等以及结果不平等两个层次中充分体现出来，从而形成了优质师资的单边流动——以"进城考"为契机的农村教师向城区流动。究其背后原因，城乡分割的二元体制是罪魁祸首，表征出来的是农村学校与城区学校的巨大差距不但让教师们致力于挤进城区工作，更引起了家庭对学校的区别对待，"择校热"闻风盛起也就不足为奇了。

（二）艰难的抉择：人情与教育管理者之间的博弈

进城考试成功后，对于郑校长一家人来说，无疑是个好消息。然而，惊喜之余，情况变了，一个更纠结的抉择摆在了她面前。

> 那时候情况变了。什么呢？离我家比较近的地方也有一所老的学校需要人，希望我能够过去分管新课改。这边（指淮河小学）是新学校嘛，也刚好是要招老师。问了身边的人，他们都认为我应该到老的学校去。因为新学校一个很苦，第二个我们学校（指淮河小学）是比较偏的。我家附近的那个学校毕竟已经打下基础了。（2012年1月，郑校长）

面对两边学校的邀请，郑校长陷入了两难的境地，一头是考前就出面交谈过的新学校校长，另一头是已经有办学基础的老学校。不过粗略地综合来看，在当时去那所老学校貌似要比去淮河小学来得更"实惠"，一则毕竟是老学校，已经打下了一定的基础和社会声誉；二则身边的亲人以及当时比较好的朋友都支持她去老学校，人情颜面上也更周全些。在中国这个具有"乡土性"的社会里，人情往往成为人际交往中的重要行为方式之一，虽然很多时候人情的存在会给我们办事情带来方便，但有时候也会成为我们做抉择时的一种牵绊。当时郑校长向分管人事的副局长提出了要去老学校的决定，理由如下：进城主要就是照顾孩子，加上自己身体也不是很好，希望可以去老学校稍微轻松些。但分管副局长斩钉截铁地回答让郑校长再一次陷入困局。

> 当时副局长很明确地跟我说：不行，必须要到新学校去，要去支

持新学校。(2012年1月,郑校长)

面对上级教育管理者的坚定回答,也许在当时的情况下可以通过去疏通关系让他改变决定,但郑校长并没有选择这个途径。在身边朋友的建议下,她给新学校的校长打了个电话,详细询问了学校的一些工作情况,那位校长的诚恳言谈让她最终安心选择了新学校。

对于当时还只是一个普通教师的郑校长来说,无论是分管人事的副局长,还是城区学校的校长,相对她来说都是教育管理者群体。在中国教育管理体制下,面对行政领导的直接分配以及校长之间的"人才争夺",作为下面的普通教师,可以说处于相对被动的境地。而教师本人在做出选择的背后也蕴含着个人的价值观取向——是脚踏实地一步一个脚印地向前走呢,还是选择省力走捷径?但影响这种局面的背后还有另一个重要因素,那就是优质资源的稀缺及其配置制度。在传统的中国社会里,血缘和地缘关系占据重要地位,社会中许多重要资源都是沿着血缘和地缘的关系进行再分配的。新中国成立后,资源的配置方式发生了根本性转变,再分配经济体制占了主导地位,国家控制了社会中重要的稀缺资源。[①] 当然这个资源就包括稀缺的优质师资。

(三) 学校管理层的断层与孤独:城乡学校文化差异的挑战

本以为转入淮河小学后只会负责后勤部门或者会计方面的事情,轻松且可以照顾到孩子,但是上岗后,面对的现状与挑战远远超过了当时的想象。郑校长是2004年暑期开始进入学校工作的,比正常时间整整提前了一个多月。当区教育局把所有通过进城考试的老师分配到位后,时任淮河小学第一任校长的刘校长把郑校长叫到了办公室,告诉她她的工作是校长办公室主任,负责推广、宣传学校形象并撰写文档之类的工作。"校办主任"这个职务对于刚从农村学校转进来的郑校长来说是陌生的,当时她并不懂这个职务到底是干什么的,但从刘校长的简单介绍中,感觉是写东西方面的,心中也算舒了一口气。用她自己的话来说:师范经历改变了她对教育的看法并形成了自己的理解,因此不怕写东西。在她看来,教育一定要给孩子更多的自信心并且要给予他们更多的信任。

---

① 费孝通:《江村经济:中国农民的生活》,商务印书馆2001年版,第64—92、273—284页。

> 我就觉得要让孩子喜欢你这个老师，爱上你这个老师，他自然而然就会爱你这门学科。其实你不需要动太多的脑筋，就把他们看作是朋友一样，包括吃中饭时，我都是跟他们在一起吃的。吃中饭的时候会和他们交流，会问他们苦不苦，晚上作业要做到几点等。他们都会跟我直言，毫无保留的，不怕的那种。包括我的办公室，他们有什么事情就直接会跑到我办公室来。如果他们有表现好的，我一般都尽量以奖励的方式赞许他们。所以我觉得老师对孩子那种关心真的是非常非常重要。(2012年1月，郑校长)

对教育观有着自己理解的郑校长对于她即将工作的新学校，一所城区学校，以及即将就任的中层管理岗，可以说是充满着期待。但是直到真正上岗后，她才发现整个学校的管理层其实就只有两个人，一个是刘校长，一个就是时任校办主任的她。因为是新学校，原先找好的中上层干部都没有如期而至，而办学方面，教育局又寄予了厚望甚至施加了压力，现在回想起来，郑校长似乎还心有余悸。

> 其实当时办学第一年我们学校管理层就只有我和刘校长两个人，一个是校长，我呢就是校办、教导、教科、师训、德育处等全部要负责起来，哪怕当时的总务处只是需要一个负责人，我们都没有人担任，还包括工会的事情，全部要负责起来。所以从一开始自己想想要做的事情，现在想起来还有点后怕。就一个月时间，我的人整整瘦了20斤，完全没有在高塘小学时白白胖胖的那种感觉了。(2012年1月，郑校长)

这段艰辛岁月，她没有穿过高跟鞋，每天走路时都是靠小跑的，加上她还担任着新招进来的第一届学生的语文老师，管理与教学双肩挑的她基本上没有双休日，没有好好休息过一天，哪怕是在大年三十的时候，也在那里值班、做档案，大多时候都是她一个人。长期这样的工作状态似乎与她转进来前的想象完全不一样，"忙"成了她工作生活的全部，对于孩子的照顾反而更少了。

> 我不会忘记我的儿子曾对我说过一句话："妈妈，你不是最爱我，

你最爱工作，而且你爱你的学生甚过爱我！"那话是根深蒂固的。每每想起那句话，我会流泪，我会发呆，再发呆，我会再马上惊醒般地把儿子叫来问寒问暖，巴不得把所有的母爱都一起倾注在他身上。但那是暂时的，那不能弥补我对他的所有欠亏。（2008年1月，郑校长日记）

新学校，在硬件上虽然占据着"新"的优势，但软件上的不足不但给学校内的管理者、教师们造成了苦难，更难以得到社会及家长们的认可。根据郑校长的口述，当时建校第一年招进来的教师主要由三部分组成：第一部分就是像她一样通过"进城考"分配进来的，"进城考"中按照科目分别取排名前几位的人员，这部分教师的知识技能相对来说还算是可以的；第二部分是从长江小学分流过来的部分师资，很显然，优秀的教师，对方学校是不会让分流过来的，但不排除几位通过人情关系网挖掘过来的相对较好的师资；第三部分就是通过招聘刚刚大学毕业的学生组成。这样三个部分组成的师资队伍，通过他们的背景资料可以发现，在原来学校担任过领导班子成员的，除了刘校长原先是九峰小学的副校长，通过北仑区实行的校长公开竞聘制竞聘上岗的，然后就是郑校长原先在高塘小学时担任过教导主任、教科室主任外，其他教师都没有在中心学校以上担当过管理层的经历。学校管理层的断层让整个学校运作起来尤显不易。

  当时我一直向刘校长提出，将教导主任或者其中任何一个职务拿出来一个，让我解脱一下。他一直不同意，他也知道我的性格，知道任务下去之后你肯定会认真完成的，知道你这个性格，所以他不心急。每一次策划，我从写方案开始，包括邀请的一些专家领导之类，关工委啊，都是我去请的。可能一个礼拜里就要把全部事情做出来，然后一个活动做出来之后，回过头想想真的有点后怕的，好像在做梦一样，就把这个事情做好了。一天时间过得很快很快的，然后又感觉到真的很孤独。（2012年1月，郑校长）

角色的突然转变让当时刚转入城区学校的郑校长有点不太适应，她用了"孤独"来形容当时的感觉，足见其内心深处的那种"落差"。原来在农村学校高塘小学的时候众人都会围着她，当她是小辈一样的，每天都很快乐。办公室里会有好几个人一起,有工会主席,有大队辅导员等,做事情的时候,不会讲空话,就认真做事情,聊天的时候就很轻松的聊天,没有隔阂。吃完中饭之后,总是不约而同地回到那个办公室坐坐、聊聊天,偶尔还会一起上街去买东西。若有年长的同事在,会如长辈般地教导:"好,现在不要买了,控制一下",过段时间又会幽默地告诉说:"可以买了。"尽管当时郑校长是中层领导,但在大家的眼中,并没有对领导的刻板印象,反而是按照辈分长幼,充满亲切与信任。到城区学校淮河小学以后,管理层本来就只有两个人,大家都把领导只当"领导"看待,有一种疏远的距离感,当难得空闲下来后,独自坐在一个硕大的教导处办公室里,那种孤独感便更加浓烈,其内心孤独的背后更透析着一份无奈与不屈服。

学校是新建的,除了硬件新外几乎没有自己的办学传统和文化积淀;班子成员是新组成的,他们各自有着原先的背景经历和文化烙印,因为区域教育发展的需要以及各种各样的动机而结合在一起。前者的"单一"与后者的"多样"无疑会在一开始的耦合中发生冲突。在中国,城乡差距的悬殊可以说是国民经济发展中长期累积的体制性及结构性问题的综合表现。城乡学校的差距不仅仅体现在教学场所、仪器设备等硬件设施上,何况这些硬件设备都属于学校教育中的同质要素,而要实现城乡学校在这些同质要素上的均衡配置只要增加对农村学校的投资即可解决问题,这也是中国诸多地区在教育均衡发展过程所采取的途径,更体现在教师、管理、学校文化等这些异质因素上,它们无法像同质要素一样通过在学校之间均衡配置来达到缩小差距的目的。虽然很多乡村教师通过参加"进城考"来实现进城的工作调动,在这个过程中,人们更多关注的可能是他们的教学技能与知识储备,而对他们进入城区学校后的学校文化适应与融合问题,往往较少受到关注。看来,在城乡统筹发展背景下,曾被诸多地区采取的城乡学校"教师轮岗制度"是否能真正解决优质师资的短缺问题还有待进一步检验,或者说,轮岗教师如何适应城乡学校文化差异以及如何融入这种文化值得我们进一步去考证。

据郑校长回忆,一开始本来就断层的管理层在2008年时再一次断层了。当时淮河小学的第一任校长,也就是她的前校长因工作需要转岗了。当她接任校长时,整个管理层一下子接不上了。因为在她当副校长、教导主任时,其他的校办主任、科研等都是她一人兼着的。管理层的再培养成了当时的难题,只能从下面的副教导、教研组长等人中提拔,但他们的中层管理经验却是非常薄弱的甚至为零。整个管理层人员的培养,基本是处于磨合锻炼期,其中的辛苦也让部分人退却过。

对于管理角色,郑校长有着自己的理解,她认为自己必须承担着"主人"与"管家"的责任。在来淮河小学之前,她也充当了多年的管理人员角色,始终成功、顺利地保持着努力做好本职工作、坚决服从上级领导分配的心态。到了新学校,事实让她完全改变了"上令下从"的机械状态。因为,这里的校长执行的是科层级负责制,她承担的是任何事必须"向校长室负责,不然我之过"的重大压力。可能是不太适应的缘故,也可能是习惯于原来只是完成自己分内工作的管理模式,她感到很吃力,甚至力不从心。但心中的责任感迫使她渐渐地磨炼、适应乃至习惯。为此,每次的大型活动之前,除了方案的设计及具体、周密的安排,她总是习惯性地巡视着校园的各个角落、检查活动场所卫生的状况、整理场地的布置、东西的摆放,甚至一次又一次地奔波于校外联系。因为,在她心中形成了一种意识,那就是活动不成功是她的责任,准备不充分是她的责任,教师论文没得奖、优质课没上好也是她的责任,学校没有成果无法参与评先进更是她的责任。

这也无可厚非,自近代公共教育体系建立以来,科层制的管理方式一直是公立学校普遍选择的组织形式。在当前的学校管理领域中,政府及教育行政部门授予学校管理者一定的权力,在受到一定监督的情况下行使相当的自主权和行动权。当然,被授权者对授权者负有汇报和完成任务的责任,管理人员之间的职权也有较严格的等级之分,并通过借助"合理性"取向建立各种规章制度和考核指标来予以规范。但是,学校管理者的权力并不等于权威。有学者提出:"为克服学校因科层制规则而导致的组织缺陷,应在制订与实施体现工具合理性的规章制度过程中,打破原先管理者权威所依赖的'统治——服务'关系的根基,以促成教职工认同管理者秉承的价值合理性为目标,建立双方'合作——激励'关系,从以指令和物质诱因为主的管理方式转向注重能力构建和鼓励民主参与的管理方式,使学校管理者的权威形成与行使得到工具合理性与价值合理性的双重支撑。"[①] 中国正处于社会转型时期,基础教育领域也正在经历着多元价

---

① 魏志春:《学校管理者权威形成的路径分析》,《教育研究》2003 年第 12 期。

值观、教育理念和管理方式的碰撞与冲突。对于淮河小学管理层的断层以及管理者的孤独等诸多问题，正昭然揭示出学校管理者权威以及管理方式调整的必要性和重要性。

三 办学思路的突围：一个"异想天开"的决定

面对已经被"割过几茬"的生源，面对诸多所谓的"名校老校"，对于一所先天不足的新学校来说，若按照传统办学思路，只重视学科教学，狠抓教学质量，那么学校很可能最终只会沦为一所公办的民工子弟学校。时下，功利性教育并没有因为新一轮课程改革的推进而有所冷却，学生学习负担过重，学习不快乐，自信心羸弱，自主能力差，种种教育现状都在质问着这所校园文化还是一张白纸的淮河小学。是否要继续这条传统老路？学校的办学方向该往哪走？学校的文化基因应该是什么？……这一切的症结都回归到教育的本质问题上，特别是承担着基础教育的学校，它的真正使命到底是什么。

在现实社会中，处于同样激烈的竞争条件与环境下，有些人可能会选择既省又快的做事方式，目的是为了快速到达终点取得胜利，若是不择手段，那出现教育中的"搭便车现象"① 也就不足为奇了；但有些人则可能会选择脚踏实地的方式循序渐进，当然也有人会选择"不作为"的方式等等。各色各样的人在面临相同选择时会做出不同的决策，不但与时空、环境等外在因素相关，更与人的价值取向密切联系。在中国的教育管理体制下，学校的发展方向除了大环境的引导外，很大程度上取决于该校的高层管理者，特别是这个学校的校长。对于当时的淮河小学，没有历史的积淀，不受家长的欢迎，更面临区级行政领导的施压，复杂的局面让学校唯一的两个中高层管理者备受煎熬：该如何走出这困局？

（一）办学思路选择的十字路口

随着郑校长的回忆，时间又定格到2004年8月31日，在所有"淮河人"的心中，那是学校正式成立的第一天，用他们自己的话说，是"新家成立的第一天"。那一天，门口一辆辆集装箱车轰然而过，怨声载道的

---

① 搭便车理论最先由美国经济学家曼柯·奥尔逊于1965年发表的《集体行动的逻辑：公共利益和团体理论》一书中提出。它是指不付成本或少付成本而坐享他人之利的投机现象。在本书中特指那些为了在教育上快速取得成就的人或教育机构的投机现象。

家长带着孩子在拥挤的校园内嘈杂雷语，埋怨着孩子不该被分到这里。教导处办公室内，区教育局领导几乎命令式地要求校长接纳那些被原校"驱逐遗弃"的不受欢迎的"特别孩子"，以求整个区域教育的"太平"①。一边是学校教育的主体对象，另一边是统筹管理学校的上级行政领导，学校校长以及教师们就像汉堡的"夹心层"举步维艰。这还是经过前期"特殊家访"后的局面。

> 当时左右为难的局面真的很让我忍气难过，我还偷偷跑到一个教室中哭了一场。强烈的责任心无声地告诉我必须立足于这个学校，为这个"家"扬眉吐气。所以当时我就告诉自己：既然你来到这所学校，就要让来到这所学校的孩子、家长也能接受，能够让这里的孩子体验其他学校体验不到的幸福。有这样一种斗气的感觉，就是一定要争气。（2012年1月，郑校长）

她的言语显然变得有些激动。查看2004年北仑区的档案资料，这个时期的北仑，经济社会发展已步入"快车道"，并进入了国家基础教育课程改革实验区，2003年，全区所有乡镇（街道）先后都被评为浙江省教育强镇（乡），2004年还荣获浙江省基础教育课程改革巡礼活动展览一等奖。对于新加入这个行列的淮河小学来说，面对这种"高起点、强竞争"的区域局面，它可以说是北仑教育发展到这个阶段后的一所特定时期的"薄弱学校"②。那么，如何顶住压力和挑战并真正持续地向前发展？这个时候，学校管理者以及教师的信念就在很大程度上起着决定性的作用。在哲学意义上，信念是人们对某种观点、原则以及理想等所形成的内心真挚

---

① 学校班子成员用"太平"这个词来形容教育局管理人员的意图，可见在建校之初，教育局与学校之间的信任程度很低，甚至还没有建立这种信任关系。

② 薄弱学校是一个相对概念，这个相对性包括时间和空间两方面。有学者认为薄弱学校主要表现为硬件和软件的薄弱，硬件上，表现为办学条件差，即校舍破旧、办学规模小并且超负荷，教学设备短缺，资源匮乏，当然这方面在淮河小学并不存在；软件上，主要表现为学校领导班子弱、管理差、师资队伍差、生源质量差、办学质量与效益差，社会声誉不高，学生不愿去、家长信不过等，而这些方面淮河小学基本上具备了绝大部分。参见熊梅、陈纲《标本兼治 综合治理——关于我国部分大中城市义务教育阶段加强薄弱学校建设情况的调研报告》，《教育研究》1998年第4期。

的信仰，它是自我意识的核心部分，一般表现为人们内心深处的判断标准以及行为动机。在心理学意义上的信念是指"激励、支持人们行为的那些自己深信不疑的有关理论观点、思想见解和准则，是被意识到的个性倾向"。① 信念是认知、情感以及意志的组合体，"只有当思想、理想、准则与主体的经验、认知、情感发生共鸣并为主体确认和坚信，进而内化为主体的精神时，才可称其为信念"。② 而教育，它不是一种简单的技术操作性行为，是一项基于信念的事业。有学者指出"真正的教育是精神的创生和灵魂的感召"。③ 没有教育信念的教育管理者以及教师，断然成不了好的教育者，更不会让一所学校真正发展起来并为社会所接受。

在这股"要争气"的强烈信念支持下，学校管理者开始跳出困境看教育，冷静地反思学校办学思路和价值取向的问题。

> 我觉得对于一所学校的发展，它需要明晰两个方面兼容的开发价值：一个是"乘电梯"，一个是"登楼梯"。这不但适用于一所学校，对于一个人来说也是一样的。这可能与我之前的成长经历也好，工作周折也好，都有一定的关系。（2011年12月，郑校长）

那么什么是"乘电梯"和"登楼梯"的发展方式呢？根据郑校长的工作日志以及口述资料，可以发现，"乘电梯"的发展取向其实是一种条件、技术、创新与智慧的融合，而"登楼梯"需要的是一种精神、意志和勇气。两者的区别主要分为三个方面。

第一个区别是速度的快慢。"乘电梯"的方式创造了学校的声誉和影响，特别是像淮河小学这所年轻的学校，它较快地创造了自己的声誉和影响，在别人看来这就是一种在"乘电梯"的方式下创造的。当然，作为一所新学校，它首先希望的是外界对它的一种欣赏、认可与支持，甚至也包括一份宽容和理解。但对学校自己来说，在这一种"乘电梯"方式的背后其实是需要有一种"登楼梯"的精神、意志和勇气的。但无论怎么做，它都必须要符合教育的规律，要以一种坚实的努力去取得实实在在的

---

① 宋宏福：《论教师的教育信念及其培养》，《现代大学教育》2004年第2期。
② 同上。
③ 肖川：《教育与信念》，《人民教育》2004年第5期。

成功,否则,就会"上得快也下得快"。

第二个区别是条件的好坏,包括物质条件,还有人力资源的条件。倘若只是单单靠"小米加步枪",即使是取得了成功,那也会缺乏一种现实的基础和意义。其中物质条件主要包括学校硬件环境建设与设施设备,这方面的资金来源就需要政府、教育局以及街道等多方单位的支持;人力资源方面则除了师资之外,还包括学术团体与家长等校外人力资源,像淮河小学的"和谐共建理事会"就是一个联合家庭、社区和社会的联盟组织,由退休的老干部、老领导、在岗的技术人员、一流的管理人员、德才兼备的公务人员、热心的家长等各界人员组成,来弥补学校师资力量的不足,带动学校、社区与家庭的联动发展。

第三个区别就是精神问题。"乘电梯"与"登楼梯"的方式就好比教育体制与理念的改革程度,创新与规范的制衡性程度。如果学校在发展中不思变革,错失良机,那么哪怕是百年老校或名校,最后也只会沦为平庸和消亡。

> 其实一开始我们也想过,是否要狠抓教学质量,特别是语数学科的教学质量与成绩,这确实也是教学工作的重中之重。但分析后觉得:仅仅如此,学校就可天宽地阔、长盛不衰了吗?我们都开始反思自己,反思学校,反思整个教育。(2011年12月,郑校长)

确实,随着社会的进步,科技的发展,知识更新换代的周期被大大缩短了,对人才培养也提出了更高的要求。在这一时代背景下,长期以来以"教师讲、学生学"为主的教学模式造就了诸多"高分低能"的人。在传统的课堂上,教师主导着整个教学活动,不仅束缚了学生的思维发展,也使学生的学习主动性渐渐丧失,潜能得不到充分开发,甚至被迫学习,无法体会到学习的快乐。传统教学再一次受到了严峻的挑战与质疑。而这一切与现代社会对人才培养的要求极不相符,更担负不了培养高素质创造性人才的时代使命。对于作为基础教育的小学教育来说,它的基础性又该如何理解?

(二)大范围调查后的决定

在办学思路选择的十字路口上,学校首先想到的是回到区内教育以及新课程改革的大背景下去寻找"基点"——从那里出发。

回到基础性，但我们更愿意用"基础点"来形容。当时我们对这个"基础点"是从三个方面来理解的：第一个是健康，就是孩子的身心健康、身体素质方面，还有他的心理健康，心态积极阳光等；第二个是情感性的。国家或地方设置的课程主要是为了让孩子接受理性教育，这个理性教育很大一部分是知识教育，而小学阶段的孩子更需要渗透一些超理性的成分，就是情感意志方面的，那么就避免造就出来的孩子缺乏情感，成为缺乏人生趣味的现代机器人。这现象现在比较多的（笑了一声）。第三个就是学力，力就是能力（怕我理解有误），就是孩子要掌握一个自己学习的能力。那你走上社会以后，他都是有自己的一种适应社会的需要，他有这种综合能力，你也就不会发愁了。

所以，我觉得在基础教育当中，并不是说你只要掌握基础知识、基础技能就可以了，最主要的还是一个他的身心健康，第二个情感性的东西，第三个学力，学习能力方面是比较重要的。（2011年12月，郑校长）

基于基础教育的"基础点"考虑，以及学术界诸多研究结果的支撑，学校决定将办学的关注点锁定在儿童的综合素质上。那么如何开展呢？据郑校长介绍，当时他们立足学校，主要围绕学生、家长、教师、社会、新课程等各方面进行了调查。

首先是学生方面。他们发现在招收进来的全校学生中，独生子女占了大部分，他们在父辈们的精心呵护下，形成了"唯我独尊""凡事以我为中心"的习惯，他们的感恩意识淡薄，生存能力低下，缺乏实践能力。尽管入学时学习成绩不是很好，但是他们都有一颗积极上进的心。

其次是学生家长。尽管目前普遍认为学校"很弱""没有传统"，但是受到就近入学等政策以及诸多条件限制，也愿意"既来之则安之"，他们期待着学校能够"后来者居上"，也愿意为这所新学校的发展出谋划策、贡献力量。这一点对于学校的教师而言，有其相似的地方，教师中目前虽还没有区级以上的学科骨干，他们的平均年龄也不到30岁，但是他们除了具有将学校办好的强烈愿望外，还充满着活力与激情。

再次是学校周边的教育资源以及校情。对于这所新学校来说，硬件上的先进设施为学校的活动开展提供了较好的基础。学校周边有三个特色非常鲜明的社区，分别是环境优美的生态型社区——芙蓉社区、"人文型"的牡丹社区以及港区文化突出的北极星港口社区。这三个社区中有众多的知名企业、机构单位以及实践基地，如果合理加以协作利用的话都可以成为很好的教育资源，比如有李鹏总理欣然题词的"洋洋东方大港"——北仑港、中国国内第一个制造汽车的民营企业家李书福创办的吉利汽车公司、北仑边防边检站等，这其中均含有丰富的人力资源。

最后，聚焦到当时正在进行的新课程改革以及区层面提供的政策导向——区域特色办学。学校该寻求什么特色？

> 从当时本地的教科网上可以看到，书香校园、诗意人生、诵读工程、读书节等活动在各学校都已轰轰烈烈开展起来，形式多样，板块丰富。请专家指导、支撑的也甚多。当时，我的脑中蓦然出现一句话：风起时，铺天盖地。当时，我把这句话发给一个朋友，他诧异地回道：刮风了？而我当时的脑中却在想：风起时，我们该做什么？那不是凑热闹，那不是赶集去，那是针对真正给予的需要慎重、静心考虑的问题。（2005年1月，郑校长日志）

根据郑校长自身对当时新课程改革的理解，她认为这或许可以成为一个突破点。从新课程改革建立的三级课程管理体制来看，旨在增强课程对地方、学校以及学生的适应性，从而改革课程管理过于集中的现状。其中一大热点以及亮点就是增设了综合实践活动课程。可以说，综合实践活动课程蕴含着更完善的教育价值观、学生发展观、课程观、教学观和资源观等教育理念。它能增进学校与社会的密切联系，培养学生的社会责任感，学生的主体价值能在这里得到充分展现。

此时，教育管理者自身所储备的教育理论以及对教育的理解显得尤为重要。在郑校长看来，新课程改革的三级课程体系似乎为她打开了寻求学校特色发展的突破口。她之前所信奉的"多元智能理论"以及"体验教育理论"又为她如何践行特色发展提供了方向性指导。下面这段话来自她的工作日志，深刻呈现了她对教育的内心独白：

> 制度化的学校教育一般有两条发展思路：一个是走向城市，另一个是回归自然。应该说这是两条截然不同的发展路径。"走向城市"

意味着教育的不断现代化、体制化甚至是模式化。这一过程在现实教育中遭遇了很多问题，而且也是城市化过程中必然出现的问题。而"回归自然"意味着要回归学生的本真和教师的本真，站在这个立场上的教育可以说是对自然主义更高层次上的返璞归真，而这恰恰回应了当前我国教育学术界对教育发展在科学性与艺术性两个极点之间的徘徊问题。我坚信教育是有规律可循的，但同时又极具个性。（2005年4月，郑校长日志）

经过激烈的讨论后，学校决定将目光锁定在综合实践活动课程上。根据当时他们对文献资料的分析以及现实情况的调查，他们发现当时存在的综合实践活动的实施误区为他们留下了施展的空间。根据当时他们的会议笔记，这些实施误区可以被整理成"六大忽视"。一是对学生主体地位和年龄特征的忽视。小学生是小学教育的主体，极具探索欲望，但他们往往又存在注意力集中时间不长、抽象思维较弱等问题，对于他们的教育必须符合学生的年龄特征，但多数情况下教师对于教育活动主题策划、内容确定等方面一手包办，忽视学生的年龄特征，没有充分考虑小学生好动、爱模仿的天性，设计的活动或多或少带有成人的色彩，对于活动中学生产生的新问题视而不见，大大削弱了学生探究、质疑的欲望，忽视了他们的主体地位。二是存在忽视学生心理承受能力的现象。伴随着人们生活水平的日益改善，青少年们不再像以前那样会遇到很多挫折困难，久而久之造成了他们吃苦耐劳、艰苦朴素等意识逐步弱化，克服挫折的生存能力开始下降，经不起挫折的考验。三是忽视学生的情感体验和个性健康发展。小学生是富有个性的个体，需要教育为其提供贴近生活或以其体验为基础，能尊重他们选择，将他们的需要、动机和兴趣置于核心地位的新型课程。但在活动中，老师关注学生的情感体验很不足，没有为他们提供开放的个性发展空间。四是忽视活动的实效性和持久性。新课程改革以来，众多学校在形势所需下纷纷进行综合实践活动的开发工作，但活动经常流于形式，活动研究的架构缺乏系统性，造成不完整、断裂的现象。这种短暂效应往往无法激发学生的持久兴趣。而学校更多的是停留在学校层面上完成任务，并没有真正吸引孩子的兴趣。五是忽视活动的整体效益和发展性评价功能。在研究其他学校活动开展的过程中，他们发现其中有很大一部分没有将活动各个板块进行有机整合，活动目标单一，忽视了活动的整体效益，仅停留在形式的层面。此外评价方式也较为单一，评价中没有充分考虑到学生的差异性、发展性，与新课程立足学生发展的评价观不相协调。六是忽视活动实施的宽泛性环境。很多学校开展综合实践活动的硬件不足，空间狭隘，更为严重的是对综合实践活动实施的环境仅局限于校内，偶尔会带学生到校外去参观、调查、访问。事实上实行双休日后，学生在校的时间仅190天左右，减负后，学生的在校时间也控制在6小时内，这给学生带来了大量的课外时间，这些时间如何合理利用已引起多方关注。在这一点上，他们达成了共识，那就是认为综合实践活动实施环境应由校内向广阔的校外社会生活拓展延伸，并着眼于解决学生课外生活问题的需要，使社会成为学习的一个重要领域，形成学校、社区、家庭与社会的一体化协作关系。

经过综合分析各方面掌握的情况后，学校明确了"理论与实际结合、实践与模拟结合、学校与社区结合"的办学思路，决定将情境模拟、感恩教育和生存教育结合起来，开展富有特色的"阳光城"综合实践活动。

从所取的名字"阳光城"可以略感其背后的含义。首先是"阳光"，本义为太阳、日光，取其"健康向上、温暖明亮、生命活力"之内涵，期冀社会、家庭、学校均能给予孩子阳光般的幸福教育，让他们幼小的心灵充满阳光，并能将内心的阳光回报所有关爱抚育他们的一切，为他们的幸福人生做奠基。其次，"阳光城"是一个城，意味着学校和周边社区整合后的一个模拟城市。据郑校长回忆，当时在反复征求诸多教育专家意见的基础上，出于"让大社会入住小学校"的一个考虑，认为可以把学校当作"阳光城"的快乐大本营，而学生是这个城中的"小市民"，发挥学生的主体性、能动性，由学生自主管理，开展综合实践活动。但毕竟是小学生，为他们设立顾问与指导员又成为一个必要，但在当时的想法中，总觉得这些顾问与指导员不应仅仅是学校里的教师，是不是还有更多的可能性？

> 当时的想法虽还不是很成熟，但愿景其实很美好，真的。当时我们都提出了行动口号——让我们都来牵阳光的手，谱育人的曲，让我们的每一个孩子都拥有如花的笑容，让每一朵稚嫩的鲜花绽放生命的光彩，让每一颗幼小的心灵都涌动挚爱的情愫。（2011年3月，郑校长）

从当时学校提出的行动口号中也可以看出,这样一个办学方向的选择对于当时所有的"淮河人"来说,是一个激动人心的愿景,但背后隐藏的是无数充满不确定性的挑战。在当时看来,这简直就是一个"异想天开"的想法。

现实的残酷真真切切地摆在学校面前。可行还是不可行?行动还是不行动?疑虑多于肯定,阻力大于信心,毕竟教育是一项长期的培育人的事业,不像经济,可以较快地实现回报。"公平"与"效率"这个教育中的老问题,此时是那么真切地横在这所新学校的面前。又是一次"登楼梯"还是"乘电梯"的挣扎。

> 刚开始的时候,街道上那些骑自行的、骑三轮车的人都不知道淮河小学在哪里,以为是外来工子女学校。搞活动(指综合实践活动),无非是为了让学校能够被外界了解、认可。可是面对的阻力(停顿了一下),非同小可啊。(2011年12月,张老师)

正当"疑云"扩散之时,学校管理者的最后"拍板"让这个计划运转了起来,那时候,更多的人是带着半信半疑的心情行动着,用郑校长的话说,他们是在"盲人摸象"。

第三节 学校特色的形成:实践与理念的碰撞

学校办学思路的蓝图勾画出来了,但是相对于整体办学特色的形成来说,蓝图还只是个开始,如何实践成了下一步的关键。伴随着新学校的运转渐渐步入正轨,学校管理者与教师之间也越来越熟悉了,大家的参与意识明显增强。如何在国家、省市区之间的政策网络中找到学校自身的生存发展空间,成为大家在行动上的共识。

一 起步:从环境入手发挥学生"自主管理"

根据最初的设想,要实现"为学生幸福奠基"的办学宗旨,从硬环境建设上入手是相对比较简单和更直观的一步。根据人的心理特征,身处良好的环境文化氛围中会让人不自觉的受到熏陶与教育,具有潜在的隐性课程作用。于是,学校立刻成立了"校园环境设计领导小组",以发展规划中心负责,大队部、教导处、工会为主,后勤服务中心作保障。但是这样还不够。

> 根据我们当时的办学设想,学校不仅仅是校长和教师的学校,更是学生和家长的学校。建校初的不被看好、不被接受并不重要,重要的是现在我们要发展,要让学生、家长、社区等都加入我们的队伍,和学校一起成长,就像"家"一样,是里面的成员,那么第一步就干脆从参与环境建设开始。(2011年3月,郑校长)

这种融学校、学生、家庭于一体的萌芽意识在后来的学校发展中变得越来越清晰,也越来越重要,成为学校特色发展的一个重要支撑点。就这样,一所先天不足的小学承载着学校、社区以及家庭的共同愿望,满怀激情地踏上了突围之路。围绕"阳光城"的雏形概念,旨在打造一个彰显儿童创造的"儿童世界"。就这样,一支融教职工、学生、家庭于一体的特殊团队形成了。学校依托这个团队,广泛采取师生意见,让学生带着自己的创想和设计作品以及学校的共同设想回去同自己的家长讨论,返校时又带回家长的反馈意见,最后综合意见融入整个环境设计活动中。这样一个过程不但让所有的参与者体验到了快乐,更创造了一个不一样的校园环境。对于当时的学校管理者来说,这是一个启发点。

> 当时也是受到新课程改革中"以生为本"理念的启发,我们就在想,如何真正让这个"以生为本"落到实处?跟其他传统特色学校比起来,我们没有"历史",但是反过来想,这样反而让我们更没有思维上的束缚。所以,伴随着实践的进程,我们的很多想法在大家看来真的是有点超前,有点大胆,甚至是"异想天开",但我们还是坚持下来了。(2011年3月,郑校长)

为什么会被认为如此呢?这要首先回到"阳光城"这个设想上。根据学校提供的资料来看,当时所谓的"阳光城",从实体上来看是一个将"大社会入住小学校"的概念原型。这个城的主体部分就设在学校内部,相当于阳光城的快乐大本营,是开展综合实践活动的最高领导机构,而学校周边的三个社区根据各自在生态、文艺、港口文化三方面的鲜明特色,分别为阳光城的三个基地，命名为"生态基地""综艺广场基地""绿色港湾基地"。当时学校可用来环境改造的场地并不宽敞，但还是因地制宜地开辟出了陶艺吧、车模馆、手工坊、机械室、数码港、风筝屋、阳光城电视台演播厅、阳光城动漫农庄等。根据学校大本营以及三个基地的实际需要，下面还分设了不同机构部门，这些机构是模拟城市的管理机构进行设置的。为了更直观的了解阳光城中的机构构成，特根据学校墙壁上展示的"阳光城机构设置图"，整理如下（见图5-1）：

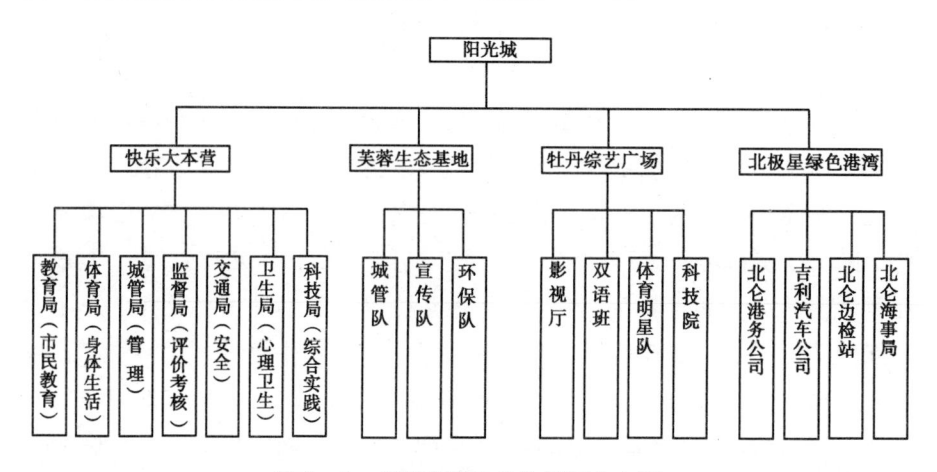

```
                            阳光城
        ┌─────────────┬──────────────┬──────────────┬──────────────┐
     快乐大本营      芙蓉生态基地    牡丹综艺广场      北极星绿色港湾
   ┌─┬─┬─┬─┬─┬─┐   ┌──┬──┬──┐    ┌──┬──┬──┬──┐   ┌──┬──┬──┬──┐
   教 体 城 监 交 卫 科  城 宣 环    影 双 体 科     北 吉 北 北
   育 育 管 督 通 生 技  管 传 保    视 语 育 技     仑 利 仑 仑
   局 局 局 局 局 局 局  队 队 队    厅 班 明 院     港 汽 边 海
  （（（（（（（               星            务 车 检 事
   市 身 管 评 安 心 综               队            公 公 站 局
   民 体 理 价 全 理 合                            司 司
   教 生  考  卫 实
   育 活  核  生 践）
  ）））））））
```

图5-1 "阳光城"机构设置分布图

资料来源：来自淮河小学校园墙壁图片展示。

从机构的设置来看，貌似除了命名上有点新鲜感之外，并无其他创新之处。与当时北仑区甚至是国内其他学校相比，这样的组织实际上与其他学校中的社团或少先队组织无本质差异。表面上看来确实也如此，这个"阳光城"的机构实体只不过是借助模拟城市的方式，将社会机构名称搬到了学校。且不说它是否有实质性地改变，但真正被认为"异想天开"的其实并不是这个机构设置，而是在于它的管理模式。

在管理模式上，学校仍旧采用的是模拟城市的思路，只不过管理主体是清一色的学生，而不是教师或其他。它将学校施教区内以及学生学习、生活所在区域的社区看作一个模拟城市，而学生就是这个城市中的"小公民"，通过学生竞聘产生阳光城中的"小市长"以及各分设机构部门负责人，整个管理体系他们叫作"小市长负责制"，由学生进行自主管理，并聘请所在区域的社区以及各单位领导和优秀人员担当"小市长顾问""小市民辅导员"等。以"小市长""小助理"领衔的"管理层"充当了活动策划的主要群体。在活动实施过程中，"管理层"会广泛征求"小市民"的意见，充分体现"民心"和"民意"。"参与层"还拥有对"管理层"的选举和监督权，有效能的"管理层"将受到拥护，无效能者将被罢免。[①] 当然，在这里"拉选票"可不行，七彩阳光卡记录着学生的学习、服务、道德、心理、体育、美育，通过实践才能证明才干！"小市民"就在这种模拟培训、指导下，自主策划活动方案，常态化地开展各种丰富多彩的实践活动。

实践基地的管理组织通过多方联动，形成组织网络，上通下达。他们分设了一个中心、三个小组。整个模拟体系凸显出来的是两大主题——"学生主体"与"学校——家庭——社区——社会联动"。这两大主题或关键词在当时全国都在轰轰烈烈搞新课程改革的大背景下，是"热点"，也是备受瞩目的课题。但是很多的做法往往被指责流于形式，甚至被批判为"换汤不换药"。当这种主流声音弥漫时，出现类似"阳光城"设想，被指为"异想天开"也属正常，因为指责的背后实质上是一种怀疑，一种被认为同样是"新瓶装旧酒"的惯性认识。

> 我们扛住了，说一点不动摇那是不现实的，因为在那么多双眼睛看着的情况下，我们的压力不是一般的大，我们自己也是不确定。但是我们很清楚，这才刚刚开始，我们想实现勾画的蓝图，我们有坚定的信念！我一直跟我们的老师说：学校做的这些事情就是在"龟兔赛跑"，也就是说人家在睡觉休息的时候，我们还在走路。人家停止的时候，我们可能还在想办法，一直走啊走。我一直认为"认真第一，聪明第二"，当我们还没很聪明的时候，自己一定要认真。（2011年3月，郑校长）

她的吐字变得很有力，反复出现的"认真"不但感染着我，也让人不禁想起她在谈成长经历时的那股"韧劲"。这股力量来自她的信念，而她的强烈信念又影响着教师们，他们继续前进着……

从校园设计到动工直至竣工，整个过程被分割成好多模块，一个单元一个单元地去建设、改进、增添、再改进直至完成。据调查，2009年的

---

① 来源于淮河小学提供的内部资料。

"阳光城"已基本完工，他们在空间布局设计时特意选择了一定的间隔与方位安排，由于布局上的错落有致，使得"阳光城"各个模块可以在部分先完工的情况下提前投入使用，而后完工的部分并不会影响前面部分的使用。这也为新学校的发展进程争取了时间与效益。而那一年，淮河小学成功承办了中国（宁波北仑）首届儿童国际动漫节。这中间又经历了什么，让它在短短5年的发展中似乎再也不是从前那个不被人看好的新学校了？

二 梗阻：国家、地方、校本课程之间的联结

这还得回到当时正在进行的新课程改革说起。2002年，北仑区成为国家级基础教育课程改革实验区，当时义务教育段起始年级的8000多名学生均进行各科新课程标准及新教材的实验。直至2004年淮河小学诞生时，区域内新课程改革已进行了2年之久，已进入相对成熟期。对于新成立的淮河小学来说，已不能用"同一个起跑线"来形容。面对整个区域教育改革的大潮，学校一边还没来得及做出反应，一边已一头扎进这快速发展的潮流中。"阳光城"的构想可以说是他们为了学校发展、学生幸福，获得社会认可而做出的坚强回应。城中有组织、有架构，有管理、有活动，也是综合实践活动课的重要载体，但似乎仅此而已，问题也随即产生了："阳光城"仅仅是一个活动平台吗？在"阳光城"中，孩子们是快乐的、幸福的、主动的，可是我们的学科教学课堂为什么不能如此呢？一连串的反问与思考让郑校长产生了更大胆的想法——依托"阳光城"来改革当前传统的学科教学模式。

但是，这个想法并不那么容易实现。首先面临的重大梗阻就是如何打通国家、地方、校本三级课程的板块式结构。"阳光城"的活动固然能激发孩子们的兴趣，发挥他们的主动性，但毕竟不是常规课程，而每天能够用以安排重要学科课程的时间也是有限的。

> 课时的有限，加上三级课程之间的板块式结构，结合之前对新课程理念的学习与理解，触发了我对"国家课程校本化"实施思路的思考。（2011年3月，郑校长）

可行性如何？通过专家咨询、多方讨论，我们决定继续"摸着石头过

河"。前期"阳光城"系列活动的开展让教师们、家长以及社区收获了成效,也感受到了快乐,按常理推断此次进一步的改革行动应该会面临较小的阻力。但事实并非如此。

> 之前的诸多活动主要以课外兴趣活动的形式展开,而且课外活动的丰富反而有助于孩子们的学习热情,所以家长们的支持率很高。但是这次不一样啊!我们的想法有点超出传统的认识,在很多家长听来,意味着活动要渗入正常课堂当中去,孩子们传统的学科学习时间就会变少,学习成绩就会受到影响,反对的声音自然就多了。(2011年3月,郑校长)

关于这一点,在我调查的家庭数据中也可以得到印证。在北仑区存在着"考三校"的说法,这三个学校在家长们的心目中被认为是北仑区最好的三所初中。这里面存在一个"传递效应",家长们认为要想孩子有出息就得考进"好大学",要想考进"好大学"就得考进"好高中",而为了能进"好高中"就要先挤进"好初中",一直递推至小学,甚至是幼儿园。至于"好"的衡量标准,那就是升学率,是成绩,由此导致的诸多教育中的扭曲现象数不胜数。为了改变这种导向,北仑区在多年前就采取了一系列措施,其中"招生指标硬性分配"的招生制度改革就是产物之一,以缓解家长择校、校际间过度竞争,从而推进学校间的均衡发展。但很多根深蒂固的观念并不会随着政策措施的执行而彻底改变,在家长们看来,区域内进行的指标分配政策有利也有弊,"利"是随着分配比例的提高,名额增加了,竞争没有那么激烈了,但弊端仍然存在,用一位家长的话说:

> 最后还是一考定终生啊,那也得要挤进这百分之几中去才行啊!而"好学校",第一师资力量雄厚,那是肯定的。它可能是学习抓得紧也有关系。要求高了,孩子学习会更上一层楼。其他方面,它那边的学生都是精英,都是学习好的人。都喜欢(和好的人在一起),这是人人都想的。考好的大学,这是人人都向往的。(2011年4月,褚女士)

所以说，有时候区域层面的政策在制定时的预期目标与在执行时碰到的对象真正所想的往往会存在误差。而这个误差，对于夹在中间的学校来说，却又成为他们的阻力。是否要改变思路成为另一个难题。

困难对我们来说已变成常态。我总觉得我很幸运，身边有这么一群不辞辛劳的教师跟着我共同为学校的发展做努力。当时"做有底气的淮河人""做学生的领路人"成为我们教师中的"阳光佛语"。① 我们通过一系列的文化论坛、阅读鉴赏、沙龙讲坛、考察研修等活动不断推进我们的团队成长。我们摆正自己的位置，做好淮河主人。当时还邀请了成尚荣、梅子涵等多位专家来为我们诠释对教育的理解。（2011年3月，郑校长）

一个学校"创业期"的艰辛很多时候难以用语言形容，而艰辛环境下的那份"爱、责任与信仰"却往往能让这份艰辛成为一种动力。既然无法直接一步到位来改革当前的传统教学模式，那就寻找契合点。于是，学校又将视线投回到综合实践活动课程上——国家第八次新课程改革提出的一种新型课程，为国家规定的必修课，其内容主要包括四大块：信息技术教育、研究性学习、社区服务与社会实践以及劳动与技术教育，"阳光城"综合实践活动就是按照国家规定的这四块内容来进行开发的。他们依托学校以及三个社区基地分别开发了研究性学习、特色公益活动、劳科技教育以及数码艺术与上述四块内容相对应。其中研究性学习主要是依托北仑港区优势，基于本土化的港区文化而进行的主题探究活动，具有地方特色；特色公益活动实际上是对应国家规定的"社区服务与社会实践"这块内容，围绕感恩教育、生存教育以及养成教育三条主线展开；劳科技教育是"小市民"素养工程的重要组成部分，通过模拟阳光城中的各种劳动者角色，以提高劳技水平；数码艺术则是信息技术教育的主要内容，当时学校的建设目标是"数码校园"，所以也是出于充分利用资源的考虑，着重于数码艺术促进学生基础素养以及个性开发的培养。

---

① 这是淮河小学的教师们伴随着"阳光城"的艰难历程而对自己心中信念的一种语言概括，代表着教师的"阳光"、信仰、爱与责任。

一方面，它（指综合实践活动）是国家课程，是必修课程，本来就存在固有的时间；另一方面，它具有"活动"与"课程"的双重性质，倘若能够在国家课程、地方课程和校本课程之间找到一个契合点，那也许就能逐步解决前面的难题。而从"阳光城"活动来看，研究性学习以及公益活动已融合了地方课程的特色，而当时的数码艺术活动则启发了我们将"动漫"作为独立的校本课程来考虑。于是才有了后来运用信息技术进行动漫开发与设计的校本课程，从技术角度来说它恰好又契合了综合实践活动课程的内容板块。当时的思路一下子就打开了。（2011年3月，郑校长）

分析上述内容，不难发现，学校在开发与实施课程的过程中，寻找国家、地方与校本课程之间的契合点成为思路转变的关键。不妨将上述过程整理如图所示（见图5-2），我们可以清晰地看到三级课程之间通过"国家课程校本化"的实施思路而被连通了。

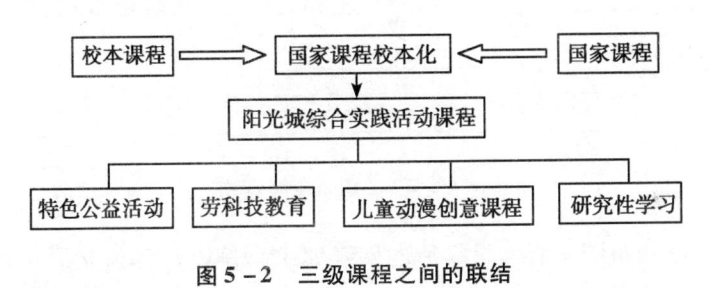

图5-2 三级课程之间的联结

受此思路的启发，学校开始进入了由原先只有部分学生参与的数码艺术社团活动形式到全校师生都参与的动漫校本课程的跨越式发展，后来基于动漫制作分化出来的陶艺动漫、纸艺动漫等系列课程形式在"阳光城"中逐步蔓延开来，进入课堂。此时，似乎更进一步的时机到来了。郑校长回忆说：

动漫课程的儿童性、创意性牢牢吸引着学生的眼球，抓住了他们的兴趣点。当时我就想：如果借助"动漫"的这些特性以及动漫课程中形成的教学策略，让它辐射到其他学科是否见效？是否可以改变传统的学科教学模式？（2012年3月，郑校长）

于是，从 2008 年 8 月开始，在郑校长的带领下，淮河小学进入了依托动漫元素探索学科教学新模式的阶段，后来出现的动漫语文、动漫数学、动漫英语等衍生课程形态就是这一时期的产物。为什么说是"衍生课程"呢？根据郑校长的介绍，其实这是在"国家课程校本化"实施思路下的产物，语文、数学、英语等科目是国家规定的必修课程，而动漫是校本课程，将动漫元素融入各个学科形成的新型课程就成为所谓的"衍生课程"，实质上应该是国家课程与校本课程的结合衍生物（见图 5-3）。

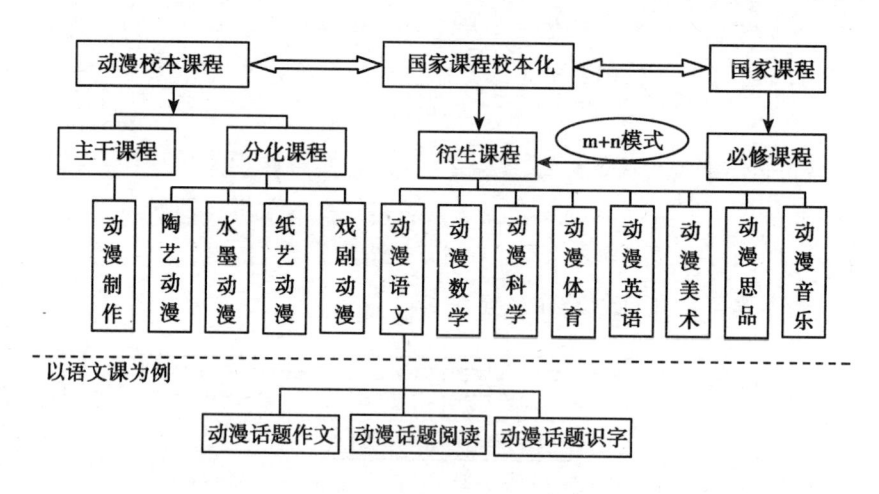

图 5-3　课程重组分布图

从上述分布图来看，重组后的课程如果只是以各自独立形式来上课的话，那么，除了增加了一个"动漫"头衔外，实质上并没有本质变化。以动漫语文为例，课时安排上采用"m+n"模式，从语文每周 7 个课时中抽出 2 课时，调整设置为动漫语文（作文、阅读、识字），剩下的 5 课时仍然为语文必修课程，即"5+2"模式，其他的可做同理类推。不难理解，如果将这些看作教学改革的"内容"的话，那么，我们说，系统要素的变化并不必然带来系统行为的改变，"铁打的营盘流水的兵"说的就是这个意思。

改革传统教学模式，真正落实素质教育，事实上是一个系统工程。对于淮河小学这样一所新生学校来说，真的是一种"初生牛犊不怕虎"的精神在支撑。不过，这需要的不仅仅只是一种大无畏精神，更需要一种智慧，包括集体的智慧。郑校长认为，课程设置上的突破让他们很是激动，但在实行过程中也发现了问题：三级课程的板块式结构在教学内容上确实是被打通了，但是在课堂教学中，仍深感这种板块式结构所造成的"隔离感"。于是才从主题式的研究性学习中受到启发，觉得可以通过以主题为单元的整合式教学来打通这种"隔离"。

思路上的再一次突破让学校的特色发展更上了一层楼。考虑到三级课程之间的不同目标与特性，结合"阳光城"综合实践活动的前期积累，学校在进行以主题为单元的"整合式"教学模式探索中，采取了"大整合"与"小整合"两条路径。所谓"大整合"是指从学生的兴趣点或问题出发，通过头脑风暴确定主题单元，组成创作团队，围绕剧本创作、造型设计、场景设定、分镜头、动画制作、配乐配音等不同环节进行设计制作，以学生为主体，整合语文、数学、美术、音乐、信息技术等多个学科，打破学科界限，结合多元智能来进行教学，使课程整合化、意义化、活用化，并落实到生活情境之中，以提高学生解决问题的能力。学生创意来源于现实生活、虚拟世界、现实与虚拟的结合，学校通过每学期确定一个主题大单元活动，按照主题阅读文化指导、主题系列活动文化、主题学科教学和主题环境文化四个板块进行总体设计，比如民族精神文化节、体育文化节、海洋港口文化节、感恩系列活动、动漫节等大主题。所谓"小整合"是指将动漫元素（包括情景、形式、符号、手法等）融入单学科教学，并在学科教学中丰富动漫的内涵，两者相互促进。比如配乐配音与音乐学科整合：通过音乐课由音乐老师来指导学生编制简单的背景音乐，通过学校的合唱队、器乐队来演奏，让具有语言表演天赋的学生进行配音。学生通过自己编制的音乐和自己的配音养成了他们良好的音乐素养和语言素养。在整个模式实践中，教师可以从上述任意一个环节入手，打通其余相关环节，进行自由创作、自由组合，使得创作、教学流程亦随之变化无穷。

看着学校的一天天变化以及所呈交的每一份满意答卷，郑校长并没有表现出欣喜若狂的神色，反而陷入了沉思。她深邃的目光似乎在告诉我们这每一步走来的艰辛与不易。也许这不长的时间却是漫长的道路，对于眼前这位看似刚毅实则文弱的女校长来说，着实不易。在她曾经的手记中，记载着这样一段话，此时不必再多说什么也已让人感受到了其中的复杂滋味。

> 走进淮河小学，我看见教师们像辛勤的农夫，"日出而作，日落

而息"。青年教师们把青春年华扎根于三尺讲台而无怨无悔；中年教师们将家庭搁置一旁而全身心地扑在教学上，不知疲倦。尤其是那些领导班子成员，领着老师们意气风发地向前迈进，开辟教育改革新路子，为孩子明天的幸福奠基。在这里，我再也不觉得"爱学生，爱学校"是口号，是肉麻，是虚伪，那是超越了亲人和朋友的人间真爱！在这里我懂得了"累"字的内涵，懂得了"爱"字的结构，懂得了"责任"的分量。（2008年1月，郑校长日志）

三 对焦：学校与家庭、社区、科研团体之间的合作

在说到教育办学时，我们往往容易将目光聚焦在教育管理者、教师、学生三者身上。而在淮河小学"阳光城"发展模式中，有另外三个群体是我们不容忽视的三方力量，他们就是代表家庭力量的家长们、代表社区力量的各街道单位工作者以及代表科研机构的学术研究者。学校、家庭、社区与社会之间的有效合作成为淮河小学特色发展道路上的重要保障力量。在传统的学校教育中，家庭这个角色一直被排除在学校教育之外，最多也只是作为学校教育的辅助者、知情者而处于教育的"幕后"。伴随着社会经济以及教育的发展，家庭、社区等角色越来越成为学校教育发展中的重要"合作者"，并且开始登上教育舞台，走至"台前"。淮河小学的特色发展之路从另一个层面来看其实也是北仑区教育发展的一个历史缩影。

在淮河小学"阳光城"综合实践活动的开发与实施中，有一个叫作"阳光大联盟"的组织。这个组织除了包括由社区、相关企事业单位的管理人员、技术人员、离退休老干部等组成的"阳光和谐共建理事会"外，还包括由学生家长自主管理的学校家委会。这个组织不但实现了校内与校外资源的整合，拓宽了学生的学习空间，也弥补了师资力量的不足，构建出一条"学校——家庭——社区——社会"的阳光和谐链，为学校的发展增添了动力。有一位家长在孩子所在班级的博客中写道：

> 对学生的教育应是社会、家庭、学校的共同责任。家庭、学校和社会是孩子最主要的成长环境，社会的发展我们难以左右，然而家庭和学校两者是我们双方可以直接作用的，如果这两者之间的桥梁搭好

了，对孩子的健康发展会起到不可估量的作用。父母是孩子最亲的人，教师是孩子最尊敬的人，两者的心愿是一致的。两双大手紧紧地握在一起，牵着小手幸福地往前走，那是一幅多么和谐美妙的图画！(2010年12月，李女士)

应该说，这个画面也是我们教育所追求的美好愿景。那么，如何让学校与家庭甚至是社区等校外主体牵起手来共同前行呢？根据郑校长回忆，当时他们正是充分利用了学校跟家庭、社区之间的共同需求而达成了初步合作。学校的主动可以说是很关键的。为了获得社区、企事业单位等多方的支持，学校通过寻找周边社区资源方的共同需求，主动找他们去交谈。

  以社区为例吧。当时我是看到在北仑区整个大环境下，有一个社区建设，在社区，尤其是星级街道，它每一个社区都要求有一个品牌的，我们学校是要由一校一品牌到一校多品牌，那社区是要一社一品牌，所以他们也很想做出一些特色来，其实这是一个联动的、双赢的功效。当时我们学校先天很不足，唯一就是通过调查以后发现社区资源非常丰富，而且社区，你跟他一谈，他是非常乐意同你交流、跟你合作的。加上当时我们这个"阳光城"，虽然是我们学校自己出资建设的，但是它也作为社区的未成年人思想道德建设基地，在这种情况下，学校跟社区就更加能够达到一种联动的、互赢的功效了。(2011年4月，郑校长)

这种双赢的合作模式不仅体现在学校同社区之间，学校跟企事业单位、学校跟家庭之间，以及学校同教育研究者之间等，无不包含着相互支持与合作的双赢功效。而促成这种合作的背后除了双赢的功效之外，他们对教育的一种共识才是真正让这种合作长久持续的原动力。关于这一点，郑校长深有感触：

  我们在召开和谐共建理事会的时候，各方单位基本上都是过来参加的，甚至包括各单位的主要领导，因为他们都很关心教育问题，关注儿童，他们深刻知道教育的一种作用。这并不奇怪。就像上次温家宝总理在接受关于大学生的一个采访时，其中提到的也并不是什么

GDP 之类的,他认为最重要的还是在于人才,在于教育。所以正是这样一种共识,才让我们的阳光大联盟越来越好。(2012年4月,郑校长)

从淮河小学的合作实践来看,家庭、社区的支持主要为学校特色发展提供了人力、物力等方面的支持,而学术团体特别是教育研究者,则为学校发展的方向性以及教育理念的可行性等方面提供了强大的智力保障。不难想象,此时对于社会经济甚至包括教育已相对较发达的北仑,在面对21世纪的挑战与机遇,面对更高台阶的突破和更加激烈的竞争时,除了充分挖掘自身力量之外,亟须"多样化、多元性"力量的加入,甚至需要发挥出他们主体性的作用。根据淮河小学内部资料记载,在2008年10月和2009年2月,学校分别组织了"特色教育与学校发展的高级诊断会议"和"学校教育模式的课题指导会",邀请全国各省市的知名专家、校长来校进行内部诊断,对学校前几年的实践工作进行总体性和分部门的总结、反思、提炼、完善,并提供方向性指引。这种性质的"诊断会""论证会",在淮河小学基本上每年都会举行,每次都会有不同层面的人士参与到学校发展的诊断讨论中,以广泛征求意见,从中得到启发。这些人士包括教师代表、家长代表、企事业单位代表以及教育系统的代表,包括一些知名教育专家。

可能在现在看来,我们学校能够得到各界人士的关注和指导,是幸运的,也是幸福的。但是在刚开始的时候,当大街上那些骑三轮车载客的生意人都不知道我们淮河小学时,我们要想获得知名人士的指点,那是多么天方夜谭的事情。而且,那时候也没接触过,根本不知道如何去取得联系。直到有一次参加省里的教材研讨培训班,我有幸认识了语文教学方面的专家汪教授,并建立了良好的关系。后来通过汪教授为我们搭建了很多省内的平台,包括去外地参观考察颇有办学特色的学校,就这样路越走越宽,认识的人也越来越多,得到的指导就更加宽泛了。(2011年4月,郑校长)

这样一种人脉关系的发展不禁再一次让人想起费孝通先生所说的"差序格局",就好比一个石子扔进水面所激起的一圈又一圈的波纹,一层一层往外推。我们看到，家庭、社区、科研团体等角色伴随着社会经济的发展逐步走到学校教育的"台前"，成为与学校并肩作战的"合作者"，他们对学校教育的"反哺"作用，与以往任何时期相比都要强大很多。一位家委会成员在描述学校家委会时特别激动地告诉我，他们家委会分工很细，从班级到年级直至校级，都有不同的负责人，由内部组织民主选出，并任命为"家委会主任"，每个月或者半个月定期召开家委会会议，讨论这个学期孩子们在语文、数学等方面有什么困难，希望老师或学校怎么做等。当然他们沟通的方式是多样化的，他们有自己的网上"部落格"、QQ群，或者选择一个地点以聚会的方式进行沟通。意见反馈到学校后，学校会以公开的方式召集大家进行座谈讨论，以寻求较优的解决方案。无论是家庭、社区，还是学术团体，我们看到，他们越来越走到教育的"台前"，发出自己的声音，为孩子的教育争取更多的权益。也许这之间的合作更恰当地说是教育场域[①]中诸多利益相关方之间的"合作博弈"[②]。

四 转向：从"阳光城"走向"可能性教育"

"阳光城"的实践模式为淮河小学的生存之战赢得了生机，也取得了诸多阶段性的成果，得到了同行、家长以及学生的认可。但是实践的成就终归是短暂的，要想使学校具有永恒的生命力，走向理念上的突破成为了必然。于是，正当学校成为各大媒体的焦点得以刊发报道时，当学校出版了儿童动漫创意课程教材时，当学校成功承办了中国首届儿童国际动漫节时，一个新的难题摆在了淮河小学以及郑校长的面前：如何从实践的特色走向理念的特色，并上升到以教育哲学引领学校发展的教育境界？综观整

---

① 布尔迪厄曾试图通过"场域"这个概念，把社会宇宙活灵活现的结构化功能性质，以共时理解的概念形式表达出来。从场域的观点看，社会中存在大量业已分化、具有相对自主性的社会小世界或场域，如经济场域、教育场域等，它们都遵循着各种特有的逻辑规则，不能相互替代。布尔迪厄曾用"游戏"或"博弈"来具体说明场域的构成和运作过程，并认为场域与"机器"和"系统"概念相比，更具备争斗性和历史性以及由此而来的不确定性，一个场域的动力学原则就在于它的结构形式。此处即是借用场域的动力学特性。参见〔法〕P. 布尔迪厄，J. - C. 帕斯隆《再生产——一种教育系统理论的要点》，邢克超译，商务印书馆 2002 年版。

② 合作博弈亦称为正和博弈，是指博弈双方的利益都有所增加，或者至少是一方的利益增加，而另一方的利益不受损害，因而整个社会的利益有所增加。合作博弈强调的团体理性（collective rationality），是效率、公平、公正。在本书中特指合作博弈的团体理性。

个社会及北仑区发展趋势，不难发现，与既往相比，学校成长的政治、经济、社会、文化背景均发生了巨大的变化。

这些变化是什么？它们又给学校提出了哪些新的要求和挑战？在生存与发展中，学校遇到了哪些艰难，又当如何在这些不适的艰难处寻求突破点呢？如何才能走出属于自己的独一无二的学校特色？毕竟，"阳光城"从目前来说还只是我们学校的一个特色项目。这是我当时面对学校的暂时成功一直盘旋在脑海中的问题。（2011年3月，郑校长）

根据郑校长的分析，在当时学校发展的繁荣背后，存在一种隐忧。因为学校"阳光城"的做法正在被其他学校模仿着，甚至照搬复制着。可以预计在未来的几年内，一座又一座翻版的"阳光城"会拔地而起，而且他们可以投入更多的资金更好的设施来打造这座"城"，甚至赋予更好的名字，更多的内涵。① 于是，就在这个隐忧关头，学校继续发扬与社会学术团体协作的精神，决定邀请一些知名人士、权威专家等来为学校的发展去向做个内部诊断。专家和学者力量的主导作用再一次推动了学校的特色发展进程。

虽然说在当时召开的专家诊断与指导会上，学校并没有直接从专家和学者身上得到现成的可操作的答案，但他们形成的一个共识为学校的后续发展明确了方向，也坚定了信念，那就是要在特色项目的基础上，提炼出学校特色发展的理念，以理念来统领学校的特色发展，这是学校接下来的关键一步。方向性的明确让整个学校都沉浸在思索的浪潮中。他们从小学教育的主体对象——儿童入手，回到教育的本真问题上，读法国作家雅克·萨洛美的《孩子给老师的请求书》，读《儿童的人格教育》，读《儿童的一百种语言》，读亚里士多德的《形而上学》……大量的儿童文学、教育哲学、心理书籍成了他们寻求理念的思想源泉。再结合"阳光城"综合实践活动课程，一个犹如迟到般来临的顿悟让整个学校欢腾起来——可能性教育。在郑校长发表于2010年第22期《人民教育》中的一篇文章中记载着这样一段话："可能性教育，不正是我苦苦追寻的教育理念吗？

---

① 来源于淮河小学内部资料。

教育只关注现实是短浅的，只有关注可能性才是智慧的。我们的教育太拘泥于现实，所以我们的教育往往是痛苦的，我们的老师是痛苦的，我们的家长是痛苦的，我们的儿童更是痛苦的。我们的教育经常因为只关注现实性而抹杀了儿童的可能性。而开发儿童的可能性，指向了儿童的未来及基本属性，看得远、看得深，是为儿童的终身发展打基础。"

可能性教育理念的提出并不是一个简单的事件，也不是简单的一句话。回顾"阳光城"综合实践活动，所有大大小小活动的开展正是保护并发扬了儿童可能性的开发，"阳光城"恰恰是力图使儿童可能性成为一种现实的载体。活动本身并不是目的，目的在于开发儿童的可能性，为儿童的未来发展打下基础，而不是着眼于儿童的"眼下"。综合实践活动是新一轮基础教育课程改革中应运而生的新型课程实践模式，其课程设置打破了基础教育学科课程一统天下的局面，实现了"学科和活动"优势互补的课程体系，这不仅是对中国基础教育课程体系结构性、"育人模式"的重大突破，亦为学校的可能性教育提供了"生长"的平台。"可能性教育"理念将教育实践提升到了教育哲学的境界，让学校的可持续发展有了灵魂的支撑和引领。淮河小学将从关注学生的"现实性"走向开发学生的"可能性"的理念转变。

> 当时这个想法在我心中萌芽时，说实在的当时我是底气不足的，因为不太确定它是否能真正成为学校下一步发展的指南针。所以我又开始求助于多位专家学者，得到他们的共鸣和肯定后，我开始有信心了。（2011年3月，郑校长）

"可能性教育"虽然是从"阳光城"这一特色项目中延伸出来的，但这个理念却可以引领学校教育的很多领域，比如制度文化、团队文化、活动文化、课程文化、环境文化等。每一所学校都有其不可言传的独特之处，这种独特之处就叫做"文化"抑或"学校文化"。而学校的理念是学校全部精神文化的本质所在，也是学校发展不竭的原动力。从"阳光城"走向"可能性教育"，为开办了仅6年的年轻学校打开了一扇充满无限可能的大门。随着时间的推移，他们更是建立了自己的教育信条，形成了学校特有的教育哲学。以下是从郑校长的工作笔记以及撰写的文稿中摘录的几句她的教育信条以及办学感言：

我的教育信条：可能性是儿童的最伟大之处；可能性基于现实性又高于现实性；可能性需要有所选择和舍弃；可能性需要先发现后发展。

我的办学感言：小学是教师的大学；小学是学生的田园；小学是家长的休憩地。

用郑校长的话来说，教育就是可能的领域，可能性、生存性、未来性和创造性，是人的潜能，简而言之是"还没有"和"将要是"。"还没有"指儿童还没有成熟，还没有确定，还没有完成；"将要是"指儿童预示着未来，意味着可开发。"将要是"是教育追求的目标和动力，学生的发展不应以现实中的一得一失作为成功与否的标志，教育要从关注儿童的现实性走向开发可能性。

可以说，对教育、对人的理解决定了一个学校的发展方向。教育的发生无时无刻不以各种方式与人相遇，教育中采取什么样的人学立场，就必然会对教育的整体思考、教育的范式逻辑做出基本的规定，这也是学校教育中"生命攸关"的内在联系。也许，要掌舵一所学校的发展方向，一校之长除了要"认识教育"之外，还要"认识自己"，即对人自身本质的追问，这也是古今中外哲人一直所孜孜以求的。正如卡西尔（E. Cassirer）所言："认识自我乃是哲学探究的最高目标……它早已被证明是不可动摇的阿基米德点。"[①] 对人的可能性，特别是儿童可能性的再次发现，可以说是素质教育发展到今天的一个可幸之处。我们都知道，人的可教性、可塑性已是教育原理中的老生常谈了，而人的可能性却往往成为被教育所遗忘的人学立场。这样的教育人学观铸就了一种既定的、预定教育范式的滥觞。这种教育范式对人的可能性的最大程度的挤压和排斥造就了今天儿童学习的不快乐，甚至"苦不堪言"。

其实，我更希望我们的老师能和家长们一起聊聊"什么比分数更重要"的话题，关注孩子将来的发展才是教育的应有之义。我们需要共同来关注孩子做人的原则（那始终是第一的），让我们的孩子们都拥有一张中国的道德通行证；我们需要共同来激发学生的兴趣，因为那是教育的生发点；我们需要共同时刻关注孩子的习惯养成，那关系

---

① [德] 恩斯特·卡西尔：《人论》，甘阳译，上海译文出版社2007年版，第5页。

着他以后的一辈子；我们需要共同教给孩子方法的习得和能力的形成，这样他才能独挡一面独立自主；我们需要共同支持孩子个性的张扬，让他成为这个世界上独一无二的一份子，发挥他独有的优势。(2010年3月，郑校长日志)

郑校长的感慨不无道理。伴随着教育的发展，我们的教育几乎从一个极端走向了另一个极端，学生在课堂的负担被带回了家里，更极端的是父母有时候成了孩子完成作业的代替者。课余时间，孩子们还要去上很多辅导班，除了主课内的，还有艺术类或体育类，连最起码的"玩"也给剥夺了。这些现象不是北仑的个案，在当前中国教育中可以说这是很普遍的现象。虽然教育部门三令五申禁止"补课"，但各种改头换面的"新名目"是源源不断。残酷的现实让很多孩子美好的童年时光都没来得及享受，于是出现了很多学生不得不在上大学甚至在大学后来弥补他们失去的那段时光。许许多多高分的孩子一旦考入大学或踏进社会，都沉浸于玩乐当中。这也许是其中的重要原因之一。2008年北仑区成功承办全国幼儿园课程建设研讨会和浙江省纪念改革开放30周年基础教育论坛暨区域推进"轻负担高质量"研讨会，成为浙江省区域推进"轻负担高质量"的11个联系区之一，并代表宁波市接受普通高中课程改革工作的省级巡查。全力诉求"轻负高质"，倾力打造"幸福教育"成为这个时期北仑区教育发展的主题。从淮河小学的个案折射中我们可以真切体会到这个主题背后的含义。正是因为看到了这个时期教育中新的问题与挑战的出现，上至教育管理者，下至学校校长、教师，外至社会群体等都将关注点聚焦到了学生身上。"以生为本"的理念得以落实。作为校长，个中滋味也许更加复杂，郑校长在回忆她与学校共同成长的经历时，真的是感慨万千：

毕竟，学校发展的原动力在于每一位教师，孤军奋战是注定失败。而几年来我们所谓的"一仗又一仗"都是为了什么？难道是为了某一个人的名利？还是为了炫耀和张扬？绝非的！答案很简单，就因为学校的先天不足，我们更应该给选择我们学校的孩子们带去不一样的童年，让他们现在快乐，享受一个孩子应该享受的真正童年，更让或许在现在看不到成就的那个将来受益。所以，我们必须要比别人付出更多！(2011年3月，郑校长)

学校的发展充满着艰辛，成功的背后往往又招致"被误解"，也许正是这样一种"残缺的美"在背后激励着学校的不断前行，不断改进，不断发展。淮河小学的发展史同诸多名校比起来是那么简短，但其浓缩的简史背后却让我们看到了一段复杂的成长历程，让我们看到学校特色形成背后的点点滴滴。

>　　教育本身就是在"缺——圆——缺"的反复循环中发挥着教育的真正功能。我们因我们的学校、我们的教师、我们的学生、我们的家长而有着校本化的儿童观、教育观、课程观和价值观，我们需要在谦虚接受外人的善意建议和指导下勇敢地走自己的路，有着自己的观点，有着自己的个性，有着自己的教育方向！（2010年3月，郑校长日志）

也许可以用一个校长的"心路历程"来概括郑校长同她的淮河小学的成长史，她的成长过程在北仑区甚至是国内教育体系中都不仅仅是一个个案。当然，我们不能说每个校长都有类似的经历，但是绝大多数校长都曾面临过类似的挣扎和选择。他们承担着一所学校的使命和责任，把握着一所学校的方向和行程，他们同样面临着上级行政管理者和来自社会家庭的双重压力以及学生的成长发展。在当前中国"校长负责制"下的学校发展中，校长可以说肩负着双重职能，即教育职能和管理职能，校长对人的理解、对教育的理念以及对管理的把握很大程度上决定着整个学校和师生的发展命脉。有学者曾提出："在现行'校长负责制'之下，并不存在着对校长权力真正有效的约束机制。在没有实行'收支两条线'和'零户管理'的财会制度之前，以及在当前加快推行教师聘任制的背景下，就难免出现个别校长滥用职权营私牟利的现象。"[①] 我们无法否认甚至逃避这些现象，现实中确实也存在这样的校长和学校，但他只是"个别"。郑校长的经历也许可以告诉我们，对校长权力与发展的问题，不应只是考虑政府与校长之间的"激励——约束"关系，是否可以从学校内部和校长本身寻找出路呢？

以下两段文字摘自郑校长的个人日记，也许可以启示我们重新思考教

---

　　① 葛新斌：《我国现行"校长负责制"的法律与制度分析》，《北京师范大学学报（社会科学版）》2003年第6期。

育发展中对校长与学校的理解：

> 我想我好似一只蜗牛，一只透支的蜗牛，感觉自己花了比别人多好几倍的精力在完成自己的管理工作和教学工作，才得以如此甚微的、勉强得以交代的结果。但感觉的是自己越爬越慢，越爬越吃力，越爬越觉得自己身不由己，力不从心了。感觉自己即将趴下，再也无力撑起。
>
> 我想我又好似一只乌龟，一只倔强的乌龟，不停地爬呀爬。这不由又让我想起米切尔·恩德的《犟龟》，那只执着的乌龟，每天不停歇地爬呀爬，每天快乐地爬呀爬呀，不受周边人群嘲笑、打击、欺负、阻止的干扰，勇敢地还是爬呀爬，还走了许多的冤枉路。在遭遇二十八世身亡婚变的情况下，它仍然前行，最后有幸参加了二十九世的婚礼，看到了最盛大最美丽的场面，小乌龟感到自己"很幸福"。
>
> （2008年1月，郑校长日志）

第四节 "幸福"的延续：区域教育特色的纷呈

从最初的"不被认可"到"阳光城"的建立，直至后来的"可能性教育"，短短六年时间，却涵盖了一所学校从诞生到生存，从活动到课程，从实践走向教育哲学的特色发展历程。这整个历程就犹如北仑区的教育缩影，折射出步入21世纪后北仑区教育发展的新动向与新景象。处于这个时期的北仑区学校，就好比一个个生命体一样，有思想，即学校的理念与文化；有组织架构，即学校的制度与管理体制；有个性，即学校的特色与定位；有前行的动力，即学校的创新能力；还有不断成长和进步的空间与周期。学校作为生命体的存在，开始觉醒，不断自主去寻求办学理念和学校特色，在与教育行政部门、家庭之间的良性互动和合作中，逐步构建起一张高位均衡的区域教育网。

学校里一位来自海岛的朱老师曾在她的日志中记载着这样一段话来评价学校的校长，她的评价也代表了众多北仑人对北仑教育的想法：

> 想用一种植物——仙人掌来形容她。或许这样尽失美感，但是在我的理解中，仙人掌长满刺，只是因为孤独。没有人会给它太多的关爱，倒有风暴和干涸不时威胁。它只能坚强地努力地汲取，而后绚烂

地开出小花,那花并不艳丽芬芳,但却倾其所有。然而,人们看到的犀利和决绝,也就让那细腻的情感隐藏在尖利中,有时靠得紧点感觉扎心,离得远些又觉寒冷。

想用一种动物——海鸥来形容她。乔纳森,它是一只奇异的海鸥,它不甘心当一只在沙滩上抢食小鱼虾、面包屑的海鸥,它相信生活的意义不仅在填饱肚子……它要追寻更高的生活目标,即使被逐也在所不辞。它认为生活的目的是寻找尽善尽美并使之实现。它尽量发挥自己的本性,竭力地突破自我的极限,要飞到任何想去的地方。最终,它超越了时空,不再有任何局限,终于达到了自由自在的境界。但它的使命并未就此完结,它最大的快乐是把这种真实的境界展现给其他的海鸥。(2008年冬夜,朱老师)

这个时期的北仑教育就犹如"仙人掌"和"海鸥"一般,在社会经济步入"快车道"的步伐里,在新课程改革的大背景下,在外来务工人员的大幅涌入中,毅然呈现着区域特色发展的纷呈。北仑从建区之初要解决学生"有书读"到21世纪让学生"读好书",再到现在实现区域内人人享受"幸福教育",教育的发展一步一个台阶,可谓今非昔比。2009年11月,北仑成为宁波市唯一一个"全国推进义务教育均衡发展工作先进地区"。这个荣耀背后不仅仅只是光环,它蕴含更多的是区域文化下地方特色的呈现,是校本文化下学校特色的联网,是课程文化下教学特色的彰显,更是公平理念下优质均衡的逼近。城乡学校"捆绑式"发展、"一校一品""假日学校"农村小班化教学、外来务工子女学校的"同城待遇"、师资力量与教师待遇的"去差异化"、学校发展性督导评价等均成为这个时期北仑进一步深化素质教育、推进内涵发展的重要法宝,区域教育日益趋近高级均衡发展阶段。

以学校发展性督导评价为例。自北仑区推进区域特色发展以来,区域内各学校均以此为导向,致力于挖掘自身的特色与内涵,淮河小学就是其中之一。区域内涵与办学水平成为此时北仑教育管理者们的重要关注点,也是各个学校的转变方向。发展性督导评价可以说是北仑区在这个时期为了进一步扭转教育行政部门管理学校的职能,充分调动学校自主办学的积极性,增强学校可持续发展的能力,促进义务教育均衡发展和内涵发展而创生的学校评价改革。该评价方式遵循发展性原则、主体性原则和激励性原则,从规范性指标、基础性指标、发展性指标三方面来构成总的评价指标，其中发展性指标是最主要的特色体现之处，它是学校根据时代和社会发展对学校教育的要求，由学校根据自身实际和办学理念，自己选择、自己确定、自己实施，并通过努力达成目标，主要为建设性和特色性目标。淮河小学的"阳光城"与"可能性教育"就是学校发展性督导评价方式下的例证之一。对于形成"一校一品"特色的北仑区来说，评价的"风向标"作用发挥得恰到好处，而教育管理者从传统的以"管"为导向到以"理"和"服务"为指向的管理理念转变，也令人刮目相看。经过多年对学校特色的追求和积淀，北仑区学校已在体育、艺术、科普、德育、学科建设、校园文化等各方面形成了各自的特色，织出一张牢固的特色网络，在区域内外产生了广泛影响。一位宁波帮虞老师在他的博客中曾写道：

> 前段时间，获悉北仑区被评为均衡教育全国先进，浙江省三家单位，宁波仅此一家。于是打电话给教育局希望看看那里的未成年人教育，局里说全区有20所小学，5所九年一贯制学校，你想看哪些学校？我问学校的硬件是否一样，城区和山区、海岛？他说一样，没有重点学校，只有特色学校，每所学校都有特色。（2009年11月，宁波帮虞老师日志）

言语中的那份自信让我们看到了此时北仑教育的新气象，完全没有了往日的窘迫感。"没有重点学校，只有特色学校"，简单的话语中却折射出一种新的教育理念与导向，而这份理念就犹如宁波帮虞老师所说的：

> 从来没有这么近距离接触小学生，教育翻天覆地的变化，令我对这里的基础教育羡慕不已，这就是教育的均衡！让每一个未成年人发展机会均等，学习环境均等，让每一个孩子在学校的每一天充满期待，充满快乐！（2009年11月，宁波帮虞老师日志）

教育不仅具有它自身特殊的实践方式和运行规律，更拥有其自身的价值本体追求。各特色学校在办学主体的倾心追求下，经过长期的教育实践活动逐步形成了具有较高办学水平和育人内涵的现代化学校。"选准特色载体，多元培育特色，丰富发展特色，以特色促全局"可以说是北仑区域性推进特色学校发展的重要指导理念。由此涌现出的像淮河小学的动漫，华山小学的少儿乒乓球，梅山小学的武术，高塘小学的剪纸，江南中学的纸花艺术，绍成小学的钢琴等，可以说都是通过寻找到特色载体来影响学校办学思想，改变学校的气质，从而走上内涵发展之路的。更为本质的是，北仑教育区域特色的形成不是来自于封闭的书斋，而是来自于区域内多样生动的办学实践。来自实践，为了实践，超越实践，又回归实践。区域学校特色发展表面上看来是个事务性的办学问题，而实质上蕴含的是在办学过程中对"人"与"教育"的重新理解，以人为本，切实帮助每个学生发展他们的个性和潜能，成就教师的自主性和独创性，为教育的发展找到"灵魂"，这是北仑区教育均衡发展的动力惯向，也是"幸福教育"的延续。

第五节　启示之三：办学水平与内涵——区域教育高级均衡的趋近

进入 21 世纪的北仑区，无论是经济还是教育都有了长足的发展。这个时期的北仑教育已脱掉了"落后"的帽子，此时，教育发展不再是"没钱"和"办学条件"的问题，而是"怎么花"和"办学水平"的问题。内涵发展成为此时北仑区教育均衡发展的主题，关注的焦点真正落在每一个活生生的人身上。北仑区通过区域性推进学校特色发展，通过寻找特色载体来影响学校办学思想，改变学校气质，从而走上内涵发展之路，这整个过程实质上蕴含的是在教育发展过程中对"人"与"教育"的重新理解，以人为本，尊重差异，为教育均衡发展找到灵魂。

根据翟博的教育均衡发展阶段理论，这个时期的北仑教育真正进入了高级均衡发展阶段[①]，这是北仑区教育均衡发展的动力惯向，也是"幸福教育"的延续。从这个时期的北仑教育来看，"办学水平"与"内涵"成为区域教育高级均衡的核心。在这样一个区域教育系统内，学校作为生命体的存在，开始觉醒，不断自主去寻求办学理念和学校特色，在与教育行

[①] 翟博的教育均衡发展阶段的第三个阶段就是高级均衡阶段，旨在深化学校教育改革，加强学校教育内部建设，追求教育质量的均等。这个阶段主要以追求学校教育发展均衡为目的，即以人的培养和发展为目标。充分尊重学生的差异和个性，让每个学生充分发挥自己的特长和学习潜能。参见翟博《教育均衡发展：理论、指标及测算方法》，《教育研究》2006 年第 3 期。

政部门、家庭之间的良性互动和合作中,逐步构建起一张高位均衡的区域教育网。而在这张高级均衡发展的教育网络中,同样存在符合其阶段特征的实践样态。

一 "特色"与"差异":高级均衡下的学校自主发展

经过了普及奠基与整体转型后,北仑教育进入了区域性推进学校特色发展的阶段。因为教育均衡发展并不意味所有学校要"千篇一律",培养出的学生要整齐划一,这种抹杀"差异"的做法最终只能将基础教育均衡发展引向歧途。因此,在这一时期,北仑区鼓励学校因地制宜地创建自身特色内涵,强化学校自主发展,切实关注每一个学生的差异成长,可以说是教育发展到高级均衡阶段的重要转折点,"特色"与"差异"成为其中的关键词。事实上,走区域性特色发展的道路激发了学校和教师自主发展的动力,而且在学校与学校之间形成了一张竞争的网。在这张复杂的"网"中,不存在谁是谁的发展"中心",更精确地说,这是一张"多中心"或是"去中心化"的发展网络,"一校一品",形成良性的差异发展局势,使得区域教育不断向高水平均衡迈进。

因此,可以说,特色学校与之前的重点校和示范校有着本质上的区别。首先,特色学校不像重点校那样具有特殊性,重点校是少数的,特殊的,其生源的选拔就是特殊性的表现之一,但是特色学校可以是区域内的多数学校,甚至是全体学校,正如北仑区的"一校一品"。其次,特色学校不像示范校那样具有"中心化"倾向,示范校就好比区域内的示范中心,其他学校都要围绕着它,以它为榜样,而特色学校具有普遍性,每个学校都有它自己的个性,不存在谁是谁的中心,从而形成"去中心化"的良性竞争态势。有学者通过对中国学校特色研究的反思性回顾,总结出特色学校的几个重要特征,包括"独特性"、"优质性"、"文化性"以及"相对稳定性",当然由于理解上的偏差,也存在特色项目化、特色短暂化、特色泛化等误区。[①] 这种打破了"千校一面"的多元发展道路在承认了个性的同时也尊重了学生的差异发展。

从本章叙述中不难发现,这个时期的北仑教育正是沿着特色发展的道

---

① 刘文静、任顺元:《我国学校特色研究的反思性回顾与前瞻》,《基础教育研究》2010年第118期。

路走上高位均衡发展态势的,区域内的学校作为一个个生命体而觉醒,不但有思想,即学校的理念与文化;有组织架构,即学校的制度与管理体制;有个性,即学校的特色与定位;有前行的动力,即学校的创新能力;还有不断成长和进步的空间,这个空间从北仑区实施的学校发展性督导评价即可明显感受到。此时,学校作为一个个生命体的存在,不但拥有一定的办学自主权,而且办学的资源不仅仅单方面来源于政府,还包括市场、社区、家庭以及自身等各个方面,学校通过自主开发,将一切可供学校利用的资源进行优化整合与利用。更重要的是区域社会对学校教育的评价也趋于多元,北仑区为了进一步转变教育行政部门管理学校的职能,充分调动学校依法自主办学的积极性,增强学校可持续发展的能力,在全区中小学全面实施学校发展性督导评价。除了国家规定的法规性指标外,还包括教育行政部门基础性指标以及学校根据自身实际和办学理念而自主选定的建设性和特色性指标。这种将结果性评价与过程性评价相结合的评价方式体现了素质教育的要求,是对制度创新的响应,是促进教育公平的手段。

可见,当教育处于高位均衡发展时,学校的自主发展是关键。因为学校特色发展的内在逻辑表现为"在教育相对独立与学校个体生存两个必须条件满足的情况下,学校自主发展是学校特色发展的实质与目的"[1]。一般而言,学校自主发展包括校长、教师与学生的自主发展,其核心是"学校的自主定位、自我资源调配和自我约束机制的建立"[2]。已有诸多实践案例表明:"学校特色发展是一个由外部庇护层、中间组织层与内部特质层有机结合而成的三重结构,其中涉及学校与社会、学校与学校、学校与自身三方面的关系与问题。"[3] 而这一切都旨在追求人的差异发展,实现区域的内涵提升。以"特色"涵养"差异",在充分尊重学生差异和个性的基础上,让每一个学生都能充分发挥出自己的特长和学习潜能,这大概就是教育高位均衡发展的核心所在了。

二 角色变化:家校联盟与学术团体的主导性介入

伴随着区域学校特色发展的推进,区域教育系统内的主体角色关系也

---

[1] 王伟:《学校特色发展的实现机制》,《教育科学》2009年10月第5期。
[2] 同上。
[3] 李松林:《学校特色发展实践的基本思路》,《教育科学研究》2010年第1期。

发生了重大变化。家校联盟以及学术团体的主导性介入成为这个时期角色关系的重要特征。从本章的叙述中可以发现，此时，教育行政部门、学校与家庭之间的关系回路完全被打通，而学术团体也开始作为另一角色主体活跃在区域教育发展的舞台中（见图5-4）。

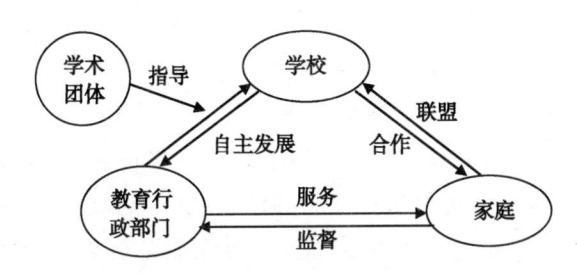

图5-4 北仑区第三阶段教育行政部门、学校、家庭关系图

"教育行政部门—学校—家庭"之间呈现出双向的制约关系。家庭的主体性地位得到进一步发挥，开始从学校与教育行政部门的"对立面"逐渐成为他们的"合作联盟者"。学校作为相对独立的生命体开始从教育发展的舞台中觉醒，他们拥有了更宽松的发展环境以及更多办学自主权。教育行政部门的管理职能发生了转向，以更开放的胸怀接受来自社会的监督，从"管"逐步转向"理"与"服务"。这三者之间形成了一个完全流通的双向回路，而此时学术团体的主导性介入，更是犹如注入了一股新鲜血液一般，既增强了开放性，使得这个回路不至于太过封闭，又为区域教育创新发展带来了更大的可能性。这一点在这个时期的北仑教育发展中表现得尤为明显，比如学校发展的"专家诊断会与指导会"，学校、区域与高校等研究团体的项目开发和合作等。如果说之前的北仑区教育均衡发展是以"政府主导型"的相对单一的模式开展的，那么在这个阶段的北仑教育发展已昭然呈现出"专家引领、政府主导、社会参与"的多元化竞争型发展模式。

家庭与学校的合作联盟从另一个意义上填补了家庭教育与学校教育之间的鸿沟。不可否认的是，在中国出现的"现代私塾"以及西方世界的"在家教育"[①]都极大地冲击着后工业时代体制化的学校教育，一定程度上彰显了现代家庭对个性化学习以及参与教育的强烈诉求。学校与家庭、社会之间的合作既迎合了这种诉求，也加速催生了现代化学校体制的到

---

① 李丽丽：《美国"在家教育"研究》，博士学位论文，浙江大学，2011年。

来。早在 1996 年，希拉里·罗德姆·克林顿（Hillary Rodham Clinton）[①]撰写出版了《举全村之力》（*It Takes a Village*）一书，集中讨论了家庭、学校、社会合作对儿童进行教育的问题。在列举了大量教育的实际情况后，希拉里认为："成功的教育不再只是学校单方面的责任，而需要学校、家庭、社会的共同努力和合作。"此书曾风靡美国，连续数月占据畅销书榜首，足见这一呼声的共鸣与重要。

发展到此时的北仑教育，我们很难断定说它已是一个完美的结局，因为"发展起来以后的问题不比不发展时少"[②]。北仑区近 30 年的跨越式发展，探索了一条以教育均衡带动发展的创新之路。从这个意义上看，可以说"均衡"是因，"质量"是果，而这个质量则是区域教育的办学水平与内涵。对于接下来北仑教育的发展而言，将是另一个新征程、新突破的开始，意味着"均衡"将再一次被打破，寻求"新的均衡"的开始。在这里，借用法国教育家保罗·朗格朗（Paul Lengrand）的一句话也许最能表现出均衡与教育发展之间的内在联系：

> 要证明教育是现代社会的必须，在目前尚不能给予满意的解答。同样，教育也不能发现社会内部关系的不平衡即各种变化。为解决这样的问题，应在目前人们日常及普遍的驾驭和训练的要求中引入新的教育理念，可以说，舍此以外别无他法。[③]

[①] 提起希拉里，人们往往赋予其"美国前总统克林顿的夫人""美国第 67 任国务卿"等标签，但较少有人注意到这位风靡全球的第一夫人却是儿童教育的关注者。

[②] 这是邓小平同志曾在 1993 年提出的一个论断。

[③] 欧阳忠明：《教育本真的诠释与还原——基于终身教育、终身学习与学习化社会的视角》，《继续教育研究》2009 年第 9 期。

> 人生真正的快乐在于服务于你自认为伟大的目标。
> ——［爱尔兰］萧伯纳

> 没有理论的具体研究是盲目的，
> 而没有具体研究的理论则是空洞的。
> ——［德］康德

第六章

现象背后：理解区域教育均衡发展

在讲述北仑跨越20多年的教育均衡发展之路的过程中，我始终力图保持过程的真实性与复杂性。通过倾听不同主体的故事与声音，不难发现，他们对教育、对均衡发展都有着自己的不同认识，而这些认识不仅仅体现在他们的言辞中，更体现在每一方主体的行动里。我一方面通过叙事来尽可能展现北仑教育均衡发展中的真实面貌，在自然情境下呈现行动着的人以及他们在现实教育场域中所经历的过程和细节，以便使教育均衡与真实的教育经验形成内在的关联；另一方面将叙事提升为教育经验的探索，以寻求教育均衡发展中复杂的实践样态。从这个意义上来说，"叙事所涉及的不再是经验的表述，而是经验（包括个体和集体经验）的本质，以便通过叙事研究而提供一种经验的理论方式"[①]。通过"北仑现象"的历史探究和发展演变描述，我相信，每一位读这些故事的人都会衍生出他自己的理解与意义阐释。但是行文至此，我还是希望通过自己的一孔之见来从这"复杂"的现象背后归纳出"简单"，寻得一份实践中的丰富意蕴，并试图建构理论。虽然说很多质的研究结果可以以描述为主，不一定

---

① 丁钢：《声音与经验：教育叙事探究》，教育科学出版社2008年版，第89页。

非要建立"理论"①，但在有足够资料分析的基础上，我愿意做出一些尝试，以期为范围较狭窄的北仑个案提供相对宽阔的视野和应用价值。

第一节 特征分析："北仑现象"的成长基因②

要理解区域教育均衡，首先得回到北仑教育的成长历程上。北仑区作为一个曾经十分落后的"农村地区"，教育资源极其匮乏，教育基础十分薄弱。然而，经过短短 25 年，它在教育与社会的良性互动中，坚持"以人为本"的发展理念，着眼于发挥教育的系统性和结构性功能，昭然向我们展示了以"办好每一所学校、开好每一门课程、教好每一位学生、成就每一位教师"为核心元素的"北仑现象"，打造了"均衡、优质、高效"的教育新高地。本节通过归纳它的成长轨迹以及运行体系特征，试图找到北仑教育成功转型升级的成长基因。

一 北仑教育均衡发展的阶段特征

历经 20 余载的历史发展，北仑教育成就了今天的两张"名片"——优质与均衡。历史的辚辘伴随着无声的生活，细密地将教育的发展渗透到北仑区中，各种因素的综合作用最后交织在这块土地上，不断推动着教育走向规范和现代。但是教育的发展并不是直线前进的，在自身的演变中，北仑教育演绎着一条迂回上升的蜿蜒路径，虽然无法完全复原那条轨迹，但几个明晰的"点"稍许可以帮助我们去追寻它的足迹。

那么这几个特殊的"点"是什么呢？通过考察北仑区的发展历史，可以发现以下几个关键年份：第一个是 1985 年。北仑区从镇海县分离出来上升为县级区，行政区划级别的改变为北仑带来了结构功能上的变化，可以说这一点既是北仑教育发展的起点，也是告别历史的转折点。关于建区前的历史脉络我们已在第二章中有较为详尽的分析，前期的历史积淀为

---

① 在质的研究中，理论不是对社会现实的概念化和形式化，而是特定研究者从特定的角度通过特定的研究手段对特定的社会现象作出的一种解释。这种理论具有一定的时间性、地域性和实践性，是属于广义的、实质理论的范畴。参见陈向明《质的研究方法与社会科学研究》，教育科学出版社 2000 年版，第 318—320 页。

② 方展画、林瑞玉：《区域教育提振之路：以均衡促进发展——"北仑现象"的教育报告》，《教育研究》2011 年第 4 期。

北仑教育的后续发展既积累了经验也留下了遗憾，但不管怎样，历史的传承与记忆让我们对北仑区建区之初的情况有了一个更真实的把握，也为建区后的发展提供了可资鉴戒的时空资源。第二个年份是1994年。这一年是浙江省政府授权省教委批准宁波北仑、温州龙湾设立教育综合改革试验区的年份，同年11月，宁波市政府为办好试验区明确了北仑区政府的教育统筹权和决策权（如办学审批权、教材自选权、招生自主权、教师聘用权等）。这是继建区以来，北仑在教育权限上的再一次改变，成为北仑教育迈入新阶段的转折点。第三个关键"点"是2003年。这一年北仑区与宁波经济技术开发区合并，成立了北仑新区，此时的北仑已是国家级基础教育课程改革实验区，北仑新区的成立从横向上改变了原北仑区的区划结构，为北仑教育的发展提供了强大的经济后盾，国家基础教育课程改革实验区的确立则为北仑教育的再上台阶创造了契机。

为此，以这三个关键年份为划分点，我们可以看到北仑教育近30年的发展主要经历了三个阶段（1985年之前的阶段作为北仑建区前的历史背景），1985—1993年为第一阶段，属于"夯实奠基阶段"，全区以普及义务教育为抓手推动教育整体发展；1994—2002年为第二阶段，属于"整体提升阶段"，以均衡发展为指向实施素质教育；2003年以后为第三阶段，这一阶段北仑被评为"全国推进义务教育均衡发展工作先进地区"，是北仑教育"锐意创新阶段"，是北仑区"以人为本"理念统领教育和谐发展的阶段。[①] 这三个阶段的具体过程我们已在前面章节中做了详细阐释，这里需要作进一步分析的是北仑教育在经历三个发展阶段过程中的轨迹特征。

（一）第一阶段：普及与奠基

这个阶段的北仑教育可以用"一穷二白"来形容，用当地人的话来说就是"没钱"，其背后蕴含的是教育资源的匮乏和教育的落后。据考证，当时全区有20个乡镇，近30万人口，中小学在校生21345人，却办有198所学校，而大多数学校不是在破庙祠堂中，就是以仓库为落脚点；初中、小学的教师学历合格率仅为46.9%，其中60%以上是民办或代课老师；小学段流生率为25%，初中段达30%。庞大的教育烂摊

[①] 方展画、林瑞玉：《区域教育提振之路：以均衡促进发展——"北仑现象"的教育报告》，《教育研究》2011年第4期。

子、薄弱的师资队伍、破旧不堪的校舍用房，只有粉笔加黑板的简单设施让北仑教育陷入了迷茫困境。起点的落后并不必然意味着未来也落后。从第三章的叙述中，我们可以用"普及"和"奠基"两个关键词来归纳这个阶段北仑教育发展所做的核心事件。其背后遵循的逻辑就是先解决"有书读"再来谈"读好书"的问题，就好比先有温饱再奔小康。对于当时刚从镇海县下面的一个农村脱离出来成为县级区的北仑来说，这样的思路是再正常不过了。国家"普九"政策的颁布，为北仑找到冲破教育落后壁垒的出路添了一把火。当"政策窗口"开启之时，全区 20 个乡镇全面实行"普九"教育，这对于当时底子薄弱的北仑区来说，既是一种勇气，也是一份风险。普及义务教育成为北仑教育发展的第一块基石。

从这个阶段的发展来看，虽然当时教育资源严重短缺，教育经费十分不足，但是我们可以看到，"没钱"并没有成为北仑教育起步发展的阻力。"没钱，那就给我政策"，这是当时任教育股股长的胡老先生的原话，也是北仑教育起步的重要推手。"政策"成为当时比教育资源走在更前面的重要因素，而这政策背后蕴含的则是一种权力，办教育的自主权力。在当时区级财政仅能够"保吃饭"的情况下，他们凭着"自强、创业"的信念，在力争区级财政加大投入的同时，征收教育事业附加费，发动社会及个人自愿捐资，积极发展校办企业等，不断拓宽筹措教育经费的渠道。同时把握重心，针对当时师资力量薄弱的状况，通过学历进修、设点培训、业务测评、"教坛新秀"评比等方式来逐步提高教师素质并促进其专业化发展，为每一个学生的未来发展留下空间与机会。这些都是"奠基"的举措，地基牢固了，才能为更上一层楼留下空间。

（二）第二阶段：扶弱与提质

当北仑区基本实现"普九"之时，也意味着其教育发展进入第二阶段了。根据第四章的叙述，不难发现，"扶弱"和"提质"是这个阶段的两大关键词，其背后遵循的逻辑是从"量"的扩张转到"质"的提升上来。

此时的北仑区开始有了一定的经济基础，老百姓的腰包也鼓起来了，教育综合改革试验区的授予让北仑也掌握比以往更多的教育统筹权和决策权。量化扩张的道路已无法适应这个时期北仑的教育发展。学校数量多、规模小、布局散、质量低等特点,让整个区域内教育"不均衡"的现实问题越来越凸显。"择校"、转学、外来人员子女的教育①等一系列问题都在向教育管理者发出"危机信号"。教育显然已无法满足家庭的教育需求,他们开始主动出击,通过发挥各种关系来寻求更好的教育出路。问题的凸显再一次激起了政府和教育管理部门的"敏感性","政策"再一次出击。而此时的政策在同样具有权力效应的同时,增添了几分被动性,很大程度上应该说是当时政府教育行政部门为解决教育"不均衡"之实的补救措施,是一种被动适应。在这种情况下,北仑区政府及其相关部门积极发挥推进教育均衡"第一责任人"的重要作用,通过调整学校布局,改造薄弱学校,城乡学校"捆绑式"发展,招生录取指标硬性分配,制定外来务工子女学校"同城待遇"等举措,实施素质教育,以"扶弱"来实现区域内教育质量的提升②。从这些措施来看,"布局调整""投资倾斜"以及"资源共享"三者构成了北仑区基础教育均衡发展战略的基本政策框架。③

(三) 第三阶段:内涵与生态

前两个阶段的发展过程,不但暴露出了教育供需之间的矛盾以及"政策"的相对滞后性和被动性,更让原先处于被动接受甚至是旁观者的家庭

---

① 伴随着流动儿童随父母迁移城市,以及越来越多的农民工随迁子女在城市出生并长大,他们对城市教育资源的竞争与渴望,已不可避免地与国家及原来的城市居民阶层产生了复杂的博弈关系。换言之,外来工子女对教育机会平等的追求不再是单纯的教育获得过程,还是一个多方博弈和治理策略演进及农民工阶层再生产的过程。参见邵书龙《社会分层与农民工子女教育:"两为主"政策博弈的教育社会学分析》,《教育发展研究》2010年第11期。

② 有学者用"底线均衡"和转向"兜底"来概括这种"扶弱"取向的教育均衡发展路径。参见杨启亮《底线均衡:义务教育优质均衡发展的解释》,《教育理论与实践》2010年第1期;杨启亮《转向"兜底":义务教育优质均衡发展的重心》,《教育研究》2011年第4期。也有学者用"成长性均衡"来概括这种提升底线的均衡,参见杨小微《义务教育内涵式均衡发展路径分析》,《教育发展研究》2009年第5期。

③ "布局调整"是一种被动适应社会经济发展引起的人口空间分布变化的政策,随着城市化进程的推进,当人口空间分布格局趋于稳定时,也就是这一政策终结之时。与此类似,随着教育均衡化政策的推进,学校之间办学条件差距缩小,"投资倾斜"政策的用武之地也必将逐渐缩小。而"资源共享"政策则只要学校之间存在差异,无论是以学校为主体的"资源共享",还是以学生为主体的"资源共享",都会有助于区域教育均衡发展真实目标的有效实现。吴华等:《从"差距合作"到"差异合作"——宁波市江东区学校合作的创新实践》,山东教育出版社2010年版,第9—10页。

群体开始主动寻找各种途径渗透到学校教育中，教育管理者们开始意识到他们不是"管"教育的唯一角色。在教育场域中，利益相关者的相互博弈开始变得激烈，原先处于边缘位置的主体开始活跃；越来越多的角色开始参与到教育发展的舞台中去争夺自身的合法权益。与此同时，北仑新区的成立为北仑的经济发展插上了有力的翅膀，也为北仑教育提供了强大的经济后盾。但是经费上的"富裕"并没有让接下来的教育发展变得容易，大环境、大政策的改变以及旧问题、新问题的交融，让第三阶段在一开始就显得有些复杂。从第五章的叙述中，我们可以通过"内涵"与"生态"两个关键词来归纳这个阶段的核心事件，其背后的逻辑其实是从"单中心"的扶弱提升转向"去中心"的内涵发展，"一校一品"，织成一张复杂的教育生态网络，发展的重心已下移至一所所实实在在的学校以及一个个活生生的人身上。

基于教育均衡发展的动力惯向，抓住跻身于"国家基础教育课程改革实验区"的契机，北仑区以课程改革为突破口，以"轻负高质"为诉求，以人为本，区域性推进学校特色发展，探索如何把学生从繁重的课业负担中解放出来，如何按照学生身心发展规律和教育规律促进学生综合素质全面发展，如何更好地满足学生兴趣爱好，充分展示学生的个性特长，倾力打造"幸福教育"。此时，我们可以看到，北仑教育发展的决策主体由政府教育行政部门这个单一主体下移转变为区域内的多个学校主体，且发展的决策机制由政府行政命令转变为学校自主决策，办学自主权得到真正保障，打通了行政管理部门、学校、家庭和社会之间的壁垒，区域教育均衡发展的策略超越了要素层面的变化局限，转而进入了整个区域教育系统层面的功能性调整。

从第一阶段的"普及""奠基"到第二阶段的"扶弱"与"提质"再到第三阶段的"内涵"与"生态"，不难看出，北仑教育的成长轨迹演绎着从量变到质变，从外在到内涵，从"单中心"到"去中心"的非线性发展特征。教育不仅具有其特殊的实践方式和实践行为的规范系统，而且拥有其自身的价值本体理论。回首北仑教育近三十余载的发展轨迹，不难看到，整体、均衡、优质是推动北仑教育发展的三个"关键词"，也是北仑教育快速发展的原因所在，在某种程度上昭示着教育事业发展的内在规律。我们说，教育均衡发展是持续发展的过程，"是一个由不均衡到均衡再到新的不均衡的不断发展的螺旋上升的过程"①，北仑教育成长轨迹的特征一方面印证了这个过程，一方面又丰富和发展了这一概念。

二 北仑教育均衡发展的核心体系

成长轨迹的总结让我们对北仑教育发展的阶段特征具有了一定的了解，那么，在这三个发展阶段背后，又是什么在推动着北仑区教育系统的运行呢？要回答这个问题首先得回到教育系统中学校、课程、学生、教师这四大核心要素上。根据前文的描述，我们知道，自建区以来，北仑区以普及九年义务教育为契机夯实了教育发展的基础，面对"量"的扩张导致"质"的缺失问题，他们制定了"均衡、优质、高效"的战略目标，在政策创新、课程建设、学生培育和教师发展等方面持续不断地推进改革，让区域教育均衡发展真正落到实处。

从区域层面来说，学校是构成区域内教育体系的办学单元，课程是联结教师和学生的重要纽带，而课程、教师和学生则构成了学校系统中的三大主体，继而上升到校际间的发展关系，进一步回归到区域教育系统的发展体系中。这样一个运行回路投射到北仑教育的发展过程中，真切地演绎出了一条具有地方特色的教育均衡发展之路。从教育管理者的角度来说，可以用"办好每一所学校、开好每一门课程、教好每一位学生、成就每一位教师"来概括北仑教育均衡发展的核心体系。

（一）"办好每一所学校"：教育均衡发展的现实基础

作为教育均衡中观层面的校际均衡，可以说是区域教育均衡发展的基础，因为学校是教育教学的基本实施机构。北仑教育以均衡为发展战略，不断强化"办好每一所学校"的价值取向，扎扎实实打好教育均衡的办学基础。

一般来说，区域教育均衡发展要经历两个阶段：办学条件均衡阶段和办学水平均衡阶段。前者主要指缩小学校之间的物质条件差距，后者则主要指缩小学校之间的教育质量差距，且后者的实现往往要比前者任务艰巨得多。因为"影响办学条件的主要因素是教学场所、仪器设备等学校教育中的同质要素，对这些同质要素进行均衡配置只要增加对薄弱学校的投资即可解决问题"，这也是许多地区所采取的途径，"而影响办学水平的主

---

① 翟博：《教育均衡发展：理论、指标及测算方法》，《教育研究》2006 年第 3 期。

要因素则是教师、管理、学校文化等学校教育中的异质因素，它们不可能如上述同质要素一样在学校之间进行均衡配置"①。因为办学水平包括教育质量是学校的系统属性，是学校这个系统在运行过程中涌现的整体功能。就教育领域而言，公平的分配意味着教育产品、教育资源的分配应该遵循某种正义的原则，指导教育均衡发展。关于这一点可以从美国伦理学家罗尔斯从社会正义论的立场出发提出的分配正义论中找到依据，他将分配正义论运用于教育领域②。事实上，他所说的平等是需要以一种不平等为前提的，即"对先天不利者和有利者使用并非同等的而是不同等的尺度，也就是说，为了事实上的平等，形式的平等要被打破，因为对事实上不同等的个人使用同等的尺度必然会造成差距"③。北仑教育坚持从整体上来推进"办好每一所学校"的均衡战略，不仅仅体现在加大教育资金投入、建设标准化学校、以现代技术装备学校以及提高教师待遇等"硬实力"上，更体现为制定、实施了一系列"软实力"意义上的教育政策制度，包括建立办学水平导向的新评价机制——推行高中招生指标与初中学校综合督导评估相挂钩的办法；建立办学水平导向的新引导机制——推行民办初中招生名额全部直接分配到各小学的办法；建立办学水平导向的新任用机制——推行校长任职公开竞聘、教师职称聘评分离的办法，以削减任命机制下的"符号暴力"④作用；建立办学水平导向的新发展机制——推行城乡学校"捆绑式"发展模式，从"根"究起，以创新精神将"考

---

① 吴华等:《从"差距合作"到"差异合作"——宁波市江东区学校合作的创新实践》，山东教育出版社 2010 年版，第 1—2 页。

② 事实上，罗尔斯的分配正义论在近些年来也遭到了新兴的关系正义论观点的批判与发展，他们认为社会公平问题不应该只在分配层面上讨论，不公平和非正义在分配领域之外的人际互动的社会关系层面上也有明显表现，这一新观点已经在教育公平理论研究及公共政策领域引起了广泛关注。参见钟景迅、曾荣光《从分配正义到关系正义——西方教育公平探讨的新视角》，《清华大学教育研究》2009 年第 5 期。

③ [美] 约翰·罗尔斯:《作为公平的正义——正义新论》，姚大志译，上海三联书店 2002 年版，第 70 页。

④ 根据布尔迪厄的符号暴力理论，"符号暴力"是指将一个场域里的价值观、权利分配的规则通过一种温和的、合法化的方式强加给每一个参与者。它的实现，凭借的是参与者的笃信，在一个场域内，一旦操纵了参与者的世界观、价值观，统治就会以"非暴力"的方式出现。学校符号暴力的产生就在于"任命"关系的存在。参见 Pierre Bourhieu, *Language and Symbolic Power*, Palo Alto: Stanford University Press, 1991, pp. 37—251。

试分数竞争"这个源头截断,力除分数与生源之恶性竞争的沉疴,导向办学水平的竞争与提高,力改落后制度,创建新制度,构建教育均衡发展的导向机制。

与此同时,北仑区还从本地实际出发,积极推进农村学校"小班化"教育,外来工子女"同城待遇",师资力量与待遇的"去差异化",并通过不断完善教育督导制度和社会监督机制加以切实的保障。正是这一系列政策制度的大胆创新、相互支撑,在整体上形成了一个有效的政策网络,确保了每一所学校均衡发展,进而有效推动了整个区域教育的均衡发展。

(二)"开好每一门课程":教育均衡发展的内涵条件

伴随着社会的进步与教育的改革发展,传统的应试教育模式的弊病日益显现出来。学生的发展必须体现全面,教学计划必须得到全面的执行。可以说,"开好每一门课程"是学校教育均衡发展理念在微观层次上的具体化,是教育发展的内涵条件。"一种课程只有在到达学生层面时依然理想,才是一种真正理想的课程"[①]。北仑区以课程政策、地方实情和学校状况为基础,在开足开齐开好每门课程、确保学生每天休息活动时间的同时,致力于三级课程的全面实施。

首先,重视"三方保障",确保开好每一级课程。北仑区在加强制度建设、保障校本课程实施规范性的同时,构建了三级教研网络,并辅以协作区教研与校本教研,保障地方课程实施的有效性;与此同时,通过承办市、省乃至国家级大型研讨活动来创新交流形式,保障国家课程实施的先进性。

其次,做好"四项引导",形成区域课程建设特色。北仑区通过继承传统活动,创新现代活动来发挥学生自主能力,引导活动走向课程,提升学校活动的品质;在开发校本课程、综合实践活动课程中,关注自然、社会和学生自我,彰显课程育人功能,引导德育走向课程;为提高课程建设的有效性,以组织系列"同类课程联动研讨活动"为载体促进资源共享,引导同类课程联动;为丰富课程资源,将课程融入社会实践,积极引导学校建立校内外基地、探究性实验室。

最后,关注"五个环节",凸显学校个性特色。在开发校本课程中,关注学校实际可能,盘活课程资源;在为学生提供尽可能丰富而适切的课

[①] 崔允漷:《学校课程规划的内涵与实践》,《上海教育科研》2005年第8期。

程过程中，关注学生发展需求，开发多种课程供学生选择，并关注学生学习方式，发展社团课程；在体现学校办学特色过程中，关注学校办学理念，打造精品课程，并投入一定的精力，整合资源，关注课程健康发展，开展课题研究，全区基本呈现出"一校一品"的格局。

经过几年的实践，北仑区的三级课程已经深入人心，国家课程的有效性明显提高，并将继续走向深入。地方课程的实施极大地丰富、拓展了教育内容。而校本课程的开发实施更促成了学生个性发展、教师专业成长和学校特色的形成，为北仑教育的均衡发展提供了重要条件。

（三）"教好每一个学生"：教育均衡发展的核心取向

国内有学者提出了教育均衡发展阶段理论，即普及义务教育是低水平均衡阶段，推进教育体制改革、追求教育过程和教育条件均等是初级均衡阶段，而加强学校内部建设、追求教育质量均等则是高级均衡阶段，这个阶段"以人的培养和发展为目标，办出学校特色，促使学生全面发展，充分尊重学生的差异和个性，让每个学生最大程度地发挥自己的特长和学习潜能"①。从北仑区的教育发展进程看，以人为本，"教好每一个学生"是其进入高位均衡发展阶段的重要标志，也是其核心取向。

为了真正实现"教好每一个学生"的目标，北仑区从学生实际出发，积极营造校园文化、社团文化和班级文化，让每一位学生在健康而富有活力的氛围中快乐成长。如果说文化营造是北仑教育从外在环境入手促进"教好每一个学生"教育目标达成的话，那么，分层教学和多元评价则是北仑区从内在层面上来促使让所有学生在多样化的教育环境中个性成长，实现均衡教育的核心理念。

分层教学具有独特的育人功能，它极大地激发学生的学习动机，增强学生的自学能力。美国教育心理学家 K. F. 朗利（Kaithie F. Nunley）教授及其同事主持的基于脑的学习偏好研究为分层教学提供了生物学支撑。朗利教授认为，基于脑的学习偏好研究对教育的重要启示在于，不同的个体在学习风格的倾向上会有差异，当他们加工信息时，可能会优先选择某种学习偏好（如听觉偏好、视觉偏好或触觉偏好等）②。但是，分层教学也

---

① 翟博：《树立科学的教育均衡发展观》，《教育研究》2008 年第 1 期。
② 吕林海：《分层课程：一种以学生为中心的差异性教学模型——脑科学成果改进美国中小学教育的又一有效范例》，《外国中小学教育》2007 年第 3 期。

有它自身的局限性和误区所在，这是无法忽略的问题。为此，北仑区在均衡基础上进行弹性编班、分层基础上实行自选作业的同时，倡导个体基础上的合作学习以及公平基础上的多元帮扶，使分层与合作并驾齐驱、相得益彰。

为了检验和改进学生的学习和教师的教学，改善课程设计、完善教学过程，从而有效地促进每一位学生的发展，北仑区围绕着评价改革，打造了三大评价新制度，包括综合素质评价制度、发展性评价制度以及选择性评价制度，重视评价主体的交互作用、关注评价过程的动态发展，提倡评价方式的多元参与，引导每一位教师以发展的眼光看待每一位学生，将评价方案落实于各学科的分散、分项测评之中，体现在学生素质发展报告单、成长记录册和成长档案袋等方式中，形成了能充分体现"促进学生全面提高和个性发展[①]相统一"这一目标要求的学生发展评价新体系。

（四）"成就每一位教师"：教育均衡发展的条件保障

教育离不开教师，教师的专业能力直接决定了学生发展的水平。因此打造均衡教育的高效团队，"成就每一位教师"就成了教育均衡发展道路上的条件保障。在深刻把握教师专业发展内在逻辑的基础上，北仑区从切实转变每一位教师的教学理念入手，树立新的教学目的观，涵养新的教学活动观，以生为本，以探究为主，以发展为目的，重塑新的师生关系观，走出了一条具有自身特色的"育师"之路。

为了切实推进新课程改革、促进区域教育均衡发展，北仑区以狠抓教学常规作为教育质量保障的基准线，严格落实课程计划，切实优化课堂教学，不断优化教学方法与行为，通过提炼教学模式，设置"好课"标准来推进有效教学，围绕"简洁活力、扎实有效"的追求方向进行实践积淀，促进教师的专业成长。在这一理念的引导下，先后涌现了小学语文的"引导发现"教学法、芦渎中学的"五主五环"教学模式、高中生物的"探究教学模式"、高中数学的"SR"七步教学法、高中政治的"自主合作"教学模式、高中语文的"三脉贯通"教学法等。与此同时，通过校本研究、示范带动、网络教研等形式，让每一位教师都能够在协作反思中不断成长。随着新课程的实施，广大教师越来越认识到校本研修在课堂教

[①] 这里将"个体随着年龄的增长，自身蕴含的潜在可能不断转化为现实个性这种整体变化作为发展的实质性含义"。参见叶澜《教育概论》，人民教育出版社2000年版，第194页。

学提高中的积极意义。北仑教育局适时引导，以"求实求效"为目标，推行以实践为导向的培训内容安排，加强过程管理、整合研修力量、搭建研修平台，通过专题培训、教学"比武"、名优骨干培育等途径，促使学员将培训学习的内容转换为具体解决问题的实践操作，通过"做中学""写中学"的形式达到提升教育思想，改进教学实践能力的目的，有力地促进了广大教师的专业发展，提高了每一位教师的教学水平。

作为学习共同体，北仑区学校在充分尊重学生自然天性的基础上，通过课程规划，为学生学习自由创设丰富的学习情境，立足一线课程实践的现场优势，借助课程和教学实践的理论反思，为教师走向专业自主创造了良好的发展条件。

从北仑教育的运行体系来看，学校、课程、学生、教师等要素密不可分，连同外部环境构成了一个网状的教育复杂系统，而"均衡"就像是该系统在自组织力量和非线性作用下所"涌现"出来的临界状态。① 它不仅关注形式，更关注实质；不仅关注物质条件因素，更关注人精神方面的"软"因素；不仅关注宏观整体运行，更关注各子要素的均衡、协调发展，进而从整体上统筹并促进北仑区教育的转型升级。

三 人本与均衡："北仑现象"的价值启示

通过"北仑现象"的特征分析，不难发现，"人本"与"均衡"构成了北仑教育飞速发展的两大"基因"，而对教育均衡发展的探索是一个复杂而漫长的过程，不能一蹴而就，更不能急功近利。近30年来，北仑区走出了一条符合自身区域实际的极具特色的均衡发展之路。时至今日，已然进入品牌的守持阶段。这条教育均衡的创新之路，既具有值得借鉴的成功经验，也给我们留下了诸多启示。

第一，教育均衡是教育发展的必然取向与基础，也是区域教育质量提升的基础。北仑区从20世纪80年代中期一穷二白的教育烂摊子发展到今天的优质教育新高地，短短30年，且行且思，彰显了"均衡促发展"的

---

① 复杂科学把系统整体具有而部分或者部分和所不具有的属性、特征、行为、功能等特性称为涌现性。涌现的本质就是由小生大、由简入繁，涌现就是由简单的行动组合而产生的复杂行为。参见约翰·H.霍兰《涌现——从混沌到有序》，上海科学技术出版社2006年版；李士勇《非线性科学与复杂性科学》，哈尔滨工业大学出版社2006年版，第152页。

主题。正是北仑从建区伊始就将教育均衡提到议事日程上来，抓住了发展的先机，走出了一条教育均衡发展的创新之路。在某种意义上，可以说均衡是"因"，质量是"果"。当然，这里的质量指的是区域教育的综合水平。

第二，教育均衡的指向是以人为本，是让每一个教育主体都能够得到充分的发展。换言之，均衡发展需要我们在科学发展观的视野中重新确定教育坐标，每一个学生的充分发展成为教育的主轴与重心，而成就每一位教师也是这个坐标系中的一个重要轴系，两者共同构成所谓的"人本"，而最终的目标则指向人的发展和终身幸福。北仑区的教育发展历程很好地揭示了这一点。他们改变了强烈影响当前教育现实的精英主义、经济主义和工具主义等偏狭的教育价值观，没有以升学率和数字为本，没有以经营创收为目标，也没有将人视为单纯实现目标的工具，而是全面实施了"科教兴区、均衡推进"的发展战略，明确树立了"教好每一个学生、成就每一位教师"的全新理念。正是这种全方位的"人本与均衡"推进，教育的均衡化发展才落到实处。

第三，教育均衡的实质是通过均衡促发展，而均衡的本质是教育场域内部结构的功能性调整与完善，借以实现教育系统的整体升级。北仑教育的均衡发展就是通过紧紧扣住学校、课程、学生、教师这四个教育系统运行的重要载体，创新运用政策软实力来夯实教育均衡的现实基础，踊跃建设区域特色课程来提升教育均衡的内涵条件，大胆尝试分层教学来逼近教育均衡的核心取向，积极推进有效教学来加固教育均衡的条件保障，从教育系统的整体出发来实现内部结构的功能性调整与完善，迈上了教育均衡高位发展的轨道。北仑教育的发展历程表明，走教育均衡化之路是实施素质教育、促进学生全面发展的必由之路，也是教育事业发展的科学选择。

第二节 归因分析：区域教育均衡发展的深层诱因

在完成了一系列有关"北仑现象"各个不同方面的特征分析之后，接下来还有一项未完成的任务摆在我们面前——在这些特征表征背后，促成北仑区教育均衡发展的深层原因是什么？换言之，我们如何从总体上来把握北仑教育均衡发展的成功经验？既然是总体把握，那就意味着思维要从分析转变到综合，从每一个局部上升到对事物的系统思考。这是一项很有意义的讨论,因为它涉及能否从北仑教育均衡发展实践中得到一些规律性认识,使得北仑教育均衡发展模式获得高一层次的认识价值和意义。

一 区域结构调整:教育均衡发展的土壤培育

从上文分析可以知道,北仑教育近30年的发展主要经历了3个阶段:第一阶段是从1985—1992年的普及奠基阶段,是教育低水平均衡发展阶段;第二阶段是从1993—2002年,这是北仑教育从"量"走向"质"的转型阶段,属于教育初级均衡发展阶段;2003年至今的第三阶段,是北仑深入实施素质教育,走向内涵发展的阶段,属于教育高级均衡发展阶段。从北仑教育螺旋上升的动态发展过程中来看,其教育面貌的改变正是以它的层次结构得以改变为起点的。按照系统论的观点,要改变一个系统的终极状态,需要改变其结构特征。[①] 北仑区从镇海县脱离出来成为独立的县级区,这一层级的改变带来了纵横两个方向的结构变化,成为北仑教育转型的必要条件之一。

从纵向上来看,北仑区的建立使得北仑从原先镇海县下面的乡镇上升为一个县级区,行政区划级别的上升为北仑教育的发展带来了更大的权限和空间。从县下面的"乡"上升为"区",意味着一个县域经济单位能够全面接受中心城区辐射,其基础设施建设也将纳入城市进行通盘考虑,公共服务和老百姓生活质量也会得到不同程度的提高。对于企业来说,意味着更多的政策利好和财富机遇,还有更大的发展空间。从管理权限上来说,区的管理权限会比乡镇更大,区教育局直接领导区内学校,学校与教育局之间的信息传达会更直接和及时。

从横向上看,北仑区的设立加强了区内学校之间的相关性联系。在没有设立北仑区之前,区内学校分属于镇海县下面的几个乡镇,县域之大,学校之多,分散了县教育局对各个学校的管理精力,各学校相对独立,相关性较弱。北仑区的建立将原镇海县一分为二,其中的部分乡镇被划分出来重新组成一个县级区,区域规模上的适度缩小让内部学校之间的相关性加强了,有助于产生区域内教育系统的整体效应。另外,也使北仑区与同级别行政区之间发生了一定联系,虽然说这种联系可能相

---

① "中朱学区教育"联合调查组《学区系统终态变化的整体反思——上海普陀区中朱学区近十年教育实践与经验的研究总报告》,《华东师范大学学报(教育科学版)》1990年第2期。

对较弱，但可能性增大了。系统的整体功能要实现大于部分之和，必然需要通过加强子系统之间的相关性来实现。北仑区作为一个行政区划，不仅是上一级行政机构指令的执行单位，也是一个具有相对独立职能和权限的行政区，它的建立在纵横两个层次上增强了区域教育系统的整体效应。

当然，层级结构的变化并不必然带来教育质量的提升，也并不意味着任何村落都应该升级为县级区。因为层级结构的改变一方面只是提供了"转化"[①]的可能，另一方面原乡镇所处的位置以及上下级区划的规模大小和发展水平也决定着这个可能性的大小。即使上述条件都符合了，要使"可能"转变为现实，还受制于人的因素，比如区级管理者的领导力以及上下级之间的关系等。只要有一个条件缺失，层级结构的变化很有可能产生负向效果，比如导致合并的各个乡镇互不相融，这也是为什么不是所有建区的地方都办好了教育的原因之一。为此，我们说区域层次结构的变化只是北仑教育成功转型的必要条件之一，但还不是充分条件。

二 主体要素变化：教育均衡发展的内部诱因

从北仑教育的发展过程来看，物质资源、制度、人等这些教育系统中基本要素的变化是北仑教育成功升级的重要推力，而"人"的主体地位的改变又是其中最核心的力量。因为在区域教育系统中，教育经费的增加、教育政策的制定与执行、教学质量的变化、学校设施的更新等都是人的改变所呈现的对象化体现，这些人包括来自教育行政部门的教育管理者、学校的校长、教师、学生以及来自家庭的家长们等。当然，人的要素变化又是通过在这些对象化的活动中实现的。所以说，北仑区摆脱教育落后面貌走上高位均衡的现象生动体现了人与教育之间的辩证关系，特别是来自各方主体要素的角色定位对教育均衡发展的重要作用。

根据北仑教育三个发展阶段的演进描述可以发现，北仑区域中各方主体要素之间的角色变化是推进北仑教育均衡发展的重要动力。虽然说，系

[①] 这里的"转化"是作为一个哲学词汇，存在负向转化和正向转化之分。参见"中朱学区教育"联合调查组《学区系统终态变化的整体反思——上海普陀区中朱学区近十年教育实践与经验的研究总报告》，《华东师范大学学报（教育科学版）》1990年第2期。

统要素的改变并不必然带来系统行为的改变，但倘若没有主体要素间的变化（包括位置变化以及关系变化），北仑教育的均衡发展必然失去重要的推动力。如前所述，北仑区近30年教育发展的总趋势是不断前进、螺旋上升的，并且呈现出鲜明的阶段性。但是这一切并不是由某一个人或团体设计好的，也不是他们从一开始就规划好的，而是在实践的过程中一次又一次地面对教育活动中的多方主体及区域现状不断进行博弈、调整和反思而逐步形成的结果，这是一个"生长"的过程。在这个过程中，"人"的主体性发挥是教育均衡发展的关键。在前文叙述中，已较为详尽生动地阐释了教育行政管理者、校长、教师的主体性发挥以及学生的主体性培养等问题，它们都是促成"北仑现象"的主体原因。所以，接下来分析的重点将主要放在教育行政部门、学校及家庭三方主体的角色关系变化上，以期通过分析他们在不同时期的角色定位来揭示区域教育均衡发展的内部诱因。

从第一阶段来看，"教育行政部门—学校—家庭"之间构成了单方向的三角制约关系（参见图3-6），教育行政部门通过管理权限严格控制着区域内各个学校的发展，学校在教育体制中被动接受着上级部门的政策导向、经费支持与指标考核；学校通过主导整个教学活动，决定着学生的成绩好坏与发展，家庭完全处于被动适应的地位，同时又受制于教育行政部门的政令指示。因此，可以说，这种单方向的三角制约关系实际上为第一阶段的"普九"工作扫清了政策推行过程中的主体障碍。教育行政部门、学校及家庭三方主体所处的角色位置及制约关系对北仑区低水平均衡的形成起到了促进作用。

进入第二阶段时，再来考察教育行政部门、学校及家庭三者之间的关系，可以发现，此时三方主体的角色关系已发生了变化（见图4-5）。家庭开始"参与"到学校教育系统中，只是这种参与还没有达到直接与学校、教育行政部门互动的程度。家庭在原来的三角制约关系中开始不甘于"被动适应"，他们通过自己的方式主动回应孩子的教育问题，为自己的孩子争取更好的教育资源。这一时期中北仑区"择校热"的大范围盛行就是这种回应的典型表现。家庭角色地位的改变引起学校对家庭的重视，打破了原先学校重点对上级行政部门负责的单向性关系。此时我们可以开始看到学校和家庭之间的双向关系开始流通，但家庭与政府、学校与政府之间仍主要停留在单向制约的关系上，微妙之处在于家庭对学校的主动回应也是间接对教育行政部门的回应。家庭通过"择校""课外补习"等方式让北仑教育发展中的问题更加凸显,其背后隐含的其实也是对区域教育发展"不均衡"的反击,打破了低水平均衡状态,促使教育行政部门"感知"到这种危机信号,应对起来已显得有些"吃力"和被动。所以,从另一个意义上来说,家庭角色位置的改变也是区域教育向更高一级均衡发展的推动力之一。

发展到第三阶段的北仑教育,正如前文所描述的,进入了倾力打造"轻负高质"的教育生态过程中。此时教育行政部门、学校与家庭三者之间的制约关系已突破了单向制约互不流通的三角关系,发生了实质性改变(见图5-4)。家庭已不再是学校教育的旁观者,也不再是站在教育行政部门以及学校对立面的对象,家庭开始成为学校的同盟者、合作者以及教育行政部门的监督者,他们开始从"幕后"走到"台前",成为区域教育发展中的主体之一。教育行政部门通过BBS、网上信箱公开接受来自家庭和社会的民主监督,通过学校发展性评价增强学校的办学自主权,各个学校通过结合区情、校情等纷纷打造自身学校的特色走上内涵发展道路。教育不再是"个人和家庭的私事",个人及家庭开始对政府提出自己的教育诉求。政府成为北仑区教育发展中的一个积极推动者,政府不再缺位,不再是旁观者。但是又由于受到当地文化、习俗、历史、经济等因素的影响,个人及家庭在追求优质教育资源的过程中往往又诉诸自己的关系网络,展示出一幅具有地方特色的教育文化场景。

不难发现,在这个阶段中,由于三方主体角色位置与关系的变化,北仑区教育开始从办学条件的加强转向办学水平的提升,这种由"外"而"内"的转向打破了原先三角制约的关系,增添了新的一方主体——学术团体。我们看到,在第三阶段中,学术专家的诊断、指导在很大程度上对北仑教育的发展起到了把脉、诊断、把关的作用,也加速了教育行政部门、学校以及家庭之间的关系流通。角色关系的改变再一次打破了系统的平衡,促使北仑教育向更高级均衡发展。

教育的对象是人,教育的任务又是由人去完成的。在区域教育发展中,目的与对象、主体与客体都统一在"人"的身上。从宏观的角度来看,人们往往只是从政策层面关注教育系统内部是否均衡,比如大多数人都非常关注城乡、区域、校际之间教育发展差距较大,教育机会不均等,教育质量差距悬殊,教育经费投入不足,片面追求升学率等弊病,而没有从系统结构要素上去进一步追究如何实现教育系统内部与外部的相对均衡问题。事实上，北仑教育的发展一方面反映了作用于它的外部社会的价值观和发展模式，另一方面也蕴含着通过自身对教育资源的调配以及主体要素的调整作用而对区域教育产生积极或者消极的影响。

三 区域政策创新：教育均衡发展的动力机制

北仑教育从一穷二白的教育烂摊子到低水平均衡直至高位均衡发展，不仅仅体现在教育资金的大幅度投入、学校标准化建设的推行、提高师资薪酬待遇等"硬实力"上，更体现在制定和实施了一系列具有"软实力"意义的政策制度上。有学者用"政策软实力"来概括，是相对于教育发展所需的各种硬件资源而言的，是非物质性的，包括公共教育政策及相关的公共管理、公共行政、公共服务等活动。[①] 从北仑教育发展中的各项主要政策来看，在第一阶段中，区域政府教育行政部门率先在全省全面推进普及义务教育政策，这种对某项政策较早采纳的行为其实就是政策创新[②]的表现形式之一。一方面来说，"普九"政策的主动采纳是当时行政部门的强烈政策需求[③]所致；另一方面，在施行的过程中也体现出了教育行政部门对政策的依赖性，在移植政策的过程中体现出了政策的"权力象征"。在当时教育资源匮乏的现实情况下，教育行政部门转向"要政策"的诉求，期望借助政策来实现利益的权威分配。因为教育政策代表着教育权力，用胡老先生的话来说，有了政策就好比握有权力，才能以公正的名义大胆去搞教育。受政策"权力象征"的影响，当时的教育行政部门在发展北仑教育中难免以控制监督为管理导向，实现教育管理职能，而被

[①] 方展画、贺武华：《以政策软实力促进基础教育均衡发展——解析"北仑现象"》，《人民教育》2008 年第 24 期。

[②] 学者们倾向于在较为宽泛的意义上使用政策创新的概念。政策创新是政府因公共管理使命之需要与政策环境变化，以新的理念为指导，完善与优化公共政策，以实现社会资源的优化配置和有效解决社会公共问题的一项重要政策行为。但是政策创新并非等同于政策发明，主要某一政策主体接受对它来说是新的政策观念或政策工具就是创新。因此，政策创新不仅包括了对某项政策的较早采纳，而且包括了继之发生的政策扩散、政策模仿、政策移植等。参见黄健荣、向玉琼《论政策移植与政策创新》，《浙江大学学报》（人文社会科学版）2009 年第 2 期。

[③] 政策需求是一个因变量，会受到诸如经济发展进程、社会变迁以及公众利益诉求变化等多种因素的影响。参见黄健荣、向玉琼《论政策移植与政策创新》，《浙江大学学报》（人文社会科学版）2009 年第 2 期。

"管"的对象则只能被动服从，失去了能动性。关于这一点，现如今的胡老先生回忆起当年刚开始搞素质教育时的督导评估，深有体会：

> 我当时跟我们蛮多校长说过，我胡老师没有直接的好办法来真正解决"学得好"的问题，但是我有一个"笨办法"，就是被动的办法。用什么办法呢？以前是"考什么，教什么"，现在指标分配到学校去以后，就出现了"教育局让干什么，学校就去做什么"的情况。于是我们就搞督导评估啊，我每年都要修改评估的具体细则。当时我也是没有积极的办法，但我有笨办法："我要你干什么，你就干什么"。所以总体上来说在刚开始的几年内，这种"管"的办法还是取得了比较好的效果。（2011年4月，胡志）

看来在当时胡老先生的概念中，利用教育"督导评估"这一政策旨在"管住"学校及校长，"我要你干什么，你就干什么"充分体现出了政策背后的"权力象征"和管理导向。但是伴随着时间的推移，作为"权力象征"的政策执行开始出现弊端：

> 但当我离开工作岗位的时候，我自己也有体会，什么事情都是一分为二的。凭良心说，当时第一次制定出来的评估细则要求完全是按照我当年担任校长时在自己学校的经验作为样本来搞的。当我离开的时候，我已经意识到"督导评估"虽然是一个好方法，但是不能事无巨细，不能所有的事物都要按照你教育局的要求来做，而应该在评估中留出相当比重和空间给学校自己发挥，办出自己的个性，按照现在的说法就是办出特色学校，否则的话校长自己脑筋都不要动了，而且也容易滋长不满情绪。（2011年4月，胡志）

对教育政策的使用仅停留在"权力象征"的层面上，必然会导致政策执行中的弊端，就像当时胡老先生所感悟的，政策的功能转向必然会发生。于是，从后来的北仑教育政策中，我们可以发现教育政策开始从"权力象征"转向"社会期望"的表征。如何理解呢？教育政策作为公共政策的构成部分，在本质上要求教育政策应符合社会发展需要，体现社会的期待，这样才能获得"善"的肯定。但在现实的政策实践中，教育政策并非都能体现它的本质要求，从而存在背离或偏离社会期待的现象[①]。从这个意义上来说，教育政策在实践中倘若只是作为一种"权力"来规制他人，在一定的历史条件下，会很有效率。因为在教育资源极度匮乏的情况下，追求效率优先才能更好的实现公平。公平是基于一定物质基础上的公平，物质基础的实现要依靠效率[②]，但此时的效率优先无疑是为了更好地实现公平。当教育资源相对比较丰富时，追求公平、体现社会期望才是教育政策的价值选择。在后来的发展中，北仑教育政策开始出现转向，这个时候家庭的角色位置也开始发生变化。北仑区面对当时区域内教育不均衡问题的加剧，比如"转学""择校""入学难"等，开始积极通过政策创新和有效执行来引导教育的均衡发展，而教育要均衡发展也是当时区域社会的共同期待。当然，此时的政策显得有些被动适应。从政策的价值目标来看，当时北仑教育的公共政策直接指向教育公平的追求和基础教育的均衡发展。以外来务工子女的教育政策为例。伴随着北仑区经济社会的发展，区域内人口结构发生了巨大变化，外来人口比例的增大引发了外来务工子女的教育问题。北仑区积极落实"两个为主"政策，结合区情从小学环境、入学机会、师资等层面全方位推进教育均衡发展政策，保障外来务工子女的平等受教育权利。另外，北仑区各个政策之间在整体上构成了一张相对完善的政策网络，从"招生指标硬性分配"政策的10余年演进以及教育督导的发展性评价即可看出北仑教育发展中的政策传承与创新、渐进性与可持续性。其背后蕴藏的是当时整个北仑区社会对教育均衡发展的要求和期望，"权力象征"下的"管控"行为有所减弱，取而代之的是"公共服务"意识的增强。从政策执行的主体来看，也发生了从政府强制主导转向与社会力量共存的变化，北仑区与企业合作办学以及社会集资捐赠、学术团体参与指导等便是其中的例子。

在诸多地方，教育行政部门对政策往往体现出应付式的行为，当教育问题呈现出一定"危机信号"时才采取政策制定来应对问题。此时的政策在执行中未免出现被动的形势，加上政策的滞后效应以及问题从潜隐到

---

① 教育政策偏离"社会期待"，有学者认为其实这是没有处理好教育政策公平与效率之间的和谐关系。参见石火学《教育政策公平与效率关系和谐的内涵与实现》，《中南大学学报》（社会科学版）2010年第4期。

② 石火学：《教育政策公平与效率关系和谐的内涵与实现》，《中南大学学报》（社会科学版）2010年第4期。

显现、从轻微到严重的历时，教育政策的"失灵"或"无能"难免发生。正是这种滞后性和人才培养的长期性，才需要我们的教育政策能够适度超前，主动适应发展的需要。从北仑教育的发展来看，对政策的创新和有效执行既是对政策功能理解的变迁结果，也是北仑教育成功转型的重要推动力，这也是我在访谈中听到最多的一个直观回答和宏观理解。当然，从静态角度来看，这并不意味着北仑教育政策中不存在"失灵现象"。为了进一步验证这种"直观性"，我从北仑区教育均衡发展政策的实际情况出发，编制问卷来测量北仑区教育均衡政策有效执行的影响因素。通过SPSS统计软件进行问卷的信度、效度分析和多元回归分析（见表6-1），最终剔除了6个因子，得到政策宣贯力①、督导力、职权体系、创新力和资源保障5个因子是影响北仑区教育均衡政策有效执行的主要因素。这个分析结果也进一步验证了访谈中的直观理解。

表6-1　　　　　　　　多元回归模型分析结果

自变量	模型1		模型2		模型3	
	系数	t值	系数	t值	系数	t值
（常量）		7.407		5.434		5.391
清晰度	0.421***	6.803	0.409***	6.635	0.398***	6.438
控制	0.215***	3.554	0.193***	3.173	0.162**	2.534
职权体系	0.181***	2.872	0.172***	2.737	0.152***	2.382
创新			0.099**	2.047	0.099**	2.042
资源保障					0.092*	1.65
R^2	0.505		0.513		0.519	
调整的R^2	0.499		0.505		0.509	
F	81.851***		63.247***		51.505***	

注：***、**、*分别表示在1%、5%、10%上显著。

四　多方关系制衡：教育均衡发展的外部推力

北仑教育的飞速发展除了与区域层次结构、教育系统要素的变化相关外，还以北仑区教育系统内部发展过程的变化为条件。在北仑教育发展过

---

① 宣贯力是指政策的清晰度以及政策的宣传贯彻程度，具体包括政策的目标、路径选择、表述、宣传讲解等方面。

程中，几大关系的权衡与妥善处理成为北仑教育走向高位均衡的条件性因素。

（一）社会大环境与教育小环境的关系

区域内的教育发展会受到社会环境的影响。对于区域教育系统来说，区域教育所处的社会环境直接构成了教育发展的大环境，对于一所学校来说，其所处的社区环境就直接构成了它的大环境。而教育系统内部也有它自己的"小环境"，比如学校内部的"小天地"就构成了这个小环境。当区域大环境相对还比较落后时，教育环境往往也不会发达。因此，要实现落后面貌的改变，自然就会遇到发展的立场问题：是等待外界大环境改变之后再来改善自身小环境呢，还是通过壮大自身力量来影响大环境的改变？也许两者都能实现改变，但对于北仑教育来说，它选择了后者。当北仑区从镇海县划分出来时，无论是大环境还是小环境都相对落后，但是区域教育并没有选择等待，而是抵御住大环境的消极影响，不等不靠，着力于改变教育的落后面貌，并与区域社会经济协调发展。淮河小学的发展经验也是典型的例证之一。在淮小建校之初，由于先天不足，也是不被家长和社会看好，但是他们并没有被这些消极因素打倒，反而从自身的办学思路、学校特色等方面着手，逐步赢得家长和社区的信任，加强学校与家庭和社区间的联系，使得家长成为学校教育的合作者，使社区成为学校发展的支持者，努力挖掘周边社区的有利资源为学生发展所用，并让学生走入社区，在大环境与小环境之间搭建起了相互促进影响的新型关系。

这个立场的选择不但促进了北仑教育的快速发展，也似乎告诉了我们教育与社会环境之间的关系。因为教育的改革发展往往是在很现实的社会环境下进行的，不存在理想的条件让我们进行教育改革，同时追求社会大环境的改变其实是一个更复杂的庞大工程，学校教育能够做的主要还是通过改变自身可控的内部范围，继而再去影响社会，这对于学生发展来说更具重要意义。当然，这并不意味着学校只需要管好自身内部的工作就可以了，无需顾及与社会的关系。这之间涉及的其实是立场问题，立足于自身的改变，才有可能具备影响社会的力量。

（二）"政策窗"的把握与整体提升的关系

关于"政策窗"，用金登的话来说，其实就是政策建议的倡导者提出其最得意的解决办法的机会，而这个机会一旦错过，就必须等待下一次机会的来临，并且时间上是不确定的。从北仑教育的发展中，可以看到，教育管理者对"政策窗"开启的机会把握意识非常强,在第一阶段中我已做了详细描述,此处就不再重复(见第三章)。包括第二阶段和第三阶段中,北仑区也是分别抓住进入"教育综合改革试验区"以及"国家级基础教育课程改革实验区"的契机,提出了针对性的区域教育发展政策,迅速找到了突破口。对"政策窗"的把握,除了要有问题意识外,还需要政策"敏感性"。从这个意义上来说,实际上对"政策窗"的把握也是对突破口选择的问题。北仑区在建区之初可以说教育是"全面差",在这种情况下,教育行政部门紧抓国家通过立法来普及九年义务教育的重大信号和决心,找到了冲破教育落后壁垒的出路,做出了在全区所有乡镇都实行"普九"工作的决定。根据当时区财政不足的实情,通过寻求政策来多渠道筹集经费。从这个过程可以看出,北仑区在选择突破口的同时还照顾到区域全局发展的问题,在全区全面推行"普九"工作,清除破旧危房与师资培养两手抓。"北仑现象"的形成之初便是在"没有一所薄弱学校""没有一门被轻视的课程""没有一个被遗弃的学生"等基础上奠定的,也是其整体意识的体现。在基本实现"普九"的情况下,北仑并没有停下脚步,而是抓住进入"教育综合改革试验区"的契机,运用手中掌握的比以往更多的教育统筹权和决策权,以均衡发展为指向实施素质教育,全面提升区域教育整体实力。这种"由点到面""以面带点"的辩证处理为教育发展的进一步行动奠定了基础性条件。

当然,抓住"政策窗"开启的机会,选择突破口并不必然带来整体提升,从突破口到整体提升还须经历一段过程。从每一阶段来看,北仑区在不同层面上选了不同的突破口。但从全局来看,这些突破口构成了一个集合,使得"系统内的不同层面呈现出变而不乱的局面,这为它们之间相互推动、相互积极影响,从而为加速全局性的变化创造了条件"[①]。整个过程的实现离不开规范与创新,通过规范与创新从而实现北仑教育从无序到有序、从有序到优质的"整体提升"。每一个部分均获得超出其本身的意义与价值,实现"1+1>2"的整体效应,北仑区从而得以成为具有内部互动机制的有机整体。当然,机会的出现固然重要,但更重要的是在于能否抓住机会。北仑区政府教育行政部门在怀揣改革现状的坚定信念的同时,更时刻保持着对问题、政治、经济、政策等方面的高度敏感性,具备

---

① "中朱学区教育"联合调查组:《走出低谷》,教育科学出版社1992年版,第243页。

整体全局意识，在区域教育发展的道路上担当了"第一负责人"的角色，发挥了很强的导向和示范作用。因此，把握好"政策窗"开启的契机与整体的关系，是北仑区教育摆脱落后面貌的重要原因。

（三）区域经济与教育发展之间的制衡

在物质要素方面，北仑教育从建区之初的"没钱""破旧危房"到后来的"四个率先"[①]"大幅度投入教育经费"，确保教育高位运行，这中间的快速提升同当时北仑区不断增长的社会经济发展有着不可分割的联系。政治、经济、文化、教育构成了北仑区的整个社会体系，而社会体系的运行有赖于体系中各个子系统的正常运转和相互协调。当不同的子系统发生变化的时候，其他子系统也应当随之作出相应的调整与改变，这样才能解决因变化所带来的各种社会问题和矛盾。应当说，各个子系统之间并不是简单的"作用与反作用"的关系。教育在不断发展的社会系统中，与其他子系统特别是与经济之间的关系显得尤为密切、复杂和多元。经济的发展在推动教育前进的同时也接受着教育发展所提供的动力，两者之间相互制衡。

当然，对于教育与经济之间的相互关系已有很多研究成果讨论过，并不是我在本书中讨论的重点。之所以"老话重提"，一方面是为了说明经济的快速增长所带来的教育系统中物质要素的"富裕"是北仑教育成功转型升级的原因之一；另一方面也是想通过物的要素阶段性的变化来看看系统转型背后经济发展与教育发展的具体关系。根据收集的资料显示，建区之初的北仑经济困难、教育落后，两者可谓都是"从头起步"，齐头并进。但从1986—1992年北仑区的教育经费构成来看（见图3-4），财政拨款占据47%的比例，非财政拨款（包括教育费附加、事业收入、社会捐赠、勤工俭学和其他收入）共占据53%的比例。从财政性教育经费占国民生产总值的比例看，北仑区1987—1992年均值为1.4%。这一比例还相对较低。在当时区财政和经济还比较落后的情况下，北仑区通过"税、费、产、社"四方面多渠道筹集教育经费，为当时普及义务教育工作的全面展开奠定了坚实的物质基础。伴随着经济技术开发区和保税区的相继设立，北仑经济对教育的反哺作用开始凸显，教育的发展如虎添翼。

[①] 特指北仑区率先在全省同时实施义务教育、率先在全省消除中小学危房、率先在全省通过实验教学普及县的验收、率先通过人民政府"两基"评估验收。

直至第二阶段，教育中几个"重大工程"包括义务教育段校舍全面改造等工程因为财力不足而无法付诸实施时，才再次"感知"到经济对教育的制约作用。进入第三阶段，2003年1月，北仑区同宁波经济技术开发区合并成立北仑新区后，北仑经济社会的发展再次步入"快车道"，过去想要解决而因财力不足无法实施的几大"亿元工程"得以顺利完成，经费的大幅支撑确保着北仑教育的高位运行，为北仑区不断深化课程改革倾力打造"幸福教育"提供了坚实的物质保障。北仑区经济的发展直接影响着教育发展的规模和速度，但是教育也并非完全被动地被经济所制约和决定。在第一阶段中，我们可以看到在当时"没钱"的情况下，北仑区不等不靠，积极探寻改革教育落后的出路，通过勤工俭学、寻求侨胞捐资助学等民间途径筹资兴学，抵御了当时北仑经济的制约因素，为北仑教育赢得了起步发展。

（四）从"单中心"到"去中心"发展的重心转移

倘若将北仑区三个发展阶段视为一个连续体，不难发现，这整个教育发展过程就好比一个生产过程，有"输入端"，有"输出端"，还有中间的"过程"（见图3-7）。

在第一发展阶段中，关注"输入端"成为北仑教育的重要起步，由于当时条件限制，只能够解决"让每一个孩子都有学上"的问题，还没有足够的条件去关注过程与结果。面对当时的辍学、危房、"赤脚老师"，解决教育"输入端"的问题是当务之急，就好比温饱问题一般。此时的教育关注师资投入、校舍改造等"供给"问题，有限的资源和精力难免出现"顾此失彼"，因此，形成了以普及义务教育为特征的教育低水平均衡阶段。从它的阶段特征来看，受当时现实条件的限制，关注"输入端"成为北仑教育发展的合理诉求。换言之，以"输入端"作为抓手可以说是教育起步发展的基础，也是实现教育低水平均衡的核心环节。

到第二发展阶段时，在经济社会发展以及基本实现"普九"的情况下，人们的注意力开始转向"质量"的诉求。此时的家庭大部分已脱离温饱问题的限制，对子女的教育意识普遍觉醒，"读书有用论"成为他们对子女、对整个家庭甚至是家族寻求出路的思想武装。此时解决"有书读"已不再是北仑教育的核心问题，"读好书"成为整个社会的诉求，出现了"转学风""择校热"等现象，让当时的北仑教育行政部门措手不及。出于应对式的问题解决思路，北仑教育发展的重心开始转到"输出端"上——让孩子"学得好、留得住、出得去"。由于受到前期走"量化扩张"的思路限制,要打破这种路径依赖,转向"质"的发展道路,刚开始的政策措施显得颇有些被动应对。但北仑区并没有只是停留在应对问题的层面上,而是紧抓"教育综合改革试验区"的契机,开始摸索素质教育的实施,以期从整体上来提升整个区域的教育质量。因此,形成了以办学条件和规范突破为主要特征的教育初级均衡阶段。可以说,这个阶段中重心转移的适时适宜成为北仑教育迈入高一级均衡发展阶段的关键。

但是新的问题又出现了,进入第三发展阶段,受到上一阶段过分追求"输出端"的影响,造成了学生普遍学习负担过重、学习不快乐等问题,出现了"厌学"等现象。此时教育者们开始反思教育的本质到底是什么、学校教育的真正使命又是什么、究竟要培养什么样的人等重要的教育哲学和理论问题。从之前的将教育作为一种"事务"来发展,到后来将教育作为一种"问题"来应对,直至当前开始将教育作为一种"哲学"和"人的发展事业"来反思,北仑教育开始迈向从经验走向理论的认识与实践。学术团体的主体性参与便是其显著表现之一。于是教育改革的重心开始移向"起点、过程与结果并重"①,以实现"轻负高质",打造"幸福教育"作为发展目标,进一步深入推进素质教育,形成了以办学水平和内涵发展为主要特征的教育高级均衡阶段。在这个阶段,对教育和人的哲学反思成为北仑教育走上高级均衡发展阶段的转折点。

连续地来看三个阶段的重心转移,不难发现,北仑教育均衡发展经历了从"单中心"向"去中心化"发展的转型。前者可以叫作"补偿型均衡发展模式"——一种线性的简单结构,单中心的,无论是"造峰"还是"抬谷",从结构层次上来看,都是着眼于某一个重心(输入端或输出端),从低到高,或从高到低,由某一单一主体来掌控发展。后者可以叫作"竞争型均衡发展模式"——一种网状的复杂结构,多中心甚至是去中心化的多主体制衡的发展模式,北仑区第三阶段的特色发展便是这一模式的具体体现。在今天看来,每个阶段的重心转移在一定的历史条件限制下,都有其存在的合理性。而每个阶段的重心转移其实又是对教育均衡发展的动态理解过程。从某种意义上说,整个过程其实是北仑在对其原有的

---

① 这个说法其实是相对的,旨在与前面的"输入端"和"输出端"相区别开来。"过程"发展的结果就是"输出端",在这里并不排斥对"输入端"和"输出端"的关注。

"否定"基础上,从无序到有序,从有序到优质,从规范到创新的发展过程。可以预言,第三阶段的发展并没有结束,而其面临的挑战将会更大,持续的时间也将比前面两个阶段更长。

以上我们分别阐述了北仑均衡发展与区域层次结构、主体要素、物质要素、制度要素以及发展过程等方面的变化关系。但实际上在现实的教育发展过程中,这些方面是综合起来交互发挥作用的,是区域教育系统性和结构性的整体功能调整,"它们之间的关系是相乘而不是相加"。[①] 现在重新来看"北仑现象",也许这现象背后承载的这条区域教育均衡发展之路可以这么来理解:在教育与社会的良性互动中,坚持"以人为本"的发展理念,着眼于发挥教育的系统性和结构性功能,面向每一所学校、每一门课程、每一位学生和每一位教师,通过教育改革的不断深化和教育制度的不断创新,持续地推进教育的均衡化水平,并借助于区域教育的不断均衡化,实现区域教育水平的整体发展和区域教育质量的全面提升。在某种意义上,北仑教育飞速发展的"基因"就是以生为本、均衡发展。[②] 对北仑教育飞速发展的归因分析,其实也是一种经验总结。从更广泛的范围来看,这样一个地区固然只是一个特殊个案,当然也未必具有无条件推广的普遍价值。但是倘若我的分析可以引来更多人的思考和分享,我想,这也便是"北仑现象"所创造的超出其自身成功的重要价值之一了。

第三节 "我"的思考:以人为出发点和目的地的教育均衡

通过对北仑教育均衡发展之路的微观描述及深层分析,它在丰富我们对教育均衡发展的过程性认识和想象力的同时,也有助于洞察出一些崭新的认识和观念。行文至此,我无意也无力对区域教育均衡发展提供全面的"指导和建议"(也许任何意义上的建议提出只会削减上述个案图景的丰富性),但是,在整个研究过程中,我从没有停止过对教育均衡发展的再思考与再理解。立足于本书中的个案以及已有研究的相关成果,我还是想

[①] "中朱学区教育"联合调查组:《走出低谷》,教育科学出版社1992年版,第246页。
[②] 方展画、林瑞玉等:《教育均衡发展的创新之路(第一卷)》,浙江大学出版社2010年版,第2页。

在本章的最后通过自己粗浅的文字将"我"在研究中形成的对教育均衡不成熟的理论思考呈现出来，倘若能引起看它的人的兴趣和思考并有所启发，那我就获释了；若能引来些许讨论甚至争议，那我就兴奋了；若能引出不断完善与超越的认识，那我就欢呼雀跃了。

一 均衡与发展之间的"悖论"

有学者曾根据中国教育事业取得明显进步与发展的客观事实提出了"教育均衡"与"教育发展"之间的悖论问题，认为在今天中国教育改革和发展取得巨大成绩的同时，教育均衡水平和程度并没有像理论和常识所期望的那样有很大的提高，相反却在下降和恶化，"这是一个客观存在的事实而不是主观的判断，并且，这两个事实之间存在着一个让人们难以理解的悖论"[①]。也许将北仑教育均衡发展的三个阶段割裂开来看，我们似乎会觉得也存在着这个"悖论"。因为在北仑区当一个阶段的目标趋近实现之时，并没有如期出现目标制定时的完美效果，伴随而来的是新的性质更严重的问题出现。比如在第一阶段，当时整个北仑区存在的首要教育问题是如何解决"有书读"。区域经济社会以及教育的落后导致教育投入少、教育规模小，甚至受教育机会有限，让当时的北仑区家庭中辍学、退学、不上学等现象严重。按常理讲，在这样的条件下，人们对教育"不均衡"的批判应该十分强烈，而事实却相反。在当时历史条件下，北仑区的家庭基本处于被动适应的地位，在"普遍穷"的情况下，他们更关注的是生存问题。后来"普九"政策的积极推行成为北仑教育发展的起步，意在让每一个孩子都能上学，保障他们的受教育权利。当基本实现"普九"的情况下，更严峻的问题出现了，"有书读"已无法满足人们的要求，家庭的主动出击让当时的教育行政部门处于被动适应的状态，社会的不满情绪兴起，对"不均衡"的感知开始强烈起来。从资源配置角度上来说，此时区域教育经费的投入大幅增加了，硬件设备也全面更新了，入学率、教育规模与数量等都呈现增长趋势，客观上来说教育均衡发展的程度得到了很大提高，人们对"均衡"的感知应该也大大提升，但是家庭

[①] 关于教育均衡与教育发展之间的悖论，有学者曾借助社会学理论中的"参考群体"和"相对剥夺"理论来分析上述悖论产生的原因。参见温丽萍《教育均衡与教育发展之间的悖论——对教育均衡问题的一种解读》，《教育发展研究》2011年第23期。

通过"转学""择校"等主动举动来表达了他们的强烈呼声。因此，第二阶段"质"的转向便是教育行政部门对这种深化了的"不均衡"现象的被动反应。这样孤立来看，"教育发展"与"不均衡"之间似乎确实存在着正相关关系。"悖论"一说难道真的成立？

对于这个问题的看法，当前很多学者也给出了自己的答案。从现有的研究来看，对教育均衡发展特别是"不均衡"现象的理论和实证分析已相当丰富。有的从社会经济角度进行分析，有的从资源配置角度切入，也有从教育供需角度解释的，这些理论阐释都从不同侧面研究了教育均衡问题。但是可以发现，这些阐释都有一个共同点，那就是他们的立足点是站在"人"的外在条件上，比如作用于人的教育资源分配、外在于人的社会经济条件以及用于规范人的社会制度与教育体制等。当然，这些所谓的"外在条件"无可厚非地对教育均衡发展起着制约作用，甚至成为教育"不均衡"发展的罪魁祸首，最终限制了人的发展与社会公平的实现。"大量的事实也的确证明，不同地区社会经济文化发展水平的差距、社会收入分配的差距、个体间资源禀赋的差距，常常是造成区域间、校际间、个体间教育资源分配不均衡的重要原因。"① 也正是基于这个出发点，中国很多地区纷纷涌现了从政策制度、资源配置入手的教育改革，建立了教育均衡发展的评价体系。如果说，这些"外在条件"的差异性是导致教育不均衡现象的主要原因，教育均衡发展就只从这些外在条件入手而脱离人本身的话，那么，教育均衡只能成为一种官方认可的一成不变的东西，均衡与发展之间的悖论也就在所难免了。"在社会公正缺失的年代，当教育成为一种官方认可的一成不变的东西时，它终将会变成一种无知。……教育有可能成为见不得人的阴谋，其目的就是牺牲一些人的利益，从而使另外一些人从中受益。"② 因此，可以说，教育均衡与教育发展之间的悖论事实上并不是一个真正的悖论。它实际上是有些地区在教育均衡发展中忽视"人"本身及其动态性与整体性所造成的"伪均衡"结果。

那么，回到北仑区的教育均衡发展历程，倘若从整体上动态地来看，

---

① 温丽萍：《教育均衡与教育发展之间的悖论——对教育均衡问题的一种解读》，《教育发展研究》2011年第23期。

② [美]科顿姆：《教育为何是无用的》，仇蓓玲、卫鑫译，江苏人民出版社2005年版，第128页。

不难发现，北仑区近 30 年的教育发展经历了从"不均衡—均衡—不均衡—新的均衡—……"的螺旋上升的发展过程。从建区之初的"普九"到后来的"一校一品"内涵发展，无不体现着以人为出发点和目的地的教育均衡发展理念。从一阶段跨入另一阶段的转折点来看，教育行政部门、学校与社会家庭之间似乎总是存在矛盾，伴随着旧问题的缓解，新的问题便随即而来。表面上看起来这似乎是均衡与发展之间的冲突，进一步来看，其实这里面既有问题发现与政策效应的时滞性问题，也有现代学校教育与社会期望之间的"错位"问题。从社会文化渊源上看，中国的现代教育体制及现代学校可以说是在模仿西方的过程中形成的，而北仑区已然拥有着自己的本土文化特性，这之间的融合是需要一个过程的，甚至是长期的进化过程。但从另一个意义上来说：冲突的存在也是教育不断走向新的均衡的推动力。费孝通先生在《乡土中国》中有这样一段话："Oswald Spengler 在《西方陆沉论》里曾说西洋曾有两种文化模式，一种叫亚普罗式的（Apollonian），一种叫做浮士德式的（Faustian）。亚普罗式的文化认定宇宙的安排有一个完善的秩序，这个秩序超于人力的创造，人不过是去接受它，安于其位，维持它；但是人连维持它的力量都没有，天堂遗失了，黄金时代过去了。这是西方古典的精神。现代的文化却是浮士德式的，他们把冲突看成存在的基础，生命是阻碍的克服；没有了阻碍，生命也就失去了意义，他们把前途看成无尽的创造过程，不断的变。"① 在一定程度上，这也揭示出了北仑教育均衡发展的内驱力所在。在北仑区，教育均衡发展中的矛盾冲突之所以能成为一种推动力，也许正是这种"浮士德式"文化下的作用产物，而人是其中的关键。回溯北仑教育的历史，也可以看出在这个深受洪涝与灾荒的"海濡之地"上，时代一直在变，但北仑人的"台风性格"以及他们对生命与人的珍惜、重视及培养却深深扎根在本土文化中。这样看来，"悖论"之说其实并不确切，其背后蕴含的其实是对教育均衡发展本身的理解问题。

二 教育均衡的"金字塔"模式

对于教育均衡的理解，已有诸多学者从不同层面对其进行过界定。之所以出现许许多多不同层面的内涵，有学者认为这是由于教育均衡发展来

---

① 费孝通：《乡土中国》，北京出版社 2005 年版，第 62 页。

源于不同的理论范畴。就义务教育均衡发展来说："来自现代社会不同价值范畴的发展理念，使得义务教育均衡发展的内涵在不断地更新、扩展、叠合，并且复杂化，并通过文化和符号层面的超越性，归结并统摄于义务教育发展的实践层面的超越性。"[①] 因此，教育均衡发展蕴含着社会权利体现、教育公平需求以及基础教育自身发展观念的转型变革三个方面的政策内涵和结构范畴："正是这些不同范畴的意蕴结构，一方面使得义务教育均衡发展自身成为一个复杂的社会行动系统，另一方面也使人们在理解并推进义务教育均衡发展时往往会各有倚重，其政策工具和定位都会有一些明显差别。"[②] 从这个意义上来说，强调教育均衡发展应该提供平等受教育的权利机会和质量保障，实际上主要是从社会权利和教育公平的价值体系出发而进行考虑的均衡发展指向。从这个价值层面出发来理解教育均衡，可以很好地突出"以人为本"的思想。北仑教育发展中明确树立的"教好每一个学生，成就每一位教师"就是这一"人本"价值指向的明确体现。那么，这样看来是否意味着教育均衡就是社会公平与教育平等呢？未然。当我们把教育均衡界定为教育公平或平等时，实际上是恰恰强调了教育均衡价值层面的核心要领，却忽视了均衡本身的要义。换言之，均衡事实上并不完全等同于公平或平等，两者属于不同的概念范畴但又存在密切联系。公平或平等是"一个政治概念、人文概念或个体概念，指两个或多个个体之间的对等或相同关系"[③]。而均衡是一个系统概念，来源于哲学范畴，它强调"事物或系统各部分、各要素之间的协调、统一、比例关系适度"[④]。换言之，均衡所强调的实体本质其实是系统的协调与平衡，在这个层面的均衡是有实体相支撑的，表现为系统的一种稳定的、功能优化的状态。因此，可以发现，实际上教育均衡是价值层面与实体层面的综合体，教育均衡发展本身就是一个集事实判断与主观价值判断于一身的历史概念。

如何理解呢？首先它是一个历史概念，教育均衡在不同的历史条件

---

① 刘新成、苏尚峰：《义务教育均衡发展的三重意蕴及其超越性》，《教育研究》2010年第5期。

② 同上。

③ 田芬、朱永新：《关于基础教育均衡发展的哲学思考》，《苏州大学学报（哲学社会科学版）》2004年第2期。

④ 同上。

下，呈现出不同的阶段特征，人们对它的主观感知也是变化的，其身上所具备的历时性、共时性及结构性决定着它作为一个历史概念的实质。以北仑区教育均衡发展为例，北仑区作为改革开放的"新生儿"，在历史发展的长河里有着自己准确的定位，以均衡发展作为区域教育发展的指向，经历了从诞生到教育普及然后走向高位均衡的纵向发展过程，这是其历时性的体现。而在均衡发展过程中，北仑教育与当时区域的经济、文化、环境之间的横向联系则构成了它的共时性。伴随着时间的变迁和演进，教育均衡也经历了"低水平均衡——初级均衡——高级均衡"的时序性结构，演绎出一幅改革开放后中国基础教育均衡发展的个案图景。

其次，教育均衡是一个主客观相统一的概念。从客观层面来说，它是一个基于教育实体的系统内部结构功能性调整与完善，使得各要素之间形成协调、有序的关系，与此相应的评价是一种事实判断（中国诸多教育均衡发展的评价指标体系大都停留于这个层面）。从主观层面上看，它是社会公平与教育公平的延伸和体现，是一个价值判断，在不同历史阶段，人们对教育均衡与不均衡呈现出不同的主观感知。① 从北仑区教育发展的低水平均衡阶段来看，在当时社会经济相对比较落后的情况下，以义务教育的普及来作为抓手和推进目标是当时的重心，而是否实现"普及"的衡量则体现为"量"上的变化，着重在教育均衡的客观层面。伴随着社会经济和教育的发展，北仑教育演进到初级均衡阶段，此时开始从"量"转向"质"的提升，教育均衡的主观价值层面开始凸显，到后来的高级均衡阶段，越来越体现出教育均衡主观价值层面的主要性。

倘若我们将价值层面作为客观层面的上层建筑时，那么，根据北仑教育均衡发展的三阶段，我们可以得到教育均衡发展的"金字塔"模式（见图6-1）。

从金字塔底端来看，以普及和奠基为起点的教育机会保障，蕴含着教育均衡发展的出发点是人以及人的受教育权利。以扶弱与提质为重心的内部结构性调整，以及以内涵与生态为特征的系统功能优化，体现了以教育均衡作

---

① 有学者提出，在不同社会经济和教育发展阶段，客观性认知和主观性评价的地位是不一样的。在教育发展水平较低的时期，人们更多的是依据教育均衡发展的客观事实来评判教育均衡的水平和程度，而当教育发展水平有了较大提高之后，教育均衡的主观感受与价值评判越来越成为主要依据。参见温丽萍《教育均衡与教育发展之间的悖论——对教育均衡问题的一种解读》，《教育发展研究》2011年第23期。

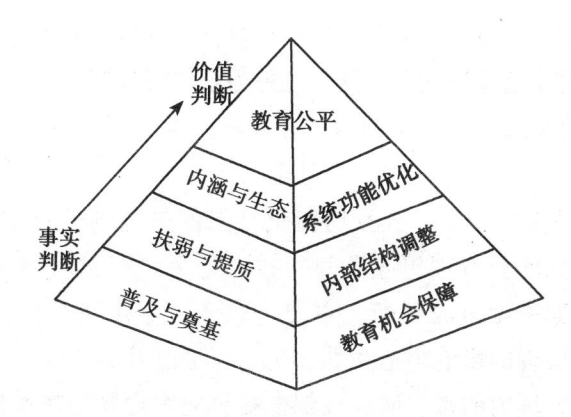

第六章 现象背后：理解区域教育均衡发展

图 6-1 教育均衡发展的"金字塔"模式

为一个系统概念的协调与匹配，目的是为了实现价值层面的教育公平与社会公平，最终回归到人本身。教育均衡金字塔的每一层不是相互割裂的，也不是静态封闭的。教育均衡发展作为一个系统工程，具有相对性、动态性和整体性。从系统层面来理解，内部结构的调整以及系统功能①的优化旨在实现教育系统的平衡状态。因此，可以说，教育均衡是教育系统的一个稳定状态，而这个状态是只能在一定条件下才能存在的，是系统涌现②的"临界状态"。可见，教育系统的均衡是整体的均衡，可能存在某些部分或要素处于不均衡状态，反之，整体上的不均衡也可能包含局部的均衡，它是一个不追求千篇一律的动态发展过程，我们不能割裂的、静态的来看教育均衡发展。有学者说得好，不均衡是"事物在总的量变过程中的部分质变和根本质变的推动力量"，系统的自身发展"都存在着平衡与不平衡的差异协同过程，经历着平衡——不平衡——新的平衡的周期循环"③。为此，我们说教育均衡不是低层次的、停滞不前的静态均衡，过去的均衡并不代表现在就均衡，而现在的均衡经过发展后也不一定均衡，但是从整体上来说则呈现出大面积教育质量和水平

---

① 功能是从客观地位去看一项行为对于个人生存和社会完整上所发生的作用。参见费孝通《乡土中国》，北京出版社 2005 年版，第 124 页。

② 复杂性科学把系统整体具有而部分或者部分和所不具有的属性、特征、行为、功能等特性称为涌现性。贝塔朗菲区分了累加性与生成性（非加和性）两种整体特征，把整体分为非系统总和与系统总和两种，而要称得上是"涌现性"的则依赖于部分之间特定关系的特征所构成的生成性（非加和性）。参见李士勇《非线性科学与复杂性科学》，哈尔滨工业大学出版社 2006 年版，第 152 页。

③ 田芬、朱永新：《关于基础教育均衡发展的哲学思考》，《苏州大学学报（哲学社会科学版）》2004 年第 2 期。

提高的态势。但是，教育均衡又不仅仅只包含系统层面的概念，它还包含着价值判断。教育均衡发展的目的是人，是为了实现教育公平，从这个意义上来说，其实均衡发展本身并不是目的，相反，均衡是"因"，人的发展才是"果"。

为此，有学者提出："教育均衡化挑战的是基础教育结构性的问题，它不是一种抽象的教育理想或民间的教育行为。"① 这实际上是基于教育均衡的系统层面所做出的判断，主要对应于"金字塔"的第二层级，但容易忽视其他层级的影响与适切性。也有学者提出："对于人类尊严和权利来讲，需要区域内的每一所学校都能提供完全均等的基本教育资源，每所学校都应达到基本的办学标准；而对于人的个性和差异性来讲，要提供最适切的教育资源，创办特色化的学校以使每个学生的个性都获得最合理最充分的自由发展。"② 这个提法很突出地强调了教育均衡发展的价值层面，但也容易导致对教育系统结构的忽视。实际上，不难发现，越靠近"金字塔"底端，人们对教育均衡的事实判断越占据主要比重，而越往上发展，主观价值判断的比重则越大。这在一定程度上也解释了为什么在北仑教育发展的第一阶段，家庭作为主体要素之一所呈现出"接受"的状态而处于区域教育的"幕后"，当社会经济以及教育不断发展起来后，家庭开始从"幕后"走向"台前"，甚至成为学校的"同盟者"。

三 对教育均衡发展评价的影响

如上所述，既然教育均衡是一个包含事实判断和价值判断的主客观相统一的历史概念，我们不妨借助"2×2 矩阵"来进一步看看，这种金字塔模式理解下的教育均衡会如何影响我们对教育均衡发展水平的评判，以启示我们从新的角度去思考教育均衡发展评价的问题。

首先，以事实判断和价值判断作为教育均衡的两个维度，取"均衡"和"不均衡"分别作为这两个维度下的评判值，借助真假值来分别代表"均衡"和"不均衡"，可建立如下矩阵（见图6-2）。

不难看到，在上述矩阵中，出现了四个区间值，它们分别为区间Ⅰ的

---

① 郑新蓉：《我国公共教育制度与教育均衡化发展》，《北京教育学院学报》2003年第2期。
② 孙玉丽、张永久：《区域内校际均衡的公平逻辑与路径选择》，《教育研究》2011年第5期。

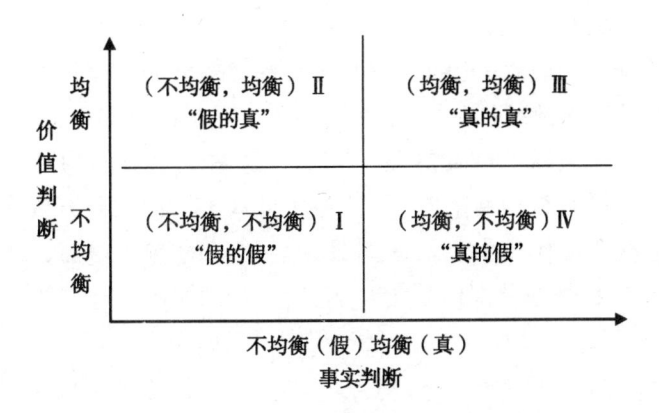

```
              ↑
   均   (不均衡，均衡)Ⅱ    (均衡，均衡)Ⅲ
价 衡      "假的真"           "真的真"
值
判
断   (不均衡，不均衡)Ⅰ   (均衡，不均衡)Ⅳ
   不      "假的假"           "真的假"
   均
   衡
   ───────────────────────────────→
         不均衡（假） 均衡（真）
              事实判断
```

图 6-2　教育均衡发展评价矩阵

（不均衡，不均衡），区间Ⅱ的（不均衡，均衡），区间Ⅲ的（均衡，均衡）以及区间Ⅳ的（均衡，不均衡）。那么在这些区间背后蕴含着什么意义呢？首先，事实判断的"不均衡"与"均衡"是从客观层面去评价教育均衡发展程度时的评判结果，主要是依据当时官方公布的各项指标体系而做出的结论，比如教学设备、学校建设、师资配备、资金投入、入学率、升学率等。价值判断的"不均衡"与"均衡"则指从主观感知层面去评判教育均衡发展水平的结果，主要是依据人的主观感受和评判。其实，通过我在北仑区的调查访谈中可以发现，在很多家长和学生那里，他们并不能很清楚的理解"教育均衡"的学术内涵，甚至有些人根本从未听说过"教育均衡"这一说法。然而，他们能感受到公平，感受到差异，同样也感受到幸福和成长、烦恼和不安等，这些都构成了均衡的主观因素，即均衡包含了一种主观感知，就像"幸福感"一样，可以用 GDP、人均收入、基尼系数等冰冷的客观指标衡量，也可以用普通老百姓的切身感受来衡量。

基于此，我们的四个区间便被赋予了实际意义。区间Ⅰ代表着通过客观指标测算显示出不均衡，人们的主观感知也是不均衡，因此区间Ⅰ是真正意义上的"不均衡"，真假值显示为"假的假"均衡。就好比建区之初的北仑教育，那时候不但整个区域教育校舍破旧，师资落后，学生辍学严重，而且当时穷困的家庭完全处于一种"被接受"的状态，无法感知均衡。这个阶段的均衡发展往往容易陷入"低水平教育均衡陷阱"，发展层次偏低，注重规模扩张，经费投入不足，使整个教育大而不强，是一种贫困状态下的均衡。同理，区间Ⅱ表示客观判断是不均衡，主观判断是均衡，构成"假的真"均衡。这个阶段的均衡往往偏重于硬件设备的投资，搞"形象工程"，用统一化的外在形式来替代教育的丰富内涵，往往成为某些官方为了追求政绩而造势的外在均衡，与人们的主观感受往往相反。区间Ⅳ则反过来，属于"真的假"均衡，这两个阶段的均衡发展往往容易陷入"高水平教育均衡陷阱"，教育人口众多，优质教育资源不足，难以真正推进教育现代化发展。区间Ⅲ则为"真的真"均衡，此时无论是客观评判还是主观感受都体现为均衡，是真正意义上的"教育均衡"实现。在北仑区第三阶段的内涵发展过程中，家庭与学校之间的联盟合作以及家庭进入区域教育的监督行列等，一定程度上体现了走向"真的真"教育均衡的努力。

实际上，从事实判断与价值判断来说，当事实判断表现为一种客观机会，价值判断表现为一种社会的主观期望时，则"假的真"代表着一种"客观机会<主观愿望"的状态，此时以家庭为代表的社会期望强烈要求教育的均衡发展。另外，也反映出当时教育"不均衡"现象的严峻，以一种教育"危机信号"的方式在告诉政府教育行政部门应立刻采取政策措施去调整教育的失衡结构，不免带有一种"被动回应"的色彩。同理，"真的假"则代表着一种"客观机会>主观愿望"的状态，此时很容易导致教育规模与硬件投资的"过度发展"或者是造成缺失快乐与幸福的"教育强迫"。从这个意义上来理解价值判断和事实判断的关系，很大程度上体现为教育发展中的"供需均衡"。

当然，教育均衡在事实判断和价值判断两个维度下并不是简单地能够用"均衡"和"不均衡"来绝对地加以衡量的。教育均衡发展的动态性和相对性决定了在"均衡"和"不均衡"之间还存在着也许可以称之为"模糊状态"。因此，上述四个区间的类型，并不是绝对存在的，也不是直接能够在现实教育发展中"对号入座"的，不妨借助韦伯提出的"理想类型"[①]（Ideal Type）来帮助理解。从历史到现实，从外在到内在，教育均衡的内涵一直处在不断丰富和发展的过程中。回首北仑教育乃至中国

---

① 所谓理想类型是从一定角度出发对现实中某类成分的抽象化，这类成分从不以纯粹的形态存在于现实中。它不是描述性概念，并不对应于某个具体的经验实体，是一种"概念上的纯净体"，但不是思辨的产物；它建立在经验的基础上，却又高于经验。参见［美］杰里·加斯顿《科学的社会运行：英美科学界的奖励系统》，顾昕等译，光明日报出版社1988年版，译者前言第3页。

基础教育的发展史，一方面是沧海桑田的变化，另一方面是矢志不渝的追求。现实的复杂与挑战，让教育在变与不变、不均衡与均衡的轮回中发展。

我们的教育除了要面对机会、权利、资源等所谓的外部因素的合理分配外，还存在着以人为出发点和目的的内在取向，教育均衡发展作为中国教育发展的一种必然选择，自然也要以人为出发点和目的。康德曾说人是世界的最后目的，这种认识既是对世界的洞悉也是对教育独特性的最高抽象。为此，基于上述认识，我觉得对教育均衡发展程度和水平的评价不仅仅需要全面考量客观指标体系，也就是体现为教育供应方的指标[1]。教育均衡的主客观相统一要求我们在考量公共教育供应方的指标的同时，还需要考虑人的主观感受和评价，其中包括教育接受方对"教育均衡"的主观感知，以此作为发展性指标，全面衡量教育均衡发展中的显性因素与潜在因素，不断推进教育向更高层次均衡发展。这也是教育均衡发展中人的主体性发挥的重要体现，而人的主体性发挥又是教育均衡发展的内部诱因，这在北仑教育发展经验中体现得尤为明显。有学者提出："推进义务教育均衡发展是复杂的系统工程，在坚持总体要求的基础上，应鼓励一些地方积极探索、先行先试，探索适应当地教育情况、符合教育规律的均衡发展模式。"[2] 我觉得，这还不够。教育均衡发展模式不仅仅要适应当地的教育情况、符合教育规律，还要符合当时的时代背景与社会期望，这是由教育均衡主客观相统一的性质决定的，也是北仑教育成功典范的结晶。

---

[1] 有学者曾基于对教育均衡内涵和理论的分析，认为教育均衡发展包括受教育机会均衡、教育资源配置均衡、教育过程均衡、教育质量和教育结果均衡。基于这一思想，在测算教育均衡程度时选择了以下几个方面指标：受教育机会方面，用学生入学率、城乡学生入学率差异、城乡男女入学率差异等来测算；在教育资源配置方面，用公共教育经费、生均教育经费、生均预算内教育经费投入、学校校舍面积、图书资料仪器和教师合格率等测算；在教育均衡的结果方面，用学生毕业率、辍学率、巩固率、教育普及率等测度。从这些指标来看，其背后的数据基本来自教育供应方。参见翟博《教育均衡发展：理论、指标及测算方法》，《教育研究》2006年第3期。

[2] 王定华：《关于我国义务教育均衡发展之再审视》，《中国教育学刊》2012年第1期。

> 我要用手指那涌向天边的排浪
> 我要用手掌托住太阳的大海
> 摇曳着曙光那枝温暖漂亮的笔杆
> 用孩子的笔体写下：相信未来
> ——食指《相信未来》

第七章

结语：未尽的探索

对区域教育均衡发展的探索是一条漫长而深远的路。北仑区近30年的教育发展历程实实在在地走出了一条"以均衡促发展"的创新之路。此时再一次重新来看"北仑现象"，我的脑海中闪过的不仅仅只是一个区域教育跨越式发展的道路"具象"，更有其背后所承载的深刻意蕴。北仑教育在与社会的良性互动中，坚持"以人为本"的发展理念，着眼于发挥区域教育的系统性和结构性功能[①]，面向每一所学校、每一门课程、每一位学生和每一位教师，通过教育改革的不断深化和教育制度的不断创新，持续地推进教育的均衡化水平，并借助于区域教育的不断均衡化，实现区域教育水平的整体发展和区域教育质量的全面提升[②]。在某种意义上，可以说均衡是"因"，质量是"果"。当然，这里的质量指的是区域教育的综合水平。从更广泛的范围来看，这样一个地区固然只是一个特殊个案，也未必具有无条件推广的普遍价值，但是倘若这份未尽的探索能够起到"抛砖引玉"的作用，我想，这也便是"北仑现象"所创造的超出其自身成功的重要价

[①] 功能是从客观地位去看一项行为对于个人生存和社会完整上所发生的作用。功能并不一定是行为者所自觉的，而是分析的结果，是营养而不是味觉。参见费孝通《乡土中国》，北京出版社2005年版，第124—125页。

[②] 方展画、林瑞玉等：《教育均衡发展的创新之路》（第一卷），浙江大学出版社2010年版，第2页。

值之一了。因此，在本书接近尾声之际，以期通过回顾所做的主要工作及得到的主要结论来作结。

第一节 结论：寻求一份意蕴

本书以北仑区教育均衡发展的变迁历程作为对象，通过大量的内部材料和对关键人物访谈，以真实、可靠的资料和故事为区域教育均衡发展研究提供了一个完整的样本。行文将北仑教育置于一个广阔的时空背景下，在叙事方式的基础上，通过情境分析与类型分析相结合深入考察"北仑现象"背后的故事及意蕴，力图呈现北仑教育均衡发展历程的真实图景，并在结构上通过纵向和横向两个维度详细考察区域教育在当地社会经济、文化个性、观念等包围下所发生的变迁。纵向着重从显性的时间线索上考察北仑区自建区以来近30年的教育均衡变迁及其在价值观和行为方式上所发生的变化。横向则通过隐性的线索，主要涉及教育行政部门、学校、家庭以及学术团体等主体要素，在教育均衡发展过程中的行为关系、态度、知觉、互动方式等方面的变化。

诚然，北仑教育跨越式的发展是其一点一滴、脚踏实地的奋斗得来的。然而，在这一过程中，关键事件和关键人物无疑起到了"关键性作用"。在研究过程中，我时刻提醒自己要"抓重点""抓主要矛盾"，万万不可本末倒置，也不可眉毛胡子一把抓、主次不分。在完成前期大量的资料采集之后，我将北仑教育发展聚焦于3个"点"，即3个发展阶段，围绕这3个"点"，构造出3个研究"面"（特征总结、归因分析以及理论思考），并将经济、社会、文化、关键事件、关键人物纳入各个"面"中。在"点面衔接"处，通过本土概念以及要素提炼来进行理论归纳。我始终力图保持过程的真实性与复杂性，通过倾听不同主体的故事与声音，不难发现，他们对教育、对均衡发展都有着自己的不同认识，而这些认识不仅仅体现在他们的言辞中，更体现在每一方主体的行动里。我一方面通过叙事来尽可能还原当时的情境，呈现行动着的人以及他们在现实教育场域中所经历的过程和细节，以便使教育均衡与真实的教育经验形成内在的关联；另一方面将叙事提升为教育经验的探索，以寻求教育均衡发展中复杂的实践样态。从这个意义上来说，"叙事所涉及的不再是经验的表述，而是经验（包括个体和集体经验）的本质，以便通过叙事研究而提供一种经验的理论方式"①。我相信，每一位读这些故事的人都会衍生出他自己的理解与意义阐释，但我还是希望通过自己的一孔之见来从这"复杂"的现象背后归纳出"简单"，寻得一份实践中的丰富意蕴。

北仑教育横跨近30年，深受黄仁宇老先生"大历史观"的影响，"将历史的基点推后三五百年才能摄入大历史的轮廓"②。因此本书花了整整一个章的篇幅叙述了北仑地区教育的历史记忆与传承，以及北仑地区的自然地理环境、风俗习惯、当地人性格特征等，力图呈现事件的"背面、侧面"和"那些我们自己还没有看清楚的因素"。而且，黄老先生认为，"叙事不妨细致，但是结论却要看远不看近"③。因此本书在行文过程中，不惜笔墨去叙述事件中典型人物（教育管理者、家庭个案、学校校长）的一些细微之处，如心理变化过程、如何做出决定的过程等，但在理论思考处却力图"看远"，从区域结构、主体要素、政策制度、关系博弈等角度进行了归纳分析，并通过建构教育均衡的"金字塔"模式来重新理解教育均衡发展的内涵及其对均衡评价的影响。

基于此，本书在行文基础上提炼出以下几点主要结论。

（1）北仑区的教育均衡发展历程有其独特的地域文化特征，这也许正是北仑之为北仑的原因。譬如文化，其无处不在但又毫无察觉，深深影响着该地区的发展。教育作为社会发展的一部分，受到地方文化的浸润，从而体现出其独特的发展图景。因此，当面临文化、地域特征时，"技术分析"往往显得无所适从。然而，当文化被当做"技术分析"的一个手段时，仍不妨碍我们得到一些"科学"（而非"道德"）的结论。北仑人具有典型的海洋性特征，在台风中成长的北仑人骨子里也渗透着部分"台风性格"④：忍耐与突发。忍耐，意味着能量的积蓄，而突发则意味着极力去改变现实的无穷能量和魄力。在区域教育发展过程中，北仑人"敢为人先"的精神以及在发展过程中视矛盾冲突为动力的"浮士德式"文化极大地推动了教育均衡发展。除此之外，北仑区的区域结构调整、经济社会、海外侨胞支援、历史文化等因素均对当地的教育发展具有重要影响。

---

① 丁钢：《声音与经验：教育叙事探究》，教育科学出版社2008年版，第89页。
② 黄仁宇：《万历十五年》，生活·读书·新知三联书店2005年版，第269页。
③ 同上书，第270页。
④ "台风性格"一词是和辻哲郎提出来的，此类性格的最基本特征就是"忍耐"与"突发"。

（2）区域教育均衡呈现出典型的阶段性特征，而且这种阶段的划分具有"不可逆"和"非跨越"性。北仑教育均衡发展经历了由"普及与奠基"到"扶弱与提质"，再到"内涵与生态"的演变，其背后遵循的逻辑可以通俗的理解成"有书读——读好书——幸福教育"的递进，是从"量"的扩张到"质"的提升的一种内部结构调整与系统转型。在今天看来，每个阶段的特征关系在一定的历史条件下，都有其存在的合理性，也有其局限性。从某种意义上说，整个发展过程其实是在其原有基础上的"否定之否定"，从无序到有序，从有序到优质，从规范到创新，不断曲折前进。当然，"不可逆"和"非跨越性"并非是指教育均衡发展一定遵循从低水平到高水平的线性发展模式①，而是说，后一阶段的发展建立在前一阶段成果的基础上，区域教育均衡发展阶段呈现出"传承与创新并存"的非线性发展态势。

（3）区域教育均衡发展存在其复杂的实践样态，呈现出从"单中心"的"补偿型均衡"向"去中心化"的"竞争型均衡"转移的发展态势。发展重心的转移在一定的历史条件下，有其存在的合理性，更进一步来说，这实际上是对教育均衡的一种动态过程性理解。这一切并不是由某一个人或团体设计规划好的，而是在实践过程中一次又一次地面对教育活动中的多方主体及区域现状不断进行博弈、调整和反思而逐步形成的结果，这是一个"生长"的过程。从纵向来看，在北仑教育发展的第一阶段，"输入端"是当时教育发展的关注重心。由于当时条件限制，只能够解决"有书读"的问题，还没有足够的条件去关注过程与结果。有限的资源和精力难免出现"顾此失彼"，因此，形成了以普及与奠基为特征的教育低水平均衡阶段。受当时现实条件的限制，关注"输入端"成为北仑教育发展的合理诉求。换言之，以"输入端"作为抓手可以说是北仑教育起步发展的基础，也是实现教育低水平均衡的核心环节。到第二阶段，家庭的主动回应打破了原先的"均衡"，出于应对式的问题解决思路，北仑教育发展的重心开始转到"输出端"上——让孩子"学得好、留得住、出得去"。由于受到前期走"量化扩张"思路的限制，要打破这种路径依赖，转向"质"的提升，刚开始的政策措施显得颇有些被动，但最终通

---

① 从北仑教育均衡发展的历程看，教育均衡是一个曲折的发展过程，即会出现"不均衡到均衡到新的不均衡"的非线性发展。

过摸索素质教育的实施，形成了以办学条件和规范突破为主要特征的教育初级均衡阶段。第三阶段，北仑教育开始迈向从经验走向理论的认识与实践，教育改革的重心也开始转向"起点、过程与结果并重"[①]，形成了以办学水平与内涵为核心的教育高级均衡阶段。在这个阶段，对教育和人的哲学反思成为北仑教育趋近高级均衡的重要转折点。从横向来看，每一阶段的关注点在不同时期又各有侧重。以"输入端"为例，"教育资源"可以说是其很重要的一块内容，但是这并不意味着资源不足时就需要停滞等待。学术界对于教育均衡发展的研究，有很多是从教育资源（特别是教育经费）的角度进行分析的，北仑个案在证实了教育资源重要性的同时，也发现教育的物质资源在教育发展过程中存在"边际收益递减"的规律，即每增加1单位的资源投入，对教育的作用反而越来越小。在教育低水平均衡阶段，物质资源的杠杆作用很是明显，而随着教育均衡程度的提升，对物质资源的需求显得越来越淡，教育理念、发展内涵、政策要素、社会参与等越来越成为核心要素。

（4）教育行政部门、学校、家庭及学术团体等主体要素间的角色关系一方面通过外部社会的价值观和发展模式作用于教育均衡发展过程，另一方面也蕴含着通过自身的关系博弈在制度以及教育资源的调整作用下对区域教育产生积极或者消极的影响。可以说，"北仑现象"生动体现了这种人与教育之间的辩证关系，特别是来自各方主体要素的角色定位对教育均衡发展的影响作用，揭示出区域均衡变迁的内部诱因。一方面，在建区之初，"教育行政部门——学校——家庭"之间构成了单方向的三角制约关系，教育行政部门站在最"台前"，而学校和家庭则在这一过程中退居"幕后"，成为相对被动接受的"沉默"一方。到第二阶段，家庭不再只是一个沉默的接受者，他们开始追求学校的教育质量好坏，开始借助于自身日渐强大的财力和人力关系在教育制度的缝隙间寻求更好的优质教育资源，以改变家庭乃至整个家族的命运。区域教育发展的舞台上不再是教育行政部门和学校的"独角戏"，家庭带着自己的思想以另一个"角色主体"的身份站到了这个舞台的中央来，只是这个时候的家庭并未同学校等其他角色主体联盟。他们通过自己的方式主动回应孩子的教育问题，通过

[①] 这个说法其实是相对的，旨在与前面的"输入端"和"输出端"相区别开来。过程发展的结果就是"输出端"，在这里并不排斥对"输入端"和"输出端"的关注。

打破低水平均衡状态来促使教育行政部门"感知"到危机信号并加以应对。到第三阶段,"教育行政部门——学校——家庭"之间呈现出双向制约关系。家庭的主体性地位得到进一步发挥,开始从学校与教育行政部门的"对立面"逐渐成为他们的"合作联盟者"。学校作为相对独立的生命体开始从教育发展的舞台中觉醒,他们拥有了更宽松的发展环境以及更多的办学自主权。教育行政部门管理职能也发生了转向,以更开放的胸怀接受来自社会的监督,从"管"逐步转向"理"与"服务"。而此时学术团体的主导性介入,更是犹如注入了一股新鲜血液一般,既增强了开放性,又为区域教育创新发展带来了更大可能。从某种意义上说,不同角色主体间的关系变化实际上加速了北仑教育从办学条件向办学水平的内涵式发展转向。另一方面,在教育均衡发展过程中,各个利益集团(Interest Group)由于既得利益而形成的"路径依赖"又成为教育均衡发展的重大阻力,多方博弈的结果影响着教育均衡的发展方向。当然,改革往往具有风险性和不确定性,特别是当触及相关方的既得利益时,改革将会阻力重重。北仑教育均衡发展取得的成绩很大程度上也是源于其"敢为人先",勇于突破既得利益者的障碍,打破路径依赖的结果。

(5) 教育政策作为公共资源的分配方式,其创新制定与有效执行对于教育均衡发展至关重要,特别是善于抓住"政策窗"(Policy Window),以行政的力量推动均衡发展,具有重要的战略意义。从北仑区的政策来看,在教育资源极度匮乏的情况下,政策作为一种"权力象征",对教育发展的推动作用很有"效率",但这个效率是为了更好地实现公平。当教育资源相对比较丰富时,追求公平、体现"社会期望"则成为教育政策的价值选择。各项政策之间相互关联、相互支撑,整体上构成了一张有效的政策网络,而政策执行的主体也从最初的政府强制主导转向与社会力量共存。北仑区对政策的创新和有效执行既是其对政策功能理解的变迁结果,也是北仑教育成功转型的重要推动力。有人认为,教育应进行市场化改革,政府应转变自己的角色,但是如果以此为借口而削弱政府行政在基础教育中的作用,将是对基础教育的错误理解。

(6)"北仑现象"的解析蕴含着对教育均衡发展的重新理解,它是价值层面与实体层面的综合体,是一个集事实判断与价值判断于一身的主客观相统一的历史概念。教育均衡与教育发展之间的悖论实际上是有些地区在教育均衡发展中忽视"人"本身及其动态性与整体性所造成的"伪均衡"结果。教育均衡的"金字塔"模式为我们揭示了以人为出发点和目的地的教育均衡发展的结构特征。在"金字塔"底端，以普及和奠基为起点的教育机会保障，蕴含着教育均衡发展的出发点是人的受教育权利。以扶弱与提质为重心的内部结构性调整，以及以内涵与生态为特征的系统功能优化，体现了教育均衡作为一个系统概念的协调与匹配，目的是为了实现价值层面的教育公平与社会公平，最终回归到人本身。教育均衡"金字塔"模式的每一层不是相互割裂的，也不是静态封闭的。教育均衡发展作为一个系统工程，具有相对性、动态性和整体性。这种"金字塔"模式理解下的教育均衡会影响我们对均衡发展程度的评判。借助"2×2矩阵"构建出的评判教育均衡程度的四个"理想类型"揭示出了在"均衡"和"不均衡"之间还存在着"模糊状态"。教育均衡的主客观相统一要求我们在考量官方指标的同时，还需要考虑社会主体的主观感受和评价，以此作为发展性指标来全面衡量教育均衡发展水平，不断推进教育向更高水平均衡发展。

第二节 余绪：向未知进发

在本书即将完稿之际，我收到了北仑区教育局徐老师寄来的关于推进区域教育现代化的相关材料。据她介绍，这是北仑区教育"十二五"发展的重点方向。兴奋之余，我认真地阅读了这些材料。因为在我看来，这些材料中肯定包含着北仑教育继第三阶段后的发展走向，而这也恰恰成为了本书的尾声及展望。

在这些材料中，关于"错位竞争，促成整体均衡"的报告以及关于提升群众教育满意度的筹划着实让我兴奋不已。一方面，它让我看到了北仑区教育均衡发展的新方向，另一方面，它又在一定程度上佐证了本书中所提出的对教育均衡发展模式以及"主客观相统一"的理解。以下这段文字可以深切地看出北仑教育在走向高水平均衡发展阶段对群众主观感受的关注度：

> 要提升群众的教育满意度，深入广泛地关注民生、了解民愿、化解民忧，使"群众满意不满意"成为衡量教育现代化的第一标准。在区统计局等专业部门的指导下，按照教育现代化建设的总体要求，

结合群众反映强烈的热点难点问题，开展"教学质量""资源配置""学校管理"等内容的群众满意度测评。在对每个评价内容进行测评的同时，附设原因分析或者不满意内容栏，供有不满意感受的群众选择，便于分析满意度变化的具体原因或事由。①

原本我想回避上述这段叙述，因为它似乎显得过于偶然，不免带有一定的戏剧色彩，但是，它却是真实的，而且也激发了我进一步去深入探索的动力。当然，由于时间与能力等多方面因素的限制，使得本书存在诸多局限和不足。以下我将简要总结在研究过程中存在的一些顾虑，并以此作为将来进一步深化研究的方向。

首先，在资料收集方面。本书无法避开社会调查中的"社会称许性"效应的影响，即受访者对于一些敏感性话题，或涉及"压力知觉"和面子问题时，往往会采用自我防御的策略而做出与实际情况不相符的回答。虽然已竭力通过多方资料对问题进行了梳理，但仍然存在诸多难以印证的地方。加上部分关键人物已经离开人世，一定程度上给资料收集带来了缺憾。此外，北仑区教育局的部分档案已转移至北仑区档案馆，一些核心资料并不对外公开，一时难以接触到，比如部分内部会议、政策制定过程、教育发展中出现的冲突等，资料获取方面存在的一些"真空"地带难以避免。

其次，虽然个案研究可以借鉴"小地方大社会"的逻辑来提供一种解释方式，但"北仑现象"作为区域教育均衡发展的典型个案，仍不可避免地存在对其普遍性的质疑，其普遍性究竟如何还有待进一步验证。

最后，在研究中，我强烈地感受到要在现存理论、研究者本身的理论框架以及原始资料之间建立一个合理关系是特别具有难度的一件事情。特别是要在自己的思考框架上融入前人的理论，并娴熟地、甚至不露痕迹地运用这些理论来为自己的研究作支撑，我深感写作时的那份"心有余而力不足"。这也将成为我今后继续努力的基础与方向。

---

① 源自北仑区教育局内部资料。

参考文献

一 著作类

[1] [美]阿巴斯·塔沙克里、查尔斯·特德莱:《混合方法论:定性方法和定量方法的结合》,唐海华译,重庆大学出版社2010年版。

[2] [法]埃德加·莫兰:《复杂思想:自觉的科学》,陈一壮译,北京大学出版社2001年版。

[3] [英]保尔·汤普逊:《过去的声音:口述史》,覃方明、渠东、张旅平译,辽宁教育出版社2000年版。

[4] [美]保罗·费耶阿本德:《告别理性》,陈健、柯哲译,江苏人民出版社2007年版。

[5] [法]P. 布尔迪厄、帕斯隆:《再生产——一种教育系统理论的要点》,邢克超译,商务印书馆2002年版。

[6] 陈理宣:《教育价值论》,四川大学出版社2003年版。

[7] 陈向明:《质的研究方法与社会科学研究》,教育科学出版社2000年版。

[8] [美]丹尼尔·U. 莱文:《教育社会学》,郭峰、黄雯译,中国人民大学出版社2010年版。

[9] [美]道格拉斯·C. 诺斯:《经济史中的结构与变迁》,陈郁等译,上海人民出版社1994年版。

[10] 邓洪波:《中国书院史》,东方出版中心2004年版。

[11] 邓洪波:《中国书院制度研究》,浙江教育出版社1997年版。

[12] 邓小平:《邓小平文选》(第二卷),人民出版社1994年版。

[13] 丁钢:《声音与经验:教育叙事探究》,教育科学出版社2008年版。

[14] 丁钢:《中国教育的国际研究》,上海教育出版社1996年版。

[15] 丁钢：《历史与现实之间：中国教育传统的理论探索》，广西师范大学出版社 2009 年版。

[16] 丁钢主编：《中国教育：研究和评论（第 1 辑）》，教育科学出版社 2001 年版。

[17] 丁钢主编：《中国教育：研究和评论（第 2 辑）》，教育科学出版社 2002 年版。

[18] 丁钢主编：《中国教育：研究和评论（第 4 辑）》，教育科学出版社 2003 年版。

[19] 丁钢主编：《中国教育：研究和评论（第 5 辑）》，教育科学出版社 2003 年版。

[20] 董小英：《再登巴比伦塔——巴赫金与对话理论》，生活·读书·新知三联书店 1994 年版。

[21] 杜成宪、王伦信：《中国幼儿教育史》，上海教育出版社 1998 年版。

[22] 杜育红：《教育发展不平衡研究》，北京师范大学出版社 2000 年版。

[23] [德] 恩斯特·卡西尔：《人论》，甘阳译，上海译文出版社 2007 年版。

[24] 方展画、林瑞玉等：《均衡北仑——"北仑现象"全息解读》，浙江大学出版社 2010 年版。

[25] [美] 菲力浦·库姆斯：《世界教育危机——八十年代的观点》，赵宝恒、李环等译，人民教育出版社 1990 年版。

[26] 费孝通：《乡土中国》，北京出版社 2005 年版。

[27] 费孝通：《江村经济：中国农民的生活》，商务印书馆 2003 年版。

[28] 冯克诚：《马克思、恩格斯无产阶级教育思想与教育论著选读（上）》，学苑音像出版社 2005 年版。

[29] 改革开放 30 年中国教育改革与发展课题组：《教育大国的崛起（1978—2008）》，教育科学出版社 2008 年版。

[30] 顾佳峰：《中国教育资源非均衡配置研究：空间计量分析》，光明日报出版社 2010 年版。

[31] 贺武华：《浙江基础教育公平问题研究》，浙江大学出版社 2009

年版。

[32] 贺武华：《新自由主义主导下的学校重建研究》，光明日报出版社 2008 年版。

[33] 贺雪峰：《乡村治理的社会基础——转型期乡村社会性质研究》，中国社会科学出版社 2003 年版。

[34] 黑格尔：《逻辑学（上卷）》，杨一之译，商务印书馆 1977 年版。

[35] 黄仁宇：《万历十五年》，生活·读书·新知三联书店 2005 年版。

[36] [英] 吉尔伯特·赖尔：《心的概念》，徐大建译，商务印书馆 1992 年版。

[37] [美] 杰里·加斯顿：《科学的社会运行：英美科学界的奖励系统》，顾昕等译，光明日报出版社 1988 年版。

[38] 金观涛、刘青峰：《开放中的变迁：再论中国社会超稳定结构》，香港中文大学出版社 1993 年版。

[39] 靳玉乐：《新课程改革的理念与创新》，人民教育出版社 2003 年版。

[40] [美] 科顿姆：《教育为何是无用的》，仇蓓玲、卫鑫译，江苏人民出版社 2005 年版。

[41] 孔启林主编：《世界主要发达国家义务教育均衡发展比较研究》，东北师范大学出版社 2009 年版。

[42] 李国钧、王炳照主编：《中国教育制度通史（第三卷）》，山东教育出版社 2002 年版。

[43] 李士勇等编著：《非线性科学与复杂性科学》，哈尔滨工业大学出版社 2006 年版。

[44] 李书磊：《村落中的"国家"——文化变迁中的乡村学校》，浙江人民出版社 1999 年版。

[45] 栗玉香：《教育均衡发展指数化监测与财政投入机制改革：以北京市义务教育为例》，经济科学出版社 2010 年版。

[46] 柳海民、周霖：《义务教育均衡发展的理论与对策研究》，东北师范大学出版社 2007 年版。

[47] 刘华杰：《看得见的风景：博物学生存》，科学出版社 2007

年版。

[48] 罗东明、李舜、李志平：《区域教育可持续发展研究》，科学出版社 2005 年版。

[49] [德] 马克斯·韦伯：《经济与社会（上卷）》，林荣远译，商务印书馆 1997 年版。

[50] [美] 米歇尔·沃尔德罗普：《复杂：诞生于秩序与混沌边缘的科学》，陈玲译，生活·读书·新知三联书店 1997 年版。

[51] [美] 纳西姆·尼古拉斯·塔勒布：《黑天鹅——如何应对不可预知的未来（珍藏版）》，万丹译，中信出版社 2009 年版。

[52] [美] 尼古拉斯·雷舍尔：《复杂性——一种哲学概观》，吴彤译，世纪出版集团 2007 年版。

[53] 宁波市北仑区教育局编：《案例北仑——"北仑现象"实践聚焦》，浙江大学出版社 2010 年版。

[54] 宁波市北仑区教育局编：《影像北仑——"北仑现象"进化纪实》，浙江大学出版社 2010 年版。

[55] [英] 欧阳莹之：《复杂系统理论基础》，田宝国、周亚、樊瑛译，上海科技教育出版社 2003 年版。

[56] 潘玉君、罗明东主编：《义务教育发展区域均衡系统研究》，北京大学出版社 2007 年版。

[57] 瞿瑛：《义务教育均衡发展政策问题研究：教育公平的视角》，浙江大学出版社 2010 年版。

[58] [法] 让·雅克·卢梭：《论人类不平等的起源和基础》，高煜译，广西师范大学出版社 2002 年版。

[59] 邵光华、仲建维、郑东辉等：《基础教育优质均衡发展研究》，浙江大学出版社 2011 年版。

[60] 首都师范大学首都基础教育发展研究院编著：《走向优质均衡的 30 年》，首都师范大学出版社 2009 年版。

[61] Strauss, A.、Corbin, J.：《质性研究入门：扎根理论研究方法》，吴芝仪等译，涛石文化事业有限公司 2001 年版。

[62] 孙启林：《世界主要发达国家义务教育均衡发展比较研究》，东北师范大学出版社 2009 年版。

[63] [美] 威廉·福特·怀特：《街角社会》，黄育馥译，商务印书

馆 1994 年版。

[64] 吴华、吴长平、闻待：《从"差距合作"到"差异合作"——宁波市江东区学校合作的创新实践》，山东教育出版社 2010 年版。

[65] 吴遵民：《基础教育决策论》，华东师范大学出版社 2006 年版。

[66] 席巧娟等主编：《中国行政学》，北京理工大学出版社 2004 年版。

[67] [美] 小威廉姆 E. 多尔：《后现代课程观》，王红宇译，教育科学出版社 2000 年版。

[68] 谢维和：《教育活动的社会学分析——一种教育社会学的研究》，教育科学出版社 2000 年版。

[69] 颜泽贤等主编：《复杂系统演化论》，人民出版社 1993 年版。

[70] 杨军：《西北少数民族地区基础教育均衡发展研究》，民族出版社 2006 年版。

[71] 杨念群主编：《空间·记忆·社会转型——新社会史研究论文精选集》，上海人民出版社 2001 年版。

[72] 杨念群、黄兴涛、毛丹主编：《新社会史：多学科对话的图景》，中国人民大学出版社 2004 年版。

[73] 叶澜：《教育概论》，人民教育出版社 2000 年版。

[74] 袁振国主编：《教育政策学》，江苏教育出版社 1996 年版。

[75] [美] 约翰·H. 霍兰：《隐秩序——适应性造就复杂性》，周晓牧、韩晖译，上海科技教育出版社 2000 年版。

[76] [美] 约翰·H. 霍兰：《涌现——从混沌到有序》，陈禹等译，上海科学技术出版社 2001 年版。

[77] 约翰·W. 克雷斯威尔：《研究设计与写作指导：定性、定量与混合研究的路径》，崔延强主译，重庆大学出版社 2007 年版。

[78] [美] 约翰·罗尔斯：《作为公平的正义——正义新论》，姚大志译，上海三联书店 2002 年版。

[79] [美] 约翰·金登：《议程、备选方案与公共政策》，丁煌、方兴译，中国人民大学出版社 2004 年版。

[80] 翟博：《教育均衡论——中国基础教育均衡发展实证分析》，人民教育出版社 2008 年版。

[81] 张金马主编：《政策科学导论》，中国人民大学出版社 1992

年版。

［82］张诗亚：《惑论》，西南师大出版社1993年版。

［83］张详浩、魏福明、匡亚明：《王安石评传》，南京大学出版社2006年版。

［84］钟水映：《人口流动与社会经济发展》，武汉大学出版社2000年版。

［85］"中朱学区教育"联合调查组编：《走出低谷——上海市普陀区中朱学区大面积提高教育质量系列研究报告集》，教育科学出版社1992年版。

［86］朱家存：《教育均衡发展政策研究》，中国社会科学出版社2003年版。

［87］转型期中国重大教育政策案例研究课题组编：《缩小差距：中国教育政策的重大命题》，人民教育出版社2005年版。

二 论文类

（一）期刊论文类

［1］鲍传友：《校长负责制下的校长权力大小及其规约》，《教育科学》2004年第4期。

［2］玉丽：《教师何时告别"代课"》，《中国教育报》2005年3月20日第3版。

［3］陈静漪：《义务教育择校：利益相关者视角下的探析》，《现代科学教育》2008年第6期。

［4］陈晓端、Stephen Keith：《当代西方有效教学研究的系统考察与启示》，《比较教育研究》2005年第8期。

［5］陈雨亭、国赫孚：《普通高中综合实践活动课程实施中的几个规律性关系》，《教育发展研究》2009年第18期。

［6］陈玉云、葛大汇：《"多渠道筹资"体制在义务教育阶段实用性的反思》，《教育研究与实验》2004年第3期。

［7］陈一壮：《埃德加·莫兰的"复杂方法"思想及其在教育领域内的体现》，《教育科学》2004年第2期。

［8］程方平：《学校均衡发展与人的发展》，《教育研究》2002年第2期。

[9] 程艳霞、熊知深：《公平发展·特色发展·科学发展——全国义务教育均衡发展高峰论坛综述》，《中国教育学刊》2010 年第 8 期。

[10] 崔允漷：《学校课程规划的内涵与实践》，《上海教育科研》2005 年第 8 期。

[11] 崔允漷：《有效教学：理念与策略（上）》，《人民教育》2001 年第 6 期。

[12] 戴汝为、沙飞：《复杂性问题研究综述：概念及研究方法》，《自然杂志》2003 年第 3 期。

[13] 丁钢：《教育叙事的理论探究》，《高等教育研究》2008 年第 1 期。

[14] 邓猛、潘剑芳：《论教育研究中的混合方法设计》，《教育研究与实验》2002 年第 3 期。

[15] 董泽芳、陈新忠：《社会转型与教育冲突》，《教育研究与实验》2009 年第 2 期。

[16] 范冬萍：《复杂性研究：前沿与挑战——全国"复杂性研究：理论及其应用"学术会议述评》，《自然辩证法研究》2001 年第 8 期。

[17] 范冬萍：《系统整体：秩序、方法与价值》，《系统辩证学学报》2002 年第 2 期。

[18] 范国睿、李树峰：《内涵发展：教育均衡发展的新趋向》，《上海教育科研》2007 年第 7 期。

[19] 方展画：《教育均衡发展首重学校内涵提升》，《中国教育报》2011 年 2 月 21 日第 2 版。

[20] 方展画、贺武华：《以政策软实力促进基础教育均衡发展——解析"北仑现象"》，《人民教育》2008 年第 24 期。

[21] 方展画、林瑞玉：《区域教育提振之路：以均衡促进发展——"北仑现象"的教育报告》，《教育研究》2011 年第 4 期。

[22] 冯建军：《教育研究范式：从二元对立到多元整合》，《教育理论与实践（太原）》2003 年第 10 期。

[23] 高峰：《幸福教育：一种人性教育的回归》，《中国教育学刊》2007 年第 10 期。

[24] 高政、邓莉：《教育公平的文化视角》，《清华大学教育研究》2010 年第 4 期。

［25］高闻远：《怎样实施九年义务教育》，《光明日报》1985年6月28日第2版。

［26］高智红：《教育叙事的空间向度分析》，《教育学报》2010年第5期。

［27］葛新斌：《我国现行"校长负责制"的法律与制度分析》，《北京师范大学学报（社会科学版）》2003年第6期。

［28］顾月华：《基础教育均衡发展的实质及其实施》，《教育发展研究》2004年第5期。

［29］国家发展改革委社会发展司：《当前推进义务教育均衡发展面临的挑战及对策建议》，《宏观经济管理》2011年第3期。

［30］贺晓星：《马克斯·韦伯与教育社会学研究》，《广州大学学报》2006年第5期。

［31］洪成文：《90年代国外教育督导发展轨迹初探》，《比较教育研究》2001年第6期。

［32］胡启立：《〈中共中央关于教育体制改革的决定〉出台前后》，《炎黄春秋》2008年第12期。

［33］胡庆芳：《不让一个孩子掉队——新世纪美国政府的教育理想与改革方向》，《外国中小学教育》2001年第5期。

［34］华长慧：《均衡：宁波基础教育发展的平台》，《中国教育学刊》2003年第1期。

［35］黄健荣、向玉琼：《论政策移植与政策创新》，《浙江大学学报（人文社会科学版）》2009年第2期。

［36］黄欣荣：《论复杂性研究对还原论的超越》，《河北师范大学学报（哲学社会科学版）》2007年第1期。

［37］季苹：《论课程结构（一）——国家课程、地方课程和校本课程》，《中小学管理》2001年第2期。

［38］姜爱林：《中国城镇化理论研究回顾与述评》，《规划师》2002年第18期。

［39］江峰、林玲：《论教育的竞争与应试教育》，《南京师大学报（社会科学版）》1999年第3期。

［40］靳玉乐、董小平：《论学校课程的规划与实施》，《西南大学学报（社会科学版）》2007年第5期。

[41] 孔启林、孔锴：《全球化视域下的基础教育均衡发展》，《比较教育研究》2005年第12期。

[42] 劳凯声：《社会转型与教育的重新定位》，《教育研究》2002年第2期。

[43] 李金：《中国社会转型中的制度推进：显性制度化与隐性制度化》，《社会学》2001年第6期。

[44] 李继星：《如何提炼中小学办学核心理念》，《教育科学研究》2009年第8期。

[45] 李敏：《校本教研现状之分析》，《教育理论与实践》2005年第3期。

[46] 李志华、王坤庆：《义务教育阶段的择校行为分析》，《河北师范大学学报（教育科学版）》2004年第5期。

[47] 梁建东：《我国公共政策模式：韦伯主义还是管理主义》，《福建行政学院福建经济管理干部学院学报》2002年第3期。

[48] 柳斌：《关于素质教育的再思考》，《人民教育》1996年第6期。

[49] 刘复兴：《我国教育政策的公平性与公平机制》，《教育研究》2002年第10期。

[50] 刘立德、邹海燕：《缩小教育差距是建设和谐社会的基础——〈缩小差距：中国教育政策的重大命题〉评介》，《教育研究》2010年第5期。

[51] 刘立明：《再论国外有效教学研究》，《现代中小学教育》2003年第5期。

[52] 刘良华：《教育叙事研究：是什么与怎么做》，《教育研究》2007年第7期。

[53] 刘新成、苏尚峰：《义务教育均衡发展的三重意蕴及其超越性》，《教育研究》2010年第5期。

[54] 龙春阳：《制度伦理：和谐高等教育制度建构的价值向度》，《黑龙江高教研究》2010年第5期。

[55] 吕林海：《分层课程：一种以学生为中心的差异性教学模型——脑科学成果改进美国中小学教育的又一有效范例》，《外国中小学教育》2007年第4期。

[56] 陆璟：《伦敦基础教育均衡发展的机制及其启示》，《上海教育科研》2006年第1期。

[57] 卢乃桂、操太圣：《论教师的内在改变与外在支持》，《教育研究》2002年第12期。

[58] 罗峰：《南北战争以后至二十世纪上半期美国的黑人教育》，《教育研究与实验》1985年第3期。

[59] 马瑛瑛：《"雪中送炭"比"锦上添花"更美好》，《浙江日报》1997年12月15日第1版。

[60] 苗东升：《论系统思维（三）：整体思维与还原论思维相结合》，《系统辩证学学报》2005年第1期。

[61] 倪胜利：《混沌边缘涌现的生命及教育生境培育》，《西南师范大学学报（人文社会科学版）》2006年第2期。

[62] 倪小敏：《向有差异的平等迈进——20世纪英国基础教育公平理念的嬗变》，《清华大学教育研究》2010年第5期。

[63] 潘昆峰、李扬：《高中教育资源均衡配置的效果及其动力学分析》，《清华大学教育研究》2010年第5期。

[64] 齐磊磊：《论复杂性的基本根源——从系统科学的角度》，《系统科学学报》2009年第1期。

[65] 祁型雨：《我国教育政策的决策研究：成就、缺失与发展》，《教育研究与实验》2009年第4期。

[66] 屈书杰：《南北战争前教会教育黑人的努力》，《教育史研究》2002年第3期。

[67] 瞿瑛：《论义务教育均衡发展与教育公平》，《教育探索》2006年第12期。

[68] 邵书龙：《社会分层与农民工子女教育："两为主"政策博弈的教育社会学分析》，《教育发展研究》2010年第11期。

[69] 沈百福、俞诗秋：《中国省级地方教育投资的区域比较研究》，《教育与经济》1994年第4期。

[70] 沈有禄、谯欣怡：《教育权利：从机会均等到实现权利保障的平等——关于教育公平研究的综述》，《教育学术月刊》2010年第4期。

[71] 石火学：《教育政策公平与效率关系和谐的内涵与实现》，《中南大学学报（社会科学版）》2010年第4期。

[72] 石火学：《教育政策视角下的教育公平与效率问题研究》，《清华大学教育研究》2010年第5期。

[73] 施良方：《课程定义辨析》，《教育评论》1994年第3期。

[74] 司晓宏、吴东方：《复杂性理论与教育的复杂性研究》，《教育研究》2007年第11期。

[75] 宋光兴、杨槐：《群决策中的决策行为分析》，《学术探索》2000年第3期。

[76] 宋宏福：《论教师的教育信念及其培养》，《现代大学教育》2004年第2期。

[77] 孔启林、孔锴：《全球化视域下的基础教育均衡发展》，《比较教育研究》2005年第12期。

[78] 孙玉丽、张永久：《区域内校际均衡的公平逻辑与路径选择》，《教育研究》2011年第5期。

[79] 孙振东、陈荟：《对我国教育叙事研究的审思》，《教育学报》2009年第3期。

[80] 谭英海：《略论班级文化及其对学生发展的作用》，《当代教育科学》2003年第10期。

[81] 田芬、朱永新：《关于基础教育均衡发展的哲学思考》，《苏州大学学报（哲学社会科学版）》2004年第2期。

[82] 田虎伟：《混和方法研究——美国教育研究方法的一种新范式》，《比较教育研究》2007年第1期。

[83] 田正平、李江源：《教育公平新论》，《清华大学教育研究》2002年第1期。

[84] 王策三：《认真对待"轻视知识"的教育思潮——再评由"应试教育"向素质教育转轨提法的讨论》，《北京大学教育评论》2004年第7期。

[85] 汪丁丁：《制度创新的一般理论》，《经济研究》1992年第5期。

[86] 王定华：《关于我国义务教育均衡发展之审视》，《中国教育学刊》2010年第4期。

[87] 王枬：《教育叙事研究的兴起、推广及争辩》，《教育研究》2006年第10期。

［88］王娟涓、徐辉：《国外城乡义务教育均衡发展的经验及启示》，《外国中小学教育》2011年第1期。

［89］汪明：《义务教育均衡发展与若干保障机制——部分地区的政策及实践分析》，《教育发展研究》2005年第19期。

［90］王攀峰：《从合法性走向合理性——中小学教师教学研究的定位问题》，《教育理论与实践》2005年第3期。

［91］王强：《教育复杂性研究进展》，《开放教育研究》2003年第4期。

［92］王善迈、杜育红：《中国教育发展不平衡的实证分析》，《教育研究》1998年第6期。

［93］王善迈、李春玲：《我国中小学教育经费的拨款体制》，《教育与经济》1991年第4期。

［94］王唯：《基础教育均衡发展研究综述》，《上海教育科研》2003年第10期。

［95］王学成：《校园文化建设与创新人才培养》，《教育研究与实验》2009年第8期。

［96］魏福明：《北宋的集权与分权》，《东南大学学报（哲学社会科学版）》2004年第5期。

［97］魏宏森：《复杂性研究与系统思维方式》，《系统辩证学学报》2003年第1期。

［98］魏志春：《学校管理者权威形成的路径分析》，《教育研究》2003年第12期。

［99］温丽萍：《教育均衡与教育发展之间的悖论——对教育均衡问题的一种解读》，《教育发展研究》2011年第23期。

［100］温习勇：《影响我国教育均衡化发展的原因与矫治对策》，《陕西理工学院学报（社会科学版）》2005年第1期。

［101］文雪、扈中平：《复杂性视域里的教育研究》，《教育研究》2003年第11期。

［102］吴遵民、沈俊强：《论择校与教育公平的追求——从择校政策的演变看我国公立学校体制变革的时代走向》，《清华大学教育研究》2006年第6期。

［103］肖川：《教育与信念》，《人民教育》2004年第5期。

[104] 熊梅、陈纲:《标本兼治 综合治理——关于我国部分大中城市义务教育阶段加强薄弱学校建设情况的调研报告》,《教育研究》1998年第4期。

[105] 许洁英:《国家课程、地方课程和校本课程的含义、目的及地位》,《教育研究》2005年第8期。

[106] 薛二勇:《论教育公平发展的三个基本问题》,《教育研究》2010年第10期。

[107] 阎琨:《教育学定性研究特点与研究范式深析》,《清华大学教育研究》2010年第5期。

[108] 杨东平、周金燕:《我国教育公平评价指标初探》,《教育研究》2003年第11期。

[109] 杨启亮:《底线均衡:义务教育优质均衡发展的解释》,《教育理论与实践》2010年第1期。

[110] 杨启亮:《转向"兜底":义务教育优质均衡发展的重心》,《教育研究》2011年第4期。

[111] 杨小微:《义务教育内涵式均衡发展路径分析》,《教育发展研究》2009年第5期。

[112] 杨颖秀:《基础教育均衡发展的政策视点》,《教学与管理》2002年第8期。

[113] 杨治良、邹庆宇:《内隐地域刻板印象的IAT和SEB比较研究》,《心理科学》2007年第6期。

[114] 姚继军、张新平:《新中国教育均衡发展的测度》,《华东师范大学学报(教育科学版)》2010年第2期。

[115] 叶澜:《清思 反思 再思——关于"素质教育是什么"的再认识》,《人民教育》2007年第2期。

[116] 叶澜:《中国教育学发展世纪问题的审视》,《教育研究》2004年第7期。

[117] 尤莉:《第三次方法论运动——混合方法研究60年演变历程探析》,《教育学报》2010年第3期。

[118] 于建福:《教育均衡发展:一种有待普遍确立的教育理念》,《教育研究》2002年第2期。

[119] 翟博:《教育均衡发展:现代教育发展的新境界》,《教育研

究》2002年第2期。

［120］翟博：《教育均衡发展：理论、指标及测算方法》，《教育研究》2006年第3期。

［121］翟博：《树立科学的教育均衡发展观》，《教育研究》2008年第1期。

［122］张才新、夏伟明：《垃圾桶决策模式：反理性主义的声音》，《探求》2004年第1期。

［123］张光喜、杨栋梁：《实施九年义务教育急需解决的问题》，《人民教育》1985年第9期。

［124］张力：《从国际国内两个视角看义务教育均衡发展问题》，《人民教育》2010年第1期。

［125］张启人、林福永：《复杂性科学中复杂性根源的研究》，《系统工程理论与实践》2002年第10期。

［126］张胜军、陈建祥：《论基础教育的均衡发展与政府责任》，《盐城工学院学报（社会科学版）》2003年第2期。

［127］张曙光：《论制度均衡和制度变革》，《经济研究》1992年第6期。

［128］张天雪：《区域教育均衡发展的实践模式、路径与政策理路》，《教育发展研究》2010年第15—16期。

［129］张文波：《混合方法研究的类型与程序设计》，《华北水利水电学院学报（社科版）》2010年第4期。

［130］张希希：《教育叙事研究是什么》，《教育研究》2006年第2期。

［131］张新平：《简论教育政策的本质、特点及功能》，《江西教育科研》1991年第1期。

［132］张志勇：《教育的区域差距与政策选择》，《北京师范大学学报（社会科学版）》2005年第3期。

［133］赵婀娜：《教育均衡：是"削峰填谷"还是"造峰抬谷"？》，《人民日报》2011年4月1日第17版。

［134］赵利：《论受教育权的价值取向》，《湖北社会科学》2004年第12期。

［135］赵蒙成：《复杂性知识及其教育意蕴》，《高等教育研究》2006

年第 11 期。

［136］郑新蓉：《我国公共教育制度与教育均衡化发展》，《北京教育学院学报》2003 年第 2 期。

［137］钟景迅、曾荣光：《从分配正义到关系正义——西方教育公平探讨的新视角》，《清华大学教育研究》2009 年第 5 期。

［138］中央教育科学研究所教育政策分析中心：《义务教育均衡发展是实现教育公平的基石》，《教育研究》2007 年第 2 期。

［139］"中朱学区教育"联合调查组：《学区系统终态变化的整体反思——上海普陀区中朱学区近十年教育实践与经验的研究总报告》，《华东师范大学学报（教育科学版）》1990 年第 2 期。

［140］朱家存、阮成武、刘宝根：《区域义务教育均衡发展监测指标体系研究——基于安徽省义务教育政策实践》，《教育研究》2010 年第 11 期。

［141］诸燕、赵晶：《胡森教育平等思想述评》，《徐州师范大学学报（哲学社会科学版）》2007 年第 4 期。

（二）学位论文

［1］安晓敏：《教育公平指标体系研究——基于义务教育校际差距的实证分析》，博士学位论文，东北师范大学，2008 年。

［2］戴晓刚：《宋代三次兴学中的教学改革研究》，硕士学位论文，西北师范大学，2004 年。

［3］丁金泉：《我国义务教育均衡发展问题研究》，博士学位论文，华东师范大学，2005 年。

［4］杜洪琳：《美国促进基础教育均衡化研究》，硕士学位论文，四川师范大学，2006 年。

［5］黄瓒：《教育场域中的资源争夺、创造与博弈——多维视角下的浙南小镇教育变迁》，博士学位论文，华东师范大学，2008 年。

［6］孔祥娜：《县域义务教育均衡发展政策执行研究》，硕士学位论文，首都师范大学，2009 年。

［7］蒋园园：《复杂理论视阈下的教育政策执行研究》，博士学位论文，华东师范大学，2010 年。

［8］马青：《县域内义务教育管理公共性问题研究》，博士学位论文，东北师范大学，2010 年。

［9］梅可玉：《复杂性哲学视野下的路径依赖思想研究》，硕士学位论文，清华大学，2004年。

［10］司洪昌：《嵌入村庄的学校——仁村教育的历史人类学探究》，博士学位论文，华东师范大学，2006年。

［11］孙翠香：《学校变革主体动力研究》，博士学位论文，华东师范大学，2010年。

［12］田芬：《基础教育均衡发展研究》，博士学位论文，苏州大学，2004年。

［13］王全志：《论学校教育中的行为不当及其对少年犯罪的影响》，博士学位论文，北京师范大学，2005年。

［14］闻待：《论高中教育的多样化发展》，博士学位论文，华东师范大学，2010年。

［15］吴毅：《村治变迁中的权威与秩序》，博士学位论文，华中师范大学，2002年。

［16］姚利民：《有效教学研究》，博士学位论文，华东师范大学，2004年。

［17］杨光海：《学校教育角色化问题反思》，博士学位论文，华东师范大学，2009年。

［18］于发友：《县域义务教育均衡发展研究》，博士学位论文，山东师范大学，2005年。

［19］张振改：《教育政策的限度研究——来自个案的启示》，博士学位论文，华东师范大学，2006年。

［20］朱家存：《走向均衡》，博士学位论文，华东师范大学，2002年。

三　史料与当地资料

［1］镇海县志编撰委员会：《镇海县志》，中国大百科全书出版社1994年版。

［2］王安石：《明州慈溪县学记》，转引自《王文公文集》第3卷、第4卷。

［3］彭履坦：《新设乡学序》，转引自光绪《南川县志》卷十一《艺文志》。

[4]《马克思恩格斯全集》第一卷，人民出版社1995年版。

[5] 宁波市北仑区地方志编纂委员会：北仑区地方志系列丛书之十《北仑纪事》（公元前222年到2009年）内部资料。

[6]（宋）司马光：《涑水记闻》，转引自《唐宋史料笔记丛刊》，中华书局1989年版。

[7] 北仑区政府：《宁波市北仑区人民政府：建设高水平教育强区 努力实现教育现代化——省教育强区现代化水平评价自查自评报告（征求意见稿）》，2009年11月。

[8] 宁波市北仑区教育委员会编：《为了这一方热土》，北仑区教育汇编。

[9] 国务院：《关于浙江省撤销镇海县、调整宁波市市辖区的批复》，1985年7月北仑档案馆。

[10] 北仑区政府：《关于实行九年义务教育情况报告》，1986年4月。

[11] 北仑区政府：《实施九年义务教育乡（镇）政府责任制》，1986年10月。

[12] 北仑区教育局：《北仑区高中段招生改革办法》，1992年。

[13] 北仑区教育局：《北仑区学校工作目标及评估标准》，1990—1993年。

[14] 北仑区教育局：《北仑区1996学年中小学校工作目标督导与评价方案》，1996年。

[15] 北仑区政府：《宁波市北仑区教育综合改革试验区实施方案》，1995年4月。

[16] 北仑区教育局：《关于实施校长负责制的若干意见》，1995年。

[17] 北仑区教育局：《高中段招生素质发展加分范围、条件、分值和办法》，1996年5月。

[18] 毛艳艳等：《百般滋味县学街》，《东南商报》2008年5月4日第A11版。

[19] 徐定宝：《〈王安石评传〉中鄞县的县令》，《宁波日报》2008年6月23日第B4版。

[20] 宁波市北仑区地方志编纂委员会：《北仑区志》，2011年4月11日（http：//dfz.bl.gov.cn/detail.php?id=145）。

[21] 宁波市北仑区地方志编纂委员会：《北仑区志·教育篇》（http：//dfz. bl. gov. cn/detail. php？id = 145）。

[22] 宋濂等：《元史·食货志》（http：//www. shicimingju. com/book/yuanshi/93. html）。

[23] 张廷玉：《明史·选举制》（http：//www. shicimingju. com/book/mingshi/70. html）。

[24] 脱脱等：《宋史·沈焕传》（http：//www. doc88. com/p - 9029715560359. html）。

[25] 浙江省镇海中学：《镇中简史（1911—2011）》（http：//www. zhzx. net. cn/）。

[26] 赵春阳：《梓荫山，文风吹过千年》，2011年5月17日，镇海新闻网（http：//www. zhxww. net/zhnews）。

[27] 北仑之窗编辑部：《30年记忆：从"泥巴村"到"城市桃园"》（http：//www. bl. gov. cn/doc/）。

[28] 宁波市北仑区地方志编纂委员会：《北仑历史1986年大事记》，北仑档案网（http：//blda. bl. gov. cn）。

[29] 宁波市北仑区地方志编纂委员会：《北仑历史1988年大事记》，北仑档案网（http：//blda. bl. gov. cn）。

四 外文文献

[1] Charles E. Lindblom, "The Science of Muddling Through", *Public Administration Review*, Vol 14, No. , 1959.

[2] Clandinin, D. J., Connelly F. M., *Narrative inquiry: Experience and Story in Qualitative Research*, San Francisco: Jossey – Bass, 2000.

[3] Cortazzi, M., *Narrative analysis*, London: The Falmer Press, 1993.

[4] Connelly, F. M., Clandinin D. J., "Stories of experience and narrative inquiry", *Educational Research*, Vol. 19, No. 5, 1990.

[5] Creswell, J. W., *Educational Research: Planning, Conducting, and Evaluating Quantitative and Qualitative Research*, Upper Saddle River, New Jersey: Pearson Education, Inc. , 2002.

[6] Creswell, J. W., *Research Design: Qualitative and Quantitative Ap-*

proaches, Thousand Oaks, Calif.: Sage, 1994.

[7] David, Paul A., Path dependence, its critics, and the quest for "historical economics" in P. Garrouste and S. Ionnides, *Evolution and Path Dependence in Economic Ideas*, Cheltenham: Edward Elgar, 2001.

[8] D. Easten, *The public system*, New York: Knopf, 1953.

[9] Doria, F. A., "From Complexity to Perplexity", *Scientific America*, 1997 (Oct.).

[10] Fielding, N. G., Fielding, J. L., *Linking Data, Qualitative Research Methods Series*, No. 4, Thousand Oaks, Calif.: Sage, 1986.

[11] Feyerabend, P. K., *Science in a Free Society*, London: New Left Books, 1978.

[12] Gerald R. Firth, Edward F. Pajak, *Handbook of Research of School Supervision*, Semon & Schuster MacMillan, 1998.

[13] Jennifer C. Greene, Valerie J. Caracelli., "Defining and Describing the Paradigm Issue in Mixed-Method Evaluation", *New Directions for Evaluation*, Jossey-Bass Publishers, Summer 1997.

[14] Jennifer C. Greene, Valerie J. Caracelli, and Wendy F. Graham, "Toward a Conceptual Framework for Mixed-Method Evaluation Designs", *Educational Evaluation and Policy Analysis*, Vol. 11, No. 3, Fall 1989.

[15] John. D. Mcneil, *Curriculum: A Comprehensive Introduction*, New York: Harper Collins College Publishers, 1996.

[16] J. Snyder, F. Bolin, K. Zumwalt, *Curriculum Implementation*, In Handbook of Research on Curriculum, 1992.

[17] Jencks, C., *Inequality: A Reassessment of the Effect of Family and Schooling in America*, New York: Basic Books, Inc., 1972.

[18] Lee Canter and M. Canter, *Assertive Discipline: More than names on board and marbles in a Jar*, Phi Delta Kappan, 1989.

[19] Lofland, J., *Analyzing Social Settings: A Guide to Qualitative Observation and Analysis*, Belmont, CA: Wadsworth, 1971.

[20] Margarete Sandelowski, "Focus on Research Methods: Combining Qualitative and Quantitative Sampling, Data Collection, and Analysis Techniques in Mixed-Method Studies", *Research in Nursing & Health*, No.

23, 2000.

[21] McEwan, H., Egan, K., *Narrative in Teaching, Learning and Research*, New York: Teachers College Press, Columbia University, 1995.

[22] Michael Cohen, James March, John Olsen, "Garbage CanModel of Organizational Choice", *Administrative Science Quarterly*, No. 17, March 1972.

[23] Michael Connelly, Clandinin, Narrative Inquiry, in Torsten Husen & Neville Postlethwaite (eds). *The International Encyclopedia of Education* (2nd Edition, Volum 7), Oxford: Pergamon Press, 1994a.

[24] M. Hmmersley, P. Atkinson, *Ethnography: Principle in Practive*, London & New York: Routledge, 1983.

[25] Pierre Bourhieu, *Language and Symbolic Power*, Palo Alto: Stanford University Press, 1991.

[26] Ministry of Education, Training and Youth Affairs, *Teacher for the 21st Century: Making the Difference Australian Commonwealth Government*, 2000.

[27] Nel Noddings, *Happiness and Education*, Cambridge: Cambridge University Press, 2003.

[28] Phelan, P., "Compatibility of Qualitative and Quantitative Methods: Studying Child Sexual Abuse in America", *Education and Urban Society*, Vol. 20, No. 1, 1987.

[29] Richardson, L., "Narrative Sociology", *Journal of Contemporary Ethnography*, No. 19, 1990.

[30] R. J. Havighurst, *Society and Education*, Boston, 1957.

[31] Searle, W., Ward, C., "The prediction of psychological and socio-cultural adjustment during cross-cultural transitions", *International Journal of Intercultural Relations*, Vol. 14, No. 4, 1990.

[32] Schubert, W. H., Schubert, A. L., "Curriculum Inquiry: Alternative Paradigms", In Lewy, *the International Encyclopedia of Curriculum*, 1991.

[33] Smith, M. I., "Qualitative Plus/Versus Quantitative: The Last Word. In C. S. Reichardt and S. F. Rallis (eds.)", *The Qualitative - Quantitative Debate: New Perspectives, New Directions for Program Evaluation*, No. 61,

San Francisco: Jossey – Bass, 1994.

[34] Valerie J. Caracelli, Jennifer C. Greene, "Data Analysis Strategies for Mixed – Method Evaluation Designs", *Educational Evaluation and Policy Analysis*, Vol. 15, No. 2, 1993.

[35] Weiek, K., "Administering Education in Loosely Coupled Systems", *phi Delta Kapan*, Vol. 63, No. 10, 1982.

后　　记

本书是在我的博士学位论文的基础上修改润色而成的。在出版之际，回忆起往昔求学的点点滴滴，不禁百感交集，似乎有许许多多的故事和感慨想要跟读者分享。可千头万绪，又不知从何说起。既然如此，干脆就化繁为简，谨在此表达深藏心中已久的两层意思。

第一层是写作的艰辛。正如贺武华师兄所言，拙文的诞生好比是经历了双重的十月怀胎。首先是选题和方法论上的艰辛。当我还在徘徊题目时，导师对"教育均衡"研究的果断首肯让我顿然有了拨开云雾见天日的感觉。然而对叙事研究方法的使用着实让我费了不少时间和精力，也是头疼纠结了大半年。一方面是出于对头一次使用叙事研究方法的恐惧心理，另一方面是叙事研究本身的难度所在，确实是不容易驾驭的方法之一，特别是要"自下而上"地在原始资料、现存理论以及研究者本身的理论框架之间建立一个合理关系是具有难度的一件事情，一不小心极容易掉入"只讲故事"的深渊。待到选题和方法上有了眉目之后，新一轮的十月怀胎又开始了。调研、访谈、收集资料、整理、分析、构建理论，不断推翻，又不断重来，苦恼着又混沌着，混沌着又清醒着，每一步的缓慢进展叫人急不可耐，却又丝毫急不得。个中滋味，唯有亲身经历者才能感同身受。

第二层是感谢，对所有关心、指导、帮助过我的人致以最诚挚的谢意。首先，要衷心感谢我的导师方展画教授。这位充满智慧和慈爱的导师，治学严谨、学识渊博、思想深邃、视野雄阔，不仅把我领进教育研究之门，而且对我谆谆教诲，引导我走近学术研究的前沿，为困惑迷茫中的我拨云见日，启迪我在步入而立之年前开始感悟人生。他的为人为学，让我置身其间，耳濡目染、潜移默化，不仅增长了我的学识，更促进了我人格的成熟与发展，为我的人生指明了前行的方向。无论是理论学习阶段，还是实践研究阶段，抑或是在研究的选题、设计、调查、撰写、出版的每一个节骨眼上，导师的悉心点拨，再经思考后的领悟，常常让我有"山重水复疑无路，柳暗花明又一村"的内源动力。

同时，我要感谢在过去的学习生活中，同样给了我很多无私帮助的老师以及同窗好友们。本书在完成过程中有幸得到智慧而幽默的刘力教授、儒雅且缜密的吴华教授、谦和而严谨的杨明教授、极富思想的魏贤超教授、温文尔雅的肖朗教授、循循善诱的莫家豪教授、平易近人的徐小洲教授、顾建民教授以及刘正伟教授等老师们的把脉问诊。还有可亲可敬的甘露老师、赵卫平老师、张文军老师、刘徽老师、邵兴江老师，许舟扬、孙胜男、孙立新、高淮微、王良辉、黄小莲、洪一鸣以及"方门"的师兄弟姐妹们等，特别是罗昌宪同学，他们不仅在日常的学习生活中，而且在本书的构思和撰写过程中，都给我很多及时的、具有启发性的碰撞沟通与帮助。感谢你们！

继而，我要感谢宁波市北仑区教育局、各中小学校以及当地父老乡亲的帮助与支持。感谢胡局、俞局、徐飞老师、胡治益老先生、俞崇高老前辈、贺小康老前辈，还有淮河小学的郑巍巍校长、夏敏敏老师、张老师、邱老师以及学生家长们等，著作的完成与他们的热心支持及鼎力相助是分不开的。

最后，我要衷心感谢我的家人，是他们在我的求学道路上一直给了我莫大的支持和鼓励，使我获得了持之以恒、不断超越自我的不竭动力。我的丈夫章先生，在我的生活和著作修改过程中给予了莫大的关心和帮助，在我心中你最沉默但却最伟大！

作为已经踏上工作岗位、心怀感恩的读书人，在教育这片领土上，我持续不断地遇见着给予我关怀、帮助和感动的人。一位慈祥的楷模前辈曾经在单位的青年座谈会上，分享了她的人生经验："一切处在有意无意之间！做心态阳光的人，做勤奋踏实的人，做懂得感恩的人，做能量正发的人。"这句话一直放在我心底，成为我做人、做事、做学问的动力和风向标。化感动为力量！我会继续前进！

林瑞玉
2012 年 5 月于浙大田家炳书院
2016 年 2 月于浙江省教育考试院